Nursultan Nasarbajew
Kasachstans Weg

Nursultan Nasarbajew

KASACHSTANS WEG

Das Buch des Staatsoberhauptes handelt von den schwierigsten und von den schönsten Momenten in der jüngeren Geschichte Kasachstans. Jedes der neun Kapitel beleuchtet wichtige Schritte auf dem Weg zu einem jungen, unabhängigen Staat. Das ist zum einen die Arbeit an der Entwicklungsstrategie des Landes bis zum Jahr 2030, zum anderen der Prozess der Verabschiedung einer wirksamen Verfassung, der Beginn der Erschließung von Erdöl- und Erdgasvorkommen, die Einführung einer nationalen Währung und die Schaffung eines funktionierenden Bankwesens. An anderer Stelle werden die Prozesse der Privatisierung und die Durchführung einer Landreform betrachtet, es wird von der Verlagerung der Hauptstadt nach Astana und vom ersten Flug eines Bürgers Kasachstans ins Weltall berichtet.

Mit diesem Buch wendet sich der Präsident Kasachstans an die Jugend seines Landes. Der Autor hofft, dass es der neuen Generation der Führungskräfte Kasachstans von Nutzen sein wird.

Bibliographische Information der Deutschen Bibliothek:

Die Deutsche Bibliothek verzeichnet diese Publikation in der
Deutschen Nationalbibliographie; detaillierte bibliographische Daten
sind im Internet abrufbar unter: *http://dnb.ddb.de*

ISBN 978-3-89930-211-0 © N. Nasarbajew

Geleitwort von Hans-Dietrich Genscher, Bundesminister a.D.

Der Zerfall der Sowjetunion am Ende des Jahres 1991 bedeutete für Kasachstan einen historischen Neuanfang. Kasachstan begann den Weg in die Zukunft in eigener Verantwortung und eigener Souveränität. Es war ein Glücksfall für das Land, dass zu diesem Zeitpunkt an der Spitze eine Persönlichkeit wie Nursultan Nasarbajew stand. Er hat mit Verantwortung und mit großer Weitsicht den Weg in die Zukunft gebahnt. Es kam damals darauf an, die kulturelle Identität und staatliche Integrität Kasachstans zu sichern. Das bedeutete, alle Staatsbürger für diesen Weg zu gewinnen. Eine historische Persönlichkeit wie Nursultan Nasarbajew konnte das in eindrucksvoller Weise bewirken.

Zugleich ging es darum, das Land zu modernisieren, es zu öffnen und den Weg zur Demokratisierung anzutreten. Es ging darum, durch ökonomische Reformen den Übergang in eine marktwirtschaftliche Ordnung zu ermöglichen – bruchlos und gewaltfrei. Es ging dabei nicht nur um ein neues wirtschaftliches Grundverständnis, sondern auch um die Entwicklung einer eigenen Volkswirtschaft Kasachstans. Das an Bodenschätzen und Energiequellen reiche Land musste diesen natürlichen Reichtum in den Dienst seiner Modernisierung stellen. Das verlangte staatliche Rahmenbedingungen, die die Stabilität der Gesellschaft und des Landes in einer historischen Umgestaltungsphase garantierte. Nursultan Nasarbajew hat sich dieser Herausforderung gestellt. Aus den Gesprächen mit ihm weiß ich, wie sehr er sich der Probleme bewusst war. Und wie wichtig es war, für den rasanten Veränderungsprozess stabile Rahmenbedingungen zu schaffen. Heute kann man sagen, dass Kasachstan auf diesem Wege schon jetzt erstaunliche Erfolge erzielt hat. Dem Lande sind unter seiner Führung Zerfallsprozesse ebenso erspart geblieben wie neue Abhängigkeiten nach außen.

Es wäre unrealistisch und unaufrichtig zu sagen, dass alle diese Schritte möglich gewesen wären, ohne die Überwindung von Widerständen und ohne die Fähigkeit, Zweifelnde und Verzweifelte zu überzeugen. Schon heute kann gesagt werden, dass der Weg Kasachstans einen erstaunlichen Erfolg möglich machte. Dass es auf einem solchen Wege auch Fehlentwicklungen gibt, kann niemanden erstaunen. Sich solcher Entwicklungen auch bewusst zu sein, macht den Staatsmann aus. In seinem Buch lässt Nursultan Nasarbajew noch einmal Schwierigkeiten und Probleme bewusst werden, auch Fehlentwicklungen. Es macht aber auch deutlich, dass Kasachstan heute auf große Erfolge zurückblicken kann. Diese Erfolge sind untrennbar mit dem Namen Nursultan Nasarbajew verbunden. Die Perspektiven, die er aufzeigt, sind die Perspektiven eines Landes, das die Zukunft, das Demokratie und Wohlstand für seine Bürgerinnen und Bürger gewinnen will – und gewinnen wird.

Hans-Dietrich Genscher

Vorwort

Jede Familie träumt davon, sich ihr eigenes Haus zu bauen. Der Traum beginnt mit einer einfachen Idee. Zuerst erklärt der Vater, wie das neue Haus aussehen soll. Die Ideen und Details sind lange in ihm gereift. Nachdem der Bauplatz gefunden ist, wird eine Zeichnung angefertigt und ein Modell gebaut. Das Haus wird Schritt für Schritt errichtet – vom Fundament über die Wände bis zum Dach. Viele Familien bauen jahrelang an diesem Haus, und sie bauen es solide und sicher. Das Familienoberhaupt baut es für seine Kinder, Enkel und Urenkel. Es gibt nichts Wertvolleres als ein Haus, das man mit seinen eigenen Händen erbaut hat. Und ein Haus ist viel mehr als nur Fenster, Wände und Zimmer. Ein Haus ist ein Dach, ein Zufluchtsort, dein Lebensraum.

Wie sagte der bekannte Schriftsteller Antoine de Saint-Exupéry: *„Wer das Wesen eines Hauses verstehen will und es auseinander nimmt, sieht die Ziegelsteine, die Dachziegel, aber er findet die Ruhe, die Zuflucht, den Schatten nicht, die die Wände und Dachziegel geboten haben. Ziegelsteine, Dachziegel, was können sie uns lehren, wenn die Idee des Bauherren zerbrochen ist, der sie zusammenfügte? Ein Stein braucht das Herz und die Seele eines Menschen."*

Viele Menschen, besonders ältere, wissen, dass es nicht leicht ist, ein gutes Haus zu bauen. Noch viel schwieriger war es, einen jungen Staat zu errichten – Kasachstan, unser gemeinsames Haus. Der Aufbau eines Staates brauchte einen genauen Generalplan, der uns eine klare Orientierung gibt, in was für einem Staat wir leben werden.

Die trockene und theoretische Geschichte der Unabhängigkeit kann nicht alle Nuancen der Geschichte und menschlicher Schicksale widerspiegeln zu einer Zeit, als jedes Ereignis ein Geflecht aus Leidenschaften und Tragödien und schweren Interessenskonflikten verschiedener Gruppen und sogar Generationen war. Außerdem ist die menschliche Natur so beschaffen, dass sie die Vergangenheit schnell vergisst, besonders eine unangenehme.

Ruhe und Frieden, ökonomischer Aufschwung, der Lebensoptimismus unserer Bürger und ihr Selbstvertrauen auch auf der Grundlage der Vergangenheit werden für uns zum Alltag. Oftmals bemerken wir dies gar nicht, so wie wir die warmen Sonnenstrahlen nicht bemerken, die sich jeden Morgen langsam über die Hochhäuser Astanas erheben. Dabei hat vor zehn Jahren niemand daran geglaubt, dass es so kommen wird. Wer hätte sich vorstellen können, dass Astana der geistige, ökonomische und politische Anziehungspunkt des gesamten Eurasischen Kontinents werden wird? Wer konnte sich vorstellen, dass Kasachstan mit seinen ökonomischen und politischen Reformen führend ist und zu einem „Epizentrum der Welt" auf dem Kontinent wird? Eben deshalb habe ich dieses Buch geschrieben. Ich möchte davon berichten, welche Anstrengungen es uns gekostet hat, ein modernes und unabhängiges Kasachstan aufzubauen.

Den Wunsch, dieses Buch zu schreiben, hatte ich schon lange. In den letzten Jahren hatte ich viele Reden zu halten, und so haben sich eine Menge Notizen angesammelt, über die ich bei

Vorträgen und Treffen mit hochintelligenten Jugendlichen, Universitätsstudenten, Stipendiaten des Programms „Bolaschak" und Hochschulabsolventen gesprochen habe. Und jedes Mal, wenn ich in ihre Augen geschaut habe, in ihre jungen, eifrigen, suchenden Augen, da verstand ich, dass der Jugend oftmals die realen Fakten, die objektive Analyse der Ereignisse der letzten Jahre fehlen – wie alles begann, wie sich der Wandel vollzog, worin die Logik einzelner Entscheidungen bestand, die in dieser für das Land so schwierigen Zeit gefällt wurden. Deshalb möchte ich davon berichten, wie schwierig und mühsam jeder Schritt auf diesem Weg war.

Mein Buch, das die Ereignisse der vergangenen Jahre beschreibt, ist der Zukunft zugewandt, nicht der Vergangenheit. Ich denke, dass es der neuen Generation von Führungskräften in Kasachstan von Nutzen sein wird.

Die neue Generation von Führungskräften – heute noch Schüler und Studenten – sollte jeden kleinen Ziegelstein kennen, der als Fundament für die Gründung des Staates Kasachstan gedient hat. Ich möchte, dass sie die Größe und Schwere der Verantwortung spüren, mit der sämtliche Entscheidungen zur Schaffung unseres Staates getroffen wurden. Manche unpopulären Aufgaben wurden unter Zwang, mit einem eisernen Willen und sehr viel Lebensenergie gelöst.

Ich möchte immer wieder betonen, dass ihr, die heutige Jugend, eine besondere Generation seid. Ihr seid bereits im unabhängigen Kasachstan geboren und aufgewachsen. Eure Jugendzeit ist die Zeit des Aufschwungs und der Blüte unseres Landes. Und ihr habt den Geist der Errungenschaften und des Strebens nach Erfolg schon verinnerlicht. Und von euren Schicksalen wird das Schicksal des Landes bestimmt.

Heute sind es nicht nur internationale Fachleute, sondern auch die Spitzen der führenden Weltstaaten, die die positiven Erfahrungen von Kasachstans Reformen zu schätzen wissen. Die Führung Kasachstans begründet sich auf das gut gewählte politisch-ökonomische Modell für die Übergangsperiode: Ein starker Präsident plus schnelle und dynamische Wirtschaftsreformen. Unser Modell ist eine Synthese von Radikal-, aber nicht „Schock"-Reformen, die die Basis für eine Marktwirtschaft und die Demokratisierung des Landes bilden, ohne dass die Macht des Präsidenten geschwächt wird.

Ein Autor ist immer ein bisschen mehr als der Text, den er geschrieben hat. So wurde tatsächlich in den Jahren der Unabhängigkeit so viel getan, dass man nicht alles in diesem Buch unterbringen kann. Und dessen Titel verpflichtet zu Vielem.

Wenn man über den Weg Kasachstans spricht, dann beschränkt sich dieser natürlich nicht nur auf die Bestimmung eines Wirtschaftssystems. Es geht auch um ein politisches Modell, das nicht nur allgemeine Verfassungsbestimmungen, sondern auch die Regierungsform, Infrastruktur und Konfessionsbeziehungen umfasst. Das ist ein weites Feld, und gerade in dieser Beziehung hat sich Kasachstan als Modellstaat in der modernen Welt hervorgetan. Diese Zielstrebigkeit hat sowohl international als auch in unserem Land Anerkennung erfahren.

Der über eineinhalb Jahrzehnte bewahrte ethnische und religiöse Konsens in einem so großen Gebiet der Erde hat den Weg Kasachstans auf entscheidende Weise geprägt. Er beruht auf einem empfindlichen Gleichgewicht, dessen Zerstörung die Lage schnell destabilisieren kann. Vieles ist mit der Persönlichkeit verbunden.

Die nächste Dimension des Weges Kasachstans ist die Sicherheit. Angefangen von der atomaren Abrüstung und der Festlegung regionaler und internationaler Grenzen mit anderen Staaten, vom Kampf gegen den Terrorismus, über militärpolitische Blöcke bis hin zu Fragen der Sicherheit des Einzelnen – all das ist Teil eines langen Weges. Trotzdem muss dies alles individuell betrachtet werden. Ich denke aber, es ist noch zu früh, über diese Dinge zu sprechen, weil die Arbeit noch in vollem Gange ist.

Nun ist es sehr wichtig, sich nicht entspannt zurückzulehnen, sondern weiter voranzustreben. Denn, bildhaft gesprochen, ist es die Aufgabe eines Champions, nicht nur „Gold" zu holen, sondern diesen ersten Platz auch zu verteidigen. Und das ist nur möglich, wenn man sich neue, immer schwierigere und ambitioniertere Ziele setzt.

Genau darum geht es in meinem Buch. Darum, wie wir uns von der Vergangenheit befreit haben. Darum, wie wir zu unserer Gegenwart gefunden haben. Und darum, wie schwierig dieser Weg war – der Weg des unabhängigen Kasachstan.

Kapitel I

Die Strategie der Unabhängigkeit

Die historische Besonderheit der Zeit vor der Geburt des souveränen Kasachstan besteht darin, dass man sie als eine Art klinischen Tod bezeichnen kann, in dem sich der große staatliche Organismus, die Union der sozialistischen Sowjetrepubliken, befand. Der staatliche Organismus war durch ökonomische und politische Krisen gelähmt, das gesellschaftliche Gehirn ließ die Geschichte in einem ungeschönten Crashkurs Revue passieren und das soziale Bewusstsein wand sich infolge dieses schwierigen Prozesses in Krämpfen.

Seit dem Plenum des ZK der KPdSU im April 1985, als im Grunde die „Perestrojka" begann, und bis hin zu seinem endgültigen Zerfall vergrub sich das Land in die Ergründung der kompliziertesten Labyrinthe seiner Geschichte. Millionen von Verfolgten erhielten ein Gesicht, die von der totalitären Maschinerie vernichtete Intelligenz erwachte zu neuem Leben, große und kleine Nationen erinnerten sich ihrer ureigenen Geschichte. Häufig ging dies in verschiedenen Regionen der ehemaligen UdSSR mit dem Aufflammen nationaler Konflikte, einem Sturm politischer Schlachten und bewaffneten Auseinandersetzungen einher. Die „Krankheit" wurde derart vernachlässigt, dass einige Regionen der ehemaligen UdSSR diesen kritischen Zustand bis heute nicht überwunden haben und in den alarmierenden Nachrichten aus aller Welt als „Hotspots" auftreten.

In diesem Zusammenhang erinnere ich mich an eine gemeinsame Pressekonferenz mit dem georgischen Präsident Michail Saakaschwili, der im März 2005 zu seinem ersten offiziellen Besuch in Kasachstan war. Auf die Frage eines Journalisten verglich er sein Land nach fünfzehn Jahren Unabhängigkeit mit einem Patienten auf der Intensivstation nach dem Erwachen aus dem Koma. In einer solchen ökonomischen Lage befinden sich heute noch ein paar andere Länder der GUS. Also sind wir ihnen elf bis zwölf Jahre voraus.

Doch obwohl auch wir die Symptome gesellschaftlicher Krankheiten in der Übergangsperiode gespürt haben – soziale Depression und Apathie, psychische Anspannung der Menschen – fand Kasachstan den Ausweg aus dieser Krise viel schneller; und, mehr noch, diese „Krankheit" befreite uns von den Illusionen der Sowjetzeit und machte den Weg frei für den Aufbau eines ganz neuen Staates – des unabhängigen und erfolgreichen Kasachstan.

Wir wussten, dass dieser eigenartige „komatöse" Zustand derart instabil und zweifelhaft war, dass jede Verzögerung oder falsche Entscheidung zum „Exitus letalis" führen würde. Es bestand die große Gefahr, wegen vergangener Kränkungen in unnötige Hysterie zu verfallen und Versuche, die Vergangenheit, die doch schon Geschichte geworden war, zu berichtigen, anstatt über Gegenwart und Zukunft nachzudenken. Wenn das Schiff sinkt, dann muss die Mannschaft zusammenarbeiten und nicht diskutieren, wer an dem Unglück schuld ist.

Ja, die Lage war nicht einfach. Doch wie schwierig sie auch gewesen sein mag, um einen Ausweg daraus zu finden, brauchten wir einen gesundes Führungsbewusstsein und die Anstrengung all unserer Kräfte. Es ist immer so schwer, wie es die Gesellschaft empfindet. Eine Krise sollte man nicht dramatisieren, weil jede Krise den Sinn hat, einer neuen Etappe voranzugehen. Ich habe es damals so gesehen und sehe es heute noch genauso, dass es bei einer Krise vor allem um eine Entwicklung geht. Das Ende des Alten ist immer der Anfang von etwas Neuem.

Kein Land der Welt ist zur Zeit seiner Entstehung von Krisen verschont geblieben, besonders mit Blick auf seine wirtschaftlichen Grundlagen. Große Depressionen und Rezessionen haben Amerika, Frankreich, England, die Türkei, Deutschland, Indien und andere Länder erlebt. Unterschiedlich war nur die Stärke der Erschütterungen. Einige Länder, wie zum Beispiel die „Tigerstaaten" Südostasiens, haben die „Klippen" des Aufbaus der Marktwirtschaft trotz innenpolitischer Instabilität, Landreformen und Finanzkrisen umschifft. In einigen Ländern kam es zu Umstürzen oder Bürgerkriegen, wie es zum Beispiel in Lateinamerika der Fall war und noch heute in einigen Ländern der Erde der Fall ist.

Einige Länder konnten, indem sie diese Schwierigkeiten bezwangen, ihre Wirtschaft stärken und zum Vorbild für die Struktur der Weltwirtschaft werden. Andere hatten weniger Glück und konnten sich bis jetzt nicht aus dem Teufelskreis von Fehden, Instabilität, wirtschaftlicher Depression und der wachsenden Last der Auslandsschulden befreien.

Man könnte natürlich einwenden, dass jeder Staat andere Startbedingungen hatte. Geographische Lage und wirtschaftliche Entwicklung, spezifische Vorerfahrungen und schließlich auch die Mentalität der Menschen beeinflussen ganz objektiv die Reformen und deren Ergebnisse. Meiner Meinung nach sind jedoch nicht immer objektive Gründe entscheidend, sehr viel hängt auch von subjektiven Qualitäten der jeweiligen Führung ab. Als ich mit dem Aufbau unseres Staates begann, interessierte ich mich daher für die Biographien der verschiedensten Staatsgründer, um die Gründe ihrer Erfolge oder Misserfolge zu erforschen. Es gibt viele Beispiele für Persönlichkeiten, die eine herausragende historische Rolle in der Geschichte ihrer Staaten gespielt haben. Da ist der erste Präsident der Türkei, Kemal Atatürk, der 31. amerikanische Präsident Franklin Delano Roosevelt, der „Vater der chinesischen Reformen" Deng Xiaoping, der ehemalige Premier Malaysias Mahathir Mohamad – diese Reihe ließe sich noch sehr lang fortsetzen.

Doch besonders möchte ich zwei Persönlichkeiten hervorheben. Staatsgründer, die für mich gewissermaßen zu persönlichen Vorbildern geworden sind. Das sind der französische Präsident Charles de Gaulle, der bereits verstorben ist, und der noch lebende Gründervater Singapurs, Lee Kuan Yew.

Nach dem II. Weltkrieg wurde die französische Republik von andauernden parlamentarischen Krisen geschüttelt. Frankreich erlebte eine Niederlage nach der anderen. Seit den 30er Jahren des 20. Jahrhunderts war Frankreich in politische Streitigkeiten verstrickt und konnte gegen die deutsche Aggression keinen wirksamen Widerstand leisten, weshalb es auch große Teile seiner Territorien in Übersee verlor. Und kaum hatten sich die Franzosen von der Schmach des II. Weltkrieges erholt, da begann der lang andauernde und blutige Bürgerkrieg in Algerien. Die französische Armee saß in Indochina fest, verlor viele Soldaten im Kampf gegen die vietnamesischen Bauern und gleichzeitig auch ihr Gesicht. Ende der 50er Jahre schien es, dass Frankreich den Status einer Weltmacht verloren hatte.

Die politische Krise hinterließ ihre Spuren auch in der wirtschaftlichen Entwicklung. Frankreich musste eine neue Seite in seiner Geschichte aufschlagen, und das möglichst schnell. Das Land brauchte eine starke Persönlichkeit, die in der Lage war, die französische Nation zu einen. So trat General de Gaulle auf den Plan.

Die Strategie der Unabhängigkeit 15

Durch seine große Beliebtheit und unangefochtene Autorität unter seinen Landsleuten gelang es ihm, eine starke und stabile Präsidialrepublik zu schaffen. Innerhalb kurzer Zeit schaffte es Charles de Gaulle, Frankreich wieder aufzurichten, ihm nach der faschistischen Okkupation seinen guten Namen zurückzugeben und es wieder zu einer Weltmacht zu machen. Die französische Verfassung, die de Gaulle seinen Landsleuten gab, verhalf Frankreich zu seiner Wiedergeburt und machte es zum Herzen der Europäischen Gemeinschaft. Damals gab es nicht wenige Kritiker, die Charles de Gaulle mehr oder weniger beschuldigten, die französische Demokratie zu Grabe zu tragen. Einmal hat er darauf folgendes erwidert: „Ich wundere mich über die erstaunliche Vergesslichkeit der Wähler, über die alte Gewohnheit der Franzosen, sich durch zweifelhafte Strömungen spalten zu lassen, sich mit politischen Spielchen zu amüsieren. Unter dem Einfluss dieser Strömungen könnten die Parteien Unfrieden in den Beziehungen zu einer starken Macht säen, ihre Oberhoheit wiederherstellen und das Land wieder ins Verderben führen. Die politischen Parteien haben Frankreich Anfang der 40er Jahre in eine schändliche Niederlage geführt."

Das nächste Beispiel ist Lee Kuan Yew, dem es in etwas mehr als dreißig Jahren gelang, Singapur in einen prosperierenden Stadtstaat mit hoher Lebensqualität zu verwandeln. Bis zum heutigen Tag ist das Bildungs- und das Gesundheitswesen Singapurs eines der besten in der Welt und das jährliche Pro-Kopf-Einkommen der Bevölkerung beträgt mehr als 25.000 Dollar, zur Zeit der Unabhängigkeitserklärung betrug es weniger als 1.000 Dollar . Die Zwei-Millionen-Metropole wurde zum beliebtesten Anziehungspunkt Asiens für international operierende Unternehmen.

Im Mai 1991 war Lee Kuan Yew auf einem inoffiziellen Besuch in Alma-Ata. Damals begann unsere Freundschaft, die bis zum heutigen Tag andauert. In den fünf Tagen, die er sich in Kasachstan aufhielt, machte er sich mit der Lage in unserem Land vertraut und auf meine Bitte hin sprach er auch vor einer Gruppe junger Wirtschaftswissenschaftler, die zu dieser Zeit im Ministerrat der Kasachischen Sowjetrepublik arbeiteten.

Bei diesem improvisierten Vortrag sprach Lee Kuan Yew darüber, wie der Stadtstaat errichtet wurde und wie er sich entwickelt hat. Er lenkte die Aufmerksamkeit der Zuhörer auf die Probleme, mit denen Singapur seit seiner Unabhängigkeit im Jahr 1965 konfrontiert war. Das waren die Schaffung staatlicher Institutionen und einer eigenen Armee, die Bewahrung des inneren Friedens und die Nichteinmischung der Vereinigten Staaten in die inneren Angelegenheiten Singapurs. Seine Wirtschaftspolitik begründete Singapur auf die Initiative und den Fleiß der Singapurer und setzte seine Hoffnung auf die geographisch günstige Lage des Hafens und auf seine hochqualifizierten Arbeitskräfte.

Der Premierminister Singapurs zog seine Zuhörer durch seinen außergewöhnlichen Charakter, durch seine energische Sprache und sein starkes Charisma in seinen Bann. In seiner fernöstlichen Sensibilität und Bildhaftigkeit verglich er einen großen Staat mit einem großen Schiff, das für die Wende viel Platz und eine tiefe Fahrrinne braucht, um nicht zu kentern. Anders gesagt, Schlüsselstaaten wie die UdSSR und China brauchen zur Umsetzung von grundlegenden wirtschaftlichen und danach auch politischen Reformen viel Zeit und tiefgehende Analysen. Andererseits hat die Geschichte solchen Ländern wie Singapur und Kasachstan einfach nicht so viel Zeit für langes Nachdenken und Unschlüssigkeit gegeben, manchmal braucht man einfach radikale Veränderungen und klare Methoden.

In seinem Vortrag war Lee Kuan Yew bestrebt, seine Zuhörer davon zu überzeugen, dass der Kommunismus keine Perspektive mehr hat, und führte beispielhaft die Entwicklung von West- und Ostdeutschland oder auch Nord- und Südkorea an. Trotz ihrer gemeinsamen Kultur, Mentalität, dem Klima und der natürlichen Ressourcen konnten die Länder mit kommunistischem System nicht mit ihren kapitalistischen Verwandten konkurrieren.

Als erfahrener Politiker und Staatschef war Lee Kuan Yew vom unvermeidlichen Zerfall der UdSSR überzeugt, gleichzeitig sah er für Kasachstan sehr ehrlich eine große Zukunft voraus. Und obwohl viele Menschen seine Worte für unser Land damals nur als ein diplomatisches Kompliment des Gastes aus dem Osten betrachteten, so hat die Zeit gezeigt, dass diese Worte prophetisch waren.

Das Jahr 1991 stand vor der Tür, und es öffnete den Weg in eine unbestimmte Zukunft. Bis zum Zerfall der UdSSR, eines der mächtigsten Imperien der Welt, waren die Tage gezählt. Eine neue Epoche war angebrochen und damit auch neue, unvorhersehbare Veränderungen. In den achtziger und neunziger Jahren vollzog sich auf der ganzen Welt ein schneller Übergang von einer industriellen zu einer postindustriellen Gesellschaft. Der wissenschaftlich-technische Fortschritt veränderte die wirtschaftlichen Strukturen der Staaten rigoros und damit auch ihre Gesellschaftsordnung. Die Globalisierung beschleunigte sich derart, dass Länder, die zu Veränderungen nicht bereit waren, auf dem Hinterhof der Geschichte zu landen drohten.

Überlassen wir den Politik- und Wirtschaftswissenschaftlern den Streit darüber, inwieweit der Sturz der kommunistischen Systeme und die Zunahme der Globalisierung zusammenhängen. Tatsache ist doch, dass sich die Sowjetunion mit ihrem riesigen Wirtschaftssystem und seinem militärisch-industriellen Komplex nicht in die postindustrielle Gesellschaft einfügen konnte. Sie konnte sich nicht zusammen mit der sich wandelnden Welt verändern, deshalb war für sie darin kein Platz mehr. Die UdSSR versuchte, Neuerungen einzuführen. Doch das war eine Transformation, die in erster Linie auf das politische System gerichtet war. Wirtschaftsreform kam erst an zweiter Stelle. Deshalb brachte die ökonomische Krise den großen Staat zu Fall.

Mit dem Beginn der Destrukturierung der Plan- und Verwaltungswirtschaft, mit dem Abreißen von Produktionsketten und Wirtschaftsbeziehungen geriet Kasachstan wie auch andere Sowjetrepubliken in eine Sackgasse. Es wurde offensichtlich, dass von der Plan- und Verwaltungswirtschaft zur Marktwirtschaft „übergegangen" werden musste.

Doch die moderne Wirtschaftswissenschaft verfügte über kein eindeutiges Modell für den Übergang zur Marktwirtschaft, das den modernen Tendenzen entsprochen hätte. Es gab keine allgemeingültige Lösung oder einen einzigartigen Algorithmus für einen solchen „Übergang". Wahrscheinlich kann es ein solches allgemeines Transformationsmodell auch gar nicht geben. Wir jedenfalls mussten unseren eigenen Weg finden. Den Weg Kasachstans.

Auf der Suche nach diesem Weg waren wir viel unterwegs und trafen uns mit Menschen von Weltrang. Die Entstehung unseres Staates wurde von bedeutenden Menschen mit lebhaftem Interesse verfolgt – Margaret Thatcher, François Mitterrand, Helmut Kohl, George Bush d. Ä., Lee Kuan Yew, Papst Johannes Paul II. und vielen anderen. Im Gespräch mit diesen Menschen formten wir unsere globale Weltanschauung. Die Diskussionen und Gespräche mit ihnen halfen mir persönlich zu verstehen, wo die Welt in ihrer Entwicklung steht und welchen Platz Kasachstan auf der Weltkarte einnehmen soll. Wir waren immer offen für den Dialog, schenkten auch neuen und unbekannten Ideen Gehör und waren dankbar für Kritik. Wenn die Erfahrungen anderer

Länder für uns von Nutzen waren, dann übernahmen wir sie mutig für unser eigenes Land.

Wir haben zum Beispiel lange analysiert, warum die Wirtschaftskrise in der ehemaligen Sowjetunion für die asiatischen „Tigerstaaten", die sich der internationalen Konkurrenz am besten anpassen konnten, eine Goldgrube war.

Wir fragten uns: Wie war es den ärmsten Ländern Südostasiens gelungen, sich innerhalb von 30 Jahren aus der Armut zu befreien und zu blühenden Industriestaaten zu werden? Zunächst waren es Korea, Taiwan und Singapur, später kamen Malaysia, Indonesien und Thailand dazu. Zu der Zeit, als vom Weltraumbahnhof Baikonur sowjetische Kosmonauten ins All flogen, hatten diese Länder gerade ihre Landreformen abgeschlossen und analphabetische Bauern waren in die zukünftigen Weltstädte übergesiedelt.

Mehr noch, viele dieser Länder begründeten ihre Entwicklung auf einem System, in dem der Staat die wirtschaftliche Entwicklung des Landes direkt bestimmte und sich tagtäglich in das Wirtschaftsleben einmischte. Den Regierungen dieser Länder war es offensichtlich gelungen, sich an einem bestimmten Punkt der Entwicklung aus der allumfassenden Planung zurückzuziehen und Privatinitiativen mehr Raum zu geben. Der Staat benutzte seine Methoden nicht zur Begrenzung des Marktes, sondern zu dessen Stimulierung und forcierten Entwicklung. Im Weiteren erfuhr die asiatische Methode der staatlichen Regulierung, die in diesen Ländern praktiziert wird, weltweite Anerkennung als „Modell der Marktregulierung".

Für uns ergab sich beim Aufbau der Marktwirtschaft nicht nur die Aufgabe, einen Komplex zielgerichteter Wirtschaftsmaßnahmen zu beschließen, sondern diese auch mit Hilfe des politischen Willens und der Stärkung der eigenen Souveränität umzusetzen. Es war notwendig, das Wesen der radikalen Veränderungen zu erfassen, die Tendenzen der weiteren Veränderungen zu prognostizieren und die effektivste Reformstrategie auszuwählen, die mehreren Millionen Menschen gerecht werden konnte. Und das alles in möglichst kurzer Zeit. Die Geschichte ließ kein langes Analysieren und Abwägen zu. Die Welt veränderte sich immer schneller. Und wir mussten nicht nur unser Wirtschaftssystem, sondern auch das gesamte Staatssystem, von der Wurzel an, anpassen und sogar die Denkweise jedes einzelnen Bürgers Kasachstans. Wir befanden uns sozusagen in einer „Aufholjagd" gegenüber der restlichen Welt.

Viele Kader aus der alten Garde verstanden die Unabänderlichkeit der Ereignisse nicht. Wir waren lange Zeit von der Welt isoliert, so dass wir uns die Gefahren der Globalisierung nicht vorstellen konnten. Geschweige denn ihre Möglichkeiten. Wir hatten keine, sagen wir mal, „Lebenspraxis" in einer freien Welt. Der Vortrag des Premierministers Singapurs im Jahr 1991 war für uns eine gute Orientierung zur Entwicklung langfristiger Strategien. Wir mussten festlegen, was wir erreichen wollen, um unseren Weg der Entwicklung zu finden.

„Die Strategie der Entstehung und der Entwicklung Kasachstans als souveräner Staat", 1992

Unsere erste Erfahrung mit mittelfristiger Planung war „Die Strategie der Entstehung und der Entwicklung Kasachstans als souveräner Staat", die Anfang des Jahres 1992 entwickelt wurde. Das war der erste Versuch, den Weg der Entwicklung in den Wirren dieser Zeit zu erfassen, und man kann ihn sicher den ersten gesamtstaatlichen Dreijahresplan nennen.

Mit Erlangung der Unabhängigkeit mussten viele zentrale Aufgaben gelöst werden. Zuallererst musste ein Staat zu Stande kommen. Und das hieß, dass staatliche Institutionen und Behörden geschaffen werden mussten, es musste Anerkennung in der internationalen Arena erlangt und die Mitgliedschaft in verschiedenen internationalen Organisationen erworben werden. Wenn man heute zurückblickt, dann kann man mit Gewissheit sagen, dass dieser Plan, der überwiegend eine Überlebensstrategie war, seinen Zweck erfüllt hat. Gerade diese Strategie hat uns klargemacht, wer wir sind und wer wir in näherer und fernerer Zukunft sein werden.

> *„Ohne ein klares Ziel können weder Menschen noch Machtstrukturen noch eine Gesellschaft leben. Menschen, die ohne ein bewusstes Ideal, ohne einen großen Traum leben, können sich schnell in kleinbürgerlichen Interessen, in unmittelbaren materiellen Vorteilen verlieren. Und infolgedessen kommt es zu einer gesellschaftlichen Degradierung. Gerade deshalb ist es notwendig, heute ein klares und konkretes Konzept für die gesellschaftliche Entwicklung Kasachstans zu haben, das es jedem ermöglicht, die Marschrichtung unserer Bewegung zu erkennen, Vertrauen zu fassen in die Vorhersagbarkeit der Ereignisse und in die Erreichung des Zieles."*
>
> Die Strategie der Entstehung und der Entwicklung
> Kasachstans als souveräner Staat, 1992

Die Strategie wurde zu einem der ersten offiziellen Akte der Republik, die den Grundstein legten zur Selbstbestimmung des Volkes Kasachstans. Durch eine kleine Rückschau auf die Geschichte machte sie deutlich, dass Kasachstan in seinen heutigen Grenzen eine Ansiedlung verschiedener ethnischer Stämme war, die später zur kasachischen Nation wurden und das gesamte Territorium des heutigen Kasachstans kontrollierten. Wir haben offiziell erklärt, dass der heutige unabhängige Staat nicht irgendjemandes Geschenk an die Kasachen ist, sondern unsere historische Heimat, unsere ureigene kasachische Erde. Wir haben dem Volk eine klare Orientierung gegeben. Wir haben auch das klare Zeichen gesetzt, dass die Staatsmacht alle verfassungsmäßigen Mittel nutzen wird, um die Integrität des Staates, seine Einheit und die Unverletzlichkeit seines Territoriums zu garantieren. Das war eine wichtige Erklärung in dieser instabilen Zeit.

Als strategisches Ziel wurde der Aufbau eines souveränen Staates mit einer starken Präsidialmacht festgelegt. Für die junge Republik mussten klare Konturen der Staatlichkeit umrissen werden. Wir waren uns der Gefahren von Zeitverlust und der weiteren Verschärfung der Krise bewusst, doch dank der Präsidialmacht konnten wir uns auf die Lösung der dringendsten Probleme konzentrieren und die wichtigsten Reformen kurzfristig auf den Weg bringen, ohne uns von Verhandlungen und halbherzigen Kompromissen ablenken zu lassen. Damals wurden neue Ministerien gegründet, die existenzielle Aufgaben zu lösen hatten. Ebenfalls wurden erstmals in der Geschichte des unabhängigen Kasachstan staatliche Institutionen geschaffen wie zum Beispiel die Streitkräfte, der diplomatische Dienst und das Zollwesen. Es wurden Maßnahmen zur Stärkung und Festlegung der Staatsgrenze ergriffen. Dazu waren immer erhebliche finanzielle Mittel und entschlossenes Handeln notwendig.

Mit diesem Akt haben wir die ersten und vielleicht schwierigsten Schritte zur Veränderung der Eigentumsverhältnisse getan und haben damit den Konservatismus der festgefahrenen Wirtschaftspraxis und die alten Denkweisen sowohl einzelner Führungskräfte als auch der gesamten Bevölkerung überwunden.

Die Strategie kündigte zwei grundlegende Wirtschaftsprinzipien an. Zum einen den Aufbau einer sozialen, wettbewerbsorientierten Marktwirtschaft. Zum anderen die Schaffung von Rechtsgrundlagen zur Umsetzung des Prinzips der wirtschaftlichen Selbstbestimmung des Menschen. Der Staat hat für die Zukunft die Reduzierung des staatlichen Eigentums auf 30-40% angekündigt. Zur Erreichung der anvisierten ökonomischen Ziele sind indirekte Methoden zur Wirtschaftsregulierung unter Anwendung entsprechender Maßnahmen der Budget-, Steuer-, Geld- und Kredit- sowie der Sozialpolitik geplant.

> *„In der Republik wird sich ein für die posttotalitäre Periode typischer Prozess der Begrenzung von politischer und wirtschaftlicher Macht und der Überwindung des absoluten Monopols staatlichen Eigentums vollziehen. Dies wird sich in einer verstärkten Privatisierung und dem besseren Funktionieren von einflussreichen und gewichtigen Formen des nichtstaatlichen Eigentums zeigen, in der Bildung einer starken Mittelschicht von privaten Eigentümern, die der wirtschaftlichen Entwicklung und der Gesellschaft im Allgemeinen Stabilität geben. Gerade diese Schicht ermöglicht die Überwindung von negativen Erscheinungen in der Gesellschaft wie Schmarotzertum, Gewöhnung an Hilfe und dem Rufen nach dem Staat, wenn es wirtschaftliche Schwierigkeiten gibt."*
>
> Die Strategie der Entstehung und der Entwicklung Kasachstans als souveräner Staat, 1992

Die Arbeit an diesem Akt war ziemlich schwierig. Ich hatte für eine Gruppe junger Wirtschaftswissenschaftler die Hauptziele und Aufgaben dieser Strategie formuliert. Anhand dieser Vorhaben erstellten sie einen Entwurf für diesen Akt. Dieser wurde mehrmals mit mir diskutiert. Ich zog Vertreter aus den verschiedensten Fachgebieten und meine Berater aus dem Ausland heran. Natürlich gab es noch viel Konservatismus, oder besser gesagt, eine „Stagnation des Denkens" bei unseren Fachleuten. Doch im Endeffekt entstand der Text für den Akt, den wir brauchten.

Die Strategie konstatierte, dass Kasachstan von der Plan- zur Marktwirtschaft übergehen soll, vom Totalitarismus zu einer liberalen Politik. Viele verstanden uns nicht. Der Oberste Sowjet – so hieß das sowjetische Parlament – und seine Führung forderten von uns die Überarbeitung einzelner grundsätzlicher Positionen und begründeten das damit, dass das Volk nicht bereit sei, solche Ideen zu akzeptieren.

Ich bin dem damaligen Vizepräsidenten Erik Assanbajew dankbar, der mit der Leitung der Gruppe betraut war. Zu dieser Gruppe zählten junge Wirtschaftsexperten wie S. Achanow, U.

Schukejew, O. Zhandossow, G. Martschenko und andere. Sie verteidigten den Akt vor den Abgeordneten des Obersten Sowjets, und traten dem konservativen Standpunkt der vielen Kritiker entgegen, die das Wesen der laufenden Veränderungen noch nicht verstanden hatten oder einfach alles Neue fürchteten. Es gab heiße Debatten im Obersten Sowjet.

Man kann sagen, dass das Schlüsselmoment der Strategie wohl ein solcher Ideenbegriff wie „Wohlstand für alle" war. Der Autor dieses Konzepts ist der bekannte deutsche Ökonom, Wirtschaftsminister und spätere Kanzler Ludwig Erhard. Er wird auch „Vater" der Marktreformen in Deutschland, die einen erstaunlichen Effekt hatten, genannt. Innerhalb von zehn Jahren hielt sich das Wirtschaftswachstum bei ca. 8% pro Jahr und war damit weltweit das höchste. Aufgrund dieser Erfolge Erhards wurde der Begriff „Deutsches Wirtschaftswunder" geprägt. Dem Prinzip „Wohlstand für alle" folgend, kündigte unsere Regierung an, dass sie diesen Wohlstand für alle erreichen will, indem sie jedem, der will, unternehmerische Freiheit und Engagement in einem Fachgebiet seiner Wahl einräumen möchte. Unter diesen Bedingungen können fähige, fleißige und kreative Menschen einen höheren sozialen Status in der Gesellschaft erreichen. Gleichzeitig versprachen wir höhere Löhne, Renten und Beihilfen, gemessen am Wachstum und der Stabilität der Wirtschaft und ihrer Integration in die Weltgemeinschaft. Und wie die Geschichte gezeigt hat, haben wir unser Versprechen eingelöst.

In der Strategie hatten wir auch angekündigt, eine nationale Währung einzuführen. Daran war die Bedingung geknüpft, dass wir diese Frage erst nach der Überwindung der Krise und der Stabilisierung der Wirtschaft behandeln wollen. Der sowjetische Rubel war die allgemeine Währung für die Übergangszeit, weil wir damals noch nicht für eine neue Währung bereit waren. Außerdem war beim Warenaustausch der Rubel immer das Zahlungsmittel. Und die russische Führung versprach, die Rubelzone noch einige Zeit aufrechtzuerhalten. Trotzdem gab es in Russland Leute, die uns Bedingungen stellen wollten: Entweder ihr bleibt in der Rubelzone oder wir ruinieren eure Wirtschaft. Die Ereignisse der nächsten achtzehn Monate bestätigten unsere Bedenken hinsichtlich der Rubelzone, aber davon werde ich in den nächsten Kapiteln noch berichten.

Ende des Jahres 1992 glaubten die wenigsten an meine Erklärung, dass diese Strategie nur der Anfang eines langen Weges sein würde. Auf dem Höhepunkt der Krise legte die Strategie Richtlinien zum Aufbau einer normalen demokratischen Gesellschaft mit einer gemischten Marktwirtschaft fest, die jedem Menschen die gleichen Möglichkeiten eröffnete, eine eigenständige Wahl zu treffen, wirtschaftliche Selbstbestimmung zu erlangen und damit seine wirtschaftlichen, sozialen und politischen Interessen zu verwirklichen. Wir wollten eine Gesellschaft aufbauen, in der das Gesetz, der Wille des Volkes und der gesunde Menschenverstand herrschten. Eine Gesellschaft, in der kreative und kluge Menschen wohlhabende und erfolgreiche Bürger werden.

Ungeachtet der Schwierigkeiten, die uns in der Politik, aber auch auf anderen Gebieten begegneten, versuchte die Regierung, in den ersten drei Jahren (1992-1994), die Wirtschaft zu liberalisieren, die gesetzliche und institutionelle Basis für marktwirtschaftliche Beziehungen zu schaffen und genügend Konsumgüter auf den Markt zu bringen. Die notwendige Liberalisierung der Wirtschaft förderte eine Menge Probleme zutage, die das Produktions- und Wirtschaftspotential schwächten. Sie hingen mit dem technischen Rückstand in der Wirtschaft zusammen, mit fehlender Wettbewerbsfähigkeit vieler Waren und Dienstleistungen sowie dem Fehlen von Staats- und Marktinstitutionen, einer gesetzlichen Grundlage, Finanzen und Personal.

Zu dieser Zeit gab es eine Menge kritischer, schroffer, teilweise bis ins Absurde gehende Meinungen und Beurteilungen von Seiten vieler ausländischer Medien, die an die Adresse Kasachstans und seiner Führung gerichtet waren. In diesen Meldungen wurden die Zweckmäßigkeit der Reformen in Kasachstan, die Möglichkeit einer Grenzrevision und anderes mehr sehr scharf hinterfragt.

Amerikanische Politologen, allen voran Z. Brzeziński, befürchteten ethnische Konflikte in der Vielvölkerrepublik oder auch, dass Russland, China oder islamische Staaten uns „schlucken" könnten. Als Beispiel genügt es schon, Auszüge aus Z. Brzezińskis Buch „Das große Schachbrett" zu zitieren:

> *„Es ist unausweichlich, dass nicht nur die Vertreter der Elite, sondern bald auch die einfachen Menschen in diesen Republiken immer nationalistischer werden, und allem Anschein nach werden sie sich immer stärker dem Islam zuwenden. In Kasachstan, einem großen Land mit Unmengen an Bodenschätzen, aber auch mit einer Bevölkerung von fast 20 Millionen Menschen, die ungefähr zur Hälfte Kasachen und Slawen sind, nehmen die sprachlichen und nationalen Differenzen offensichtlich zu."*
>
> Z. Brzeziński: The grand chessboard. American primacy and its geostrategic imperatives, 1998

Dazu muss man auch sagen, dass die unabhängige Presse Russlands den Ton in der Kritik angab. Besonders bemerkenswert ist hier Wladimir Zhirinowskj, der, wie auch Solschenizyn, erklärte, dass Kasachstan nur ein vorübergehendes Phänomen sei, dass es als unabhängiger Staat nicht existieren könne, dass in Kasachstan angeblich die Rechte der Russen beschnitten würden. Russische neoliberale Politiker sagten, dass Kasachstan, wenn es erst die Beziehungen zu Russland verloren habe, Bankrott gehen und dann „auf den Knien zu Russland zurückrutschen" werde.

> *„… wenn die derzeitige Wirtschaftpolitik so fortgesetzt wird, wird Kasachstan – so prognostizieren auch russische Experten – in naher Zukunft eine Hyperinflation erleben, genauer gesagt, den Zusammenbruch der nationalen Währung und eine allgemeine Finanz- und Wirtschaftskrise. <…> der tödliche Ausgang ist spätestens März nächstes Jahres zu erwarten."*
>
> Nesawissimaja gaseta, 27. Mai 1994

Die Geschichte hat gezeigt, dass all diese „Vorhersagen" nicht eingetroffen sind. Mehr noch, in den 10 Jahren nach der Unabhängigkeitserklärung hat Kasachstan auf vielen Gebieten die Führung im postsowjetischen Raum übernommen. Die wichtigsten Errungenschaften der ersten Etappe der Reformen in der Wirtschaft waren die Erhaltung der sozialpolitischen Lage im Land, die erfolgreiche Einführung einer nationalen Währung, die Aufnahme in internationale Finanzinstitutionen, die endgültige Abkehr von der administrativen Kommandowirtschaft und damit die Anerkennung Kasachstans in der Weltgemeinschaft.

Seit der Unabhängigkeit des Staates und der Wirtschaft sowie deren Festigung stand ein drängendes Problem auf der Tagesordnung – der Mangel an Fachkräften. Wir mussten durch die gesamte ehemalige Sowjetunion reisen, um Spezialisten aus Kasachstan zu finden – Ökonomen, Juristen, Militär, Finanzfachleute und andere. Viele mussten gar nicht erst zu einer Rückkehr in die Heimat überredet werden. Sie alle waren Meister ihres Fachs und Patrioten Kasachstans. Gerade damals kehrten hochqualifizierte Fachkräfte nach Kasachstan zurück, die später hohe Posten im Staatsdienst einnahmen.

Gleichzeitig mit der Suche nach einem optimalen Wirtschaftsmodell musste man sich auch für eine Zielrichtung entscheiden. Ich habe meine Überlegungen im Jahr 1993 in der kleinen Arbeit „Ideenkonsolidierung der Gesellschaft als Voraussetzung für den Fortschritt Kasachstans" zusammengefasst. Damals herrschte im Massenbewusstsein ein großes Durcheinander. Aber durch den Nebel der Ungewissheit zeichneten sich drei grundlegende Perspektiven ab: die sozialistische Idee, die noch sehr stark war, der Traditionalismus und liberale Ideen. Wir mussten aus den verschiedenen Varianten auswählen. Und gerade damals zeigte mir die Analyse der Lage, dass nicht alle bereits existierenden Varianten zur Entwicklung einer Gesellschaft zu uns passten.

Mit der sozialistischen Idee war die Situation mehr oder weniger klar. Die totale Krise in Wirtschaft, Politik und interethnischen Beziehungen lag ja auf der Hand. Und mir als jemandem, der die „Wunderwerke der Statistik" in der sozialistischen Wirtschaft aus eigener Erfahrung erlebt hatte, war klar, dass es einen Weg vorwärts in die Vergangenheit nicht geben würde.

Schwieriger war es mit dem Traditionalismus. Ungeachtet dessen, dass Traditionalismus sehr wichtig für den Zusammenhalt einer Nation auf kultureller Ebene ist, ist er in der Politik keine Lösung. Ich musste viele Male betonen, dass eine politische Ideologie des Traditionalismus, die auf die Wiederbelebung einer archaischen Gesellschaftsordnung, einer Stammespsychologie gerichtet ist für uns absolut inakzeptabel ist. Mir waren schon damals die Gefahren der unterschiedlichen tribalistischen Ansichten und Diskussionen bewusst. Und während dieser eineinhalb Jahrzehnte war meine praktische politische Tätigkeit immer auf die Unterbindung sämtlicher tribalistischen Bestrebungen gerichtet.

Dazu kommt, dass der Traditionalismus als politische Ideologie zu einer unausweichlichen Verschärfung von Stammeskonflikten geführt hat. Ich erinnere mich noch an eine Gruppe junger Politologen, die mir im Jahr 1993 einen Aufsatz zu den Mechanismen des Tribalismus in der kasachischen Gesellschaft und dessen Auswirkungen auf die Zukunft des Staates übergeben hatte. Die Arbeit war sehr seriös und schilderte die möglichen Perspektiven solide und detailliert. Trotzdem legte ich sie beiseite und sagte, dass dieses Problem natürlich untersucht werden und auch ein ständiges Monitoring durchgeführt werden müsse, trotzdem solle man die Gesellschaft nicht übermäßig beunruhigen oder gar eine gesellschaftliche Diskussion zu diesem Thema anstoßen.

Mit der liberalen Idee war es schwieriger. Anfang der 1990er Jahre galt vielen Vertretern der Elite die liberale Idee als Allheilmittel gegen alle Krankheiten. Als Staatsmann durfte ich aber nicht leichtgläubig sein. Sicher, die liberale Idee war einer der stärksten und reifsten Beiträge des Westens zur politischen Theorie und Praxis weltweit, sicher, sie wurde zur vorherrschenden politischen Ideologie in großen Teilen der Welt. Doch schon damals war klar, dass bei einer mechanischen Übernahme der westlichen liberalen Ideologie deren Verfechter bald mit der Kultur im weiteren, und damit auch im politischen Sinne, kollidieren würden. Man konnte den Charakter und die Ideale der Menschen nicht im Handumdrehen verändern. Man musste die politische

Kultur auf der Grundlage realer Reformen schrittweise und auf eine zivilisierte Art und Weise umgestalten.

Ich möchte daran erinnern, dass dies alles bereits im fernen Jahr 1993 gesagt wurde. Und bis zum heutigen Tag muss man kein einziges Wort in dieser Beurteilung ändern. Und genau so klar war die Zielrichtung, die wir vorgegeben hatten. Ein dicht gedrängtes Programm. Vier Richtungen auf politischem und wirtschaftlichem Gebiet, vier Richtungen im Bereich der Ideenkonsolidierung. Ich habe die Zielrichtungen, die damals festgelegt wurden, nicht verändert. Urteilen Sie selbst:

Erstens: Die Aufgabe war, den Übergang von der formal-rechtlichen zur faktischen Unabhängigkeit zu vollziehen. Zweitens: Die Strategie hierzu war zu diesem Zeitpunkt die Stärkung der Staatlichkeit. Die Merkmale einer Staatlichkeit waren ja gerade erst in ihrer Entstehung begriffen. Drittens: Es wurde die Richtung für komplexe und umfassende Wirtschaftsreformen ausgewählt. Viertens: Pragmatismus bei der Wahl der Partner in der Außenwirtschaft sowie eine pragmatische Außenpolitik im Allgemeinen.

Der ideologische Querschnitt bestand aus diesen vier Schichten: Erstens: friedvolle interethnische Koexistenz. Diese Idee haben wir in den darauf folgenden Jahren hervorragend umgesetzt. Zweitens: die nationale Einheit. Wir konnten eine Spaltung der Kasachen in Horden und Sippen, in Regionen und andere territoriale Einheiten vermeiden. Wie wir heute sehen können, ist das für viele Länder nicht nur ein aktuelles, sondern auch ein sehr drängendes politisches Problem. Drittens: Die Ideologie einer Modernisierung der Gesellschaft Kasachstans wurde verkündet. Die Schaffung von Institutionen einer Zivilgesellschaft, ein Mehrparteiensystem, freie Medien, nichtstaatliche Organisationen – all das zählte zur Modernisierungsideologie. Schließlich erkannten wir auch das Potenzial der Religionsbewegungen und postulierten klar eine religiöse Toleranz und Glaubensfreiheit. All diese Leitsätze haben der Prüfung durch die Zeit standgehalten.

Das Memorandum des Präsidenten, 1994

Trotz der ersten Erfolge gab es noch viele ungelöste Probleme. Eines davon, das mich besonders beunruhigte, war, dass die Menschen die Veränderungen noch nicht akzeptieren wollten. In den schlimmsten Zeiten der Krise und des Zerfalls der Wirtschaft trat ich mit einer Botschaft vor den Obersten Sowjet der Republik Kasachstan, die später „Memorandum des Präsidenten" genannt wurde. Das Ziel war, dass die obersten Organe der Staatsmacht und die politischen Parteien und Vereinigungen auf die wirkliche Situation in Kasachstan schauen, die richtigen Schlüsse daraus ziehen sollten und endlich eine konstruktive Zusammenarbeit beginnen würden. Wir waren im dritten Jahr der Unabhängigkeit, und der Bevölkerung musste klar gemacht werden, dass es keine Rückkehr in die Vergangenheit geben wird.

Das Jahr 1994 war in mehrfacher Hinsicht ein Wendepunkt. Das Memorandum sah grundlegende Reformen im Geld-, Kredit- und Bankwesen vor. Bereits seit einem halben Jahr hatten wir eine nationale Währung. Der nächste entscheidende Schritt war auf die Stabilisierung des Tenge – Kurses und die Beherrschung der Hyperinflation gerichtet. Die wichtigste Aufgabe des Staates und der einzige Ausweg aus der Krise war eine finanzielle Stabilisierung.

Wir haben unseren Bürgern offen gesagt, dass der Staat sämtliche Ausgaben kürzen wird, darunter auch verschiedene direkte und verdeckte Zuschüsse, Subventionierungen und auch die Kosten für Staatsorgane. Von der Regierung wurde eine strenge Kontrolle der Einnahmen und Ausgaben des Staatsetats gefordert. Jeglicher Druck oder Lobbyismus zu Gunsten einzelner Branchen oder Wirtschaftsbereiche wurde rigoros unterbunden. Es wurde auf staatlicher Ebene offiziell erklärt, dass der Staatsetat ein Instrument der Staatspolitik ist und dass er nicht zu Gunsten korporativer, regionaler und anderer Interessen geplündert werden wird. Ein anderes wesentliches Ziel der Regierung war die Anwerbung von möglichst großen ausländischen Investitionen in Schlüsselbranchen wie Verkehr, Energiewirtschaft und Mineralressourcen. Ein weiteres bedeutendes Ereignis dieser Zeit war die Unabhängigkeitserklärung der Nationalbank vom Obersten Sowjet und der Regierung.

Und gerade zu dieser Zeit fand auch eine bisher beispiellose Straffung des Staatsapparates statt. Zu Sowjetzeiten war es an der Tagesordnung, dass Geld aus dem Zentrum in die Peripherie gepumpt wurde, um dort die Anzahl der Gebiete und Landkreise zu erhöhen. Damit konnte man die Anzahl der Staatsbeamten erhöhen. Damit sich der erste Führer einer Republik für die Mitgliedschaft im Politbüro bewerben konnte, brauchte er mindestens 20 Gebiete, wie zum Beispiel in der Ukraine. Bei uns gab es 19. Jetzt sollte Nr. 20 kommen – zu spät.

Denn das alles erhöhte die Anzahl der zuweisungsberechtigten Gebiete und Landkreise. Dabei entsprachen sie weder vom wirtschaftlichen Potenzial noch von der Menge der Einwohner den Anforderungen. Aber sie hatten die Bezeichnung – Gebiet. Dafür gab es dann in jedem Gebiet, in jedem Landkreis die vollständige Behördenstruktur: das Gebietskomitee, das Gebietsexekutivkomitee, das Gebietsgericht, die Gebietsverwaltung für Innere Angelegenheiten, die Gebietsabteilung für Volksbildung, die Gebietsabteilung Gesundheitswesen und so weiter. Und das alles noch einmal auf der Landkreisebene. Eine solche bürokratische Hydra konnte natürlich jegliche Neuerung oder Initiative kaum begrüßen. Gerade deshalb war die Verwaltungsreform einer der ersten Schritte der von uns angekündigten Reformen.

Im Jahr 1994 haben wir im Zuge der Optimierung die 19 Gebiete auf 14 reduziert und die ursprünglich 230 Landkreise auf 169. Es wurden 25 Tausend Angestellte gekündigt und die eingesparten mehreren Millionen Tenge zur Auszahlung von Renten und Löhnen verwendet. In Russland gibt es erst jetzt, zehn Jahre nach unseren Reformen, erste Versuche einer ähnlichen Verwaltungsreform.

Wir haben uns von einer ganz einfachen Logik leiten lassen: Wozu braucht ein arbeitender Mensch so viele Vorgesetzte, die er von seinen Steuern bezahlen muss? Das wäre ja in Ordnung gewesen, wenn die Einnahmen der Gebiete dazu ausgereicht hätten. Aber nein, dafür musste ja noch zusätzlich auf die Konten der selbstversorgenden Gebiete eingezahlt werden. Die Beamten, die ihren warmen Sessel räumen mussten, waren natürlich gegen meine Entscheidung. Einige Politiker nutzten das aus und riefen dazu auf, die Gebiete und Landkreise wiederherzustellen. Das heutige Wohlstandswachstum soll uns aber nicht zum Nachlassen bewegen. Gerade in einkommensstarken Zeiten wächst der Anreiz, den Staatsapparat zu vergrößern und damit auch die Ausgaben für seinen Unterhalt zu erhöhen. Ich bin der Meinung, dass der Staat diese Ausgaben auch weiterhin unter Kontrolle halten muss. Wir haben die Verwaltungsreformen noch nicht abgeschlossen. Das liegt noch vor uns.

Die Überwindung der Nichtzahlungskrise war nicht möglich, ohne die Betriebe in „kranke" und „gesunde" einzuteilen. Wir wollten uns von den schwachen Betrieben befreien, indem wir sie entweder sanierten oder schlossen.

Der Prozess der Entstaatlichung und Privatisierung sah die Bildung einer Schicht potentieller Eigentümer und den Aufbau eines Wertpapiermarkts und dessen Infrastruktur vor. Dazu war eine grundlegende Rechtsreform notwendig. Sie war der Stützpfeiler der Wirtschaftsreformen und eine Art Lokomotive für deren erfolgreiche Umsetzung.

Doch wahrscheinlich war für das Land zu dieser schwierigen Zeit die Erhaltung eines psychologischen Gleichgewichts in der Gesellschaft die wichtigste Aufgabe. Während einige Populisten rosige Aussichten versprachen, sagten andere die unvermeidliche Katastrophe voraus. Aber ehrlich konnte nur eine wahrheitsgetreue Position sein. Diese versuchte ich, den Abgeordneten nahe zu bringen.

> *„Wenn wir echte Patrioten unserer Heimat sind, wenn wir die Krise wirklich überwinden wollen und dem Volk ein besseres Leben ermöglichen wollen, dann müssen wir uns den Schwierigkeiten stellen und ihnen standhalten. Vor 50 Jahren, während des Krieges gegen Nazideutschland, trat der Premierminister Großbritanniens Winston Churchill mit einem Appell vor sein Volk: ‚Das wird ein schwerer und komplizierter Krieg, der von uns allen Opfer fordern wird, aber wir haben keine andere Wahl.' Er verheimlichte dem Volk nicht, dass es für einen Sieg Schmerzen und Leiden erleben werde. Kasachstan hat seine politische Unabhängigkeit erlangt. Aber jetzt kämpfen wir für unseren wirtschaftlichen Wohlstand. Deshalb bin ich aufrichtig mit Ihnen und sage, dass wir dazu große Anstrengungen von jedem einzelnen Bürger Kasachstans fordern, und zuallererst von Ihnen."*
>
> Aus einer Rede vor dem Obersten Sowjet, 9. Juni 1994

In diesen Krisenzeiten musste nicht nur den wirtschaftlichen Reformen, sondern auch den Befindlichkeiten der Bevölkerung und der Erhaltung des sozialen Gleichgewichts, des inneren Friedens und der Stabilität im Lande ständige Aufmerksamkeit gewidmet werden. Als damals im postsowjetischen Raum immer mehr Krisenherde interethnischer Konflikte entstanden, blieb Kasachstan ein gemeinsames Haus für viele verschiedene Nationalitäten. Für viele Millionen Menschen war Kasachstan im wahrsten Sinne des Wortes zu ihrer Heimat geworden.

In diesem Zusammenhang beunruhigte uns die Abwanderung russischsprachiger Bevölkerung aus dem Land. Wir erkannten, dass die Abwanderung von wertvollem menschlichem Kapital ein großer Verlust für die Republik ist. Deshalb habe ich die Initiative „Zehn einfache Schritte den einfachen Bürgern entgegen" gestartet, die die Migration verringern und den Erwerb der Staatsangehörigkeit vereinfachen sollten. Im selben Jahr regte ich an, die Eurasische Gemeinschaft als ideologisches Fundament für eine zukünftige wirtschaftliche Integration zu betrachten.

Zu Beginn des Jahres 1996 war der Reformprozess in vollem Gange. In dieser Phase waren die Reformen hauptsächlich auf die Stabilisierung der Makroökonomie gerichtet, auf den Ausbau der Gesetzgebung, des Finanzsystems, des Sozialbereichs und des Produktionssektors, was Demonopolisierung, Privatisierung, Schließung und Sanierung von Betrieben einschloss. Und wir zogen aus den vollzogenen Reformen Bilanz.

> *„Das erste, was wir unterstreichen müssen: Kasachstan ist zu einem unabhängigen souveränen Staat geworden und hat, bildhaft gesprochen, seinen Platz auf der politischen Weltkarte eingenommen.*
>
> *Zweitens: Mit der Verabschiedung der neuen Verfassung im August 1995 wurde das Fundament für die Staatsordnung des Landes gelegt. Gleichzeitig wurde damit auch die erste Phase des Staatsaufbaus vollendet.*
>
> *Drittens: Indem wir das Staatswesen gestärkt und gefestigt haben, maßen und messen wir der weiteren Vertiefung der interethnischen Beziehungen, der politischen Stabilität, der Entwicklung demokratischer Prozesse und der Herausbildung neuer politischer Institutionen eine sehr große Bedeutung bei. Bürgerechte und Freiheit des Menschen haben absoluten Vorrang.*
>
> *Viertens: Die Zeit einer stürmischen, chaotischen und krisengeschüttelten Wirtschaft, verursacht durch die Umsetzung der Reformen und die Erlangung der wirtschaftlichen Selbständigkeit, geht zu Ende. Sie geht mehr und mehr in ein ruhiges und berechenbareres Fahrwasser über und gestattet uns, nach genau berechneten Programmen und Plänen zu arbeiten; d.h. dass wir nicht nur nicht hinter den Ereignissen zurückbleiben, sondern ihre Entwicklung voraussagen können.*
>
> *Und schließlich fünftens: Wir haben sehr viel an der Lösung der sozialen Probleme gearbeitet. Wir haben begonnen, die Renten zu erhöhen, haben unsere Schulden den Rentnern gegenüber beglichen; die Löhne im öffentlichen Dienst sind bereits gestiegen, und auch die ländlichen Gebiete erfuhren eine spürbare Unterstützung."*
>
> Aus der Rede „Der Erfolg der Reformen hängt von
> der aktiven Beteiligung der Regionen ab", 1996

Der von uns begonnene Übergang zur Marktwirtschaft sah die Schaffung von Schlüsselbedingungen für eine funktionierende Wirtschaft vor, wie Kommerzialisierung und freie Ausübung der wirtschaftlichen Tätigkeit, freie Preisbildung, Deregulierung, konsequente Integration in weltwirtschaftliche Beziehungen und Ausweitung der marktwirtschaftlichen Beziehungen auf die Bereiche, in denen sie besonders effektiv sind.

Es ist kein Geheimnis, dass viele die gestellten Aufgaben für unerfüllbar hielten. Es gab viele gegensätzliche Meinungen, doch wir mussten den eingeschlagenen Weg weitergehen und die Reformen zu Ende führen. Es ist meine tiefste Überzeugung, dass es beim Übergang zu einem funktionierenden Markt wichtig ist zu bestimmen, auf welche Art und Weise dieser Übergang geschehen soll, welche konkreten und wechselseitig bedingten Maßnahmen ergriffen werden, in welchem Zeitraum und welcher Reihenfolge sie umgesetzt werden sollen.

Die optimale Entwicklung der Wirtschaft Kasachstans erforderte eine stark sozial ausgerichtete Orientierung und solide strukturelle Umgestaltung. Im Grunde ging es um den Übergang zu einem neuen Marktmodell der sozialökonomischen Entwicklung der Republik als souveränem Staat. Dabei war wichtig, die Gründe der Wirtschaftskrise zu analysieren und rationale Auswege aus dieser Krise zu finden.

> *„Ich bin weit davon entfernt zu denken, dass wir im Laufe der Reformen alle unsere Pläne umgesetzt haben. Es gab sowohl Fehler als auch Fehlkalkulationen. Schwierigkeiten gibt es auch heute noch, und wahrscheinlich sind sie auch in Zukunft nicht zu vermeiden. Doch das Hauptsächliche ist getan. Wir haben ein Staatswesen geschaffen. Wir haben das Fundament für das politische System gelegt, für Demokratie und bürgerliche Freiheiten. Das auf einer neuen gesetzgeberischen Basis errichtete Wirtschaftssystem mit marktwirtschaftlichen Zügen funktioniert. Andererseits – das Leben geht weiter. Der Reformkurs muss unbedingt durch groß angelegte Maßnahmen weiter vertieft werden".*
>
> Aus der Rede „Der Erfolg der Reformen hängt von
> der aktiven Beteiligung der Regionen ab", 1996

Wir kamen wieder auf das Beispiel Singapurs zurück. Ohne Bodenschätze und Naturreichtümer, sogar ohne eigene Lebensmittelproduktion und Wasser war das Land in relativ kurzer Zeit in Südostasien an die Spitze gelangt. Die sorgfältige Analyse der singapurischen Erfahrungen ergab, dass einer der wichtigsten Erfolgsfaktoren dieses Landes eine langfristige Strategie war, klare Ziele und eine hochprofessionelle Politik zu ihrer Erreichung. Eben diese Tatsache war für uns der Anhaltspunkt zur Erarbeitung unserer eigenen langfristigen Strategie.

Die Strategie der Entwicklung Kasachstans bis zum Jahr 2030 (Kasachstan 2030)

Die Entscheidung, eine langfristige Strategie zu erarbeiten, traf ich Ende 1995. Das fünfte Jahr von Kasachstans Unabhängigkeit hatte begonnen. Die Reformen, die wir bis dahin umgesetzt hatten, ließen auf eine Stabilisierung der Wirtschaft hoffen. Zum ersten Mal in der Geschichte seiner Unabhängigkeit erlebte Kasachstan zu Anfang des Jahres 1996 ein nicht wirklich bedeutsames, aber doch positives Wachstum seines Bruttoinlandsprodukts um 0,5 Prozent. Die Erdölvorkommen, die eine Förderung in den nächsten 30-40 Jahren ermöglichen und auch das wachsende Interesse ausländischer Investoren am kasachischen Teil des Kaspischen Meeres zeigten uns, dass die Einnahmen aus der Erdölförderung von Jahr zu Jahr deutlich steigen würden. Die Zeiten des „Feuerlöschens" waren beendet, und wir konnten innehalten und uns vorstellen, wie unser Land in zwanzig, dreißig oder vierzig Jahren aussehen wird.

Im April 1996 wurde der Oberste Wirtschaftsrat unter meinem Vorsitz gegründet. Die Hauptziele des Rates waren die Erarbeitung von Lösungsvorschlägen für die sozialökonomischen Probleme strategischen Charakters und die Planung neuer konstruktiver Maßnahmen zu ihrer Umsetzung. Die Gründung des Rates war ein wichtiger Schritt zur Schaffung einer institutionellen Basis der Marktwirtschaft. Zu diesem Rat gehören hervorragende Wissenschaftler, wichtige Staatsbeamte und Fachleute aus den verschiedensten Bereichen.

Den Grundstock des Obersten Wirtschaftsrats bildeten junge Fachkräfte, die frei waren von den Altlasten dogmatischer Ansichten. Die wichtigsten Aufnahmebedingungen waren die gute Beherrschung von Fremdsprachen, nachgewiesene wissenschaftliche Leistungen und Erfahrungen in der Wirtschaftsverwaltung. Jedem von ihnen wurde ein bestimmter Wirtschaftszweig zugewiesen. Die Beschäftigung dieser Fachkräfte brachte den frischen Wind neuer Ideen zur weiteren Entwicklung des Landes mit sich. Die tatkräftige Jugend setzt sich deutlich vor dem Hintergrund des konservativen Apparates ab. Heute arbeiten sie alle in den verschiedensten Ressorts an der praktischen Umsetzung unserer Strategie.

Im Jahr 1996 hatte diese Gruppe zwei Hauptaufgaben. Zum ersten mussten so viele Länder wie möglich besucht werden, um die unterschiedlichsten Erfahrungen in der strategischen Planung und Durchführung struktureller Reformen kennen zu lernen. Zum zweiten musste in jedem Bereich eine Gruppe nationaler und internationaler Fachkräfte gebildet werden, die die Empfehlungen verarbeiteten und systematisierten. Eine derartige Aufgabensynthese sollte es jedem dieser jungen Führungskräfte ermöglichen, im Laufe des Jahres eine maximale Menge an Informationen aufzunehmen.

Nachdem ein kritisches Volumen an Informationen gesammelt worden war, musste eine methodologische Basis zur Erarbeitung langfristiger Strategien geschaffen werden. Und hier nahmen wir die internationalen Erfahrungen zu Hilfe. Dank der aktiven Unterstützung durch das UNO-Entwicklungsprogramm in Kasachstan konnten wir Kontakte mit der Harvard University knüpfen und ein Seminar zur strategischen Planung durchführen.

Im April 1997 reiste eine Gruppe aus Kasachstan nach Boston, wo die Harvard University ein zehntägiges Seminar für hohe Amtsträger organisiert hatte. Während dieses Seminars machten sich die Fachkräfte aus Kasachstan nicht nur mit den allgemein bekannten Erfahrungen der strategischen Planung in Ländern wie Korea, Singapur und Malaysia vertraut, sondern auch mit der langfristigen Businessstrategie internationaler Giganten wie „Boeing", „General Electric" und „British Petroleum". Durch die Veranstaltungen konnte man die Position Kasachstans im Vergleich mit anderen Ländern und transnationalen Korporationen bestimmen, was ihr Territorium, die Bevölkerung, Höhe des Bruttoinlandsprodukts und die Bodenschätze betrifft. Die Seminare und die nachfolgenden Kontakte mit einzelnen Fachleuten von Weltformat wurden zur methodologischen Basis der zukünftigen Strategie.

Die Festlegung eines Planungshorizontes von dreißig Jahren war zwei Hauptfaktoren geschuldet. Erstens: Dreißig Jahre ist die aktive Lebenszeit einer Generation. Zweitens: Bei der Beurteilung der Erdölreserven und der Wahrscheinlichkeit der Einführung alternativer Energien hat Kasachstan ebenfalls einen Vorlauf von 30-40 Jahren. So wurde zum Beispiel der Vertrag mit „Chevron", der auch für andere Erdölgesellschaften Richtlinien gesetzt hat, mit einer Laufzeit von 40 Jahren unterzeichnet.

Die „Strategie Kasachstan 2030" ist in vier Phasen geteilt: 1997-2000 – Vorbereitungsphase, 2000-2010 – erste Phase, 2010-2020 – zweite Phase und 2020-2030 – dritte Phase, nach der Kasachstan in die Kategorie der entwickelten Länder gehören soll. Die Strategie sieht drei Entwicklungsszenarien im Zusammenhang mit den Vorräten und den Preisen von Energieträgern vor: ein optimistisches, ein Basisszenario und ein pessimistisches Szenario. Dazu muss man sagen, dass der Erdölpreis in den darauf folgenden Jahren sogar das optimistische Szenario weit übertraf, das sich an einem Preisniveau von ca. 18 US-Dollar pro Barrel orientiert hatte. Zum Vergleich – im Jahr 2000 lag der Ölpreis bereits bei 28,2 US-Dollar und im Jahr 2006 bei durchschnittlich 60 US-Dollar pro Barrel.

Im Verlauf der Beratung um die Struktur des Aktes stellte sich die grundsätzliche Frage, welche Prioritäten in welcher Reihenfolge gesetzt werden sollen. In mehrstündigen heißen Diskussionen wollte jeder der Fachleute seinem Fachbereich eine besondere Priorität geben. So wurde zum Beispiel vorgeschlagen, dem Gesundheitswesen und dem Bildungswesen besondere Prioritäten einzuräumen. Nicht weniger anstrengend verliefen die Streitigkeiten darum, wie die einzelnen Prioritäten zu gewichten sind. Letztendlich einigte sich die Arbeitsgruppe auf fünf Prioritäten. Doch im Verlauf der Arbeit an dem Projekt wurde klar, dass die Fragen der Infrastruktur und der Energiewirtschaft gesondert erörtert werden müssen. Schließlich kamen wir zu dem Ergebnis, dass diese Wirtschaftszweige im zukünftigen Kasachstan so wichtig sind, dass sie gesondert als Prioritäten behandelt werden sollen. Also wurden sieben Prioritäten in der Strategie verankert.

Ich kann sagen, dass die Festlegung der Prioritäten große Anstrengungen auf dem Gebiet der Staatsführung und auch der Psychologie gefordert hat. Basis für die Erarbeitung der Strategie, und im Besonderen für die Festsetzung und Gewichtung von Prioritäten, waren die Auswertung internationaler Erfahrungen und die Empfehlungen in- und ausländischer Wissenschaftler und Experten. Nach und nach verstanden wir bei der Akzentsetzung, dass wir vom Globalen zum Privaten kommen müssen, von den geplanten Schritten zu den potentiellen Möglichkeiten. All das bestimmte durch unsere Hauptprioritäten die nationale Sicherheit, die gesellschaftliche Stabilität, die Wirtschaft und den Wohlstand der Bevölkerung. Mit anderen Worten, die Bestimmung der Prioritäten der Strategie vollzog sich nach dem Prinzip der „allmählichen Verengung eines Ringes": Durch eine Auswahl der wichtigsten Akzente, die in jeder Phase etwas weniger wurden und durch Ausschluss aller übrigen.

Die Strategie wurde unzählige Male durchgearbeitet und geprüft – angefangen von der eigentlichen Ideenbasis bis hin zu einzelnen Aspekten. Da die Experten die Formulierungen der Prioritäten oftmals veränderten, damit sie für die Bevölkerung leichter verständlich würden, war der Text letztendlich kurz und knapp, aber dafür sehr inhaltsreich. Weiterhin beschlossen wir, die Anzahl der Prioritäten selbst zu beschränken (auf fünf bzw. später sieben), weil eine größere Anzahl entweder Desinteresse oder mangelnde Akzeptanz hervorrufen kann. Außerdem hat die Zahl sieben bei den Kasachen eine magische Bedeutung.

Im Sommer 1997 ging es an die Detailarbeit. Eine Agentur für strategische Planung legte mir zweimal pro Woche berichtete und erneuerte Varianten der Strategie vor. In der Zwischenzeit feilten Experten an jedem Paragrafen und schliffen an jeder Idee, um meine Änderungen einzuarbeiten.

Die Arbeit an der Strategie war eine schwierige Aufgabe auf verschiedenen Ebenen und verlief mithilfe der sorgfältigen Auswertung von Theorie und Praxis der Weltwirtschaft sowie thematischer, wirtschaftszweigbezogener und indikativer Pläne, mathematischer und wirtschaftlicher Berechnungen, Materialien von zahlreichen Reisen in viele Länder, Diskussionen mit anerkannten Fachleuten, und schließlich der Intuition der gesamten Arbeitsgruppe, die an diesem Projekt mitarbeiteten.

Man sollte unbedingt auch erwähnen, dass internationale Organisationen und Spender, allen voran das UNO-Entwicklungsprogramm, große Hilfe bei der Erarbeitung der Strategie geleistet haben. Es genügt schon zu sagen, dass uns bei unserer Arbeit mehr als vierzig international anerkannte Experten als Berater zu Seite standen. Das waren zum Beispiel H. Berstok, K. Grey, V. Hu Jong, G. Allison und R. Blackwill.

Auffällig ist hier vielleicht, dass wir gar keine Mitglieder der Regierung zu dieser Arbeit herangezogen haben. Mir war zu Ohren gekommen, dass sich der damalige amtierende Premierminister mit dieser Frage nicht beschäftigen wollte und das Sammeln des Materials behindert hatte. Wie könnte man eine solche Regierung mit der Umsetzung der Strategie betrauen?! Deshalb setzte ich Kazhegeldin im Herbst 1997 ab und löste die Regierung auf.

Im August 1997 befanden wir uns mit der Endversion der Strategie auf der Zielgeraden. Zu diesem Zeitpunkt wurden die folgenden grundlegenden Prioritäten endgültig beschlossen:

> *„1. NATIONALE SICHERHEIT: Sicherstellung der Entwicklung Kasachstans als unabhängiger souveräner Staat bei Wahrung seiner vollständigen territorialen Integrität.*
>
> *2. INNENPOLITISCHE STABILITÄT UND KONSOLIDIERUNG DER GESELLSCHAFT: Wahrung und Stärkung der innenpolitischen Stabilität und der nationalen Einheit Kasachstans zur Umsetzung der nationalen Strategie in diesem und den folgenden Jahrzehnten.*
>
> *3. WIRTSCHAFTLICHES WACHSTUM, BASIEREND AUF EINER OFFENEN MARKTWIRTSCHAFT MIT EINEM HOHEN NIVEAU AUSLÄNDISCHER INVESTITIONEN UND HAUSHALTSKONSOLIDIERUNG: Erreichen von realem, nachhaltigem und steigendem Wirtschaftswachstum.*
>
> *4. GESUNDHEIT, BILDUNG UND WOHLSTAND FÜR DIE BÜRGER KASACHSTANS: Ständige Verbesserung der Lebensbedingungen, der Gesundheit, der Bildung und der Entwicklungsmöglichkeiten der Bürger Kasachstans, Verbesserungen im Umweltschutz.*
>
> *5. ENERGIERESSOURCEN: Effektive Nutzung der Energieressourcen Kasachstans durch schnelle Erhöhung der Öl- und Gasgewinnung zur Erwirtschaftung von Gewinnen, die ein nachhaltiges Wirtschaftswachstum und die Verbesserung der Lebensbedingungen des Volkes fördern.*
>
> *6. INFRASTRUKTUR, INSBESONDERE VERKEHRSWESEN UND KOMMUNIKATION: Entwicklung dieser Bereiche zur Stärkung der nationalen Sicherheit, politischer Stabilität und des Wirtschaftswachstums.*
>
> *7. PROFESSIONELLER STAAT. Schaffung eines effektiven und modernen Staatsbeamtentums der Republik Kasachstan, das seiner Aufgabe treu ergeben und fähig ist, als Vertreter des Volkes an der Erreichung unserer prioritären Ziele zu arbeiten."*
>
> Aus: Die Strategie der Entwicklung Kasachstans
bis zum Jahr 2030, 1997

Nun erhob sich die Frage der politischen Verkündung der Strategie und die der weiteren Mechanismen ihrer Realisierung. Die Frage der politischen Proklamation der Strategie bewegte mich ganz besonders, und das aus zwei Gründen: Erstens: Davon, wie die Menschen die Strategie annehmen werden und ob sie sie überhaupt annehmen würden, hing der Erfolg ihrer weiteren Umsetzung ab. Eine Strategie, an die niemand glaubt, kann ihren Zweck nicht erfüllen. Und zweitens: Nach der vielen Arbeit, den Anstrengungen und eingebrachten Ideen, nahm jedes Mitglied der Arbeitsgruppe, mich eingeschlossen, alles was mit der Strategie zusammenhing, zutiefst persönlich. Vielleicht hat uns das auch geholfen, eine wunderbare Entscheidung zur Proklamation der Strategie zu treffen.

Die Strategie der Entwicklung Kasachstans bis zum Jahr 2030 und die vordringlichsten Maßnahmen zu ihrer Umsetzung wurden am 10. Oktober 1997 offiziell verkündet. An diesem Tag trat

Die Strategie der Unabhängigkeit 31

ich zum allerersten Mal mit einer Botschaft an das Volk Kasachstans vor das Parlament. Mir gefiel diese Idee der Botschaft an das Volk sehr gut, und ich freue mich, dass sie sich eingebürgert hat. Heute ist die jährliche Botschaft des Präsidenten an das Volk Kasachstans schon eine Tradition. Und damals war sie genau das, was zu diesem Zeitpunkt gebraucht wurde; indem wir uns an das ganze Volk wandten, hoben wir noch einmal die besondere Rolle und den Status der Strategie hervor.

Die Strategie bestimmte das nationale Ziel und das System der Prioritäten auf dem Weg zu seiner Erreichung. Als Mission unseres Landes wurde der Aufbau eines unabhängigen, prosperierenden und politisch stabilen Kasachstan in seiner nationalen Einheit, mit sozialer Gerechtigkeit und wirtschaftlichem Wohlstand der gesamten Bevölkerung begründet. In der Rede sprach ich davon, dass Prosperität, Sicherheit und die Erhöhung des Wohlstands aller Bürger Schlüsselworte für das Kasachstan sind, das wir alle aufbauen wollen.

Die Mechanismen für die Umsetzung der Strategie waren, dass für jede dieser langfristigen Prioritäten Maßnahmen erarbeitet wurden, die in den vorgesehenen Jahres-, Dreijahres- und Fünfjahresplänen konsequent realisiert werden konnten, über die sämtliche Staatsorgane dann Rechenschaft ablegen sollten. Diese langfristigen Prioritäten sollten zu Zielrichtungen für die Anstrengungen des Staates und aller seiner Bürger werden. Sie bestimmten die Herangehensweise und die Kriterien für die Aufstellung des Staatsetats und die Personalpolitik der nächsten Jahre.

In den kurzfristig zu erreichenden Zielen der Strategie verankerten wir eine Reihe von Aufgaben, die unbedingt noch im Jahr 1998 gelöst werden mussten; so wurden der Regierung acht konkrete Aufträge für dieses Jahr erteilt.

> *„1. Sicherstellung der vollständigen und pünktlichen Auszahlung der Renten, Unterstützungen und Löhne im öffentlichen Dienst.*
>
> *2. Gewährung von Mikrokrediten in Höhe von umgerechnet 400 US-Dollar mit einer Laufzeit von drei Jahren an mindestens 30.000 stark bedürftige Bürger zur Schaffung von Arbeitsplätzen vor allem im ländlichen Raum.*
>
> *3. Sicherstellung der Gewährung von Krediten ab dem Jahr 1998 zur Entwicklung kleiner und mittelständischer Unternehmen und von Farmbetrieben sowie zur Schaffung von Arbeitsplätzen für mindestens 100 Millionen US-Dollar.*
>
> *4. Beginn der Umsetzung eines breit angelegten Programms zur Computerisierung von Schulen, besonders im ländlichen Raum. Bereitstellung von mindestens 22 Millionen US-Dollar zu diesem Zweck bereits im Jahr 1998.*
>
> *5. Sicherstellung der Verbilligung von Krediten für Landwirtschafts- und Farmbetriebe um mindestens 2,5 Milliarden Tenge.*
>
> *6. Beginn einer gesellschaftlichen Kampagne für eine gesunde Lebensweise.*
>
> *7. Beginn der Umsetzung eines Wohnungsbauprogramms; Bereitstellung von mindestens 40 Millionen US-Dollar zu diesem Zweck. Information der Öffentlichkeit über die Prinzipien und erwarteten Ergebnisse dieses Programms im April 1998.*
>
> *8. Sicherstellung eines Schulbesuchs für alle Kinder.*
>
> Aus: Die Strategie der Entwicklung Kasachstans
> bis zum Jahr 2030, 1997

Die Forderungen der Entwicklungsstrategie „Kasachstan – 2030" sind eine dauerhafte Zielrichtung bei der Erarbeitung all unserer Pläne, die ihre Aktualität nicht verlieren. In dieser Strategie haben politischer und ökonomischer Radikalismus keinen Platz, weil es hier um gewaltige wirtschaftliche Reformen geht, die in der ersten Phase die politischen Reformen dominieren, um die Demokratisierung der Verwaltung ohne Schwächung der Machtvertikalen, um den Aufbau des Marktes unter Beibehaltung einer deutlich ausgeprägten staatlichen Regulierung. Und soviel ich weiß, sind diese Erfahrungen einzigartig.

Man muss auf jeden Fall auch erwähnen, dass Kasachstan einer der ersten Staaten war, die in ihrer staatlichen Entwicklung „synergetische Prinzipien" angewandt haben, und zwar seit seiner Unabhängigkeitserklärung im Jahr 1991. Bei der Anwendung dieser Strategie stehen unterschiedliche Strukturen zur Gestaltung der Staatspolitik zur Verfügung, die ein offenes Netz staatlicher Regulierung bilden, in dem die Elemente der gesunden Konkurrenz gefördert werden.

„Politische Stabilität kommt zuerst. Disziplin und Ordnung sind in der asiatischen Gesellschaft wichtiger als die Demokratie, die sich allmählich entwickeln sollte." Das war das politische Credo von Lee Kuan Yew. Ich habe nie verheimlicht, dass dieser Standpunkt ganz in meinem Sinne ist. Ich habe immer gesagt: „Erst die Wirtschaft, dann die Politik." Dafür bin ich kritisiert worden. Aber ich hatte das Bild der zerfallenden UdSSR vor Augen, in der die Politik vor dem Wohlstand und der Zufriedenheit der Menschen kam.

Von der Planwirtschaft zur Wettbewerbsfähigkeit

Einst hatten wir gedacht, wir bauen eine ideale Gesellschaft auf. „Ein Sechstel der Erde", bewohnt von ganz verschiedenen Völkern, ging in einer Idee auf. Vielleicht hat gerade diese Idee, uns alle unter einem Dach zu vereinigen, zu einer Dominanz der Politik über alle übrigen Komponenten der sowjetischen Gesellschaft geführt.

Eben zu dem Zweck, die „Fäden" aller Sowjetrepubliken in ein Einheitszentrum zusammenzuführen und die Idee der „einen großen Heimat" zu unterstützen, wurden nach den Gesetzen der Ökonomie undenkbare Produktions- und Wirtschaftsbeziehungen konstruiert. Aber die Gesetze der Ökonomie sind, wie auch die Naturgesetze, objektiv und können nicht nach Belieben abgeschafft oder umgeschrieben werden. Der politische Kurs zur Errichtung einer „lichten Zukunft" zerplatzte wie eine Seifenblase. Dafür gab es natürlich eine Menge Gründe, doch der Hauptgrund war das Fehlen einer entsprechenden wirtschaftlichen Grundlage. Als die Idee zu Grabe getragen wurde und der Staat selbst seine letzten Jahre erlebte, zerrissen diese künstlichen ökonomischen „Fäden", die durch die ausgebrochene Krise überdehnt waren. Auf der Suche nach einem Ausweg versuchte die sowjetische Führung einen Übergang zu etwas Neuem, aber mit den alten, „sowjetischen" Methoden – beginnend mit der Politik. Der Übergang führte in die Sackgasse.

Die Wirtschaft ist die Basis der politischen Unabhängigkeit. Und wenn unsere ersten Schritte zur Reformierung der Wirtschaft des Landes auch eher Sofortmaßnahmen zum Überleben im „postsowjetischen" Chaos nur für den Moment waren, so sind die derzeitigen Reformen in den Rahmen der Strategie eingepasst, in klare Pläne; sie sind auf ein konkretes Ergebnis in der Zukunft ausgerichtet. Dieses Ergebnis ist ein starkes, diversifiziertes Wirtschaftssystem, das unser Land auf dem Weltmarkt konkurrenzfähig macht. Und zwar konkurrenzfähig nicht nur in Bezug auf den Marktzugang und andere reine Wirtschaftsfaktoren, sondern auch, bildhaft ausgedrückt, befähigt zu werden, seinen „Platz unter der Sonne" zu finden.

Die Tradition der Ansprache des Präsidenten an das Volk Kasachstans mit einer jährlichen Botschaft begann mit der „Strategie Kasachstan 2030". Jede dieser Botschaften ist ein Teil unserer allgemeinen Strategie und ein Teil unseres Weges. In den darauf folgenden Jahren wurde die Botschaft „An die wettbewerbsfähige Nation" zeichensetzend.

Meiner Meinung nach wird die Wettbewerbsfähigkeit eines Landes dadurch bestimmt, wie günstig die Bedingungen zur Erhöhung der Wettbewerbsfähigkeit jedes einzelnen seiner Bürger sind. Ich möchte hier die Definition eines „Unternehmers" des österreichischen Ökonomen Joseph Schumpeter anführen, die mir persönlich imponiert. Nach Schumpeter ist ein Unternehmer nicht nur ein Mensch, der ein Unternehmen leitet – er trifft vielmehr neue, nicht-standardmäßige Verwaltungsentscheidungen. Ein Unternehmer bringt Innovationen ein und übernimmt die Verantwortung für das wirtschaftliche Risiko. Ich möchte die Bürger Kasachstans gern als solche Unternehmer sehen – mit der Neugier auf neue Erkenntnisse, auf Experimente, auf Schöpfertum und, dem allerwichtigsten, auf Risikobereitschaft und auf die Bereitschaft, Verantwortung zu übernehmen.

Gemäß dem Ausspruch „Wenn du die Welt verändern willst, fang bei dir an" sollte jeder von uns lernen, im Wettbewerb zu stehen und als Sieger daraus hervorzugehen. Und unsere allgemeine Wettbewerbsfähigkeit sollte letztendlich zu mehr Wohlstand für das Volk führen. Ich möchte den tieferen Sinn des eben Gesagten noch einmal hervorheben: Die Wettbewerbsfähigkeit des Staates Kasachstan soll nicht nur zur materiellen, sondern auch zur geistigen Bereicherung der Nation führen. Nach der Blüte der Wirtschaft soll die Blüte der Kultur, der Kunst, der kasachische Sprache, Traditionen und Lebensphilosophie unseres Volkes folgen.

Die Wettbewerbsfähigkeit der Nation – das ist die Wettbewerbsfähigkeit jedes einzelnen ihrer Vertreter, sein Bildungsstand, sein Beruf und seine Persönlichkeitsentwicklung. Und die Wettbewerbsfähigkeit des Landes – das ist der Wohlstand des Volkes und der Stand der sozialökonomischen Entwicklung des Landes. Hier muss das Prinzip der dynamischen Programmierung ansetzen: Um ein Ziel erreichen zu können, müssen die Mittel dazu festgelegt werden.

Der Aufbau einer neuen Ökonomie ist eine schwierige und riskante Aufgabe. Zu ihrer Lösung beziehen wir uns auf die „Strategie der industriell-innovatorischen Entwicklung Kasachstans in den Jahren 2003-2015". Die Umsetzung ihrer ersten Phase ermöglicht einen grundsätzlichen Strukturwandel in der heimischen Wirtschaft und ihrer Wachstumsdynamik. Die Erreichung der strategischen Ziele wird das Problem der Abhängigkeit unserer Wirtschaft von den Rohstoffpreisen auf dem Weltmarkt lösen, es wird die Abkehr von der reinen Rohstoffausrichtung durch eine Diversifizierung fördern, und es werden Grundlagen für den Übergang zu einer Dienstleistungs- und Technologiewirtschaft geschaffen. Nach der Kalkulation unserer Experten kann eine industriell-innovatorische Politik ein Wirtschaftswachstum von mindestens 8,9-9,2% befördern.

Gleichzeitig kann die Strategie der industriell-innovatorischen Entwicklung nur der Anfang sein. Die Entstehung der postindustriellen Gesellschaft ist weltweit noch lange nicht vollendet. Trotzdem hat Kasachstan immer noch die Chance, den Durchbruch zu schaffen und zu den industriell entwickelten Ländern zu gehören. Die Umsetzung dieser Strategie soll den Lauf der Dinge ändern und dem Land zu diesem Durchbruch verhelfen. Und damit kommt die nächste Frage: In welche Richtung soll dieser Sprung gehen?

Einerseits muss das vorhandene Potenzial unbedingt genutzt werden, zumal der Überlebensinstinkt signalisiert, dass Kasachstan für einen solchen „Ruck" auf die relativ traditionellen Industriezweige wie Metallurgie, Schwerindustrie und Landwirtschaft, aber auch Kernenergie und Raumfahrt setzen sollte. Andererseits muss besonders auf dem Gebiet der Innovationen und Hochtechnologien die Leistungsfähigkeit der Wirtschaft erhöht werden. Das ist der Schlüsselfaktor zur Erreichung eines nachhaltigen Wirtschaftswachstums und der Wettbewerbsfähigkeit.

Als Beispiel dafür könnte uns Finnland dienen. Weil es sich auf die Entwicklung der Hochtechnologien konzentriert hatte, ist das kleine nördliche Land mit seinen fünf Millionen Einwohnern, das bis vor kurzem weder über wissenschaftliche Grundlagen noch über Spitzenindustrie verfügte, heute das wettbewerbsfähigste Land der Welt. Das finnische nationale Produktionsmodell oder auch „das finnische Innovationswunder" ist heute eines der effektivsten der Welt. Seine Basis sind ein hoher Bildungsstandard, ein Wettbewerbsprinzip bei der Asset Allokation für die Wissenschaft und eine entwickelte Innovationsinfrastruktur, die Staat, Wissenschaft und Business zusammenführt.

Schon seit einigen Jahren steht Finnland damit beim Davoser Index der Wettbewerbsfähigkeit auf dem ersten Platz. Danach kommen die USA, Schweden, Taiwan, Norwegen, Island, Singapur, Australien, Kanada, die Schweiz, Japan, Großbritannien, Deutschland und Israel. Nach den Ergebnissen aus den Jahren 2005-2006 steht Kasachstan von 117 Ländern an 56. Stelle. Damit übertreffen wir sämtliche GUS-Staaten.

In der Welt hat sich heute ein System der internationalen Arbeitsteilung herausgebildet, das es jedem Land ermöglicht, seine Ressourcen auf die Gebiete der Wissenschaft und Technologie zu konzentrieren, auf denen sie über das größte Potenzial verfügen. So haben die USA auf dem Gebiet der Rechen- und Bürotechnik das größte Produktionsvolumen, Japan ist führend in der Elektronikindustrie, die Schweiz steht in der pharmazeutischen Industrie an erster Stelle. Die größten Exporteure von Raumfahrttechnik sind die USA, Großbritannien und Frankreich.

Doch das heißt nicht, dass dieses Schema unveränderlich ist. Mehr noch, die Lage ist nicht nur nicht unveränderlich, sondern bedeutet vielmehr für jede Wirtschaft und auch die Weltwirtschaft eine weitere Entwicklungschance durch das Auftauchen neuer Unternehmen, neuer Produzenten und Märkte. Ein sehr schönes Beispiel dafür ist Indien, das sich zielstrebig an die Spitze der weltweiten Softwareproduzenten gesetzt hat. Ich habe deswegen auch Bangalore besucht, das „Silicon Valley" Asiens, um dieses Phänomen kennen zu lernen. Im Jahr 2004 hatte Indien Software im Wert von mehr als 17 Millionen US-Dollar exportiert. Heute werden indische Spezialisten in den größten IT-Unternehmen gesucht und stellen 34% der Mitarbeiter von Microsoft, 28% der Mitarbeiter von IBM und 17% des Unternehmens Intel.

Wenn unsere Strategie erfolgreich umgesetzt wird, dann können wir erreichen, dass die Haupteinkommensquelle des Staates – ungefähr 85% seines Gesamtetats – Einkünfte aus dem Nichtrohstoffsektor sind. Gleichzeitig würde die Monetisierung der Wirtschaft höchstens 30% und die Inflation höchstens 4-5% betragen.

Später, im Jahr 2008, werden wir mit der Arbeit an der Strategie für das zweite Jahrzehnt beginnen – Kasachstan 2020. Im ersten strategischen Plan bis 2010 waren zwei Ziele verankert: Zum einen die Verdoppelung des Bruttoinlandsprodukts im Vergleich zum Jahr 2005, zum zweiten der Aufbau einer wettbewerbsfähigen Wirtschaft. Während die erste Phase, „Kasachstan-2010", in den Nachkrisenzeiten mit „gleitenden" Dreijahresplänen begann, werden wir in der zweiten Phase, bei einer besser prognostizierbaren wirtschaftlichen Lage, Fünfjahrespläne beschließen können, wie es beispielsweise in Japan oder Südostasien geschieht. Dabei müssen wir die Latte höher legen und neue Zielrichtungen bestimmen. Zum Beispiel, bis zum Jahr 2015 das Bruttoinlandsprodukt gegenüber dem Jahr 2000 auf das 3,5-fache zu erhöhen. Oder bis zum Jahr 2015 das Bruttoinlandsprodukt auf ein Pro-Kopf-Einkommen von acht- bis zehntausend US-Dollar pro Person zu erhöhen, was mit dem Niveau in Saudi-Arabien und einiger europäischer Länder wie Portugal oder Spanien vergleichbar wäre.

Nun hat sich Kasachstan mit der Strategie „Kasachstan 2030" ein neues ambitioniertes Ziel gesetzt – es möchte im Lauf der nächsten 10 Jahre unter die fünfzig wettbewerbsfähigsten Staaten kommen. Wir haben die positiven Erfahrungen der strategischen Planung für die vergangenen Jahre genutzt und die „Strategie des Beitritts Kasachstans zu den fünfzig wettbewerbsfähigsten Staaten" erarbeitet. Darin werden sieben Hauptentwicklungsrichtungen festgelegt, deren Umsetzung zur Erfüllung dieser Aufgabe dienen wird.

> *„Wir müssen uns auf harte Konkurrenz einstellen und diese für unsere Zwecke nutzen. Kasachstan kann und muss aktiv an multilateralen internationalen Projekten teilnehmen, die unsere Integration in die Weltwirtschaft vorantreiben und sich dabei auf unsere günstige wirtschaftlich-geografische Lage und unsere Ressourcen stützen können. Der Staat muss seinerseits alle gesetzgeberischen, verwaltungstechnischen und bürokratischen Hindernisse für eine Geschäftstätigkeit beseitigen und zukunftsträchtigen unternehmerischen Projekten des Privatkapitals direkte Unterstützung zuteil werden lassen."*
>
> Aus der Botschaft an das Volk Kasachstans „Strategie des Beitritts Kasachstans zu den fünfzig wettbewerbsfähigsten Staaten", Astana, 01. März 2006.

Im nächsten Jahrzehnt werden die wichtigsten Entwicklungsrichtungen in den neuen Technologien die Bio- und Nanotechnologie, Systeme der künstlichen Intelligenz, globale Informationsnetze, Hochgeschwindigkeitstransportsysteme und energiesparende Technologien sein. Weiterentwickelt werden die Fertigungsautomation, die Raumfahrttechnik, die Herstellung von Konstruktionsmaterialien nach Maß und die Kernenergie. Die Intellektualisierung der Produktion wird weiter zunehmen und der Innovationsprozess wird kontinuierlich werden. Langsam wird sich der Übergang zu einer Gesellschaft neuen Typs vollziehen – der Wissensgesellschaft.

Diese Entwicklungsrichtungen müssen wir im Auge behalten, wenn wir Kasachstans Strategie der Erhöhung der Wettbewerbsfähigkeit umsetzen wollen.

Wir haben die Chance, konkrete Ergebnisse in wissenschaftlich-technischen Gebieten wie der Biotechnologie, Nanotechnologie, Raumfahrt und in der Informations- und Kommunikationstechnologie zu erzielen. Gerade auf diesen Gebieten werden wir in der näheren Zukunft tausende hochqualifizierte Fachkräfte und diplomierte Wissenschaftler brauchen.

Und wir haben bereits die ersten erfolgreichen Schritte zur Umsetzung unserer Pläne gemacht.

Im Juni dieses Jahres wurde der erste Satellit „KazSat" aus Kasachstan gestartet. Mehr als eintausend Wissenschaftler aus Kasachstan arbeiten an wissenschaftlichen Projekten im Rahmen des staatlichen Programms zur Entwicklung der Raumfahrttechnologie. Und am 15. September dieses Jahres wurde der Park der Informationstechnologie (PIT) „Alatau-City" in Kasachstan eröffnet. Die Idee dazu hatte ich bereits im Jahr 2002 während meines Besuchs in Indien, als ich die Stadt Bangalore besuchte – ein großes Zentrum des Maschinenbaus, der Nahrungsmittel- und Textilindustrie, aber auch der Raumfahrtforschung. Im August 2003 erging der Erlass „Über die Schaffung der Sonderwirtschaftszone ‚Park der Informationstechnologie'", und im Jahr 2004 begann der Bau an diesem Komplex. Für die Arbeit an dem PIT „Alatau-City" wurden 11 Unternehmen von den 25, die sich beworben hatten, ausgewählt. Ich lade alle führenden Weltunternehmen der IT-Industrie ein, hier zu arbeiten und verspreche, dass wir alle Voraussetzungen schaffen und dafür sorgen werden, dass ihre Geschäfte sowohl für sie als auch für Kasachstan profitabel sein werden.

„Alatau-City" ist das erste Projekt der High-Tech-Industrie, das zum neuen intellektuellen Zentrum Zentralasiens werden wird.

Zur Arbeit im PIT wurden internationale Spitzenunternehmen der Informationstechnologie und der Kommunikation gewonnen. Es wurden Memoranden über die Zusammenarbeit mit „Microsoft", „Hewlett Packard", „Siemens", „Cisco System", „Thales", „LG", „Sun Microsystems", „Samsung" unterzeichnet.

Wir machen auch die ersten Schritte zur Schaffung eines Nationalen Nanolabors, in dem alle Wissenschaftler Kasachstans arbeiten können. Im Jahr 2008 wird in Astana ein neuer Komplex des Nationalen Zentrums für Biotechnologie auf Weltniveau gebaut werden. Bereits jetzt haben Wissenschaftler aus Kasachstan, die im Ausland arbeiten, den Wunsch geäußert, in diesem Zentrum mitzuarbeiten und beteiligen sich schon heute an gemeinsamen Forschungsprojekten.

Es wurde die Staatsholding „Samruk" gegründet, die die größten Unternehmen des Landes unter ihrem Dach vereint und deren Hauptaufgabe es sein wird, unsere wirtschaftlichen Interessen auf dem Weltmarkt zu stärken. Es wurde der Fonds für nachhaltige Entwicklung „Kazsyna" gegründet, der die Tätigkeit der Entwicklungsinstitutionen koordinieren soll, die Diversifizierung der Wirtschaft befördern und die Industrieprojekte finanzieren. Seit dem Jahr 2005 sind 520 Investitionsprojekte realisiert worden. Unter der Schirmherrschaft der Entwicklungsinstitutionen hat die Finanzierung von 90 Projekten im Wert von 2,2 Milliarden US-Dollar begonnen.

Dies ist alles sehr ermutigend, aber der Staat kann nicht alle Rollen im Prozess der Entwicklung selbst übernehmen. Für den erfolgreichen Einsatz und die Kommerzialisierung der wissenschaftlichen Arbeiten ist ein aktives unternehmerisches Milieu notwendig. Auch wenn der Staat das Gebiet der wissenschaftlichen Entwicklung in gewisser Hinsicht, zum Beispiel mit Hilfe von Objektfinanzierung und Zuschüssen, regulieren kann, so ist doch die Initiative zur Integration von Wissenschaft und Produktion auf nichtamtlicher Ebene am effektivsten. Sie muss von unseren Bürgern ausgehen.

Wenn ich mich früher mit wissenschaftlichen Fragen beschäftigt habe, bin ich immer häufiger zu dem Schluss gekommen, dass die Rolle des Business eine andere werden muss. In den Krisenzeiten gab es im Land eine Phase der Vermittlungsgeschäfte. Zurzeit entwickelt sich die Dienstleistungsbranche sehr schnell. Doch selbst das müssen wir übertreffen. Wir brauchen ein Business, das Waren und Dienstleistungen auf dem Gebiet der Hochtechnologie anbietet. Forschungsintensive Produktion muss die Dominante der weiteren Wirtschaftsentwicklung werden.

Kasachstan morgen:
Aufbrüche und Prioritäten

Fünfzehn Jahre sind vergangen, seit Kasachstan seine Unabhängigkeit erklärt hat und den Weg seiner eigenständigen politischen und wirtschaftlichen Entwicklung beschritten hat. Natürlich, im historischen Maßstab sind fünfzehn Jahre nur ein unbedeutender kurzer Zeitabschnitt. Außerdem hatte Kasachstan, wie im Übrigen auch alle anderen postsowjetischen Republiken, einige schwere wirtschaftliche und soziale Krisen zu bestehen.

Über gute Ergebnisse zu sprechen ist immer angenehm. Doch damals, ganz am Anfang unseres Weges, hatte niemand eine fertige Theorie oder gar eine Strategie im Kopf, wie der Übergang von der Planwirtschaft zur Marktwirtschaft funktionieren sollte. Es gab auch keine *good practice* Beispiele für die Transformation von posttotalitären Gesellschaften, besonders eines kommunistischen Imperiums, in dem die sowjetischen Menschen einige Generationen lang gelebt hatten. Wir hatten dafür weder Kenntnisse noch kompetente Fachleute. Wir stützten uns auf die Berater, die wir aus aller Welt eingeladen hatten und auf den großen Erfahrungsschatz unserer Führungskräfte. Und trotzdem war uns klar, dass wir in der Personalpolitik besonderes Augenmerk auf die jungen Fachleute legen mussten – Ökonomen, Finanzfachleute und Juristen, die nicht durch die alten Erfahrungen, und vor allem, durch die alten Denkweisen belastet waren. All diese Jahre war ich mit der Suche nach einigen Generationen neuer Führungskräfte und deren Ausbildung beschäftigt, unter denen gute und schlechte Beispiele zu finden waren.

Kasachstan hat als erstes Land im postsowjetischen Raum den Weg der strategischen Planung gewählt, der in der internationalen Praxis als Instrument der staatlichen Verwaltung und Regulierung anerkannt ist, ebenso wie die Schaffung von Institutionen der Marktwirtschaft. Die jeweiligen Dokumente haben nicht nur die Hauptprioritäten und Entwicklungsetappen festgelegt, sondern uns auch in dunklen Krisenzeiten und im Durcheinander den Weg gewiesen und uns nicht von ihm abkommen lassen, selbst wenn eine drängende Frage eine schnelle Entscheidung verlangte.

Wenn ich ein bisschen freie Zeit habe, nehme ich immer wieder die drei strategischen Akte zur Hand, über die wir in diesem Kapitel gesprochen haben. Jede ist ein Spiegel der Ereignisse, die unsere Gesellschaft erlebt hat. Sie haben den Geist dieser Zeit in sich aufgenommen – welches Dokument man auch anschaut, es wird sofort klar, was damals in Kasachstan vor sich ging und welche Probleme wir hatten. Die „Strategie der Entstehung und der Entwicklung Kasachstans als ein souveräner Staat" und das „Memorandum des Präsidenten" spiegeln die Schwere und das Wesen der Krise, durch die das Land ging, sehr klar wider. Und die „Die Strategie der Entwicklung Kasachstans bis zum Jahr 2030" strahlte schon Optimismus und Zuversicht für den Erfolg Kasachstans aus. Sie half dem Volk, an sich zu glauben, sein Schicksal in die eigenen Hände zu nehmen und keine Almosen vom Staat zu erwarten.

Damals hat das Wort Strategie vielen Menschen unangenehm im Ohr geklungen. Ich habe „Kasachstan 2030" im Jahr 1997 verkündet, als das Land gerade erst begann, die eigene Systemkrise zu überwinden, doch gleichzeitig hatten die Finanzkrisen in Südostasien und Russland schon begonnen. Dazu waren wir auf ein Rekordtief des Ölpreises zurückgeworfen worden, das für die gesamte Geschichte der Weltwirtschaft beispiellos war. Doch das war für uns kein Grund zur Verzweiflung.

Jede der in diesem Kapitel besprochenen Strategien spielte eine große Rolle im Aufbau des unabhängigen Kasachstan und bezeichnete konsequente und qualitativ neue Entwicklungsphasen. In der ersten Phase begannen wir alles von „Null" an – wir vollzogen den Übergang von der Planwirtschaft zu ihrem absoluten Gegenteil, der Marktwirtschaft. In der zweiten Phase der strategischen Planung stehen wir bereits vor ganz anderen Aufgaben: die Sicherstellung der makroökonomischen Stabilisierung, die Optimierung der gesetzgeberischen Basis, des Finanzwesens, des Sozialbereichs und des Produktionssektors des Landes. Die Aufgaben der dritten Phase werden der Übergang vom agroindustriellen zum industriellen und postindustriellen Staat sein – die Transformation von einem Staat in der Entwicklung zu einem entwickelten Staat.

> *„Kasachstan ist seit erst 15 Jahren unabhängig – seit der Zeit, als die Sowjetunion auseinanderbrach und der Kommunismus sturzte. Bis dahin war es in der neueren Geschichte niemals unabhängig gewesen. Eine Demokratie errichten, politisches Bewusstsein und eine freie Marktwirtschaft – all das musste von Null beginnen. Wenn man das bedenkt, dann ist das Wachstum, das Kasachstan auf diesen Gebieten erreicht hat, hervorragend und positiv."*
>
> Martin Stiff, „United Press International",
> 6. Dezember 2005

Natürlich verliefen gerade in den schwierigsten Jahren die Marktreformen voller Widersprüche und manchmal traten sie auch auf der Stelle. Viele Programme zur wirtschaftlichen Stabilisierung galten nur für kurze Zeit oder in bestimmten Regionen. Die Lösung der einen Aufgabe zog die Entstehung anderer, nicht minder schwieriger Probleme nach sich. Doch gerade diese Jahre halfen uns, nicht nur weitere Erfolge zu erzielen, sondern sie halfen uns, zu einem unabhängigen Staat zu werden.

Zu den erreichten Ergebnissen gelangte Kasachstan stufenweise, es baute seine staatliche Wirtschaftspolitik nicht „von einer Wahl zur nächsten" auf, sondern entsprechend der objektiven Logik der wirtschaftlichen Entwicklung, die von sogenannten Investitionszyklen bestimmt wird, deren Dauer nach Meinung von Experten mindestens 10-15 Jahre beträgt.

Wir leben in einer sehr wichtigen, schwierigen, aber auch sehr schönen Zeit. Oft denke ich darüber nach, dass von jedem von uns, davon, was wir heute tun und noch tun werden, abhängt, in was für einem Land die zukünftigen Generationen der Bürger Kasachstans leben werden. Deshalb sollte die Aufgabe des Staates sein, gleiche Bedingungen für das Wachstum und die Selbstverwirklichung der Bürger unseres Landes zu schaffen, unabhängig von ihrem Geschlecht, Alter, nationaler oder ethnischer Zugehörigkeit, Landesteil und aller sonstiger Unterschiede.

Dabei muss man unbedingt anmerken, dass eine Entwicklung und Schmarotzermentalität, die auf hohen Sozialausgaben basiert, nicht miteinander vereinbar sind. Bis heute gibt es die Meinung, dass die Finanzierung sämtlicher Sozialprogramme um ein Vielfaches erhöht werden muss, und zwar aus den Erdölgewinnen. Man sollte sich aber daran erinnern, dass große Gewinne aus der Erdölförderung nicht immer ein Segen für den Staat sind. Dazu muss man nur die bedauerlichen Erfahrungen von Venezuela, Nigeria und Saudi-Arabien betrachten.

Diese Fehler dürfen wir nicht wiederholen. Wir dürfen die Wettbewerbsfähigkeit unserer Bürger und unserer Wirtschaft nicht in Öldollars „ertränken". In der Strategie „Kasachstan 2030" heißt es, dass wir so leben und arbeiten sollen, als gäbe es bei uns kein Öl. In diesem Gedanken liegt ein tieferer Sinn.

Unsere Strategie muss sich auf den vernünftigen Umgang und die Nutzung der vorhandenen Mittel gründen, die der Staat, wie eine ganz normale Familie, „für schlechte Zeiten" aufgehoben hat. Nur ein Teil dieser Mittel, die wir aus dem Verkauf von Öl erzielen, wird zur Schaffung einer modernen sozialen und ingenieurtechnischen Infrastruktur in unserem Land verwendet – für das Gesundheitswesen, die Bildung, für Trinkwasser und Straßenbau. Das alles sind Bereiche, in denen wir noch so genannte „Marktlücken" haben und in die der Staat wirklich eingreifen muss. Man kann die Gesundheit der Nation oder auch das Bildungsniveau auf keinen Fall dem Selbstlauf überlassen.

Kein anderes Land hat sich je in so kurzer Zeit so ambitionierte Ziele gesetzt. Aber ich glaube, dass das einmal unser Weg genannt wird.In den ersten Jahren der Unabhängigkeit glich Kasachstan einem Wanderer, der auf einem Gebirgspass unterwegs war, im Regen und Wind, trotz seiner Müdigkeit und seiner Angst, unbeirrt von allem, was um ihn herum geschieht. Die ersten Schritte sind immer die schwersten. Wir begannen unseren neuen Staat zu errichten und bemerkten schnell, dass wir zuallererst eine solide Basis brauchten, das Fundament des Fundaments für unser Haus – wir brauchten eine neue Verfassung.

Zu unserer Verfassung, die seit 1995 in Kraft ist, sind wir nicht sofort gekommen. Ihr ging die erste Verfassung von 1993 voraus, zusammen mit mehr als 140 Präsidentenerlassen, die Gesetzeskraft hatten und einige Jahre harten Kampfes mit Leuten, die die Notwendigkeit von Veränderungen nicht verstanden und nicht akzeptierten. Wie das vor sich ging, berichte ich im nächsten Kapitel.

Kapitel II

Die Verfassung aus dem Jahr 1995

Die Verfassung aus dem Jahr 1995   43

Im 18. Jahrhundert schrieb der Rechtsgelehrte und Autor der Lehre von der Gewaltenteilung Charles de Montesquieu, dass „die Demokratie nicht nur dann zerfällt, wenn der Geist der Gleichheit verloren geht, sondern auch, wenn er bis zum Äußersten getrieben wird und jeder denen gleich sein will, die er zu seinen Herrschern gewählt hat".

In den letzten Jahren der UdSSR waren die Abgeordneten auf allen Ebenen der Republiken zu Kritikern der administrativen Kommandowirtschaft geworden. Die Medien übertrugen die Debatten aus dem Obersten Sowjet live, was den Eindruck der Machtkonflikte noch verstärkte. Es ist schon paradox, dass die Räte, die ein Grundstein der Sowjetmacht waren, dieses System nun öffentlich selbst stürzten.

Statt ihren ursprünglichen Zweck zu erfüllen: objektive Informationen geben, über Neuigkeiten informieren, die allgemein menschlichen Werte erhalten, entzündeten sich an ihnen die Leidenschaften.

Nach mehreren Jahrzehnten Zensur und Verboten verfiel die Gesellschaft in das andere Extrem, so dass Redefreiheit und Glasnost bis zur Unkenntlichkeit verändert waren. Glasnost ist sehr schön, wenn man überprüfbare Informationen bekommt. Eine falsche Information ist keine Freiheit, sondern ein Angriff auf die Redefreiheit. Entwickelte Gesellschaften haben das schon lange verstanden; dort wird Verleumdung mit aller Härte des Gesetzes bestraft. Unter diesen schwierigen Bedingungen spekulierten Politiker aller Couleur auf die Emotionen der Menschen und stürzten sich auf die Regierung. Damit untergruben sie die Grundpfeiler des Staatswesens und gefährdeten die Integrität des Staates.

Was haben wir letzten Endes davon gehabt? Einen langwierigen, multilateralen politischen Konflikt, in den verschiedene politische Gruppierungen aus dem Zentrum des Landes und aus einzelnen Sowjetrepubliken verstrickt waren. Die politische Konfrontation Anfang der 1990er Jahre fiel mit der gewaltigen Wirtschaftskrise zusammen. Im Land wurden Betriebe stillgelegt, die Arbeitslosigkeit stieg, es herrschte ein extremer Mangel an Waren des täglichen Bedarfs, während der Staatsetat sozusagen „aus allen Nähten platzte".

Das war die Realität, als wir im Jahr 1991 die Unabhängigkeit unseres Landes erklärten.

Kasachstan war die letzte der nun schon ehemaligen Sowjetrepubliken, als es am 16. Dezember 1991 offiziell seine Unabhängigkeit erklärte. Viele der uns „Wohlgesinnten" sagten damals, dass Kasachstan seine Unabhängigkeit unerwartet bekommen habe wie ein Geschenk des Schicksals. Manche meinten sogar, dass das Zeitalter des unabhängigen Kasachstan wohl nur kurz sein werde.

Und wie paradox es auch klingen mag: Gerade nach der Unabhängigkeitserklärung im Jahr 1991 begann die für uns schwierigste und verantwortungsvollste Phase im Kampf für die Unabhängigkeit. Es ist um einiges schwieriger, in politischer und ökonomischer Hinsicht wirklich unabhängig zu sein, als jemandem die Anerkennung dieser Unabhängigkeit abzuringen. Der Kampf geht weiter, nur heute im eher planmäßigen Prozess des Aufbaus eines unabhängigen Staates. Das Fundament für diesen Bau ist die Verfassung, von der in diesem Kapitel die Rede sein soll.

Nach der Erlangung der Unabhängigkeit brauchten wir ein Grundgesetz, das mit den neuen Realitäten und Perspektiven Schritt halten konnte und sich auf die Erfahrungen der vorhergehenden Generationen und den Glauben an eine bessere Zukunft stützte. Die Verfassung des unabhängigen Kasachstan musste die Grundprinzipien in sich verankern, auf denen wir eine freie und demokratische Gesellschaft errichten wollten.

Die Aufgaben, vor denen wir in der ersten Phase der Verfassungsgestaltung standen, waren überaus schwierig, vielschichtig und wichtig. Zunächst musste man das neu geschaffene Staatswesen, das gesamte System der Staatsmacht und -führung umfassend stärken. Zweitens mussten die dringendsten Probleme einer grundlegenden Reformierung der Wirtschaft gelöst und die tiefe Krise überwunden werden. Drittens: die Gestaltung der Außenpolitik. Viertens: Sicherstellung der innenpolitischen Stabilität. Und schließlich mussten sämtliche Aufgaben in Angriff genommen werden, die die in der zivilisierten Welt allgemein anerkannten Rechte und Freiheiten der Bürger stärken.

Heute lebt unser Land mit der Verfassung aus dem Jahr 1995. Mit deren Verabschiedung hat Kasachstan den Weg seiner weiteren Entwicklung endgültig bestätigt. Dieses Grundgesetz, das mit einem Volksentscheid angenommen wurde, ist gewissermaßen zu einem Gesellschaftsvertrag geworden, mit dem die Regierung die Verpflichtung eingegangen ist, Kasachstan als einen demokratischen und weltoffenen Rechts- und Sozialstaat zu stärken; und seine Bürger haben die Verantwortung übernommen, die Verfassungsbestimmungen und die Gesetze des Landes zu befolgen. Diese wechselseitigen Verpflichtungen bilden eine dauerhafte Grundlage für die weitere erfolgreiche Entwicklung der Gesellschaft und lassen uns zuversichtlich in die Zukunft blicken.

Der Verabschiedung der Verfassung ging eine lange und angestrengte Arbeit voran. Es wurden eine Vielzahl von Verfassungen analysiert, und besonders diejenigen, die in der zweiten Hälfte des 20. Jahrhunderts verabschiedet worden waren. Für uns war wichtig zu verstehen, wie in den Ländern in verschiedenen Phasen ihrer Entwicklung mit ihren vielfältigen soziokulturellen, nationalen und anderen Besonderheiten und unterschiedlichen Rechtssystemen die Verfassungen die wichtigste Aufgabe gelöst hatte – die Stabilität zu kräftigen, den Wohlstand der Menschen zu erhöhen und die Demokratie zu entwickeln. Dabei war der Raum unserer Suche sehr weitgesteckt: Europa, Asien, Süd- und Lateinamerika. Ich selbst habe zwanzig verschiedene Verfassungen aus aller Welt konspektiert und analysiert.

Also verfügten wir zu dem Zeitpunkt, als wir uns über die Notwendigkeit einer neuen Verfassung geeinigt hatten, bereits über eine fünfjährige Erfahrung, die uns gelehrt hatte, Prioritäten zu setzen und Ziele und Mittel zu ihrer Erreichung zu bestimmen.

Der Verabschiedung der Verfassung gingen einige Jahre harter Arbeit der Überwindung der Stereotype voran, die sich über die Jahrzehnte in den Köpfen der Menschen herausgebildet hatten und die Lösung vieler objektiver und subjektiver Probleme, die während der grundlegenden Reformierung von Staat und Gesellschaft entstanden waren. Ja, manche unserer Entscheidungen waren ungenügend oder trugen Kompromisscharakter. Es wurden auch Fehler gemacht, was bei jeder neuen Angelegenheit unvermeidlich ist. All das spiegelte sich in der Tätigkeit der staatlichen Institute und der Gesetzgebung in dieser Zeit wider, die größtenteils Übergangsmaßnahmen ergriffen.

Doch wenn ich an diese schweren Jahre zurückdenke, dann bin ich mir sicher, dass ich alles getan habe, um ernsthafte soziale Erschütterungen zu vermeiden, das Land vor Schaden zu bewahren und einen modernen Staat zu errichten, der ein gleichberechtigtes Mitglied der Weltgemeinschaft wird.

Die Verfassung des Jahres 1995 war nicht aus dem Nichts entstanden. Sie hatte den gesamten vorherigen Erfahrungsschatz der Verfassungsgestaltung für das souveräne Kasachstan in sich aufgenommen und gleichzeitig auch die fortschrittlichsten Erfahrungen aus aller Welt, die in dieser Zeit am besten zu uns passten. Darum sollte jeder, der den Geist und die Bedeutung des Grundgesetzes unseres Landes ganz verstehen will, die Geschichte seiner Entstehung kennen.

Deklaration über die staatliche Souveränität der Kasachischen SSR, 25. Oktober 1990

Der Beginn der eigenen Verfassungsgesetzgebung in Kasachstan fiel zeitlich mit dem Zerfall der Sowjetunion zusammen. Der erste Schritt zu einem souveränen Staat war die am 25. Oktober 1990 vom Obersten Sowjet der Kasachischen SSR verabschiedete Deklaration über die staatliche Souveränität der Kasachischen Sozialistischen Sowjetrepublik. Darin spiegelten sich einige der grundlegenden Bestimmungen wider, die später in den beiden Verfassungen des souveränen Kasachstan weiterentwickelt wurden: die Absicht, einen menschlichen und demokratischen Rechtsstaat zu errichten, in dem die Staatsmacht allein vom Volk ausgeht, die Erklärung der Unteilbarkeit und Unverletzlichkeit unseres Territoriums usw.

Natürlich war die Deklaration über die staatliche Souveränität ein eher politischer als juristischer Akt. Ihre Bestimmungen waren streng genommen keine Rechtsnormen, hatten also keine Rechtswirksamkeit. Für eine gesetzgeberische Verankerung der Souveränität musste ein entsprechender Verfassungsakt verabschiedet werden.

Dieser Akt war das Verfassungsgesetz „Über die staatliche Unabhängigkeit der Republik Kasachstan", das am 16. Dezember 1991 verabschiedet wurde. Genau dieser Tag wird jetzt als Tag der Unabhängigkeit Kasachstans gefeiert.

Hier möchte ich etwas weiter ausholen. Ich denke, dass dieser Tag nicht nur ein offiziell festgelegter Feiertag sein soll. Dieser Tag ist viel mehr. Er ist ein Punkt und gleichzeitig ein Neubeginn im Kampf um unsere Unabhängigkeit. Heute kann jeder Bürger Kasachstans diesen Tag auch als den Tag seiner eigenen Unabhängigkeit und seines Erfolges feiern.

Das Gesetz „Über die staatliche Unabhängigkeit der Republik Kasachstan" hat die staatliche Unabhängigkeit der Republik Kasachstans als souveränen Staat, der über ein ganzheitliches, unteilbares und unverletzliches Territorium verfügt und Beziehungen mit allen Staaten auf der Grundlage des internationalen Rechts eingeht, erklärt und juristisch verankert. Das Recht, im Namen des Volkes der Republik zu sprechen, erhielt nicht nur der Oberste Sowjet, sondern auch der Präsident Kasachstans, der gleichzeitig das Staatsoberhaupt ist.

Außerdem sah das Gesetz ein eigenständiges Wirtschaftssystem für das Land vor. Dieses System gründete sich auf die Vielfalt und Gleichheit aller Eigentumsformen, die Option einer Schaffung eines Finanz-, Kredit- und Bankwesens, die Bildung einer Goldreserve sowie von Diamanten- und Valutafonds. Weiterhin wurde die Schaffung von eigenen Streitkräften angekündigt.

In dem Gesetz wurde bekannt gegeben, dass es gemeinsam mit der Deklaration über die staatliche Souveränität die Basis zur Erarbeitung einer neuen Verfassung der Republik sein wird.

Dabei wurde unterstrichen, dass die Verfassungsbestimmungen und die anderen Gesetze der Republik Kasachstan weiterhin gelten, da sie diesem Gesetz nicht widersprächen.

Damit kam diesem ersten gesetzgeberischen Akt des souveränen Kasachstan eine größere Rechtskraft als der damals geltenden Verfassung der Kasachischen SSR aus dem Jahr 1978 zu. Das war unbedingt notwendig, da die Verfassung der sozialistischen Sowjetrepublik im Rahmen des Unionsstaates den Anforderungen eines sich schnell verändernden Landes nicht genügen konnte – egal wie man sie auch „flicken" wollte. Das Land wollte zu einem neuen gesellschaftlichen und ökonomischen System übergehen und völlig neue gesellschaftliche Beziehungen eingehen, auch international. Ein souveräner, demokratischer Rechtsstaat musste auf ganz anderen Prinzipien begründet werden und brauchte dafür auch eine andere verfassungsrechtliche Basis. Diese Basis wurde im Verfassungsgesetz „Über die staatliche Unabhängigkeit der Republik Kasachstan" gelegt. Doch für die endgültige Gestaltung eines eigenständigen Staatswesens musste eine neue Verfassung verabschiedet werden.

Der „rote" Oberste Sowjet

Die Arbeit an der ersten Verfassung des souveränen Kasachstan begann gleich nach der Verabschiedung der Deklaration über die staatliche Souveränität. Mit einer Verordnung des Obersten Sowjets der Kasachischen SSR wurde am 15. Dezember 1990 die Verfassungskommission der Kasachischen SSR gebildet, die zunächst von Erik Assanbajew, der damals Vorsitzender des Obersten Sowjets der Republik war, geleitet wurde.

Zur Verfassungskommission gehörte die gesamte Führung des Obersten Sowjets, der Premierminister, der Justizminister, der Generalstaatsanwalt, der Vorsitzende des Obersten Gerichts an sowie hervorragende Rechtswissenschaftler, bekannte Rechtspraktiker, ein Sekretär des ZK der Kommunistischen Partei Kasachstans, der Erste Sekretär des ZK der Kommunistischen Jugendvereinigung und andere Spezialisten – insgesamt 35 Personen. Die Kommission war sehr repräsentativ, wie es zu Sowjetzeiten üblich war. Leider konnte sie nicht effektiv arbeiten, aus objektiven Gründen: Das waren die große Teilnehmerzahl und damit auch die Anzahl der Meinungen, deren Koordinierung im Prinzip die meiste Zeit in Anspruch nahm, und andererseits die sich ständig ändernde politische Situation im Land.

So wurden zum Beispiel allein im Jahr nach der Bildung der Verfassungskommission in die geltende Verfassung der Kasachischen SSR sieben Mal Änderungen eingebracht (20. November 1990, 15. Februar, 20. Juni, 25. Juni, 25. August, 10. Dezember, 24. Dezember 1991), ganz zu schweigen von der übrigen Gesetzgebung. So hatten die Mitglieder der Verfassungskommission nicht einmal eine stabile Basis, von der sie ausgehen konnten. Auch die Wege der weiteren Entwicklung des Landes waren unklar.

Nach den stürmischen Ereignissen des Jahres 1991, die im Zerfall der Sowjetunion gipfelten, der Umbenennung der Kasachischen SSR in Republik Kasachstan und der Verabschiedung des Gesetzes „Über die staatliche Unabhängigkeit der Republik Kasachstan" gab es endlich eine gewisse Klarheit. Es wurde klar, dass mit der totalitären Vergangenheit ein für alle Mal abgeschlossen war und dass nun die Errichtung eines souveränen demokratischen Staates auf der Tagesordnung stand. Das weitere Schicksal Kasachstans lag nun in unseren eigenen Händen. Für mich als den Präsidenten Kasachstans wurde das zu meiner vorrangigen Aufgabe.

Die Verfassung aus dem Jahr 1995 47

Durch eine Verordnung des Obersten Sowjets vom 15. Dezember 1991 wurde ich als Vorsitzender der Verfassungskommission bestätigt, mein Stellvertreter wurde der neue Vorsitzende des Obersten Sowjets S. Abildin (sein Vorgänger E. Assanbajew wurde damals zum Vizepräsidenten der Republik gewählt). Ich nutzte die Vollmachten, die der Verfassungskommission zur Verfügung standen und bildete eine kleine Arbeitsgruppe, an deren Spitze der bekannte Rechtswissenschaftler Gairat Sapargalijew stand. Weiterhin gehörten dazu: J. Kim, A. Kazhenow und die damals noch jungen, aber vielversprechenden Juristen B. Muchamedschanow, K. Kolpakow, J. Malzew, T. Donakow. Später kam noch N. Schajkenow dazu, der damals mein Berater in juristischen Fragen wurde. Die allgemeine Leitung der Arbeitsgruppe hatte Zinaida Fedotowa, die zu dieser Zeit stellvertretende Vorsitzende des Obersten Sowjets war.

Die Arbeitsgruppe hatte eine konkrete Aufgabe: Sie sollte einen Verfassungsentwurf vorbereiten, der später an die Verfassungskommission zur Beratung gegeben werden sollte.

Die erste Variante des Verfassungsentwurfs war bald fertig und es begann seine Beratung in einigen Sitzungen der Verfassungskommission, die ziemlich angespannt verliefen. In der Kommission saßen sämtliche Mitglieder des Präsidiums des Obersten Sowjets, alle Vorsitzenden seines Komitees. Die meisten von ihnen sahen ihre Hauptaufgabe darin, dass in der neuen Verfassung die Machtvertikale der Räte mit dem Obersten Sowjet an der Spitze erhalten bleiben müsse. Sie waren zu einem offenen Dialog und zur Diskussion alternativer Vorschläge nicht bereit. Es wurde klar, dass eine Vorwärtsentwicklung immer schwieriger werden würde.

Die damals geltende Verfassung der Kasachischen SSR sah die Verabschiedung einer neuen Konstitution ausschließlich auf parlamentarischem Wege vor. So hatte sich der Oberste Sowjet einen bedeutenden Anteil seiner entscheidenden Vollmachten erhalten, während die Präsidialmacht in dieser Phase noch immer erst im Entstehen begriffen war. Daher mussten Kompromisse gemacht werden, um eine Spaltung von Gesellschaft und Staat zu verhindern und Frieden und Stabilität in dem gerade erst entstehenden Staat und der multiethnischen Gesellschaft zu erhalten. Letztendlich erhielt der Erhalt der innenpolitischen Stabilität Vorrang vor der prinzipiellen und unwiderruflichen Lösung der wichtigsten Probleme des Landes.

Dazu muss man hinzufügen, dass zur Erzielung des Kompromisses auch die Außenpolitik eine Rolle spielte: Damals waren wir alle Zeugen davon, wie sich in einzelnen Ländern der GUS Meinungsverschiedenheiten bei der Verfassungsgestaltung und Verzögerungen bei der Verabschiedung der neuen Verfassungen letztendlich zu Konflikten ausweiteten. Die Ungewissheit wegen des neuen Verfassungsmodells Kasachstans behinderte den Beginn systematischer sozialökonomischer und politisch-juristischer Reformen und führte zu unnötigen Anspannungen zwischen einzelnen Teilen der Regierung, da ihre Kompetenz auf Verfassungsniveau noch nicht begrenzt war. Alle, die an der Gestaltung der Verfassung beteiligt waren, wussten, dass ein Kompromiss notwendig war.

Die Verfassung musste trotz aller Meinungsverschiedenheiten so bald wie möglich verabschiedet werden. Denn das Land, das schon im zweiten Jahr seiner Unabhängigkeit war, lebte trotzdem noch immer nach der alten, vollkommen abgewirtschafteten Verfassung aus Sowjetzeiten.

Ich erkannte all diese Umstände sehr genau, hatte es aber mit der zu Sowjetzeiten gewählten, konservativen Mehrheit im Obersten Sowjet zu tun. Deshalb musste ich mich auf Kompromisse einlassen, um die Verabschiedung des neuen Dokuments nicht zu gefährden. Die erzwungenen Zugeständnisse in vielen Fragen führten letztendlich dazu, dass die erste Verfassung den dringendsten Fragen der gesellschaftlichen und staatlichen Entwicklung des Landes nicht gewachsen war. Die Versuche, die Ideen des Zweikammerparlaments und der Gleichberechtigung aller Formen des Eigentums (und hier vor allem des privaten) zu verteidigen, im Grundgesetz elementare Regeln des demokratischen Rechtsstaats zu verankern (das Recht zur Auflösung des Parlaments und das Impeachment des Präsidenten) waren alle nicht von Erfolg gekrönt. Die Mehrheit des Präsidiums und der Führung des Obersten Sowjets waren kategorisch gegen diese Vorschläge.

Auch einige juristische Koryphäen aus Kasachstan vertraten diese konservative Position. S. Sartajew, Mitglied und Korrespondent der Akademie der Wissenschaften, behauptete zum Beispiel auf einer dieser Sitzungen, dass das Zweikammerparlament das Staatswesen des kasachischen Volkes zerstören werde und bestand darauf, dass das Recht des Obersten Sowjets, „jede beliebige Frage zu jeder Zeit aus der Exekutive auszuklammern und sie unmittelbar während der Sitzung zu entscheiden", erhalten bleiben muss. Es ist eindeutig, dass ein derartiger Vorschlag dem Prinzip der Gewaltenteilung widersprach, das ja bereits in der Deklaration über die staatliche Souveränität verkündet worden war. Auf einer anderen Sitzung der Verfassungskommission schlug der ebenfalls sehr kompetente Jurist S. Simanow vor, überhaupt keine neue Verfassung zu verabschieden, sondern sich mit Änderungen in der alten zu begnügen. Ich habe vor diesen bekannten Juristen unseres Landes wirkliche Hochachtung. Außerdem haben sie mir ständig geholfen; und doch haben sich in dieser stürmischen und düsteren Zeit viele Menschen geirrt.

Sehr scharfe Diskussionen entspannen sich auch um die so genannte „nationale Frage". Einige Mitglieder der Verfassungskommission, die sich als reine Interessensvertreter des kasachischen Volkes präsentierten, schlugen den Aufbau eines kasachischen Staates ohne Berücksichtigung der Interessen und Rechte der Bürger anderer Nationalitäten vor. Ich erinnere daran, dass die Kasachen zu dieser Zeit weniger als 50 Prozent der Bevölkerung betrugen. Dementsprechend wurde vorgeschlagen, dass der Präsident und der Vorsitzende des Obersten Sowjets unbedingt Kasachen sein müssten, also nur ihre nationale Zugehörigkeit ausschlaggebend sein sollte. Derartige Vorschläge gefährdeten die Einheit des Volkes von Kasachstan in höchstem Maße. Ich musste diesen Pseudopatrioten eine scharfe Abfuhr erteilen. Immer wieder erinnerte ich die Anwesenden daran, dass die Verfassung, an der wir arbeiteten, das Volk einen und nicht die Menschen aufgrund ihrer Nationalität spalten soll. Um eine solche Schräglage zu vermeiden, die die Interessen der Nationen und Völker der Republik verletzt, mussten wir praktisch jeden einzelnen Artikel unseres Verfassungsprojekts verteidigen.

Eine andere Streitfrage war der Status der Sprachen in der Republik Kasachstan. Einerseits mussten wir die Staatssprache, das Kasachische, das sich schon seit längerer Zeit in einem kritischen Zustand befand erneuern und weiterentwickeln. Andererseits konnten wir auf keinen Fall zulassen, dass die Entwicklung der kasachischen Sprache die russische und die anderen Sprachen der Völker Kasachstans diskriminiert.

Nur als Anerkennung des Kasachischen als Staatssprache hat es noch niemanden diskriminiert. Das war nur eine logische und gesetzmäßige Entscheidung. Eine negative Rolle konnte eine andere, übereilt getroffene Entscheidung spielen, nämlich die Einführung des offiziellen Schriftverkehrs in kasachischer Sprache, die besonders eingefleischte Bürokraten aus der Provinz forderten. Das führte sogar an mancher Stelle zu Gesprächen über eine Aufhebung des bereits verabschiedeten Sprachengesetzes.

Diese sehr aktuelle Frage jener Zeit wurde nicht nur in den Sitzungen der Verfassungskommission, sondern auch in anderen Besprechungen diskutiert. Auf der Sitzung der Regierungschefs und der Vorsitzenden der Regionalräte, die vom 11. bis 12. November 1992 stattfand, erklärte ich Folgendes:

> *„Das Sprachenproblem darf keinesfalls zum Objekt billigen Populismus und demagogischer Spekulationen werden. Denkt wirklich jemand, dass wir auf Ruhe in Kasachstan hoffen können, sobald das Gesetz außer Kraft gesetzt ist? Einem unvoreingenommenen Menschen ist doch klar, dass die Situation der kasachischen Sprache kritisch ist, dass es um ihre Rettung geht. Die Sprache von vielen Generationen unserer Vorfahren darf nicht sterben. Möchte denn irgendjemand aus freiem Willen stumm werden? Unsere Sprachpolitik soll sowohl in den Gesetzen als auch im realen Leben Möglichkeiten schaffen zur Entwicklung der kasachischen, der russischen und der Sprachen der nationalen Minderheiten."*
>
> Aus der Rede vor der Sitzung der Regierungschefs und der
> Vorsitzenden der Regionalräte, 11.-12. November 1992

Letztendlich befürwortete eine Mehrheit der Abgeordneten die folgende Variante der Verfassungsnorm: „In der Republik Kasachstan ist die Staatssprache Kasachisch. Die russische Sprache ist die Sprache der zwischennationalen Verständigung. Der Staat garantiert die Erhaltung der Anwendung der Sprache der zwischennationalen Verständigung sowie der anderen Sprachen und ihre freie Entwicklung. Es ist verboten, die Rechte und Freiheiten der Menschen aufgrund der Nichtbeherrschung der Staatssprache oder der Sprache der zwischennationalen Verständigung einzuschränken."

Diese Formulierungen entsprachen den wichtigsten Bedürfnissen des multinationalen Volkes Kasachstans, obwohl der Status des Russischen als Sprache der zwischennationalen Verständigung juristisch noch immer nicht ausreichend bestimmt war. In der Verfassung des Jahres 1995 wurde dieses Problem auf andere Weise gelöst.

Besondere Besorgnis löste das Recht auf Auflösung des Parlaments bei den Abgeordneten aus. Das war verständlich – in den Zeiten der Wirren und der Allmacht hatten sie sich viele Vergünstigungen schaffen können, konnten auf jeden beliebigen Minister Druck ausüben und verfügten über eine beispiellose Immunität nicht nur während der Zeit ihrer Abgeordnetenvollmachten, sondern auch noch zwei Jahre nach deren Ende. So hatten sie gewissermaßen ein ideales Klima für die Bestätigung in ihrem „persönlichen Business". Nur einzelne von ihnen dachten an ihre Wähler.

Da das gesetzgebende Organ, das der Oberste Sowjet ja war, nicht dauerhaft handeln konnte, verlegten die Abgeordneten ihre Vollmachten mit ihren leitenden Funktionen in ihre Regionen. Die Sitzungen des Obersten Sowjets fanden nur einige Male pro Jahr statt, während zur Errichtung eines souveränen Staates mehrere Hundert neuer Gesetze verabschiedet werden mussten, was eine ernsthafte gesetzgeberische Tätigkeit erfordert hätte. Stattdessen berichteten die Abgeordneten der regionalen Parteinomenklaturen über die regionalen Probleme, derer es natürlich auch nicht wenige gab. Diese Volksvertreter konnten die allgemeinstaatlichen Interessen nicht nachvollziehen, konnten nicht verstehen, dass die Zeit der Beschränkung auf Ressortinteressen vorbei war. Infolgedessen gerieten die Sitzungen zu einer Art Tauziehen – jeder versuchte, soviel Geld wie möglich aus dem Staatsetat in seine Region zu ziehen. Davon, dem Staat und dem Volk im Ganzen zu dienen, konnte also keine Rede sein.

Die Mehrheit der Abgeordneten verstand einfach nicht, dass unter diesen neuen Bedingungen, der Errichtung eines Staatswesens und dem Übergang zu einem neuen Wirtschaftssystem, das Parlament auch eine andere Rolle zu spielen hat. Viele Abgeordnete sahen sich immer noch als Träger eines imperativen Mandats aus alter sowjetischer Tradition, als der Abgeordnete die Regionen benutzte, um zusätzliche Mittel zur Finanzierung regionaler Aufgaben herauszupressen.

Die Funktion der Verteilung zu übernehmen und die Verantwortung für die Reformen auf die Schultern der Exekutive zu verlagern, war eine allgemeine Tendenz. Leider ist diese Tendenz auch in anderen unabhängigen Staaten erhalten geblieben, wo die Mehrheit der Abgeordneten der postsowjetischen Parlamente immer noch nicht verstanden hat, dass ihre Hauptaufgabe nicht die Verteilung ist, sondern die Schaffung von legislativen Voraussetzungen zur Entwicklung einer zivilisierten gesetzgeberischen Basis und neuer ökonomischer Beziehungen.

Dabei lag die Spezifik der Situation darin, dass die Parlamente ohne eine irgendwie entwickelte Marktwirtschaft arbeiteten, es war noch kein modernes Vertretungssystem oder ein System zum Schutz ökonomischer und politischer Interessen ausgearbeitet, ja nicht einmal die Interessen selbst oder ihre Interessensträger waren genau bestimmt worden.

Unter diesen Umständen entwickelten sich die Parlamente zu Verbrauchervereinigungen, die um die Verteilung der Einkünfte zu ihrem Nutzen kämpften. Sie verabschiedeten populistische Entscheidungen zur Erhöhung der Löhne und Sozialprogramme ohne Finanzierungskonzept, während die Exekutive in einer Zeit der tiefen Krise und leerer Staatskassen die Verantwortung für deren Umsetzung trug.

Infolgedessen geriet die Exekutive ins Feuer der Kritik von Presse, der Abgeordneten und der Gesellschaft. Sogar die Abgeordneten, die für Regionen sprachen, denen es wirklich schlecht ging, verstanden dies nicht und fügten ihren eigenen Gebieten schweren Schaden zu. Die auf der populistischen Welle verabschiedeten ökonomischen Entscheidungen begannen das Wirtschaftssystem und das staatliche Regulierungssystem zu spalten und führten zu einer weiteren Verschlechterung der Lage.

Die Gesetze aus der Übergangszeit (1991-1994) enthielten bei all ihrer Bedeutung doch viel Populismus, der finanziell von staatlicher Seite nicht untermauert war und deshalb nicht realisierbar war. Der Oberste Sowjet handelte nach dem Prinzip: „Wir machen die Gesetze und verteilen das Geld und die Regierung soll sie so ausführen, wie sie will."

Damals wurden die Gesetze über den Renteneintritt von Melkerinnen und Traktoristen mit 45 Jahren und über finanziell nicht abgesicherte Entschädigungszahlungen an Bewohner von ökologisch ungünstigen Wohngegenden verabschiedet. Ähnliche Gesetze, die in dieser Zeit verabschiedet wurden, als die Wirtschaft stagnierte und die Kassen leer waren, führten zu einer langjährigen Verschuldung aufgrund der sozialen Unterstützungen. Später wurden die entsprechenden Gesetzesteile suspendiert.

Das Ergebnis war, dass die Menschen verärgert und enttäuscht waren, weil sie sich betrogen fühlten. Mehr noch, eben die Umsetzung solcher Gesetze führte in den ersten Jahren der Unabhängigkeit zu einer Hyperinflation, die fast zu einem totalen Zusammenbruch unserer Wirtschaft geführt hätte, die sich ohnehin schon in der Krise befand.

Außerdem enthielten viele Gesetze aus dieser Zeit keinerlei Regulierung der Rechtsverhältnisse, die erst während der Errichtung der Marktwirtschaft und einer demokratischen Gesellschaft entstanden waren.

Manchmal habe ich leicht sarkastisch gesagt, dass ich den ganzen Arbeitstag im Obersten Sowjet verbringe und erst abends zur Arbeit gehe, um mich mit wichtigeren laufenden Angelegenheiten des Landes zu beschäftigen, die unverzügliche Entscheidungen brauchten.

Die Parlamentarier, die aus Trägheit die alten ideologischen Herangehensweisen und Stereotypen verteidigten, blockierten unsere Reformen in Staat und Gesellschaft. Dadurch blieb die veraltete Wirtschaftsstruktur erhalten und alle Initiativen zur Herausbildung neuer gesellschaftlicher Beziehungen scheiterten. Vielen von uns war klar, dass eine Schaffung neuer Vertretungsorgane, die den Anforderungen eines demokratischen Rechtsstaates genügen, das Gebot der Stunde war.

Um es vorweg zu nehmen – das haben letztendlich auch die Abgeordneten selbst begriffen, auf ihre Initiative begann Ende 1993 in Kasachstan die Selbstauflösung sämtlicher Sowjets. Doch man muss dem Obersten Sowjet der Republik Kasachstan auch zugestehen, dass er vor seiner Selbstauflösung noch seine historische Mission erfüllt hat: Er hat die erste Verfassung des souveränen Kasachstan verabschiedet.

Der von der Verfassungskommission vorgelegte Verfassungsentwurf wurde am 2. Juni 1992 in erster Lesung nach mehrtägiger öffentlicher Diskussion (mit Fernsehübertragung im ganzen Land) der Abgeordneten des Obersten Sowjets verabschiedet. Innerhalb einer Woche wurde das Projekt in den Zeitungen der Republik und der Gebiete allgemein zur Diskussion gestellt, die bis zum Dezember 1992 andauerte. Danach verabschiedete der Oberste Sowjet der Republik Kasachstan die erste Verfassung der Republik Kasachstan in einer namentlichen Abstimmung fast einstimmig (eine Enthaltung, zwei Gegenstimmen). Als auf der elektronischen Anzeige des Sitzungssaals des Obersten Sowjets die Resultate der Abstimmung erschienen, brach der gesamte Saal in Beifall aus. Es waren begeisterte Ausrufe zu hören: „Es lebe Kasachstan!" „Es lebe die Verfassung!" Bei manchen Abgeordneten konnte ich Tränen der Freude sehen.

Das war wirklich ein historisches Ereignis in der Geschichte des kasachstanischen Volkes, das den Weg seiner selbständigen Entwicklung begonnen hatte. Die unter den Bedingungen des Jahres 1993 verabschiedete Verfassung war ein Kompromiss gewesen zwischen dem Teil der Gesellschaft, der sich einer sozialökonomischen und politischen Reform widersetzte und dem anderen Teil, der die Notwendigkeit und die Unvermeidlichkeit der Transformation der kasachischen SSR in einen demokratischen und zivilisierten Staat verstanden hatte. Sie ermöglichte uns, die ersten unabdingbaren Schritte auf dem Weg der Reformierung zu tun.

Doch bald nach ihrem Inkrafttreten wurden auch die Mängel der ersten Verfassung Kasachstans deutlich, allem voran ihre Loslösung von den realen sozialökonomischen und politischen Prozessen.

Dass im Grundgesetz keinerlei Instrumente zur Beilegung von Meinungsverschiedenheiten existierten, die zwischen den Staatsinstitutionen auftreten können, war einer der Gründe dafür, dass die Widersprüche zwischen Exekutive und Legislative spürbar stärker wurden. Anders gesagt, die Verfassung von 1993 war zu einem juristischen Hindernis für die Optimierung des Staatswesen und die Weiterentwicklung der sozialökonomischen und politischen Reformen geworden. Ständig gab es Streit um die Frage: Wer ist der Wichtigere?

Als „Kompromiss der Geschichte" hat dieses Grundgesetz nicht alle Erwartungen der Gesellschaft erfüllt. Besonders weil in ihm nicht unsere Ziele und Prioritäten für die gesellschaftliche Entwicklung verankert waren.

Außerdem hat auch die Art und Weise der Verabschiedung der Verfassung zu Klagen geführt. Es sah so aus, als ob nicht das Volk die Verfassung verabschiedet habe, sondern ein nach sowjetischem Gesetz gebildeter Oberster Sowjet; und das Beamtentum habe sie nun sich und gleichzeitig dem Volk geschenkt. Man braucht ja nur zu sagen, dass der Oberste Sowjet – ungeachtet der Verfassungsverordnung über den Präsidenten Kasachstans als Vertreter der Republik im In- und Ausland – bei der Verabschiedung der Verfassung und damit auch der Stärkung des Präsidialsystems sich trotzdem das Recht, im Namen des ganzen kasachstanischen Volkes zu sprechen, ganz allein vorbehalten hat. Darin zeigte sich das trotz allem „sowjetisch" gebliebene am Obersten Sowjet, das seine Machthegemonie bewahren wollte. Doch wie sagte der englische Aufklärer Thomas Paine: „Eine Verfassung ist etwas, was dem Staat vorangeht, und der Staat ist nur eine Schöpfung der Verfassung."

Täglich stießen wir auf viele solcher „weißen Flecke" in der Gesetzgebung, und so wurde uns klar, dass die Verfassung von 1993 als Rechtsgrundlage für den Bau eines souveränen Kasachstan nicht geeignet ist.

Doch die Zeit verging, und der Status quo konnte so nicht erhalten werden. Die Frage der Allmacht der verschiedenen Sowjets, die den Präsidenten bei der Umsetzung der Reformen, besonders der Wirtschaftsreformen, behinderten, musste unverzüglich geklärt werden. Ich wollte dies sogar in einem Volksentscheid tun und sprach offen darüber. Ich sagte immer, dass der Oberste Sowjet zu einer Bremse für die Reformen geworden sei und erläuterte meine Position offen. Daraufhin verschärfte sich das Verhältnis zum Vorsitzenden des Obersten Sowjets Abildin, der versuchte, die Oberhoheit über alle Entscheidungen zu übernehmen. Ich werde hier nicht über seine Ansichten sprechen. Diese sind nun allen klar geworden, und er ist der Parteivorsitzende der Kommunistischen Partei.

Und dann befanden wir uns in einer Sackgasse der besonderen Art: Weder die Regierung noch der Oberste Sowjet konnten einen Ausweg aus dieser Situation finden. Ich musste mehrfach und unumwunden dem Volk über die verhängnisvolle Tätigkeit der einzelnen Abgeordneten berichten.

Gerade zu dieser Zeit, am 16. November 1993, fasste der Landkreissowjet der Volksdeputierten Alatau einen im gesellschaftlich-politischen Leben nie da gewesenen Beschluss über die Selbstauflösung, um damit die Wahl der Abgeordneten nach neuen Gesetzen zu ermöglichen. Damals wurde eine Botschaft an die Volksdeputierten der Republik und der örtlichen Sowjets gerichtet:

> *„Die Räte bleiben in vielerlei Hinsicht ein Symbol der vergangenen Zeit und der alten Ideologie. Die engen Rahmen der hoffnungslos veralteten Gesetze, die die Arbeit des Vertretungssystems regeln sowie das mangelnde Interesse der Abgeordneten selbst an ihrer Tätigkeit verstärken die Loslösung der Räte vom realen Leben. Ihre Unfähigkeit, den Willen des Volkes umzusetzen, wird immer deutlicher. Und das ist nicht die Schuld der Deputierten. Der Grund dafür liegt woanders – in dem grundsätzlich schädlichen Modell der Allmacht der Räte und dessen fehlender Anpassung an das heutige Leben."*
>
> Aus der Botschaft des Landkreissowjets der Volksdeputierten Alatau an die Volksdeputierten der Republik und der örtlichen Sowjets, 16. November 1993

Am 17. November beschlossen auch die Stadtbezirkssowjets Leninskij und Oktijabrskj in der Hauptstadt, ihre Vollmachten vorzeitig abzugeben, danach die Sowjets Auesowskj und Frunsenskj. Und so ging es weiter, durch die gesamte Republik.

Später wandte sich eine Gruppe Abgeordneter des Obersten Sowjets mit einer Sammelerklärung an mich, in der sie ihren Rücktritt ankündigten und um die Befreiung von den Abgeordnetenvollmachten baten. Die Verfassung erlaubte mir diesen Schritt nicht, daher schlug ich vor, die Frage auf der nächsten Sitzung des Obersten Sowjets zu stellen. Ich sage offen, dass ich diesen Abgeordneten dankbar bin, dass sie in dieser wichtigen Zeit für das Land Verantwortung gezeigt haben.

Der gesunde Menschenverstand hatte gesiegt und aus den Initiatoren der vorzeitigen Befreiung von den Abgeordnetenvollmachten wurden einfache Abgeordnete. Mehr als 200 Abgeordnete von 360 beantragten den Rücktritt. Das katastrophale Scheitern des sowjetischen Systems gipfelte darin, dass der Oberste Sowjet seine Selbstauflösung beschloss.

Die Selbstauflösung des Obersten Sowjets war eines der dramatischsten Ereignisse in der Geschichte des unabhängigen Kasachstan. Historiker werden noch lange darüber diskutieren, was die Abgeordneten zu einem für das Land so schicksalhaften Schritt bewegt hat. Meiner Ansicht nach war die Auflösung des Obersten Sowjets unumgänglich. Um breit angelegte Reformmaßnahmen durchführen zu können, musste der Widerspruch gelöst werden, der im System der Räte lag. Der Widerspruch bestand darin, dass viele Abgeordnete Vertreter des gesetzgeberischen und des exekutiven Bereichs gleichzeitig waren. In dieser Lage konnten sie die Arbeit der Vertikalen der Exekutiven auf der regionalen Ebene einerseits blockieren und andererseits den Obersten Sowjet als Hemmschuh für die Reformen im Zentrum benutzen.

Wie sagte der französische Philosoph Michel Montaigne im 16. Jahrhundert: „Die beste Regierung für jedes beliebige Volk ist die, die es als Ganzes bewahrt." Kasachstan ist es gelungen, die Konfrontation von Exekutive und Legislative zu überwinden, und dies friedlich und gewaltlos. Wir konnten fließend und Schritt für Schritt zu einem effektiven und demokratischen Regierungssystem übergehen, das Stabilität und ein starkes wirtschaftliches Wachstum ermöglicht. Andere Länder der GUS hatten da weniger Glück.

Im Jahr 1992 erwuchs eine solche Konfrontation auf dem „fruchtbaren" Boden regionaler Widersprüche in Tadschikistan. Die Konfrontation, die mit mehrtägigen Versammlungen auf zwei verschiedenen Plätzen in Duschanbe begann, führte zu einem Bruderkrieg. Dieser Krieg dauerte mehr als fünf Jahre und forderte ungefähr einhunderttausend Menschenleben.

Nicht weniger blutig als in Tadschikistan waren die Konflikte in Georgien und Aserbaidschan, wo auf der Welle des Populismus und nicht ohne die Hilfe des Obersten Sowjets die demagogischen Dissidenten Gamsachurdi und Eltschibei an die Macht kamen. Ungeachtet ihrer kurzen Regierungszeit sind die Ergebnisse ihrer dilletantischen und teilweise auch zerstörerischen Innen- und Außenpolitik in Georgien und Aserbaidschan noch immer spürbar. Über ein Jahrzehnt später überwinden diese beiden Länder gerade die schwere ökonomische Krise und haben noch immer nicht ihre territoriale Integrität wiederhergestellt.

Am dramatischsten und in ihrer weltweiten Bedeutung am größten waren die Ereignisse im Oktober 1993 in Russland. Damals übertrugen die Fernsehkanäle in aller Welt, wie die Panzer der Division Kantemir, die loyal zu Präsident Jelzin standen, das Gebäude des Obersten Sowjets zusammenschossen, so dass es in dicken schwarzen Rauchwolken lag. Die Unberechenbarkeit der Situation in Russland Anfang der 90er Jahre hinterließ auch ernsthafte Spuren in der politischen

Landschaft Kasachstans. Indem ich die Ereignisse in Moskau aufmerksam verfolgte und die Konfrontation zwischen der Exukutive und Legislative analysierte, die Russland in totales Chaos und Willkür gebracht hatten, konnte ich mich endgültig davon überzeugen, dass Kasachstan in der Lage sein wird, seine Wirtschaft allein auf der Basis einer starken zentralisierten Präsidialmacht aktiv zu liberalisieren.

In dieser Zeit mussten neben der intensiven Arbeit auf der Gesetzgebungsebene allgemein „Feuer gelöscht" werden. Ich erinnere mich an den Beginn der Heizperiode 1993/94, als viele Städte und Dörfer nicht auf den Winter vorbereitet waren. In vielen Wohnungen von Nord- und Zentralkasachstan stieg die Raumtemperatur nicht mehr als auf 10-15 Grad Celsius.

Im Dezember 1993 gerieten wir in eine noch kritischere Lage. Trotz der hervorragend absolvierten und schnellen Einführung des Tenge erfuhr das Land eine galoppierende Inflation. Diese Situation erforderte ein schnelles und verantwortungsbewusstes Eingreifen. Ein Tag Verzögerung bei der Verabschiedung von Rechtsakten im wirtschaftlichen Bereich konnte einen Schaden verursachen, der nicht einmal innerhalb eines Jahres zu beheben gewesen wäre. Doch die Handlungsfähigkeit des Ministerkabinetts war an den Obersten Sowjet gebunden. Wieder einmal entstand die reale Bedrohung einer Destabilisierung der Wirtschaft.

Der Oberste Sowjet war nicht in der Lage, unter der Bedingung der vollständigen Selbständigkeit der Finanz- und Wirtschaftspolitik des Landes Gesetze zu verabschieden. Auf den Sitzungen des Obersten Sowjets kam es zu langen und fruchtlosen Diskussionen. Die Pausen zwischen den Sitzungen waren lang. Wir warteten die ganze Zeit auf Entscheidungen des Parlaments, doch langsam entstand der Eindruck, dass es die Errichtung einer gesetzgeberischen Basis für die Wirtschaftsreformen einfach blockierte. Das war auch der Grund des rasanten Absturzes des Tenge-Kurses Anfang 1994. Die damaligen Leiter des Ministerkabinetts hatten dem Druck der starken Lobby des Abgeordnetenblocks und der regionalen Behörden nachgegeben, und so erfolgte die unüberlegte Zahlungsaufrechnung zwischen den Betrieben.

Die neue Verfassung: Der Start in die Demokratie

Im März 1994 wurde ein neuer Oberster Sowjet gewählt, in den ich große Hoffnungen setzte. Man muss dazu sagen, dass dieses Parlament nach einer ziemlich langen Anlaufzeit zu einer konstruktiven Zusammenarbeit gefunden hatte, was mich wirklich sehr freute. Er war zweifellos professioneller als der vorhergehende Sowjet, konnte aber unsere Erwartungen trotzdem nicht erfüllen. Die Abgeordneten vergaßen sehr schnell, weswegen sie gewählt worden waren. Während seiner Legislaturperiode hatte dieser Sowjet gerade mal sieben Gesetze verabschiedet, während für die Diäten mehr als eine Milliarde Tenge aus dem Staatsetat gezahlt worden waren.

Ich hatte stark auf die Professionalität der neuen Abgeordneten gehofft und wurde in gleichem Maße davon enttäuscht. Im Parlament wurden weiterhin hitzige und sinnlose Diskussionen über viele aktuelle Gesetze geführt. Man braucht sich nur an die Situation zu erinnern, als das Haushaltgesetz für das Jahr 1994 verabschiedet werden sollte. Die Regierung hatte den Gesetzesentwurf in das Parlament eingebracht und diskutierte es mit den Abgeordneten in demselben Jahr mehr als drei Monate lang. Nur nach endlosen Debatten und einer Rücktrittsdrohung der Regierung wurde der Haushalt für 1994 dann doch noch verabschiedet.

Ungeachtet dessen, dass der Oberste Sowjet im Dezember 1994 eine Rating-Abstimmung über den Status der Sprachen, die Art des Staatswesens und das private Grundeigentum ablehnte, arbeitete ich weiter mit den Abgeordneten zusammen. Trotzdem wurde die Notwendigkeit einer klareren Strukturierung der Macht und der verfassungsbasierten Entscheidung von fundamentalen ökonomischen Problemen mit großer gesellschaftspolitischer Bedeutung immer offensichtlicher.

Ende Dezember 1994 rief ich den Justizminister Nagaschbai Schajkenow zu mir. Ich kannte Schajkenow gut und vertraute ihm als einem konsequenten Reformverfechter und hochprofessionellen Juristen. Wir sprachen mehr als zwei Stunden miteinander. Ich umriss die Grundzüge einer Verfassungsreform und übergab einen Entwurf für eine neue Verfassung zur weiteren Bearbeitung. Dieser Entwurf war natürlich unter strenger Geheimhaltung entstanden.

Ursprünglich war die Vorlage des neuen Verfassungsentwurfs zur Begutachtung bereits zur 13. Einberufung des neu gewählten Obersten Sowjets vorgesehen gewesen, der damals zur Durchführung der Verfassungsreform bereit war. Davon zeugten auch einige positive Impulse des Parlaments während der Diskussion von Wirtschaftsfragen sowie die Kontakte mit ein paar einflussreichen Abgeordnetenfraktionen. Ich erinnere mich noch gut an diese Zeit. Ich war überzeugt, dass ein Kompromiss gefunden werden würde und dass wir die Verfassungsreform durchführen könnten.

Doch dann geschah das Unvorhergesehene.

In der Geschichte ist es schon oft vorgekommen, dass ein kleines Ereignis eine lawinenartig anwachsende Welle von Ereignissen nach sich zog, die zu unvorhergesehenen Folgen führten. Ein solches Ereignis war für Kasachstan der Beschluss des Verfassungsgerichts der Republik Kasachstan vom 6. März 1995.

Tatjana Kwjatkowskaja, die mittlerweile jedermann bekannt sein dürfte und die damals eine einfache Journalistin war, präsentierte in der „Kasachstanskaja prawda" eine Beschwerde gegen die Zentrale Wahlkommission wegen Verletzung des Wahlkodex im Wahlkreis Abylaichanowskj.

Die Verhandlung dauerte sehr lange. Endlich hatte das Verfassungsgericht einen Beschluss gefasst. In dem hieß es, dass „die von der Zentralen Wahlkommission angewendete Methode der Stimmenauszählung einerseits die massive Verletzung des Verfassungsprinzips ‚ein Wähler – eine Stimme' und andererseits eine mögliche Wahlfälschung zur Folge haben könne und auf diese Weise das vom Wahlkodex festgelegte Wahlsystem verändere". Damit hatte die Zentrale Wahlkommission den Verfassungsartikel 60 verletzt, indem sie ihre Kompetenz überschritten hatte.

Letztendlich wurden die Wahlergebnisse der vergangenen Wahlen und die Legitimität der Vollmachten sämtlicher Abgeordneter des Obersten Sowjets angezweifelt. Ich erkannte die Brisanz der Situation und wollte die heraufziehende Krise verhindern, daher gab ich am 8. März folgende Erklärung ab:

> „Dieser Gerichtsbeschluss kam für uns alle absolut unerwartet. So etwas hat es in der Geschichte dieses Staates noch nie gegeben. Ich war und bin ein Verfechter einer stabilen Staatsmacht.
>
> Denn davon hängt das Schicksal unserer Reformen maßgeblich ab. Und hier spielt das im letzten Jahr gewählte Parlament des Landes eine wesentliche Rolle. Ich verbinde große Hoffnungen mit dem Obersten Sowjet. Natürlich gibt es manchmal Streit und die

> *Emotionen kochen über. Trotzdem konnten wir von Anfang an einen konstruktiven Dialog führen.*
>
> *Das zeigt zum Beispiel auch die Vereinbarung über die Sicherstellung der Zusammenarbeit der Legislative und der Exekutive. Und plötzlich kommt das Unerwartete, wie ein Blitz aus heiterem Himmel trifft uns der Beschluss des Verfassungsgerichts. Nur gesunder Menschenverstand, Beharrlichkeit und die strikte Einhaltung der Gesetze können uns zur einzig richtigen Entscheidung bringen und eine Krise des Parlaments verhindern.*
>
> *Dabei sollte man mit Hochachtung auf die Entscheidungen des Verfassungsgerichts blicken, egal, wessen Interessen sie gerade betreffen. Nur bei einer solchen Vorgehensweise kann man von einer wirklichen Entwicklung Kasachstans zu einem Rechtsstaat sprechen, vom Triumph des Gesetzes."*
>
> Aus: Archiv des Präsidenten der Republik Kasachstan

Am selben Tag nutzte ich mein gesetzmäßiges Recht und legte Widerspruch gegen den Beschluss des Verfassungsgerichts ein. Tags darauf, am 9. März, legte auch der Vorsitzende des Obersten Sowjets Abisch Kekilbajew einen entsprechenden Widerspruch ein.

Da jedoch gemäß Verfassungsartikel 131, der vorschreibt, dass, „wenn bei einer Abstimmung die beschlossene Anordnung mit einer Mehrheit von mehr als zwei Dritteln der einfachen Richterzahl bestätigt wird, diese im Moment ihrer Verabschiedung in Kraft tritt", musste das Verfassungsgericht unsere Widersprüche nicht annehmen. Durch den Beschluss vom 10. März 1995 wurde insbesondere festgelegt: „Gemäß Artikel 131 der Verfassung der Republik Kasachstan, den Artikeln 14, 24 und 26 des Gesetzes „Über die Verfassungsgerichtsbarkeit in der Republik Kasachstan" legte das Verfassungsgericht fest: „Die Widersprüche des Präsidenten und des Vorsitzenden des Obersten Sowjets der Republik Kasachstan sind abzuweisen; die Anordnung des Verfassungsgerichts vom 6. März 1995 wird bestätigt. Gegen diesen Beschluss ist keine Beschwerde möglich. Trotz dieses Beschlusses verabschiedete der Oberste Sowjet am 11. März das Verfassungsgesetz „Über Änderungen und Ergänzungen in der Verfassung" sowie die Anordnung „Über die Aussetzung der Tätigkeit des Verfassungsgerichts". Doch diese Akte konnte den Beschluss des Verfassungsgerichts nicht mehr ändern – weder auf gesetzlicher Grundlage noch auf der des gesunden Menschenverstandes. Aufgrund dieses Beschlusses des Verfassungsgerichts wandte ich mich mit einer Anfrage über dessen Rechtsfolgen an das Gericht:

> *„Im Zusammenhang mit der rechtskräftigen Anordnung des Verfassungsgerichts der Republik Kasachstan vom 6. März 1995, die aufgrund der Beschwerde von Frau T.G. Kwjatkowskaja verabschiedet wurde, bitte ich um Erläuterungen der folgenden Fragen: Bedeutet diese Anordnung (des Verfassungsgerichts) die Verfassungswidrigkeit der Wahlen zum Obersten Sowjet der Republik Kasachstan, die am 7. März 1994 stattgefunden haben, und gleichzeitig auch die Verfassungswidrigkeit der Vollmachten der gewählten Abgeordneten des Obersten Sowjets? Wenn die Vollmachten der gewählten Abgeordneten des Obersten Sowjets der Republik Kasachstan verfassungswidrig sind, wer hat dann das*

> *Recht, gesetzgeberische Beschlüsse zu verabschieden? Bedeutet der Beschluss des Verfassungsgerichts, dass das Gesetz der Republik Kasachstan „Über die befristete Delegierung von zusätzlichen Vollmachten an den Präsidenten der Republik Kasachstan und die regionalen Verwaltungen", das am 10. Dezember 1993 verabschiedet wurde, weiterhin in Kraft bleibt?"*
>
> Aus: Archiv des Präsidenten der Republik Kasachstan

Am 11. März gab das Verfassungsgericht in seiner Ergänzungsbestimmung Erläuterungen zu den von mir gestellten Fragen. Durch diese Bestimmung wurde entsprechend auch die Verfassungswidrigkeit des Parlaments beziehungsweise die Illegitimität seiner Tätigkeit bestätigt.

Außerdem trat das Gesetz „Über die befristete Delegierung von zusätzlichen Vollmachten an den Präsidenten der Republik Kasachstan und die regionalen Verwaltungen" vom 10. Dezember 1993 wieder in Kraft, das dem Präsidenten ermöglichte, Beschlüsse mit gesetzgeberischem Charakter zu fassen. Dieses Gesetz war zur Zeit der Verabschiedung der Verfassung in Kraft gewesen. Damals ergingen ungefähr 140 Erlasse des Präsidenten, die Gesetzeskraft besaßen, sich auf alle möglichen staatlichen Bereiche bezogen und dazu beitrugen, dass das Reformtempo erhöht werden konnte, besonders das der Wirtschaftsreformen, und dass der Reformkurs klar bestimmt werden konnte.

So ergingen zu dieser Zeit Präsidentenerlasse wie „Über den Boden", „Über die Bodenschätze und Bodenschatzgewinnung", „Über das Erdöl", „Über ausländische Investitionen" und andere. Dieses Paket rein marktwirtschaftlicher Gesetze ermöglichte eine wesentliche Beschleunigung der Wirtschaftsreformen. Sie waren insbesondere auf die Liberalisierung der Wirtschaft, die staatliche Demonopolisierung und die Freiheit und Unterstützung der unternehmerischen Tätigkeit gerichtet. Im Ergebnis dieser rechtzeitigen und erfolgreichen Reformen konnte das beste Zwei-Ebenen-Bankwesen der GUS-Staaten errichtet werden, das bei der Bevölkerung großes Vertrauen genießt.

Ein weites Netz von Geschäftsbanken, die im ganzen Land eröffnet wurden, spielte damit ebenfalls eine wichtige Rolle bei der Entwicklung des privaten Unternehmertums. Durch gesetzlich festgelegte Garantien wurden die Voraussetzungen für die Fremdkapitalaufnahme geschaffen. Das Land wurde für die Realisierung großer internationaler Projekte im Bereich der Bodenschatznutzung sehr attraktiv. Und dies schaffte wiederum Tausende Arbeitsplätze für unsere Bürger und füllte die Staatskasse.

Aufgrund der vom Verfassungsgericht verabschiedeten Beschlüsse unterzeichnete ich noch am selben Tag den Erlass „Über die aus der Anordnung vom 6. März 1995 vom Verfassungsgerichts der Republik Kasachstan resultierenden Maßnahmen". Gemäß diesem Erlass, der den Abgeordneten Hilfestellung bei der Arbeitssuche leistet, die Vermögenswerte des Obersten Sowjets sicherstellen und weitere Fragen im Zusammenhang mit der Beendigung der Tätigkeit des Obersten Sowjets klären sollte, wurde eine staatliche Kommission gebildet.

Die Verfassungswidrigkeit der Vollmachten des Parlaments bedeutete auch die Verfassungswidrigkeit der Vollmachten der Regierung, die unter Beteiligung eines illegitimen Obersten Sowjets gebildet worden war. Die Regierung reichte am 11. März ihren Rücktritt ein, den ich akzeptierte. Gleichzeitig wurde der Rücktritt der Zentralen Wahlkommission angenommen. Gemäß der Verfassung und dem Gesetz „Über die befristete Delegierung von zusätzlichen Vollmachten an den Präsidenten der Republik Kasachstan und die regionalen Verwaltungen" ernannte ich Akezhan Kazhegeldin zum Premierminister und beauftragte ihn, so bald wie möglich Vorschläge für eine neue Regierung einzureichen.

Die Ereignisse dieser Tage zeigten noch einmal deutlich unser Streben nach Stabilität und der strengen Befolgung der Rechtsprinzipien zur Konfliktlösung. Das wurde uns auch oft von Vertretern der Weltgemeinschaft bestätigt.

> *„Das ist ein Triumph der Demokratie. Es gab keine Krise, weil die gesamte Regierung ihre Aufgaben erfüllt hat. Das Verfassungsgericht hatte sehr sorgfältig und umsichtig gearbeitet und war zu dem Schluss gekommen, dass die Wahlen nicht legitim waren...*
>
> *Wir respektieren die Entscheidung Ihres Verfassungsgerichts. Die ganze Welt kann sehen, dass die Demokratie in Kasachstan wesentlich gestärkt wurde. Sie haben das alles ruhig und schnell hinter sich gebracht, deshalb gab es auch keine Krise... Das ist ein gutes Modell, nicht nur für die GUS-Staaten, sondern auch für andere Länder, die sich als Demokratien sehen, inklusive den USA. Kasachstan ist nicht länger Schüler der Demokratie, sondern ihr Lehrer. Alle Kasachstaner können darauf stolz sein, und die USA können auf Kasachstan stolz sein... Die letzten Ereignisse... haben das politische Rating Ihrer Führung gestärkt, weil sie die Verfassung respektiert hat."*
>
> Aus einem Interview von W. Courtney, Botschafter der USA in der Republik Kasachstan, Archiv des Präsidenten der Republik Kasachstan

Hierzu muss man anmerken, dass einige Abgeordnete versucht hatten, sich dem Beschluss des Verfassungsgerichts zu widersetzen. Es war deutlich der Wunsch sichtbar, die russischen Ereignisse des Oktober 1993 zu wiederholen. Unsere Abgeordneten besetzten ebenfalls die Arbeitszimmer, blieben über Nacht in dem Gebäude und organisierten Mahnwachen. Aber das Volk unterstützte sie nicht und die Krise wurde abgewehrt.

Ungeachtet aller Kritik meine ich, dass die beiden Einberufungen des postsowjetischen Obersten Sowjets für uns alle eine große Schule der Demokratisierung der Gesellschaft waren. Das war eine Schule des politischen Kompromisses.

Die Arbeit am Verfassungsentwurf

Nachdem der Oberste Sowjet für illegitim erklärt worden war, durfte es bei der Erarbeitung einer neuen Verfassung keine Verzögerungen mehr geben. Jetzt, da es in Kasachstan weder ein Parlament noch eine Regierung gab, war es für mich umso wichtiger, dass das kasachstanische Volk meine Pläne unmittelbar unterstützte. Die Vollversammlung der Völker Kasachstans schlug eine allgemeine Volksbefragung zur Verlängerung der Vollmachten des Präsidenten vor. Eine positive Antwort auf diese Frage kam einer Zustimmung des Volkes zum Kurs der Vertiefung der politischen und wirtschaftlichen Reformen gleich. Die weiteren Ereignisse zeigten uns, dass diese Entscheidung richtig gewesen war.

Am 25. März 1995 erging der Erlass „Über die Durchführung einer republikanischen Volksbefragung am 29. April 1995" Nr. 2152, in dem es unter anderem hieß:

> *„Ausgehend von der Tatsache, dass eine allgemeine Volksbefragung der höchste Ausdruck der Willenserklärung des Volkes als einziger Quell der Staatsmacht in der Republik Kasachstan ist und unter Berücksichtigung der Botschaft der Vollversammlung der Völker Kasachstans sowie gemäß Artikel 78 der Verfassung der Republik Kasachstan und Artikel 3 des Gesetzes der Republik Kasachstan „Über die befristete Delegierung von zusätzlichen Vollmachten an den Präsidenten der Republik Kasachstan und die regionalen Verwaltungen" verfüge ich:*
>
> *1. Durchführung einer republikanischen Volksbefragung am 29. April 1995.*
>
> *2. Stellung der folgenden Frage auf der republikanischen Volksbefragung: „Sind Sie mit der Verlängerung der Frist der Vollmachten des am 1. Dezember 1991 in allgemeinen Wahlen gewählten Präsidenten der Republik Kasachstan, N.A. Naserbajew einverstanden?"*
>
> Aus: Archiv des Präsidenten der Republik Kasachstan

Die Ergebnisse der Volksbefragung zeigten uns deutlich, dass die Kasachstaner den Kurs zur weiteren Umgestaltung des Landes unterstützten. Die Zentrale Volksbefragungskommission wertete die Abstimmung am 29. April 1995 zur Frage der Verlängerung der Vollmachten des Präsidenten aus. Sie kam zu folgendem Ergebnis: Von 9.110.156 Bürgern der Republik, die im Verzeichnis zur Teilnahme an der Volksabstimmung aufgeführt waren, nahmen 8.309.637 beziehungsweise 91,21% an der Abstimmung teil. Davon stimmten 7.932.834 für die Verlängerung der Vollmachten, das sind 95,46% der Teilnehmer der Volksabstimmung.

Da wir die Unterstützung des Volkes hatten, konnten wir die Erarbeitung eines neuen Verfassungsentwurfs vorantreiben. Die Ereignisse des März hatten uns diese Notwendigkeit noch einmal sehr deutlich gemacht. Damals waren Rechtsgrundlagen gefunden worden, die uns aus der entstandenen Lage herausgeholfen hatten. Aber man konnte dies ja nicht jedes Mal wiederholen. Es mussten Garantien geschaffen werden, die ähnliche Situationen verhindern konnten.

Im Frühjahr 1995 bestellte ich B. Muchamedschanow und K. Kolpakow zur Arbeit an dem mir übergebenen Gesetzesentwurf ein, für den der Justizminister N. Schajkenow verantwortlich zeichnete. Beide hatten aktiv an dem Entwurf der Verfassung von 1993 mitgearbeitet und deren Mängel und die Kompromisse, die unter dem Druck des Obersten Sowjets einzugehen gewesen waren, waren ihnen bestens bekannt. Wir mussten nun eine effektivere Verfassung erarbeiten, auf deren Basis man einen modernen und im wahrsten Sinne des Wortes demokratischen Staat errichten konnte.

Als der Entwurf fertig war, wurde zu dessen Analyse und Expertise durch Anordnung des Präsidenten vom 22. Mai 1995 ein Sachverständigenbeirat aus zwölf Personen gebildet. Schajkenow gewann für diese Arbeitsgruppe die juristischen Koryphäen Juri Bassin, Gairat Sapargalijew und Maidan Sulejmenow. Weiterhin gehörten zu dieser Arbeitsgruppe:

*Zusammensetzung des Sachverständigenbeirats
beim Präsidenten der Republik Kasachstan*

Bassin, J.G.	Professor am Staatlichen juristischen Institut des Justizministeriums von Kasachstan, Dr. jur. habil.
Kim, W.A.	Leiter des Lehrstuhls für Staatsrecht an der Staatlichen Nationaluniversität von Kasachstan, Dr. jur. habil.
Kolpakow, K.A.	Persönlicher Vertreter des Präsidenten der Republik Kasachstan im obersten Sowjet der Republik Kasachstan, Dr. jur.
Kotow, A.K.	stellvertretender Direktor des Zentrums für Wissenschaft und Forschung für Privatrecht am Staatlichen juristischen Institut des Justizministeriums von Kasachstan, Dr. jur.
Muchamedschanow, B.A.	Leiter der Abteilung für Gesetzgebungsinitiativen und juristische Expertisen beim Präsidenten der Republik Kasachstan
Nurpeissow, E.K.	Rektor des Staatlichen juristischen Instituts des Justizministeriums von Kasachstan, Dr. jur.
Sapargalijew, G.S.	Direktor des Instituts für Staat und Recht, Sprecher und Korrespondent der Akademie der Wissenschaften der Republik Kasachstan
Sulejmenow, M.K.	Direktor des Zentrums für Wissenschaft und Forschung für Privatrecht am Staatlichen juristischen Institut des Justizministeriums von Kasachstan, Sprecher und Korrespondent der Akademie der Wissenschaften der Republik Kasachstan (wissenschaftlicher Leiter)
Schajkenow, N.A.	Justizminister, Dr. jur.

*Festlegungen zur Koordinierung ausländischer Experten
in folgender Zusammensetzung:*

Aleksejew, S.S.	Vorsitzender des Wissenschaftsrats des Forschungszentrums der Russischen Föderation
Jaques Attaly	Berater des Staatsrats von Frankreich
Rollain Dumas	Vorsitzender des Verfassungsrats Frankreichs

Anordnung „Über den Sachverständigenbeirat beim Präsidenten der Republik Kasachstan zur Erstellung eines Verfassungsentwurfs für die Republik Kasachstan" vom 22. Mai 1995, Nr. 2292

Die Arbeitsgruppe erhielt von mir die Aufgabe, in möglichst kurzer Zeit einen abgestimmten Entwurf vorzulegen, der die Grundlage für die endgültige Variante der Verfassung sein sollte.

Die Verfassung aus dem Jahr 1995 61

Die Mitglieder der Arbeitsgruppe, die von mir befristet von ihren laufenden Verpflichtungen freigestellt waren, richteten sich im Sanatorium „Alatau" ein und begannen mit der Arbeit.

Um lobbyistischen Druck auf sie zu vermeiden, wies ich sie an, über das Projekt Stillschweigen zu bewahren. Bei der Verfassung von 1993 war dies nicht möglich gewesen. Damals hatte jeder, der an ihr mitgearbeitet hatte, versucht, das zukünftige Grundgesetz für sich so angenehm wie möglich zu gestalten: Die Abgeordneten wollten mehr Macht für die Legislative, die Regierungsbeamten für die Exekutive usw. Nur wenige dachten daran, dass das Dokument nicht für sie ist, sondern für die Zukunft des Landes.

Bevor die Arbeitsgruppe an dem Entwurf zu arbeiten begann, machte sie sich zunächst mit mehreren Dutzend Verfassungen anderer Staaten vertraut, von GUS-Staaten wie auch aus dem ferneren Ausland. Dabei waren nicht nur die Erfahrungen der westlichen Demokratien, sondern auch die der asiatischen Länder wichtig. Das wirkte sich positiv auf die Qualität der neuen Verfassung aus, da in ihr die Fehler ihrer Vorgängerin vermieden werden konnten.

Damals fuhr ich für zwei Wochen in den Urlaub, in dem ich, wie schon erwähnt, verschiedene Verfassungsverordnungen aus 20 Ländern las und auch selbst konspektierte. Später führten wir die beiden Projekte zusammen.

Wenn man sich unsere heutige Verfassung anschaut, dann ähnelt sie sehr der französischen. Aber nur auf den ersten Blick. Ich hatte die Arbeitsgruppe beauftragt, keine andere Verfassung zu kopieren, sondern auf der Grundlage der Erfahrungen der anderen Länder einen Entwurf für ein Grundgesetz zu schaffen, der den Bedürfnissen unseres Landes am besten genügt. Deshalb sieht man in der gesamten Verfassung unsere, die kasachstanische Handschrift, unser eigenes „Ich"; das heißt das, was der Mentalität der Menschen in Kasachstan entspricht, den vergangenen Traditionen unseres kasachstanischen Volkes und der Zukunft, auf die wir uns ausrichten. Die Zeit drängte und man konnte nicht warten, bis die Arbeitsgruppe den Entwurf allein fertig stellte und dann erst die Diskussion beginnen – also fuhr ich fast jede Woche zum Sanatorium, begutachtete die Arbeit der Arbeitsgruppe und brachte sofort Berichtigungen ein.

Jede Norm der zukünftigen Verfassung wurde in mehreren Varianten erstellt und sorgfältig erörtert. Dieses hochwichtige Dokument sollte die Zukunft unseres Landes bestimmen, deshalb war es notwendig, alle Faktoren und Meinungen zu berücksichtigen und die einzig richtige auszuwählen. Ich ermutigte die Mitglieder der Arbeitsgruppe zu offener Meinungsäußerung und Diskussion, natürlich nur bis die Entscheidung angenommen war; danach musste sie ausgefertigt werden und die Arbeit ging weiter.

Die Diskussionen begannen sofort – mit dem ersten Artikel des Entwurfs. Ich hörte mir zuerst alle Meinungen an, danach wurde die endgültige Entscheidung über jeden Artikel getroffen. Oftmals, wenn wir bei den abendlichen Diskussionen zu keiner einheitlichen Auffassung kommen konnten, vertagte ich die Entscheidung auf den nächsten Morgen, an dem ich den redigierten strittigen Artikel bereits mitbrachte. Dabei versuchte ich immer nachzuweisen, warum der Artikel so aussehen muss und nicht anders und führte als Beispiel die ausländischen Verfassungen an.

Einer meiner Vorschläge war die Notwendigkeit der direkten Verankerung der grundlegenden Handlungsprinzipien der Republik im ersten Artikel der zukünftigen Verfassung. Dieser Vorschlag war die Frucht meines lange Jahre währenden Nachdenkens darüber, dass im Grundgesetz die Hauptprioritäten der Staatspolitik verankert sein müssen. Die Juristen, die mit mir daran arbeiteten, waren zunächst dagegen, da Prinzipien keine juristischen Normen seien und sie deshalb nicht in die Verfassung gehörten, weil diese – im Gegensatz zu einer Deklaration – ein juristisches Dokument mit direkter Wirkung sei.

Trotzdem bestand ich nach langen Diskussionen auf die Aufnahme der Prinzipien in den Entwurf. Dazu gehören: innerer Frieden und politische Stabilität, wirtschaftliche Entwicklung zum Wohl des ganzen Volkes, kasachstanischer Patriotismus, die demokratische Entscheidung aller wichtigen Fragen des staatlichen Lebens einschließlich von Abstimmungen in Volksentscheiden oder im Parlament. In der Verfassung von 1993 waren solche Prinzipien gar nicht verankert gewesen, was die Staatspolitik in vielem nicht vorhersagbar machte. Die grundlegenden Prinzipien – das sind die Richtlinien, die uns helfen sollen, nicht vom ursprünglich eingeschlagenen Weg abzukommen, unabhängig davon, welche Reformen wir gerade umsetzen. Sie spiegeln den Geist des Grundgesetzes wider, durch den die übrigen Bestimmungen zu verstehen und zu deuten sind. Die Praxis hat uns gezeigt, dass es richtig war, sie in der Verfassung zu verankern.

Stück für Stück zeichneten sich die Konturen unserer neuen Verfassung ab, die sich in vielem von ihrer Vorgängerin unterschied. In der Verfassung von 1993 wurde erklärt, dass Kasachstan ein demokratischer Staat ist. Doch es wurde offensichtlich, dass dies nur eine Absicht war, denn bis zu einer echten Demokratie war es damals noch ein sehr langer Weg. Außerdem stellte sich auch die Frage, ob Kasachstan nicht nur demokratisch, sondern auch ein Rechts- und Sozialstaat werden sollte. Auch das musste erst noch erreicht werden.

Deshalb wurde beschlossen, Folgendes in die neue Verfassung aufzunehmen: „Die Republik Kasachstan definiert sich als einen demokratischen Welt-, Rechts- und Sozialstaat." Das bedeutet, dass Kasachstan auf dem Weg ist, einen solchen Staat zu errichten.

Besonders wichtig war eine endgültige Entscheidung über die Regierungsform. In der Verfassung von 1993 gab es darauf keine Antwort. Diese Verfassung hatte die Republik Kasachstan ausgerufen, aber nicht präzisiert, um was für eine Republik es sich handelt. Es gab damals in Kasachstan Anzeichen für eine Präsidialrepublik, aber auch für eine parlamentarische Republik. Einerseits war der Präsident das Staatsoberhaupt. Andererseits verfügte die Struktur der Verfassung, in der das Oberhaupt des Obersten Sowjets höher als der Präsident stand, über eine gewisse Übermacht des höchsten Vertretungsorgans in der staatlichen Hierarchie. Das spiegelte sich auch in einigen anderen Verordnungen der Verfassung wider: In der vierten Verordnung der Grundlagen der Verfassungsstruktur stand, dass nur der Oberste Sowjet und der Präsident das Recht haben, im Namen des gesamten Volkes von Kasachstan zu sprechen (der Oberste Sowjet wurde also an erster Stelle genannt). Er konnte auch mit einer Zweidrittelmehrheit der Abgeordneten den Rücktritt des Präsidenten und des Vizepräsidenten annehmen, obwohl diese vom ganzen Volk gewählt worden waren.

Es gab also in Kasachstan keine klare Verteilung der Rechte und Pflichten zur Entscheidung staatlicher Probleme.

Eine parlamentarische Republik ist eine Form der staatlichen Macht, bei der die Hauptrolle den politischen Parteien zukommt, die jede für sich ihr eigenes Ziel verfolgen. Große politische Vereinigungen mit einer sozialen Basis gab es nicht, oder sie waren noch nicht ausgereift, deshalb konnte von einer parlamentarischen Republik keine Rede sein. Von der Unmöglichkeit dieses Modells für Kasachstan zeugten auch die Erfahrungen anderer Staaten mit einer entwickelten Demokratie. Für parlamentarische Republiken sind häufige politische Krisen, Neuwahlen der gesetzgebenden Organe und Regierungswechsel typisch. Und für einen jungen Staat, der gerade

Die Verfassung aus dem Jahr 1995

während einer schweren Wirtschaftskrise seine Unabhängigkeit errichtet, würde dies unweigerlich zu Chaos und Stagnation führen. Daher ist für die Umsetzung von Reformen nichts wichtiger als ein starker Staat.

Durch die neue Verfassung wurde die Präsidialrepublik Kasachstan ausgerufen. Wie ich schon erwähnte, fiel die Wahl nicht zufällig auf eine Präsidialregierung. Diese Regierungsform ist für Kasachstan optimal und schafft die besten Voraussetzungen für eine erfolgreiche Reformierung des politischen und wirtschaftlichen Systems der Gesellschaft.

Dabei sind die Vollmachten des Präsidenten von Kasachstan nicht unbegrenzt. Auch auf ihn erstreckt sich das System der gegenseitigen Kontrolle, das einen Machtmissbrauch nicht zulässt.

Zum Gegenstand langwieriger Diskussionen wurde auch das im Artikel 3 der Verfassung formulierte Prinzip der einheitlichen Staatsmacht und deren Aufteilung in Zweige. In der vorhergehenden Verfassung war es, nach dem Vorbild einiger westlicher Länder, um die Teilung der Macht an sich gegangen. Wie wir gesehen haben, war das die falsche Entscheidung für Kasachstan, die zu Konflikten zwischen den verschiedenen staatlichen Institutionen führte, weil jede „Teilmacht" sich als selbständig ansah.

Die neue Verfassung sieht die Machtteilung in drei Zweige vor, um einerseits eine enge Zusammenarbeit und andererseits die gegenseitige Toleranz und Nichteinmischung in die verfassungs- und gesetzmäßigen Kompetenzen sicherzustellen.

Außerdem kommt im Artikel 4 der Verfassung der Begriff „geltendes Recht" vor, den es bisher in der Verfassung nicht gab. Damit wird festgelegt, dass vor den Gesetzen der Republik (jedoch nicht vor der Verfassung) nur ratifizierten internationalen Verträgen Priorität zufällt. Diese Norm hat einigen der Anhänger des internationalen Rechts nicht gefallen. Doch letztendlich wurde der Artikel in genau dieser Fassung angenommen. Diese Norm hat im Weiteren viel zur Ausarbeitung einer einheitlichen Rechtsanwendungspraxis beigetragen, die auf der Normenhoheit der Verfassung beruht.

Im Artikel 5 der Verfassung wird erstmals ideologische und politische Vielfalt proklamiert, die ein wichtiges Merkmal der Demokratie ist. Diese Norm sieht unter anderem die Handlungsfreiheit politischer Parteien und anderer gesellschaftlicher Vereinigungen vor. Es kam die Frage auf, ob unser Land zum jetzigen Zeitpunkt so viel Freiheit in ideologischen Fragen braucht; ist unsere Gesellschaft bereit dazu, schadet das nicht der Stabilität? Nichtsdestotrotz haben wir uns zu Gunsten der Demokratie entschieden.

Dabei habe ich unterstrichen, dass politische Vielfalt sich nicht in Beliebigkeit verwandeln darf. In diesem Zusammenhang erging ein Verbot für die Schaffung und Tätigkeit solcher gesellschaftlicher Vereinigungen, die auf die gewaltsame Änderung der Verfassungsstruktur, die Verletzung der Integrität der Republik, die Gefährdung der Sicherheit des Staates und die Anheizung sozialer, rassischer, nationaler, religiöser, Standes- und Stammeskonflikte gerichtet sind. Dies erwies sich als eine richtige Entscheidung, besonders im Zusammenhang mit der Bedrohung durch den internationalen Terrorismus und die Entstehung von extremistischen Gruppierungen in Zentralasien.

Große praktische Bedeutung hat das im Artikel 6 der Verfassung verankerte Prinzip des gleichen Schutzes von Staats- und Privateigentum. Man hätte es dabei belassen können, doch entgegen der Einwände einiger Experten wurde der Verfassung noch die folgende Norm hinzugefügt: „Eigentum verpflichtet, seine Nutzung muss gleichzeitig dem Gemeinwohl dienen."

Einer der Werte unseres Grundgesetzes ist es, dass in ihm die Bodenfrage geklärt wurde. Die

Verfassungsformel lautet, dass sich der Boden auf den Grundlagen, zu den Bedingungen und in den Grenzen, die durch das Gesetz festgelegt sind, in privatem Eigentum befinden darf. Die Verfassung von 1993 hatte eine solche Möglichkeit ausgeschlossen.

So waren Bodenschätze, Wasser, Pflanzen- und Tierwelt ausschließlich staatliches Eigentum gewesen. Nicht alle, die an der Erarbeitung des Verfassungsentwurfs beteiligt waren, teilten diese Meinung. Glühende Verfechter des privaten Eigentums wollten die Möglichkeit des privaten Eigentums an allem festlegen. Jedoch war die Mehrheit der Arbeitsgruppe der Meinung, dass nur das privates Eigentum sein kann, was aus menschlicher Arbeit stammt. Der Reichtum unserer Erde ist uns von Gott gegeben und von unseren Vorfahren bewahrt worden; er hat vor uns existiert und wird nach uns existieren, also gehört er nicht nur uns, sondern auch den zukünftigen Generationen. Solche Anmerkungen gab es viele im Volk während der Begutachtung des Entwurfs.

Eine große Errungenschaft der neuen Verfassung ist die korrekte Lösung der Sprachenfrage, die allen Anforderungen der nationalen Interessen genügt. Im Grundgesetz steht: „In der Republik Kasachstan ist die kasachische Sprache Staatssprache. In staatlichen Organisationen und Behörden der lokalen Selbstverwaltung wird gleichberechtigt mit der kasachischen die russische Sprache verwendet. Der Staat bemüht sich um die Schaffung von Voraussetzungen zum Erlernen und zur Entwicklung der Sprachen der kasachstanischen Völker." All diese Normen des Grundgesetzes nahmen einem Teil der Bevölkerung des Landes die Sorge um ihre Zukunft und die ihrer Kinder. Dabei ist anzumerken, dass das Russische als die objektiv am weitesten verbreitete Sprache nicht mehr mit dem juristisch unwirksamen Begriff „Sprache der zwischenstaatlichen Verständigung" gekennzeichnet wird, sondern zusammen mit der Staatssprache eine verfassungsgemäße Funktionsgarantie erhält.

Bei der Formulierung der außenpolitischen Prinzipien des Staates im Artikel 8 der Verfassung wurden verschiedene Vorschläge geprüft, unter anderem auch die Proklamation der Neutralität. Letztendlich entschieden wir uns für eine aktive Integrationspolitik mit anderen Staaten, um die Schwierigkeiten der Übergangsperiode gemeinsam zu meistern.

Der von der Verfassung festgelegte Status der Persönlichkeit entspricht den allgemein anerkannten Weltstandards, weil sie wichtige Prinzipien und grundlegende weltweit anerkannte Normen zu den Rechten und Freiheiten der Menschen in sich vereint. Grundsätzliche Charakteristika des verfassungsreglementierten Raumes im Allgemeinen und des Staatswesen im Besonderen bezeichnen im Einzelnen die natürlichen und unveräußerlichen Rechte des Menschen als höchstes Gut der Gesellschaft.

Eine außergewöhnliche Errungenschaft der neuen Verfassung ist zweifellos die Absage an leere und durch keine reale Praxis sichergestellte Deklarationen von Rechten und Freiheiten. Wie man weiß, gab es die größte Menge an Freiheiten in den sowjetischen Verfassungen. Doch das waren nur politische Losungen. Sie waren von der Realität losgelöst und sind niemals bis zum Schluss realisiert worden. In der Praxis wurden die Verfassungsnormen nicht genutzt. Im Grunde wurde alles durch Akte des ZK der Kommunistischen Partei und des Ministerrats reglementiert.

Ich berichtete den Mitgliedern der Arbeitsgruppe ausführlich darüber und sagte, dass die Realität in der Verfassung nicht beschönigt werden darf, da sie ansonsten abgewertet und zu einer schönen Deklaration verkommen würde. Alle Verfassungsrechte mussten real sein, damit die Normen der Verfassung unmittelbar angewendet werden konnten. In der heutigen Zeit kann niemand mehr das Recht auf Arbeit, kostenlosen Gesundheitsschutz oder Bildung sicherstellen.

Deshalb sollte man diese sinnlosen Deklarationen auch vermeiden. Stattdessen wurden in der neuen Verfassung folgende Rechte proklamiert: Freiheit der Arbeit, freie Wahl der Tätigkeit und des Berufs, kostenlos garantierte und gesetzlich festgelegte medizinische Mindestversorgung, kostenlose mittlere Ausbildung.

Ein anderer wichtiger Mechanismus, der die Verfassung lebensnah macht, ist ihre direkte Geltung; sie wird also unmittelbar angewendet, ohne Rücksicht auf vorhandene oder nicht vorhandene Ausführungsvorschriften. Das ist eine weltweit angewandte Praxis. Alle Verfassungsnormen funktionieren und schützen die Rechte der Bürger Kasachstans real.

Außerdem sieht die Verfassung strenge Garantien der verfassungsmäßigen Rechte vor. Wenn die Rechte der Bürger früher durch irgendein bevollmächtigtes Organ und fast aus jedem beliebigen Anlass eingeschränkt werden konnten, so ist heute im Artikel 39 der Verfassung festgelegt, dass die Rechte und Freiheiten der Menschen nur durch Gesetze eingeschränkt werden können und nur insoweit, wie es zum Schutz der Verfassungsstruktur, zum Erhalt der öffentlichen Ordnung, der Rechte und Freiheiten der Menschen, der Gesundheit und der Moral der Bevölkerung notwendig ist.

Die Verfassung sieht ein Zweikammernparlament vor, über dessen Notwendigkeit es lange Diskussionen gab, die aber in der Verfassung von 1993 keinen Niederschlag fanden. Im Rahmen der Machtteilung erhielt das Parlament klar definierte Funktionen mit Konzentration auf die Gesetzgebung. Natürlich ist dieses Rechtsfeld von Verfassungsnormen umrahmt; trotzdem kann es gesellschaftliche Beziehungen relativ weit und umfassend mit Gesetzen regeln.

Alle in der weltweiten Praxis geltenden Kontrollprärogative des höchsten Staatsorgans (Bestätigung des Staatsetats, Genehmigung oder Ablehnung des Regierungsprogramms, Zustimmung zur Ernennung des Premierministers, Misstrauensvotum gegen die Regierung, Anhörung der Berichte von Regierungsmitgliedern und Bitte an den Präsidenten um ihre Entlassung) sind im Parlament von Kasachstan durch unsere Verfassung geregelt. Dabei untersteht das Parlament wie alle anderen Machtzweige auch dem Geist und dem Wortlaut der Verfassung, die die Kompetenzen und Grundlagen des Gesetzgebungsprozesses festlegt und regelt.

Die neue Verfassung hat einen neuen Ansatz zur Bestimmung des Status der Regierung und ihrer Vollmachten gefunden. Sie führt das System der Exekutivorgane an, kontrolliert ihre Tätigkeit und trifft selbständige Verwaltungsentscheidungen – damit trägt sie auch die volle Verantwortung für die Situation im Wirtschafts- und Sozialbereich. Dabei wurde im Zuge der allgemeinen Diskussion die Norm der Immunität der Abgeordneten ausgeschlossen. Das Argument dafür war, dass keiner der Staatsangestellten außerhalb der Kritik stehen soll, besonders als Vertreter der Exekutive.

Die Entstehung des Rechtsstaats war bereits vor der Verabschiedung der Verfassung von 1995 in vollem Gange, deshalb gab es neben der Lösung wirtschaftlicher Probleme auch die nicht minder wichtige Notwendigkeit, die Effektivität des Rechtssystems zu erhöhen. Das uns hinterlassene alte Gerichtssystem konnte den Rechtsschutz durch die Gerichte nicht leisten. Es behinderte vielmehr die unternehmerische Tätigkeit, ohne die eine Entwicklung der Eigentumsverhältnisse schlicht und einfach nicht möglich ist. Das Fehlen eines zivilisierten Systems der Rechtssprechung und wirklich unabhängiger Gerichte ließ Gesetzesverstöße blühen und gedeihen.

All das führte dazu, dass das Gerichtssystem grundsätzlich reformiert werden musste; dabei vereinigten wir die allgemeinen und die Schiedsgerichte. Die Schiedsgerichte waren überflüssig geworden, da sie im Prinzip Spezialgerichte waren, während das parallele Gerichtssystem nur zur

Verhandlung von Wirtschaftsstreitigkeiten zwischen juristischen Personen funktionierte. So wurde der Status von Gerichten und Richtern gesetzlich festgelegt und die Rechtsgarantien der Rechtsprechung gestärkt.

Zu einer gerechten und objektiven Rechtssprechung trug auch die verfassungsgemäße Bildung eines Richterkorps bei. Dabei spielten der Hohe Gerichtsrat und das Qualifikationskollegium der Justiz eine entscheidende Rolle.

An die Stelle der Wählbarkeit der lokalen Richter trat ihre Ernennung durch den Präsidenten des Landes, was eine echte Unabhängigkeit der Richter gewährleistete. Die Richter des Obersten Gerichts werden vom Senat des Parlaments nach Vorstellung durch den Präsidenten gewählt.

Bemerkenswert ist, dass die Verfassung des Landes erstmals ein staatliches Organ wie den Verfassungsrat etablierte, der das bisherige Verfassungsgericht ablöste. Das war keine einfache Entscheidung. Sie hatte einen besonderen Grund: Bevor ich sie traf, hatte ich eine Zusammenkunft mit dem gesamten Verfassungsgericht, den Mitgliedern des Obersten Gerichts und Rechtswissenschaftlern. Sie konnte sich auf eine dreijährige und die weltweite Erfahrung mit diesem staatlichen Organ stützen; andererseits sahen sie auch die Mängel in der Tätigkeit des Verfassungsgerichts, weshalb sie die Reformierung der Verfassungsrechtsprechung vorschlugen.

Dazu wurden drei Varianten präsentiert: Die einen wollten die alte Bezeichnung dieses Organs bewahren, ihm aber die Funktion eines Verfassungsrates geben. Das war relativ unlogisch. Die andere Variante sah die Vereinigung aller Gerichtsfunktionen (darunter auch die Verfassungsaufsicht) im Obersten Gericht vor. Bei einer solchen Entscheidung wäre die Verfassungsaufsicht wesentlich abgewertet worden, weil sie gleichberechtigt neben anderen Sachen vom Obersten Gericht behandelt worden wäre.

Bei einer Präsidialregierung ist der Verfassungsrat das optimale Organ, um die konstitutionelle Rechtsordnung zu sichern. Er kontrolliert nicht nur die Verfassungskonformität der verabschiedeten Gesetze, sondern dient noch als eine Art zusätzlicher Filter, der ihre Qualität sicherstellt. Dabei steht er abseits der politischen Fronten. Die letzten Jahre haben gezeigt, dass er beim Schutz der Verfassungsrechte und -freiheiten erfolgreich ist.

Oft musste der Verfassungsrat als Schiedsrichter zwischen staatlichen Organen auf dem Gebiet der Gesetzgebung und des Normenverständnis vermitteln. Seine Anordnungen waren eine gute Unterstützung bei der Verabschiedung schwieriger politischer Entscheidungen – dabei geht es vor allem um die Unterzeichnung von Gesetzen wie „Über Änderungen und Ergänzungen verschiedener Gesetze der Republik Kasachstan zum Glaubensbekenntnis und der Tätigkeit religiöser Vereinigungen", „Über die Massenmedien", „Über die Tätigkeit zwischenstaatlicher und internationaler gemeinnütziger Einrichtungen in der Republik Kasachstan" u.a. Nach meiner Anrufung des Verfassungsrates erklärte dieser die Gesetze für verfassungswidrig. Ich hatte das Recht, gegen die Verordnungen des Verfassungsrates Widerspruch einzulegen, doch ich tat es nicht, weil ich mit dessen Entscheidung einverstanden war.

Eine besondere Errungenschaft der neuen Verfassung war die Anerkennung des Instituts der lokalen Selbstverwaltung, die die eigenständige Klärung von Fragen mit lokaler Bedeutung sicherstellen soll. Die Bedeutung dieser Verfassungsverordnung liegt darin, dass das wirkliche Leben der Menschen eben gerade in den Städten, Regionen, Dörfern, Aulen stattfindet. Der Mensch lebt und arbeitet dort und hat dort seine Probleme zu lösen. Die lokale Selbstverwaltung soll ein gesetzgeberisch gefüllter materiell-stofflicher Rahmen sein, in dem der Bürger seine Lebenspläne verwirklichen und bürgerliche Initiative zeigen kann.

Noch vor der Veröffentlichung des Entwurfs in den Massenmedien gab es einen weiteren Streit. Unsere französischen Berater hatten einen Artikel vorgeschlagen, der das Recht des Präsidenten festschrieb, das Parlament jederzeit aufzulösen. Vielen war jedoch die Idee zu überholt, und ich beharrte ohnehin auf einer etwas weicheren Formulierung, indem ich konkrete juristische Grundlagen für eine vorzeitige Beendigung der Vollmachten des Parlaments festlegte. Diese Norm ist gemeinsam mit der Verordnung über das Impeachment des Präsidenten ein wichtiges Element der gegenseitigen Kontrolle, das staatliche und gesellschaftliche Stabilität garantiert. Denn das Hauptziel war ein vernünftiges Zusammenspiel aller Zweige der Macht.

Die Verabschiedung der Verfassung im Jahr 1995

Nachdem der Verfassungsentwurf zur allgemeinen Diskussion in den Medien veröffentlicht worden war, schloss sich sozusagen das ganze Land unserer Arbeit an. Täglich wurde eine Zusammenfassung aller Vorschläge erstellt, die aus dem ganzen Land zusammenkamen. Jeden Tag kamen mehrere Aktenordner. Außerdem gab es täglich Presseberichte. Die Diskussion verlief alles andere als einmütig. Viele unterstützten unseren Verfassungsentwurf nicht. Es gab viele Pressemeldungen, in denen er kritisch betrachtet wurde. Diese Verfassung neuen Typs und ihre schöpferische Seite wurden sogar von den Juristen nicht sofort akzeptiert.

Nur einige Tage nach der Veröffentlichung des Entwurfs meldeten sich sechs Richter des damaligen Verfassungsgericht in den Medien (auch in mehreren ausländischen) zu Wort und erklärten, dass „das vorgeschlagene Verfassungsmodell die Anerkennung der Republik als demokratischen Rechts- und Sozialstaat in keiner Weise rechtfertigt, sondern dass die Verfälschung des Prinzips der Gewaltenteilung nicht nur die präsidiale, sondern auch die republikanische Regierungsform in Frage stellt." Die andere Hälfte der Verfassungsrichter war nicht der Meinung ihrer Kollegen, worüber ebenfalls in den Medien berichtet wurde. Ein solcher Kontrast innerhalb des Verfassungsgerichts zeigte deutlich, dass die Diskussionen in der ganzen Gesellschaft sehr hitzig waren.

An der Diskussion über den Verfassungsentwurf nahmen 3.345.000 Kasachstaner teil, sie brachten 31.886 Vorschläge und Anmerkungen ein, aus denen insgesamt 1100 Korrekturen entstanden, die zur Änderung von 55 der 98 Artikel des Entwurfs führten. Außerdem wurden noch ein neuer Abschnitt und einige neue Artikel hinzugefügt.

Während der Arbeit ergaben sich mit der Menge der eingehenden Vorschläge auch ständig neue Änderungen und Ergänzungen. Später errechneten wir, dass wir wohl 18 Varianten des Verfassungstextes auf dem Tisch gehabt hatten.

Nachdem die Arbeit am Verfassungsentwurf fast abgeschlossen war, unterzeichnete ich den Erlass „Über die Durchführung einer republikanischen Volksbefragung am 30. August 1995" vom 28. Juli 1995, Nr. 2389. Durch den Erlass wurde Folgendes festgelegt:

> *1. Durchführung einer republikanischen Volksbefragung am 30. August 1995*
> *2. Vorlage des Entwurfs der neuen Verfassung der Republik Kasachstan bei der republikanischen Volksbefragung mit folgender Frage: Nehmen Sie die neue Verfassung der Republik Kasachstan an, deren Entwurf am 1. August 1995 in der Presse veröffentlicht wurde?*

> *3. Offizielle Veröffentlichung des Verfassungsentwurfs, der Änderungen und Ergänzungen unter Berücksichtigung seiner allgemeinen Diskussion in den Medien am 1. August 1995. Gleichzeitig Sendung des Verfassungsentwurfs an die Zentrale Wahlkommission der Republik Kasachstan."*
>
> Aus: Archiv des Präsidenten der Republik Kasachstan

Vor der offiziellen Veröffentlichung des Entwurfs wies ich die Mitglieder der Arbeitsgruppe B. Muchamedschanow und K. Kolpakow an, die Korrekturfahnen der Texte persönlich zu prüfen. Spät in der Nacht, so gegen halb drei, riefen sie mich an und sagten, dass alles in Ordnung sei. Ich wies sie an, die Fahnen zu visieren und den Entwurf in den Druck zu geben. Am nächsten Morgen war der Verfassungsentwurf in sämtlichen Zeitungen der Republik abgedruckt.

Nach der Veröffentlichung des Entwurfs berief ich eine Pressekonferenz ein, auf der ich zu der neuen zukünftigen Verfassung Stellung nahm und die Fragen der Journalisten beantwortete. Das Wichtigste, was ich den Bürgern Kasachstan über die Presse mitteilen wollte, war, dass unsere neue Verfassung die stabile Entwicklung unseres Landes in zwischennationalem Einvernehmen und innerem Frieden und die konsequente Umsetzung der politischen und ökonomischen Reformen befördern wird.

Eine Verfassungsreform konnten wir nur beginnen, wenn wir uns des Rückhalts des Volkes sicher sein konnten. Deshalb wurde die Arbeit an der neuen Verfassung intensiviert. Die Kritik entzündete sich an mir. In dieser schwierigen Zeit bekam ich die Unterstützung der Volksversammlung Kasachstans, die vorschlug, mich direkt an das Volk zu wenden, anstatt die Zusammenkunft des Parlaments abzuwarten. Heute bin ich mir sicher, dass das die richtige Entscheidung war.

Natürlich hatte ich auch Zweifel. Einerseits war die Frage objektiv und richtig. In der politischen Krise, die vom Rücktritt des Parlaments und der Regierung hervorgerufen worden war, musste man die Gesellschaft von übermäßiger Politisierung verschonen und im Interesse der Stabilität die Präsidialmacht stärken. Andererseits ist der Präsident auch nur ein Mensch, und mich beunruhigten verschiedene Dinge, als ich die Frage stellte. Es gab Gerüchte darüber, dass ich Angst vor den Wahlen hätte. Doch da waren auch objektive soziologische Daten, die sehr klar nachwiesen: wenn allein die Frage nach dem Erhalt meiner Präsidentschaft anstehen würde, sollte ich gerade jetzt zur Wahl antreten. In diesem Fall war die Diskrepanz zwischen mir und den anderen möglichen Kandidaten schier unüberwindlich. Außerdem: Wahlen sind eine Alternative zwischen zwei oder drei Kandidaten, aber für die Volksbefragung war die Frage eindeutig: Nursultan Naserbaiew. Ja oder nein? Ich musste offen an dem einen Pol der Wahlen stehen, und am anderen waren die Schwierigkeiten der Übergangsperiode, das Absinken des Lebensstandards, die vielen über die Jahre angesammelten Tiefschläge, zielgerichtete Kritik und offene Hetze.

Wir hatten die schwierige Phase mit der Errichtung des Staatswesens abgeschlossen, und nun standen wir schon wieder vor einer Wahl – wie werden wir weiterleben? Das betraf die Wirtschaft, die Politik und viele andere gesellschaftliche Bereiche. Ich erörterte zahlreiche Vorschläge von Politikern, Vertretern der Öffentlichkeit, Wissenschaftlern, Praktikern und bat schließlich das Volk um Unterstützung.

Für Kasachstan stand in dieser historischen Situation im Grunde die Frage nach dem Erhalt der Stabilität des Staates, aber auch der ganzen Gesellschaft. Die Volksbefragung sollte Antworten auf folgende Schlüsselfragen finden: War es die richtige Politik, die wir die ganzen Jahre verfolgt hatten? Schenkt das kasachstanische Volk seinem Präsidenten sein Vertrauen, um diesen Weg fortzusetzen? Und die Antwort wurde gefunden.

Der Monat war wie im Fluge vergangen. Schließlich wurde am 30. August 1995 gemäß dem oben genannten Erlass eine allgemeine Volksbefragung zur Verabschiedung einer neuen Verfassung der Republik Kasachstan durchgeführt. Ungefähr eintausend Vertreter aus 19 nichtstaatlichen Organisationen beobachteten die Volksbefragung. Ausländische Beobachter kamen aus Ungarn, Ägypten, Kanada, Polen, Rumänien, Tadschikistan, der Ukraine u.a.

An der Volksbefragung nahmen 90,58% der Wähler teil. Von ihnen stimmten 89,14% für die Verabschiedung der neuen Verfassung. Mit dieser Abstimmung wurde die neue Verfassung der Republik Kasachstan angenommen. Das war ein Sieg. Die hohe Wahlbeteiligung war ein Zeichen dafür, dass die Bürger unseren Kurs unterstützten, den wir im Grundgesetz des Landes verankert hatten.

Ich spürte eine tiefe Dankbarkeit. Im Leben eines jeden Politikers gibt es so eine Sternstunde, wenn er die Unterstützung des Volkes erhält und mit großer Zufriedenheit sagen kann: Ich habe meine Pflicht erfüllt. Die vielen Jahre des Zweifels und der Besorgnis, manchmal auch der Leere um einen herum, wenn der Kreis der Gleichgesinnten verschwindend klein scheint vor der riesigen Welle von Problemen, die endlose Reihe kleiner und großer Sorgen, die auf einen abgewälzt werden – es war nicht vergebens.

Die Verfassung von 1995 war im wahrsten Sinne des Wortes eine Willensbekundung des Volkes, es ist selbst zum Koautor seines Grundgesetzes geworden. Auf der Pressekonferenz, die am 1. September 1995 zu den Wahlergebnissen abgehalten wurde, gratulierte ich allen Bürgern Kasachstans zu diesem historischen Ereignis im Leben unseres jungen souveränen Staates. Mit der Abstimmung für den Verfassungsentwurf hatten unsere Landsleute eine wichtige Wahl für das Land und jeden seiner Bürger getroffen. Möglicherweise hatte das erste Mal in der Geschichte Kasachstans das Volk seine Zukunft in den Händen gehalten und dafür gestimmt. Das ist wirklich so. Im Grundgesetz stehen nicht nur die Prinzipien des Staates, sondern auch Entscheidungen, die unmittelbar mit dem Leben unserer Bürger zusammenhängen, mit jedem einzelnen Menschen. Das sind die Freiheiten, Rechte, Pflichten vor der Gesellschaft. Sie bestimmen letztendlich die Perspektiven des Menschen, einer jeden Familie und der Zukunft des ganzen Landes.

Später antwortete ich auf die Fragen der Journalisten. Einige waren natürlich, wie immer, recht spitz formuliert, aber nachdem das Volk Kasachstans einmütig für die neue Verfassung gestimmt hatte, fiel es mir leicht, sie zu beantworten.

Auf die Frage des BBC-Korrespondenten Kriwenko, ob die Verfassung den Präsidenten nicht mit zu vielen Vollmachten ausstatten würde, antwortete ich, dass der Präsident Kasachstans viel weniger Vollmachten als der Präsident Frankreichs habe und doch sei Frankreich deswegen kein undemokratisches Land. Der Korrespondent der Zeitschrift „Economist" Mac Williams fragte, ob die Volksbefragung nicht von Regierungsbeamten kontrolliert worden sei. Ich musste ihn daran erinnern, dass bei der Volksbefragung mehr als eintausend Beobachter zugegen waren, darunter auch aus dem Ausland, und dass es keine ernsthaften Störungen gegeben habe.

Einer der Journalisten bat um eine kurze Darstellung der Erfahrungen, die wir in den Jahren von 1991 bis 1995 gemacht hatten. In meiner Antwort verglich ich die Arbeit eines Politikers, der die Früchte seiner Arbeit erwartet, eher mit dem Pflanzen eines Apfelbaums als zum Beispiel dem Pflanzen von Kartoffeln: „Kartoffeln sät man im Frühjahr, und im Herbst kann man sie schon ernten. Bei einem Apfelbaum dagegen muss man 5 bis 6 Jahre auf Äpfel warten. Niemand hat uns in den letzten Jahren eingeflüstert, wie man das alles schnell machen kann, niemand im ganzen postsowjetischen Raum konnte alles schnell machen. Aber wir haben das Wichtigste bewahrt, den Frieden in unserer Heimat, der Republik Kasachstan, wir haben kein Blutvergießen zugelassen. Wir haben gelernt, unsere Finanzen zu verwalten und unsere Wirtschaft zu lenken, wir wissen, in welche Richtung wir uns in ein besseres Leben bewegen müssen. Wir haben in der ganzen Welt Vertrauen geschaffen. Wir haben Investitionen nach Kasachstan geholt."

Ich hätte Unrecht, wenn ich sagte, dass wir bei der Errichtung des Staatswesens, bei den Reformen, bei den Dokumenten, die wir verabschiedet haben, keine Fehler gemacht hätten. Aber nur der, der nichts tut, macht keine Fehler. Die Arbeit eines Politikers ist ein bisschen wie die Arbeit eines Uhrmachers; der Unterschied liegt nur darin, dass der Uhrmacher die kaputte Uhr nimmt und anhält, um sie zu reparieren, der Politiker aber muss reparieren, ohne die Uhr anzuhalten. Das ist die Schwierigkeit.

Am 6. September 1995 fand in der Residenz des Präsidenten von Kasachstan die Zeremonie der offiziellen Vorstellung der Verfassung unseres Landes statt. Im feierlichen Rahmen verlas der Vorsitzende der Zentralen Wahlkommission Juri Kim die Entschließung über die Ergebnisse der allgemeinen Volksbefragung zur Verabschiedung der neuen Verfassung und überreichte mir das Original des neuen Grundgesetzes. Danach unterzeichnete ich den Erlass „Über die Verfassung der Republik Kasachstan" und einhundert Originale des Verfassungstextes. Das erste Original des Textes der Verfassung, die am 28. Januar 1993 verabschiedet worden war, wurde mir zur Verwahrung in das Staatsarchiv des Landes übergeben.

Bei meiner Rede vor den anwesenden Regierungsmitgliedern, den Vertretern der Öffentlichkeit, Oberhäuptern diplomatischer Vertretungen und Medienvertretern gratulierte ich allen zur neuen Verfassung und unterstrich, dass wir nun in eine neue Phase unserer Entwicklung eingetreten seien, die uns vor eine Menge neuer ungelöster Aufgaben stellt.

Wie können wir unsere Wirtschaft in die Weltwirtschaft integrieren? Ohne eine solche Integration würden wir immer ein peripheres Land, ein Outsider bleiben.

Wie kann man Menschen, die an eine ärmliche, aber staatlich garantierte „Ration" gewöhnt sind, dazu bewegen, auf die eigenen Kräfte zu vertrauen, auf Verstand und Cleverness? Denn ohne dass der Mensch sein Schicksal und das seiner Familie selbst in die Hand nimmt, kann er es nicht zu wirklichem Wohlstand bringen.

Wie kann man einen modernen und starken Staat errichten, der grundlegende Sozialreformen auf den Weg bringt?

Wie kann man die ureigene Kultur aller Völker Kasachstans bewahren, ohne in isolationistische Extreme abzugleiten? Wir müssen verstehen, dass sowohl Passivität als auch Intoleranz zu einem Kulturstau führen können.

Wie kann man in der Gesellschaft geistige Ideale, interethnisches Einvernehmen und inneren Frieden stärken?

Und wie kann man schließlich das Verbrechen zurückdrängen und ohne die Anwendung repressiver Maßnahmen die Gesetzeshoheit in allen Machtetagen der Gesellschaft verankern?

Die Verfassung von 1995 – das „Fundament" des neuen Kasachstan

Vor mehr als zweihundert Jahren, als sich die Grundlagen der modernen Demokratie herausbildeten, schrieb der amerikanische Präsident T. Jefferson, der kein Anhänger häufiger Änderungen von Gesetzen und Verfassungen war, dass „Gesetze und menschliche Institutionen immer Schritt mit dem menschlichen Verstand halten sollten." Dieser Ausspruch hat auch nach zwei Jahrhunderten nichts von seiner Aktualität verloren.

Ich kann mit Stolz sagen, dass die im Jahre 1995 verabschiedete Verfassung den Reformen in Kasachstan einen kräftigen Impuls gegeben hat. Wir konnten in kürzester Zeit sehr gute Ergebnisse in Wirtschaft und Politik sowie zwischenstaatliche Stabilität erzielen.

Mit der Verabschiedung der Verfassung ist die Ampel der Wirtschaftreformen auf Grün umgesprungen. Den Obersten Sowjet, der sozusagen alles und nichts regierte, hatte ein professionelles Zweikammernparlament abgelöst, das nun Gesetze verabschiedete, die das Land wirklich verändern konnten.

Die Verfassung von 1995 gab den Wirtschaftsreformen einen kräftigen Impuls, schuf eine effektive rechtliche Basis und einen gesetzgeberischen Bereich für die Tätigkeit des Parlaments und der Regierung, die den modernen Anforderungen der Marktwirtschaft entsprachen und entsprechen. Die Verfassung garantiert den gleichwertigen Schutz von staatlichem und privatem Vermögen.

In der geltenden Verfassung sind die vom Staat garantierten Rechte proklamiert: für die Freiheit der Arbeit und unternehmerische Tätigkeit, für gesetzlich festgelegten kostenlosen Gesundheitsschutz und kostenlose mittlere Bildung, für freie Religionsausübung. Garantiert ist auch die Möglichkeit, über ein Wettbewerbsverfahren eine kostenlose Hochschulausbildung zu erhalten sowie eine Versorgung im Alter, bei Krankheit, Behinderung und Verlust des Hauptverdieners der Familie. Heute sind diese verfassungsmäßigen Rechte schon in konkrete Rechtsnormen gefasst und ein fester Bestandteil des täglichen Lebens der Menschen geworden. Die Verfassung hat die Grundrechte und Freiheiten der Menschen gestärkt, was den Vormarsch fundamentaler demokratischer Prinzipien in der Gesellschaft fördert.

Mit anderen Worten, die Verfassung formuliert das Wesen und den Inhalt von verfassungsmäßigen Rechten, Freiheiten und Pflichten in Übereinstimmung mit marktwirtschaftlichen Prinzipien, die jedem in Abhängigkeit von seinem konkreten Einsatz die Befriedigung seiner Bedürfnisse ermöglichen. Dabei garantiert der Staat ein notwendiges Minimum an Sozialleistungen. Wirtschaftliche Freiheit, ideologische und politische Vielfalt und Gleichheit aller vor dem Gesetz sind die Grundprinzipien der Entwicklung Kasachstans.

Die Demokratisierung erweitert den Kreis der sozialen Möglichkeiten, die der Staat dem Einzelnen zur Verfügung stellt. Infolgedessen sind die Rechte und Freiheiten der Menschen und Bürger im nationalen Rechtssystem gestärkt worden und ihre traditionellen juristischen Garantien bekamen einen neuen Inhalt. Nach der Schaffung der Voraussetzungen zur vollständigen Erfüllung der internationalen Anforderungen der UNO zu bürgerlichen und politischen Rechten sowie zu wirtschaftlichen, sozialen und kulturellen Rechten hat Kasachstan diese wichtigen Verträge ratifiziert.

Auf der Basis der Verfassung wurde eine neue Gesetzgebung geschaffen. Das Verfassungsrecht wurde erneuert. Das Zivilrecht, das das private Eigentum, die Zivilgesellschaft und das freie Unternehmertum regelt, wurde weiterentwickelt. Entsprechend der Prinzipien, die sich in der

Weltgemeinschaft bewährt haben, wurden das Zivilprozessrecht, das Strafprozessrecht und das Strafvollzugsrecht wesentlich geändert.

In den Prinzipien des Strafrechts wurde eine neue Hierarchie schützenswerter sozialer Werte verankert. Auf ihrer Basis musste das Strafgesetz aufgebaut werden. Für diese schwierige und verantwortungsvolle Aufgabe arbeitete ich gemeinsam mit dem Leiter der Arbeitsgruppe I. Rogow und B. Muchamedschanow fast an jedem einzelnen Artikel. Und man muss sagen, dass unser Strafgesetz eine hohe Anerkennung in der internationalen juristischen Öffentlichkeit genießt.

Eines der Mittel, die die Entwicklung eines Rechtsstaats befördern, ist zweifelsohne eine gut ausgewogene Strafrechtspolitik. In unserem Land basiert diese auf dem Grundgesetz, das den Menschen mit seinen Rechten und Freiheiten in den Mittelpunkt stellt. Indem der Staat von streng repressiven Maßnahmen der Strafverfolgung absieht und vernünftige Formen der Verantwortlichkeit etabliert, kann er die Strafverfolgung humanisieren und den Strafvollzug liberalisieren. So konnte Kasachstan, das vor kurzem noch mit der Anzahl der Gefangenen auf 100.000 Einwohner nach den USA und Russland weltweit an dritter Stelle stand, nun den 24. Platz einnehmen.

Im Zusammenhang mit der Globalisierung und der Veränderung der Kriminalität, die immer bedrohlichere Ausmaße annimmt, wird das Prinzip der unabwendbaren Verantwortlichkeit für alle Rechtsverletzungen aktualisiert und dies besonders für sehr schwere Verbrechen.

Heute wird die schwierige Frage der Todesstrafe diskutiert, deren soziales und rechtliches Dilemma die öffentliche Meinung spaltet. Bis jetzt wurde ein Moratorium zu ihrer Anwendung eingeführt. Wir wissen, dass dieses Problem besonders akut an den Wendepunkten der staatlichen Entwicklung steht, da es das geistige Leben tangiert und von einer Überbewertung der sozialen Werte begleitet wird.

Man kann ohne Zweifel sagen, dass wir bis zum heutigen Tag sehr viel erreicht haben. Unsere wichtigsten Errungenschaften sind innenpolitische und zwischenstaatliche Stabilität, eine Stabilisierung der Makroökonomie, die Inflationsbekämpfung, die Schaffung eines effektiven Finanz- und Kreditwesens, die Normalisierung der Eigentumsverhältnisse und die schrittweise Privatisierung. Wir haben ein nachhaltiges Wachstum in der Industrieproduktion und fördern die Landwirtschaft. Wir haben allen Grund zu sagen, dass unsere Verfassung und die Gesetze nicht nur für den Menschen arbeiten, sondern dass sie auch seine Kreativität und seine Energie fördern und die unternehmerische Initiative fördern.

Kasachstan hat positive Erfahrungen in der Wirtschaft gesammelt und so deutlich gemacht, dass in einer Übergangsperiode zur Liberalisierung der Wirtschaft eine klare politische Struktur, professionelle Arbeiter und gesellschaftliche Disziplin notwendig sind. Das ermöglicht die Durchführung schwieriger und oftmals unpopulärer, aber trotz allem notwendiger ökonomischer Reformen und politische Stabilität.

Als ich die Schaffung einer echten präsidialen Republik im Jahr 1995 begann, war mir klar, dass die Regierbarkeit des Landes dadurch erleichtert würde und dass die positiven Ergebnisse der schmerzhaften Reformen nicht lange auf sich warten lassen würden. Die hohe persönliche Verantwortlichkeit des Präsidenten verlangte auch nach der Vergrößerung seiner Vollmachten. Seit dieser Zeit mischte sich das Parlament nicht mehr in die Ernennung der Leiter von Ministerien und Behörden ein; diese werden nun vom Präsidenten ernannt. Das Ministerkabinett wurde zum Kollektivorgan vereinfacht. Der vom Parlament genehmigte und vom Präsidenten aufgestellte Premierminister hoffte auf die Vollmachten des „Krisenmanagers" des Landes. Später werden auch Kollektivräte wie der Rat für Wirtschaftspolitik, die Direktion der Nationalbank und des Nationalfonds und der Nationalrat juristische Form annehmen. Sie haben eine konkrete Zielrichtung, stehen unter der Führung des Staatsoberhaupts und werden nicht mehr von Vertretern der Exekutive aus den eigenen Reihen behindert.

Die Stärkung der Machtvertikale förderte dies auch auf Regionalebene, wo die Akime den Präsidenten ernennen, während die Präsidentenvertreter in den Gebieten obsolet wurden. Die Rolle der Gebietsräte, die zu Gebietsmaslichaten umgewandelt wurden, nahm ebenfalls ab. Wir haben diese einmaligen Maßnahmen ganz bewusst getroffen, um später, wenn die Wirtschaftkrise überwunden ist und wir uns auch in den demokratischen Reformen weiter nach vorn bewegt haben, diese Probleme wieder aufzugreifen.

Ich wusste, dass besonders die Stärkung der Exekutive in den Regionen ein paar Systemmängel haben wird. Der größte Mangel ist und bleibt die Korruption. Bei abnehmender Kontrolle durch die Vertretungsorgane des Staates vergrößern die Beamten aus dem Zentrum gern ihre Vollmachten. Sie wissen, dass man nicht alles kontrollieren kann und vergessen darüber oft ihre Bestimmung, nämlich dem Volk zu dienen. Infolgedessen wurde die Präsidialverwaltung von Anfang an mit Beschwerden über die regionalen Selbstverwaltungen geradezu überschwemmt. Die Bevölkerung machte aus alter Gewohnheit eine „Eingabe an das ZK".

Die Korruption begann auch die anderen Bereiche des staatlichen Lebens zu durchdringen und schadete der Wirtschaftspolitik und der Entwicklung des Landes. Ich wandte mich an die Bürger der Republik mit dem Aufruf, mich bei der entschlossenen Bekämpfung der Korruption zu unterstützen. Unter den Juristen gingen damals die Meinungen darüber auseinander, ob man ein Gesetz über Maßnahmen zur Korruptionsbekämpfung verabschieden sollte. Auf jeden Fall musste etwas geschehen, schnell und ohne Kompromisse, deshalb ordnete ich an, einen Gesetzesentwurf „Über die Korruptionsbekämpfung" zu erarbeiten; das Gesetz wurde im Juli 1998 verabschiedet. Wir waren mit diesem Gesetz übrigens die ersten unter den GUS-Staaten. Es wurde ein Programm zur Korruptionsbekämpfung erarbeitet und die Haftung für Rechtsverletzungen in Verbindung mit Korruption verschärft.

Eine Verfassungsnorm gilt als wirksam, wenn die mit ihr übereinstimmenden Gesetze angewendet werden und von den Gesellschaftssubjekten und vor allem von den staatlichen Organen und Amtsträgern befolgt werden.

Ich bin überzeugt, dass nicht der Präsident oder der Leiter der Regionalverwaltung oder der Minister den Bürger zu schützen hat, sondern das Gericht. Ohne gerechte und ehrliche Rechtsprechung auf einer soliden juristischen Basis kann es keine stabile und zivilisierte Gesellschaft geben. Eine gesunde Wirtschaft als Grundlage dieser Gesellschaft kann nur schaffen, wer die Marktwirtschaft einführt und sicherstellt, dass die Verfassung und die Gesetze vom Staatsapparat, den Bürgern und auch den juristischen Personen geachtet werden. Hier ist alles wichtig: die Schaffung einer adäquaten rechtlichen Basis, Bestätigung des Gerichts an der Spitze der juristischen Pyramide und als Wachposten die Verfassung. Weiterhin sind da der Schutz der Rechte und gesetzlichen Interessen von natürlichen und juristischen Personen und der Aufbau eines hochwertigen Gerichtssystems, das nur dem Gesetz unterstellt ist und in dem die gerichtlichen Entscheidungen durch kompetente und gewissenhafte Mitarbeiter schnell und sorgfältig ausgeführt werden.

Jede neue Phase der politischen Reformen muss eng mit dem Niveau der wirtschaftlichen Reformen verbunden sein, mit der Zivilgesellschaft, der politischen Kultur und der Rechtskultur der Bevölkerung. Die Stärkung der Gerichte war nur die erste von vielen Aufgaben; heute sind die grundlegenden Wirtschaftsreformen abgeschlossen, so dass nun die Liberalisierung der Politik nachziehen kann.

Hier möchte ich noch einmal betonen, dass politische Reformen – welcher Art sie auch sein mögen – nur unter einer Bedingung möglich sind: die Herausbildung einer Mittelschicht. Nur eine stabile und prosperierende Gesellschaft kann ein stabiles politisches System schaffen.

> *„... bevor eine Gesellschaft ein solches [westliches] demokratisches politisches System einsetzen kann, muss das Volk ein hohes Bildungs- und Wirtschaftsniveau erreichen, eine starke Mittelschicht schaffen und das Leben der Menschen darf kein Kampf ums Überleben mehr sein...*
>
> *Eine Mittelschicht kann nicht ohne eine lebensfähige Wirtschaft entstehen, die wiederum ohne eine starke und kluge Führung, die das Land aus der Sackgasse führt, nicht existieren kann."*
>
> Lee Kuan Yew, „Singapurer Geschichte: von der ‚Dritten' Welt in die ‚Erste' (1965-2000)"

Wir kehren jetzt zurück zur Rolle des Staates im Alltag seiner Bürger und müssen nun die Dezentralisierung der staatlichen Verwaltung vollenden. Das bedeutet in erster Linie eine klare Abgrenzung der Vollmachten zwischen den einzelnen Verwaltungsebenen, die Stärkung der Rolle der Maslichate und die Verbesserung der Haushaltsbeziehungen. Nach der Dezentralisierung der staatlichen Verwaltung ist ein System der lokalen Selbstverwaltungen aufzubauen. In den Jahren 2005 bis 2007 müssen wir uns über die Notwendigkeit eines Wahlsystems für die Akime der Städte, Landkreise und der anderen nachgeordneten Ebenen und über eine Rating-Bewertung ihrer Tätigkeit klar werden.

Wenn wir diese Aufgaben erfüllt haben, können wir uns wieder der zurückgestellten und viel wichtigeren Phase der Liberalisierung des politischen Systems widmen und zwar der Stärkung der Rolle des Parlaments. Das muss auf Verfassungsniveau geschehen. Wir müssen die Abgeordnetenzahlen in beiden Kammern erhöhen. Das Parlament hat dann nicht nur den Etat zu bestätigen, sondern sich auch aktiv an dessen Umsetzung zu beteiligen.

Im Zuge der Verfassungsänderungen muss eventuell eine neue Art der Regierungsbildung erarbeitet werden. Dabei werden wir sicher die Frage diskutieren, ob die Regierung durch eine Parlamentsmehrheit gebildet werden sollte.

Kasachstans Eintritt in eine neue Entwicklungsphase erfordert eine sorgfältige Analyse und Durchführung entsprechender Reformen der staatlichen Verwaltung, des politischen Systems und möglicherweise auch der Verfassung. Letztendlich müssen wir eine optimale politische und staatliche Struktur schaffen. Mit der Modernisierung und Reformierung fördern wir die Konsolidierung unsere Gesellschaft und die Erhöhung der Autorität und des Prestiges Kasachstans im Weltmaßstab. Das kann das Land zu einem Zentrum der internationalen Politik, des Dialogs der Zivilisationen, der Stabilität und der Integration in Mittelasien machen.

All diese und viele andere Veränderungen helfen uns, unser Ziel zu erreichen. Denn wir sind ein junges Land, das gerade eine neue Seite seiner Entwicklung aufschlägt. Sogar nach dieser langen Zeit schaue ich auf die Verfassung, die auf meinem Schreibtisch liegt, und denke an die Ereignisse zurück. Wie enthusiastisch wir an dem Entwurf gearbeitet haben, welche hitzigen Diskussionen wir über die einzelnen Artikel hatten, wie aufgeregt wir waren, als wir sie dem Volk zur Diskussion vorlegten.

In manch einer Arbeitspause nehme ich die Verfassung zur Hand, lese den einen oder anderen Artikel und sage mir, dass wir richtig gehandelt haben. Der beste Beweis dafür sind die heutigen Erfolge beim Staatsaufbau und den Wirtschaftsreformen. Wir stützten uns auf die Schlüsselbegriffe der Verfassung und schafften einen Wandel, der für das Land lebenswichtig war: Wir führten die Markwirtschaft ein und legten das Fundament für eine demokratische Gesellschaft.

In dieser Zeit wurden die Voraussetzungen für das wichtigste Merkmal der Demokratie geschaffen – den Parlamentarismus. Das professionelle Zweikammernparlament, in dem die vielfältigsten Interessen vertreten werden, hat die Prüfung durch die Zeit erfolgreich bestanden. Und wir waren die ersten in Zentralasien, die diesen Weg gegangen sind. Andere sind uns gefolgt und konnten unsere Erfahrungen nutzen.

Das System der Exekutivvertikalen in Verbindung mit einer optimierten administrativ-territorialen Struktur sowie mit vereinfachten weiteren Bestandteilen eines Staatswesens haben es Kasachstan ermöglicht, die Systemkrise zu überwinden, eine dynamische Entwicklung zu beginnen und bereits jetzt über eine beschleunigte sozial-ökonomische und politische Modernisierung berichten zu können.

Seit der Verabschiedung der Verfassung hat sich nicht ein einziger politischer Streit zu einer Krise ausgewachsen. Alle Meinungsverschiedenheiten werden mithilfe von Verfassungsprozeduren geklärt. Die staatlichen Institutionen haben wechselseitige Beziehungen geknüpft, die schon zur Tradition geworden sind.

Die Aktualität der zwischenstaatlichen Beziehungen und ihr Einfluss auf die Wettbewerbsvorteile verschiedener Länder führen uns nicht nur zu den Ereignissen und Daten unserer Geschichte. Wenn wir die letzten Jahrzehnte der Weltgeschichte betrachten, dann sind die wichtigsten Ereignisse im letzten Viertel des 20. Jahrhunderts radikale Veränderungen in der Verteilung von Nationalitäten und Rassen auf unserem Planeten.

Lassen Sie uns betrachten, was da vor sich geht. Die überwältigende Mehrheit der Staaten in der modernen Welt ist polyethnisch, nur in zwölf Staaten der Erde stellt eine Ethnie 90% der Bevölkerung. Das kasachstanische Modell der interethnischen Beziehungen hat nicht umsonst die höchste Bewertung von maßgeblichen internationalen Organisationen wie der UNO, der OSZE u.a. bekommen. Alle Schlüsselfragen der Entwicklung nationaler Gruppen wurden in einem dreigliedrigen Regulierungssystem weiterentwickelt. Die erste Ebene ist die Aktivität der Gruppen selbst. Wir haben die Bestrebungen aller nationalen Gruppen, ihre Kultur zu entwickeln, immer unterstützt. In Kasachstan gibt es einige Dutzend Zentren für Nationalkultur.

Zweitens haben wir mit der Vollversammlung der Völker ein einzigartiges Instrument für die interethnischen Beziehungen geschaffen. Es gibt heute in keinem anderen Land der Welt ein ähnliches maßgebliches und repräsentatives Instrument der nationalen Politik.

Drittens: die Politik des Staates in der Sprachenfrage. Wir konnten der kasachischen Sprache nicht nur den Status der formalen Staatssprache geben, sondern regelten ihre vollwertige Anwendung in allen Bereichen des öffentlichen Lebens. Heute unterrichten mehr als die Hälfte aller Bildungseinrichtungen des Landes in kasachischer Sprache. Dabei darf man nicht vergessen, dass die sowjetische nationale Politik gerade in Kasachstan die verheerendsten Folgen für die Staatssprache hatte. Doch im Unterschied zu anderen Ländern haben wir diesen Weg in Würde beschritten, ohne jegliche sprachliche Diskriminierungen.

In Kasachstan sind politischer Pluralismus und ein Mehrparteiensystem garantiert. Es gibt im Land große Nationalparteien, die Einfluss auf die Politik nehmen, und auch Oppositionsparteien.

Unstritig ist weiterhin, dass auch die Zivilgesellschaft mit ihren Nichtregierungsorganisationen erstarkt ist. Waren es vor 10 Jahren 400, so zählen wir heute mehr als 5000. Die NGO kooperieren aktiv und auf partnerschaftlicher Basis mit der Regierung im Rahmen des von mir initiierten Zivilen Forums. Und es ist doch ein Zeichen, wenn heute in diesen Beziehungen gerade die NGO „die erste Geige spielen".

Kardinale Veränderungen gab es auch im Informationsbereich. In den Massenmedien Kasachstans sind Redefreiheit, die Meinungsfreiheit und die Freiheit, die Regierung zu kritisieren, etabliert. Jeder Mensch hat das Recht auf alternative Informationsquellen. Heute erscheinen im Land mehr als zweitausend Medien der unterschiedlichsten politischen Richtungen, darunter auch solche der radikalen Opposition. Und wie Sie wissen, sind 80% unserer Medien nichtstaatlich.

Wie in vielen Ländern der Erde ist auch unsere Verfassung kein starres Dogma. Die Erfahrungen, die wir durch die Anwendung unserer Verfassung über ein Jahrzehnt gesammelt haben, benötigen wir zur Lösung unserer inneren Aufgaben und zur Antwort auf die neuen Herausforderungen unserer Zeit. Unbedingte Verfassungstreue ist die Grundlage der erfolgreichen Entwicklung unseres Staates und des inneren Friedens. Nach ihr leben lernen – das ist die hohe Schule der Demokratie. Eine Schule, die wir verinnerlichen müssen.

Unsere Pflicht ist es, sorgsam mit der Verfassung umzugehen. Sie zu respektieren, wie wir unser Land respektieren, unsere Geschichte, unsere Errungenschaften. Ohne Respekt vor der Verfassung und ohne die unbedingte Befolgung ihrer Normen können wir keinen inneren Frieden erreichen, Ordnung und Ruhe und damit eine glückliche Zukunft für unser Vaterland.

Die Verfassung wurde das Fundament unserer Freiheit. Sie fixiert all unsere Siege, unseren aufrechten Gang, das, was die Unabhängigkeit uns gebracht hat. Unsere Verfassung hat uns das Wichtigste gegeben – das Recht der Wahl, unser eigenes Leben besser zu machen – das ist mehr wert als ein Schatz.

Unsere Verfassung ist kein Spiegelbild der Wirklichkeit, sondern die Vorstellung von einem Sollzustand in Staat und Gesellschaft. Deshalb ist ihr Potenzial noch lange nicht ausgeschöpft. Die im Grundgesetz verankerten juristischen Normen und Prinzipien, die einen grundlegenden strategischen Charakter haben, werden je nach Entwicklung des Staates und der Gesellschaft und der Erfüllung notwendiger politischer, wirtschaftlicher und sozialer Bedingungen offen gelegt.

Und ich glaube daran, dass unsere Gesellschaft in 15 bis 20 Jahren mit den entwickelten Demokratien auf einer Stufe stehen wird, dass sich im Parlament ein stabiles Zwei- oder Dreiparteiensystem etablieren und dass mehr als die Hälfte der Bevölkerung zur Mittelschicht gehören wird.

Wie ich schon sagte, hat diese Verfassung unserer Wirtschaft einen neuen Entwicklungsimpuls gegeben. Und jetzt ist gerade die Wirtschaft der Motor für all die kommenden Veränderungen geworden: von der Schaffung der neuen Verfassung über die Veränderung der Lebensweise bis hin zum Wichtigsten – dem Denken der Kasachstaner. Und das „Blut" unserer Wirtschaft ist das Erdöl geworden, das „schwarze Gold" der kasachischen Erde. Erdöl und Erdgas sind seit den ersten Tagen der Unabhängigkeit unser wichtigster Rohstoff und unser Startkapital. Und auch die nächsten 15 bis 20 Jahre wird Kasachstan der größte Exporteur von fossilen Energieträgern auf dem Weltmarkt sein. Unsere Bodenschätze sind zum Gegenstand von Neid und Forderungen geworden, wegen derer wir unsere Unabhängigkeit hätten verlieren können. Im nächsten Kapitel möchte ich davon berichten, wie es uns gelang, dieses Raubtier zu bändigen, indem wir niemals locker ließen oder uns einredeten, wir hätten es im Griff.

Kapitel III
Der Kampf um das Kaspische Meer und der Erdölboom

Die Erdölfontäne des Jahrhunderts

Während meiner Zeit als Sekretär für Industrie und Wirtschaft beim ZK der Kommunistischen Partei Kasachstans, aber auch vor und nach dieser Tätigkeit habe ich oft die Region am Kaspischen Meer bereist. Aber nie musste ich das sehen, was ich im Sommer 1985 sah.

Diese Begebenheit war nicht nur für mich persönlich ein kritischer Moment. Es war am 23. Juli 1985, als bei Bohrarbeiten in einer Tiefe von 4467 Metern aus dem Bohrloch Tengis 37 eine riesige Erdölfontäne emporschoss. Diese Fontäne war unkontrollierbar und entzündete sich. Die Bohranlage wurde total zerstört. Der Bohrer wurde durch den hohen Druck aus dem Bohrloch herausgeschleudert. Die Öl-Gas-Fontäne schoss vierhundert Tage und Nächte lang empor. Es entstand eine 250 Meter hohe Feuersäule, die mit einem Druck von 900 Atmosphären ausgestoßen wurde. Acht Milliarden Kubikmeter Schwefelwasserstoff gelangten in die Atmosphäre. Der materielle Schaden wurde auf eine Milliarde US-Dollar beziffert. Allerdings waren hierbei der Schaden für die Umwelt und die gesundheitsschädliche Wirkung auf die dort lebenden Menschen nicht berücksichtigt worden.

Durch die großen Mengen an ausgestoßenen Schwefelverbindungen verendete alles Leben rund herum. Nachts wurden die Vögel vom Schein der Feuersäule angezogen. Sie verbrannten in den Flammen oder wurden von dem austretenden Schwefel vergiftet und fielen regelrecht vom Himmel. Die riesige Fackel zog auch die Menschen gewissermaßen an, die in der Nähe des Bohrlochs mit der Beseitigung der Havarie beschäftigt waren. Leider waren auch hier Opfer zu beklagen. Ein Mitglied der Feuerwehr wurde von dem Feuerstrahl aufgesogen und verbrannte bei lebendigem Leibe. Alle, die an der Löschung des Bohrloches beteiligt waren, erlitten unterschiedlich schwere Verbrennungen. Die Temperatur um das Bohrloch herum war so hoch, dass selbst die besten feuerfesten Anzüge nur wenige Minuten lang Schutz vor dem Feuer boten. Der Sand in den Speichern an den Rändern des Bohrlochs zerschmolz zu buntem Email.

Die ganze Sowjetunion half bei der Löschung des Brandes mit. Es wurden die besten Spezialisten aus allen Winkeln des Landes zusammengezogen und Experten aus dem Ausland um Hilfe gebeten. Um die bis dahin schwerste Fontäne zu stoppen, wurden, wie es damals üblich war, Feuerwehreinheiten aus dem ganzen Land gerufen, darunter die zu dieser Zeit besten Einheiten aus Poltawa in der Ukraine und Karschin in Usbekistan. Die Havariearbeiten an dem Bohrloch wurden vom Ersten Stellvertreter des Ministers für Erdölindustrie der UdSSR I. Igrewski geleitet. Er war der Vorsitzende des operativen Havariestabs am Bohrloch Tengis 37.

Das Ministerium für Erdölindustrie der UdSSR schaffte es nicht, dem Brand Herr zu werden. Um eine derartig starke Fontäne zu stoppen, war eine spezielle Ausrüstung erforderlich. Als es dann doch keinen Ausweg mehr gab, wollte das Ministerium für Erdölindustrie die Fontäne durch eine kontrollierte Atomsprengung stoppen. Von den Bewohnern der in der Nähe befindlichen Aule war keine Rede. Aber wir konnten uns gerade noch rechtzeitig einmischen und so die Umsetzung dieser Wahnsinnsidee verhindern.

Es dauerte etwa zwei Monate, bis die Erdöl-Gas-Fontäne des Bohrlochs Tengis 37 gestoppt war. Die Erdölarbeiter bezeichneten diese riesige Fontäne als „Fontäne des Jahrhunderts". Eine große Rolle spielte hierbei ein hydraulischer Druckerzeuger, den die Erdölarbeiter aus dem Petrowski-Werk in Gurjew gebaut hatten. Mit Hilfe dieses Gerätes führten sie eine Vorrichtung zur Unterdrückung des Ausstoßes in das Bohrloch ein. So konnten die Kohlenwasserstoffe kontrolliert austreten.

Die nächste Phase war das Herablassen eines Rohrs in das Bohrloch, über das eine schwere Flüssigkeit zum Stopp der Fontäne geleitet werden sollte. Jedoch war hierfür eine Spezialvorrichtung aus Hochdruckpreventern mit einer gemeinsamen Steuervorrichtung erforderlich.

In der UdSSR war die dafür erforderliche Technologie nicht zu finden. So wurde eine Beratung mit dem amerikanischen Unternehmen „Chevron" und dem kanadischen Unternehmen „Otis" sowie der Einsatz von Spezialausrüstung aus den USA und Kanada beschlossen. Letztendlich ließen Spezialisten aus diesen Unternehmen gemeinsam mit sowjetischen Erdölarbeitern Rohre in das Bohrloch hinab. Die Fontäne konnte gestoppt werden.

Die Fontäne am Bohrloch 37 zeigte die gewaltige Kapazität der Rohstoffvorkommen in Tengis. Sie war das erste Signal des „großen Erdöls" im kasachstanischen Teil des kaspischen Schelfs. Und bereits damals wurde klar, dass die UdSSR nicht über die erforderlichen Technologien für den Abbau dieser Rohstoffvorkommen verfügte.

Die Geschichte der Erschließung des kaspischen Erdöls

Das Erdöl spielte in der Geschichte Kasachstans eine Schlüsselrolle. Erdöl wird definiert als „komplexe Mischung aus Kohlenwasserstoffen, in denen gasförmige und andere Stoffe aufgelöst sind." Die Liste der Produkte, die man aus dem „schwarzen Gold" erzeugen kann, passt nicht auf ein einzelnes Blatt Papier. Sogar D.I. Mendelejew stellte bereits fest, dass „das Heizen eines Ofens mit Erdöl das gleiche ist wie das Heizen eines Ofens mit Erdölderivaten".

Bereits in der Antike wurde auf dem Gebiet von Kasachstan erstmals Erdöl gefunden. Aber größere Aufmerksamkeit schenkte das zaristische Russland dem Erdöl erst Ende des 17. Jahrhunderts. Im 18. und 19. Jahrhundert entsandte Russland seine führenden Topographen, Geologen und Bergbauingenieure nach Westkasachstan.

Im Jahr 1892 meldeten sich die ersten russischen Unternehmer zur Erschließung einzelner Abschnitte in Westkasachstan. Vorreiter der industriellen Erschließung waren die Regionen Dossor, Karaschungul und Iskene.

> *„Die Gesellschaft Emba-Kaspiskoje Towarischestwo legte unter der Leitung des russischen Unternehmers S. Leman auf der Lagerstätte Karaschangul (heute Gebiet Atyrau) 21 Bohrlöcher mit einer Tiefe von 38 bis 275 Metern an. Die erste Erdölfontäne kam im November 1899 aus dem Bohrloch Nr. 7 in Karaschungul, das eine Tiefe von 40 Metern hatte. Die Fördermenge betrug 20 – 25 Tonnen am Tag. Dieses Ereignis war der Beginn der Geschichte der Erdölförderung und der Entwicklung der Erdöl- und Erdgasindustrie in*

Der Kampf um das Kaspische Meer und der Erdölboom 81

> *Kasachstan. Später wurde auch auf den Lagerstätten Dossor, Makat, Iskene u. a. Erdöl gewonnen. Es wurden mehrere Unternehmen und Gesellschaften, auch ausländische, für die Erschließung, Suche und Gewinnung des kaspischen Erdöls gegründet. Übrigens, einer der ersten Erdölförderer, die damals in Kasachstan arbeiteten, war der schwedische Industrielle Alfred Nobel."*
>
> Erdölenzyklopädie Kasachstans, 1999

Mit dem jährlichen Anstieg der Erdölfördermenge in der Region begann die Entwicklung der Erdölinfrastruktur. Die erste Erdölleitung zur Beförderung des Rohstoffes wurde von den Erdölfeldern zum Hafen von Gurjew gebaut. Von dort aus wurde das Erdöl auf dem Seeweg nach Baku gebracht.

Allerdings blieb die Zeit nicht stehen. Alles, auch die junge Erdölindustrie Kasachstans, wurde einer strengen Prüfung unterzogen. Unser Volk erwartete schwere Erschütterungen und Tragödien wie die nationale Befreiungsbewegung im Jahr 1916, angeführt von Amangeldy Imanov, die Oktoberrevolution 1917 oder auch die großen Hungersnöte in den Jahren 1921/1922 und von 1931 bis 1933, der 40 Prozent unserer Bevölkerung zum Opfer fielen.

Mit der Errichtung der Sowjetmacht wurde die Erdölindustrie verstaatlicht und alle Unternehmen und Gesellschaften wurden aufgelöst. Auf dieser Grundlage wurde für die Erdölerschließung in der Region Uralo-Embinsk eine Verwaltung für die Erdölfelder eingesetzt, die dann in den Trust Embaneft umgewandelt wurde.

Tatsächlich begann man erst in den ersten Jahren des Großen Vaterländischen Krieges über das kasachstanische Erdöl zu sprechen. Der drohende Verlust von Bohrfeldern im Kaukasus und das Aussetzen der Erdölproduktion für die Rote Armee zwangen die sowjetische Führung zu einer Verlagerung eines Teils der Förderung und zur Verarbeitung des Erdöls nach Gurjew.

> *„Die deutschen Befehlshaber hatten sich bei der Belieferung ihrer Truppen vor allem mit Brenn- und Schmierstoffen gründlich verrechnet. In den ersten Monaten des Jahres 1942 begannen die deutschen Truppen mit ihrer Operation „Blau", deren Hauptaufgabe in der Eroberung der Erdölgebiete der UdSSR, Maikop, Grosny und Baku, bestand. Es wurde eine Brigade aus 15.000 Erdölarbeitern und Erdöltechnikern gebildet, die die besetzten Erdölfelder wiederherstellen sollten. Jedoch gelang den deutschen Truppen lediglich die Eroberung des Erdölfeldes Maikop (9. August 1942), dessen Infrastruktur von den abziehenden Truppen der Roten Armee zuvor vollständig zerstört worden war.*
>
> *Wie wichtig die Erdölregionen der UdSSR für das faschistische Deutschland waren, belegt auch folgende Tatsache: Im Winter des Jahres 1943 weigerte sich Hitler trotz zahlreicher Absprachen mit der deutschen Generalität, einen großen Teil seiner Truppen aus dem Kaukasus nach Stalingrad zu verlegen."*
>
> Daniel Ergin, „Dobyča", 2003

Zwischen 1943 und 1945 entstand das Erdölverarbeitungswerk Gurjew. Als erstes Erdölverarbeitungswerk in Kasachstan war es der Vorreiter eines neuen Wirtschaftszweiges in der Region Kaspisches Meer. Genau zu dieser Zeit begann auch die industrielle Förderung des kohlenwasserstoffhaltigen Rohstoffes in Kasachstan.

Als echter Durchbruch bei der Entwicklung der Erdölindustrie Kasachstans kann jedoch erst die Öffnung der Lagerstätte Tengis in der Region Atyrau, die heute zu den fünf größten Erdölvorkommen der Welt gehört, und der riesigen Erdöl- und Erdgaslagerstätte Karatschaganak in Westkasachstan Ende 1979 bezeichnet werden.

Trotz dieses Schatzes in seinem Boden hat sich Kasachstan nie als wirklicher Herr über diese Reichtümer gefühlt. Alle Betriebe der Erdölindustrie wurden von den Ministerien der Sowjetunion verwaltet. Die oberste Parteiführung der UdSSR ließ keinen selbständigen Abbau und keine selbständige Förderung dieses kohlenwasserstoffhaltigen Rohstoffes durch uns zu und reagierte auf unsere Initiativen sehr eifersüchtig. Wir waren völlig abhängig vom Zentrum, angefangen von der Lieferung von Produkten und Ausrüstungen und bis hin zur Ausbildung von Fachkräften, die aus allen Ecken der UdSSR zu uns kamen.

Mit der Machtübernahme 1985 durch M. Gorbatschow begann die „Perestroika".

Die Erdölindustrie wie auch die gesamte Wirtschaft forderte Lösungen zur Einsparung von Ressourcen, zur Förderung der Forschung, zur Abschaffung der körperlich schweren Arbeit und zur Schaffung einer effektiven Produktionsinfrastruktur – all das konnte zu einer Erhöhung der Wettbewerbsfähigkeit und damit zur Abwendung einer schweren Krise führen.

Aber der erklärte Reformkurs konnten nicht alle entstandenen Probleme lösen, zumal sich die Reformen nur auf halbherzige Maßnahmen beschränkten, während nicht nur die Erdölindustrie, sondern die gesamte Wirtschaft eine grundlegende Umgestaltung brauchte. Die sowjetische Führung konnte sich nicht dazu durchringen, den Hauptgrund für das wirtschaftliche Ungleichgewicht zu beseitigen: die planwirtschaftliche Preisbildung. Damit hätte die Überschussnachfrage aufgehoben und die innere Stabilität des Wirtschaftsorganismus wiederhergestellt werden können.

Die Folgen dieser sowjetischen Etappe der Wirtschaftsreformen waren der Rückgang des Produktionsvolumens, der Anstieg der Inflation, das Wachstum des Haushaltsdefizits und ein Sinken des Lebensstandards der Bevölkerung. Diese allgemeine Krise wirkte sich auch auf die Erdölindustrie aus. Denn gerade damals sind die Chancen für eine großangelegte und schrittweise Reform bei der Umwandlung der Planwirtschaft in eine Marktwirtschaft verpasst worden.

In der Sowjetunion wurde die Wirtschaft stets von der Politik beherrscht. Die Doppelherrschaft in Gestalt der sowjetischen Führung und des Obersten Sowjets der RSFSR lähmte die staatliche Verwaltung des Landes. Dieser „politische" Fehler führte zu einer Stagnation der Wirtschaftsreformen. Und das wiederum führte zu einer weiteren Zuspitzung der Krise innerhalb des gesamten Sowjetsystems. Im Ergebnis führte dies zum Zerfall der UdSSR.

Das Erdöl als Fundament der wirtschaftlichen Unabhängigkeit

In der Sowjetunion herrschte eine zentrale Planwirtschaft mit streng reglementierten Preisen, und jede Sowjetrepublik hatte im Rahmen der Arbeitsteilung ihre feste Position. Kasachstan war in erster Linie der Lieferant von Rohstoffen, Lebensmitteln und Militärproduktion.

Wir lebten hinter dem „eisernen Vorhang", und der gesamte Handel wurde innerhalb der Sowjetunion abgewickelt. Industrie, Energiewirtschaft, Verkehrswesen, Erdgas- und Erdölleitungen sowie Kommunikation und Handel waren auf die Bedürfnisse der UdSSR ausgerichtet. Allerdings gab es keine direkte Verkehrsverbindung zwischen Westkasachstan und Ostkasachstan.

Alle ökonomischen und politischen Beschlüsse zu den Aktivitäten Kasachstans wurden in Moskau gefasst. So konnten wir nur 7% der Industrie selbst verwalten, 93% der Industrie und der Infrastruktur standen unter der Verwaltung von Moskau. Der Anteil des Handels mit der RSFSR betrug 75% und mit der Ukrainischen SSR 15%, somit war das Exportpotenzial Kasachstans innerhalb des Sowjetunion stark eingeschränkt.

Im Bereich der Erdölindustrie war Kasachstan Hersteller und Lieferant von Tanköl in die Rohrleitungssysteme der Sowjetunion. Hierbei beschränkte sich die Tätigkeit der Erdgas- und Erdölbetriebe auf die Maschinenführung auf den Lagerstätten. Fragen der Wirtschaftlichkeit von Erdölprojekten, des Marketings und des Exports von Erdöl und Erdgas wurden von Moskau aus geregelt.

Ungeachtet des recht hohen Potenzials der Erdölindustrie hatte Kasachstan in den ersten Jahren seiner Unabhängigkeit mit großen Schwierigkeiten und Bewährungsproben bei Erschließung, Abbau, Gewinnung, Verarbeitung sowie beim Transport von Erdöl und Erdgas zu kämpfen. Der Erdöl- und Erdgasindustrie fehlte es an Technologien, Maschinen, Ausrüstungen und Investitionskapital, und es gab auch keine Kooperationserfahrungen mit Erdölgesellschaften aus den westlichen Ländern. Denn das Wichtigste ist nicht, wie viel Erdöl man fördert, sondern wie man es am besten auf dem Weltmarkt verkauft.

Doch als Kasachstan seine Unabhängigkeit ausrief, war unser Management noch nicht modern und ausgereift genug, um am Weltmarkt erfolgreich tätig und wettbewerbsfähig zu sein. Das Transportsystem innerhalb der Republik war zu Sowjetzeiten entstanden und entsprach den Anforderungen eines souveränen Staates nicht. Der Zugang zum internationalen Markt war eingeschränkt. Nach dem Zerfall der UdSSR befand sich ein großer Teil der Erdölleitung nun auf dem Gebiet Russlands, was die Effektivität und Rentabilität einer einheitlichen Öl- und Gasindustrie im postsowjetischen Raum ebenfalls stark beeinflusste. Sehr akut waren Fragen des Umweltschutzes, der zu Sowjetzeiten nur wenig Aufmerksamkeit erfahren hatte.

Ich verstand, dass zu einer guten und effektiven Erschließung unserer Erdölressourcen eine breit angelegte Zusammenarbeit mit den führenden Erdölgesellschaften der Welt notwendig war, da diese über einen reichen Erfahrungsschatz bei der geologischen Erschließung, Förderung, Verarbeitung und beim Transport des Erdöls verfügten. Bereits vor seiner Unabhängigkeit nahm Kasachstan Verhandlungen mit den „Großen" der Erdölindustrie auf.

Und das war gar nicht so einfach. Wir hatten keinerlei Erfahrung bei Verhandlungen mit ausländischen Unternehmen. Das Verhandeln haben wir sozusagen durch „learning by doing", also während der Verhandlungen selbst gelernt. Ich fragte immer wieder: „Entspricht dieser Vertrag den internationalen Standards? Könnte er vielleicht in Zukunft den Interessen Kasachstans entgegenstehen?" Wir hatten wenig Erfahrung und wenig Ansehen. Wir brauchten frische, innovative Ideen und Menschen, die Erfahrungen mit kritischen Situationen hatten. Das war sehr schwer. Sowohl im In- als auch im Ausland gab es Menschen, die gegen die Einbindung von ausländischen Investoren waren. Man warf uns den Ausverkauf der Heimat vor und prophezeite uns dasselbe Schicksal wie Nigeria. Nigeria hatte es nicht geschafft, seine Erdölressourcen effektiv zu nutzen und sich von ausländischen Erdölgesellschaften abhängig gemacht. Wir wussten durchaus um die Bedeutung der Erdöl- und Erdgasindustrie für die wirtschaftliche und soziale Entwicklung der neuen Republik sowie für die strategische Sicherheit des Staates. Also setzten wir alles daran, bis 1992 einen gut durchdachten und zukunftsorientierten Plan für die weitere Entwicklung der Erdgas- und Erdölindustrie in Kasachstan zu erarbeiten.

Schwierigkeiten, besonders unvorhergesehene, gab es sehr viele, aber unser strategisches Hauptziel – die Erhöhung der Erdölfördermenge – haben wir dennoch erreicht. Während nach dem Zerfall der Sowjetunion die Förderrate von 25 Mio. Tonnen im Jahr 1991 auf 20 Mio. Tonnen im Jahr 1994 fiel, stieg sie später wieder steil an.

Im Gebiet Atyrau wurden noch zu Sowjetzeiten mehr als 75 Lagerstätten mit erschlossenen Vorräten von etwa 1 Mrd. Tonnen Erdöl entdeckt, von denen wir in den Jahren der Unabhängigkeit 39 Lagerstätten mit Vorräten von 846 Mio. Tonnen der Förderung zuführen konnten. Außerdem wurden auf sieben Lagerstätten Vorbereitungsarbeiten durchgeführt. In der Phase der Nachaufklärung befanden sich noch etwa 25 Lagerstätten.

Von den größten Erdöllagerstätten seien hier folgende genannt:
  1. Kaschagan (erschlossene und gewonnene Vorräte insgesamt: Erdöl – ca. 1648 Mio. Tonnen, Erdgas – 969 Mrd. m³);
  2. Tengis (erschlossene und gewonnene Vorräte insgesamt: Erdöl – ca. 237,3 Mio. Tonnen, Erdgas – 687,3 Mrd. m³);
  3. Karatschaganak (erschlossene und gewonnene Vorräte insgesamt: Erdöl – ca. 1318,7 Mio. Tonnen, Erdgas – 684,4 Mrd. m³);

Quelle: Ministerium für Energie und Rohstoffe
der Republik Kasachstan

Mit der Erlangung der Unabhängigkeit stieß Kasachstan auf einige große Probleme, unter anderem bei der Gewinnung von Investoren in die Erdölgewinnung, die der Wirtschaftsmotor für das unabhängige Kasachstan ist.

Es stand uns noch ein langer Kampf mit Moskau um die Bodenschätze in der Region Kaspisches Meer bevor. Die Erdöllobby in Russland übte auf Jelzin starken Druck aus, die Lagerstätte in Tengis zum Eigentum von Russland zu machen. Ich hatte deswegen viele unangenehme Gespräche mit B. Jelzin.

Einmal sagte Jelzin bei einem Treffen in Moskau zu mir: „Übertragt Tengis an Russland." Ich habe ihn angesehen und gemerkt, dass das kein Scherz war. Ich habe daraufhin geantwortet: „Ja, wenn Russland das Gebiet Orenburg an uns überträgt, denn Orenburg war einmal Hauptstadt von Kasachstan." Er fragte: „Haben Sie Gebietsansprüche an Russland?" Ich habe ihm geantwortet: „Aber nein!" Er begann zu lachen und ich lachte mit.

In Russland gab es weder Geld noch Technologien zur Rohstoffgewinnung auf einer solch komplexen Lagerstätte. Wenn Tengis an Russland gefallen wäre, wäre die Lagerstätte stillgelegt und Kasachstan eine Wirtschaftsgeisel Russlands geworden.

Ein erster großer Erfolg Kasachstans, der sich auf die weitere Entwicklung der gesamten Erdölindustrie des Landes auswirkte, war ein Vertrag mit dem Unternehmen „Chevron". Dieser Vertrag war ein Signal für alle nachfolgenden Investoren. In der Tat war es der „Vertrag des Jahrhunderts", denn mit ihm wurde der Grundstein für unsere wirtschaftliche Unabhängigkeit gelegt. Aber dem gingen mehrere Jahre lange Verhandlungen voraus, über die ich jetzt berichten möchte.

Der „Vertrag des Jahrhunderts"

Bereits Ende der achtziger und Anfang der neunziger Jahre verhandelte „Chevron" mit der UdSSR über die Vorkommen in Tengis, aber die Führung der UdSSR verhinderte mit allen Mitteln den Zugang von Ausländern. Die russische Erdöllobby wusste um die Erdölvorräte in Tengis und wollte nicht, dass Tengis jemand anderem zufällt.

In dieser Zeit wurden 60 Bohrlöcher mit einer jährlichen Fördermenge von etwa drei Millionen Tonnen Erdöl in Betrieb genommen. Die Fördermenge hätte etwa auf das 1,5-fache gesteigert werden können, doch dafür wären beträchtliche finanzielle Mittel und ausländische Technologien erforderlich gewesen. Moskau hatte damals weder das eine noch das andere. So war die Führung des ZK der KPdSU gezwungen, sich mit dem Gedanken an die Gewinnung von ausländischen Investoren anzufreunden. Es blieb nur noch die Frage, wer das sein sollte.

Unter allen Investoren – Japaner, Engländer, Amerikaner und Italiener, die zur Wahl standen, fiel die Wahl Moskaus auf die amerikanische Gesellschaft „Chevron". Mit „Chevron" wurde neben Investitionen in die Erdöllagerstätte in Tengis auch über die Gründung gemeinsamer Unternehmen verhandelt, die in der UdSSR hochwertige Erdölprodukte auf den Markt bringen sollten.

Zweifellos wurde diese Entscheidung nicht ohne die starke nationale und internationale Lobby gegenüber Moskau gefällt. Moskau war zu allem bereit, wenn nur die Position der ins Wanken geratenen Führung gefestigt wurde. Im Jahr 1988 wurde vom Ministerium für Erdöl- und Erdgasindustrie und „Chevron" sogar ein Protokoll über die beabsichtigte Gründung des gemeinsamen Unternehmens „Sowschewoil" unterzeichnet. Diese Gesellschaft sollte sich um die Erschließung der Lagerstätte Koroljowsk kümmern. Das genannte Papier wurde in strenger Geheimhaltung und ohne unsere Beteiligung unterzeichnet. Aber der Prozess des Zerfalls der UdSSR und das Streben der Unionsrepubliken nach Unabhängigkeit hatten bereits ihren Lauf genommen. Schon ein Jahr später musste uns Moskau nicht nur in die Verhandlungen mit den Amerikanern einbeziehen, sondern auch unsere Bedingungen berücksichtigen.

Im Juni 1990 fanden die ersten offiziellen Verhandlungen mit der Unternehmensleitung von „Chevron" statt. Zwischen der amerikanischen Erdölgesellschaft „Chevron" und der kasachstanischen Produktionsvereinigung „Tengisneftegas", die damals dem Ministerium für Erdöl- und Erdgasproduktion der UdSSR unterstand, wurde eine Absichtserklärung unterzeichnet. In dieser Erklärung verpflichtete sich „Chevron", die technisch-wirtschaftlichen Grundlagen für die Lagerstätten Tengis und Koroljowsk zu schaffen und Verhandlungen über eine potenzielle Vereinbarung zur Gründung eines gemeinsamen Unternehmens mit „Tengisneftegas" zu führen.

Nach der Unterzeichnung dieses Papiers bin ich zum ersten Mal in die USA gereist, wo ich drei

Wochen verbrachte. Ich war in New York und in Washington und habe die Betriebe der Gesellschaft „Chevron" in Kalifornien und Louisiana besucht.

Damals hatte ich in Moskau Chan Yan Beng kennen gelernt, einen Amerikaner koreanischer Abstammung und Wirtschaftsprofessor der Universität San Francisco. Mit seiner Hilfe konnte ich während meines dreiwöchigen Aufenthaltes in den USA Gespräche mit Leuten aus Wirtschaft, Finanzwesen und Recht führen und vieles von ihnen lernen. Diese Gespräche ermöglichten mir einen tiefen Einblick in das Wirtschafts- und Finanzsystem der USA, in die Investitionsgesetze und die Investitionsmechanismen. Ein praktisches Beispiel für diesen „theoretischen Unterricht" war eben „Chevron". Das war ein guter Anfang eines neuen Studiums, das bis auf den heutigen Tag andauert.

Dr. Ch. Beng ist heute der Leiter des Kasachstanischen Instituts für Management, Wirtschaft und Prognose, der renommiertesten Hochschuleinrichtung des Landes, das allen heutigen Anforderungen an die Ausbildung gerecht wird.

Die Schaffung der technisch-wirtschaftlichen Grundlagen sowie der Entwurf einer Vereinbarung über die Gründung eines gemeinsamen Unternehmens von „Chevron" und „Tengisneftegas" erfolgten Ende des ersten Quartals 1991. Die technisch-wirtschaftlichen Grundlagen sowie die Vereinbarung mussten von einer Expertengruppe der Staatlichen Plankommission der UdSSR geprüft und genehmigt werden. Doch kam es zu Schwierigkeiten, und nicht nur technischer Natur.

Bekanntlich verschlechterte sich die politische Lage in der UdSSR in den Jahren 1989 und 1990 stark. Im Sommer 1991 kandidierte Boris Jelzin als Präsident von Russland. Er befand sich in einem offenen Konflikt mit dem ehemaligen Generalsekretär und damaligen Präsidenten M. Gorbatschow sowie mit der Führung der KPdSU. Insbesondere kritisierte Jelzin gemeinsam mit seinen Anhängern, zu denen auch Jegor Gaidar gehörte, das gemeinsame Unternehmen von „Chevron" und „Tengisneftegas", das nicht den Interessen des Landes entspräche. Gaidar begann ein eigenes Gutachten über diese Vereinbarung zu erstellen. Tengis wurde zum Spielball der Politik, ohne dass eine Lösung des Problems gefunden wurde. Auf dem Höhepunkt dieses Durcheinanders wurde noch ein dritter Ausschuss gebildet, der den vorgeschlagenen Vertrag ebenfalls kritisierte.

Mitte des Jahres 1991 wurde offensichtlich, dass das Projekt nicht vorankommt. Von da an unternahmen wir entscheidende Schritte. Als ich Mitglied des Präsidentschaftsrates von M. Gorbatschow war, konnte ich Moskau davon überzeugen, die Vollmachten zur Führung der Verhandlung auf den Ministerrat der Kasachischen SSR zu übertragen mit der Begründung, dass die kasachische Regierung in der Lage ist, noch bessere Bedingungen auszuhandeln. Die sowjetische Regierung stimmte zu und am 23. Juli 1991 wurden die Vertreter von „Chevron" in der Ständigen Vertretung der Kasachischen SSR in Moskau darüber in Kenntnis gesetzt, dass über neue Bedingungen verhandelt wird.

Den größten Teil der vorhergehenden Nacht hatte ich mit Verhandlungen über einen neuen Unionsvertrag mit Gorbatschow und den Führungen der anderen Sowjetrepubliken zugebracht. Genau eine Woche später traf ich mich mit Gorbatschow und Jelzin in Moskau, versuchte zwischen den streitenden Parteien zu schlichten und den vorgelegten Unionsvertrag in eine Endfassung zu bringen. Am nächsten Tag traf ich mich auch mit dem Präsidenten der USA, George Bush d.Ä., der zur Unterzeichnung des START-II Vertrages über die Beendigung der atomaren Bedrohung nach Moskau gekommen war. Ich habe mit ihm ausführlich über den Verlauf der

Der Kampf um das Kaspische Meer und der Erdölboom 87

Verhandlungen zwischen „Chevron" und „Tengisneftegas" gesprochen. Wir waren uns darüber einig, dass wir das Projekt unterstützen würden.

Den US-Präsidenten interessierte, worüber M. Gorbatschow bei den Verhandlungen gesprochen hatte. Ich berichtete ihnen ausführlich über alle Schwierigkeiten bei der Erschließung der Lagerstätte, zum Beispiel über fehlende Transporttechnologien im Zusammenhang mit dem hohen Schwefelgehalt usw. Sie waren zufrieden. Ich erinnere mich noch, wie George Bush mich fragte: „Aber sie sind kein ausgebildeter Erdölspezialist?" Ich antwortete: „Nein, ich bin Metallurg, aber das Leben verlangt, dass man in allen Wirtschaftszweigen bewandert ist." Als ich im Jahr 2006 bei G. Bush d.Ä. zu Gast war, erinnerte er sich noch daran und sagte, dass er seitdem immer an mich denken muss.

Für Kasachstan war das die richtige Entscheidung in einem kritischen Moment. Drei Wochen später existierte die Sowjetunion als Staat nicht mehr. Nach dem Zerfall der Sowjetunion führten wir alle Verhandlungen über die Erdöllagerstätte Tengis als eigenständiges Subjekt des internationalen Rechts. Jedoch kam es wegen der Vereinbarung sofort zu Unstimmigkeiten.

An dieser Stelle muss gesagt werden, dass ich das Verhandeln von Grund auf lernen musste. In solchen Momenten waren Kenntnisse über die Tatsachen und Details das wichtigste. Uns war klar, dass wir am Verhandlungstisch über das Schicksal des zukünftigen Kasachstan entschieden. Der Dialog musste mit nüchternen Kalkulationen und unumstößlichen Argumenten geführt werden. Diese haben wir folgendermaßen formuliert.

Erstens: Wie ist das zu bewerten, was auf der Lagerstätte Tengis bereits getan wurde? „Chevron" hatte Produktionskosten zu einem für uns sehr günstigen Rubelkurs (35% niedriger als bei anderen Aufrechnungen) angeboten. Aber selbst bei einem so verlockenden Angebot konnten wir uns nicht einigen, denn damals beliefen sich allein die Kosten für die neuen Anlagen in Tengis auf 850 Mrd. US-Dollar; für den Aufbau hatten wir 1,5 Mrd. Rubel ausgegeben. Letztendlich wurde uns ein neutraler Kostenvoranschlag angeboten.

Zweitens: Der Investitionsplan warf verschiedene Fragen auf. Wer muss die Kredite aufnehmen? Aus welchen Mitteln wird der Abbau finanziert? Wir beharrten auf einer hohen und direkten Beteiligung von „Chevron" und nicht nur auf der Gründung eines gemeinsamen Unternehmens.

Drittens: Wir waren gegen die ursprüngliche Aufteilung des Territoriums für Erschließung und Abbau auf der Lagerstätte Tengis. Chevron hielt eine Fläche von 23.000 km² für erforderlich. Zum Vergleich: Die Fläche des Gebietes Atyrau beträgt insgesamt 118.600 km². Das war für uns inakzeptabel. Wir beharrten auf 2.000 km².

Viertens: Wir boten der amerikanischen Seite eine Gewinnbeteiligung von bis zu 13% und für Kasachstan eine Gewinnbeteiligung von 87% an. Damit revidierten wir die sowjetische Variante des Anteils an einem gemeinsamen Unternehmen, bei der der Anteil der Amerikaner 38% und der Anteil der UdSSR 62% betragen hätte.

Fünftens: Die Höhe der Royalty. Chevron beharrte auf 7%, während die Royalty in Abhängigkeit von der Rentabilität weltweit durchschnittlich etwa 17% betrug.

Sechstens: Das politische Risiko. Die Amerikaner bewerteten es um ein Vielfaches höher als das Risiko für Investitionen in Lateinamerika und in Afrika.

Siebtens: Wir schlugen eine Erhöhung der Zahlungen für die Geländenutzung und eine Verdoppelung der Boni von 50 Mio. US-Dollar auf 100 Mio. US-Dollar vor. Für die Nutzung der Bodenschätze sollte sich die Entschädigung von 10 Mio. US-Dollar auf 25 Mio. US-Dollar erhöhen. Insgesamt ging es bei den Unstimmigkeiten um einen Betrag von etwa 17 Mrd. US-Dollar.

Schließlich gerieten die Verhandlungen in eine Sackgasse. „Chevron" war zu keinerlei Zugeständnissen bezüglich unserer Forderungen bereit. Aber wir waren auf eine solche Entwicklung der Ereignisse vorbereitet. Wir wählten den richtigen Zeitpunkt und setzten alles auf eine Karte. Ende März 1992 sah sich die kasachstanische Seite gezwungen, die Verhandlungen zu beenden und die Erschließung der Lagerstätte Tengis international auszuschreiben, wenn „Chevron" nicht auf unsere Forderungen eingehen würde. Dabei gab es für derartige Ausschreibungen bei uns noch gar keine Gesetze.

Ich verstand, dass ein Kompromiss eine wichtige Voraussetzung für den Erfolg ist. Wir wussten, dass „Chevron" ebenfalls einen Kompromiss wollte. Doch bevor wir einen Kompromiss eingehen würden, hatten wir klar definiert, wie weit wir gehen konnten, ohne unserem Land zu schaden. Unsere Rechnung ging auf; nach einiger Zeit akzeptierte „Chevron" unsere Bedingungen. Natürlich mussten auch wir kleine Abstriche machen. So wurde zum Beispiel die Fläche für die Erschließung und Förderung des Erdöls auf der Lagerstätte Tengis von 2.000 km² auf 4.000 km² erweitert.

Am 7. Mai 1992 unterzeichneten die Regierung der Republik Kasachstan und das Unternehmen „Chevron" ein Papier über die Zusammenarbeit bei der Gründung des gemeinsamen Unternehmens „Tengischevroil", und am 1. Januar 1993 nahm das gemeinsame Unternehmen seinen Betrieb zur weiteren Förderung auf den Lagerstätten Tengis und Koroljow auf.

Später im Mai 1992 war ich auf Einladung des Präsidenten George Bush d.Ä. erstmals zu einem offiziellen Besuch in den Vereinigten Staaten von Amerika. Während dieses Besuches fanden Treffen mit dem Präsidenten der USA, G. Bush, Staatssekretär J. Baker, Verteidigungsminister R. Cheney, Finanzminister N. Brady, Landwirtschaftsminister E. Mandigan sowie mit Senatoren des US-Kongresses und dem geschäftsführenden Direktor K. Derr des Unternehmens „Chevron" statt. Meine Erfahrung hat gezeigt, dass man gleich zu Beginn der Verhandlungen einen persönlichen, freundschaftlichen und vertrauensvollen Kontakt mit seinen Partnern aufbauen muss. Und das taten wir auch während unseres ersten Besuches in den USA.

Während dieses Besuches unterzeichneten wir einige bilaterale Verträge, unter anderem eine Vereinbarung über die Gründung des gemeinsamen Unternehmens „Tengischevroil" zur Förderung von Erdöl auf den Lagerstätten Tengis und Koroljow in Kasachstan. Dieser Vertrag wird in Fachkreisen gern als „Vertrag des Jahrhunderts" bezeichnet.

Am 6. April 1993 wurde im „Haus der Freundschaft" in Almaty in meinem Beisein und unter der Beteiligung des geschäftsführenden Direktors des Unternehmens „Chevron", Kenneth Derr, eine Vereinbarung über die Gründung des gemeinsamen Unternehmens „Tengischevroil" unterzeichnet, in der die Eckpunkte für einen späteren Vertrag enthalten waren. Am selben Tag unterzeichnete ich den Erlass „Über die Tätigkeit des gemeinsamen Unternehmens Tengischevroil".

Nachrichtenagenturen in der ganzen Welt berichteten folgendes: „Vertragsgemäß sind die Anteile wie folgt verteilt: Kasachstan – 50% und Chevron – 50%. Die Amerikanische Seite übernahm alle Kosten für Ausrüstung und Aufbau der Lagerstätte. Der Vertrag wurde für einen Zeitraum von 40 Jahren abgeschlossen. Die Abbaufläche beträgt 4.000 km². Die Anfangseinlage beträgt 1,5 Mrd. US-Dollar. Die Gesamtinvestitionssumme beträgt 20 Mrd. US-Dollar. Der Hauptanteil des geförderten Erdöls wird exportiert. Den in den vier Jahrzehnten erzielten Einnahmen von insgesamt 210 Mrd. US-Dollar stehen Ausgaben inklusive Steuern und Royalty von 83 Mrd. US-Dollar gegenüber, dabei gehen 80% der Einnahmen an Kasachstan. In den vier Jahrzehnten sind in Tengis folgende Fördermengen geplant: 775 Mio. Tonnen Erdöl, 32. Mio. Tonnen Propan, 55 Mio. verschiedene leichte Kohlenwasserstoffe und 96 Mio. Tonnen Schwefel."

Buchstäblich sofort nach der Unterzeichnung des Vertrages ging ein Sturm der Kritik auf uns nieder. Die amerikanische Presse kritisierte „Chevron", weil sie sich auf ein riskantes Projekt eingelassen hätten, wir wurden von den Russen kritisiert, weil wir uns an die Amerikaner verkauft hätten.

Aber alle Kritik war unbegründet. Trotz des hohen Risikos und der ungewissen Zukunft Kasachstans wurde „Chevron" Vorreiter oder, wie die Amerikaner sagen, ein Pionier, wofür es in den nächsten Jahren in vollem Umfang belohnt wurde. Allein im Jahr 2005 förderte die GmbH Tengischevroil 13,657 Mio. Tonnen Erdöl und 4,67 Mrd. Kubikmeter Erdgas.

Außerdem plant Tengschevroil den Bau von Objekten der zweiten Generation: Ein neues Erdgasverarbeitungswerk und ein System zur Rückführung des überschüssigen Erdgases in die Lagen, was die Auslastung des Bohrfeldes erhöhen wird. Das ermöglicht eine Erhöhung der Menge des geförderten Erdöls um etwa eine Million Tonnen im Monat. Insgesamt wird der Kapazitätszuwachs des Unternehmens nach dem Abschluss der Objekte der zweiten Generation 11 bis 12 Mio. Tonnen kohlenwasserstoffhaltiger Rohstoffe im Jahr betragen. Wenn die Anlagen dann mit voller Leistung arbeiten, ist in Tengis eine Fördermenge von bis zu 25 Mio. Tonnen jährlich geplant.

Zurückblickend kann man sagen, dass die Zusammenarbeit zwischen der jungen Republik Kasachstan und Chevron erheblich zur Senkung der Investitionsrisiken unseres Landes beigetragen hat. Der „Vertrag des Jahrhunderts" war ein positives Signal für die anderen großen Erdölgesellschaften, die damals gerade über eine Investition in Kasachstan nachgedacht hatten. Aber für eine weitere Fremdkapitalaufnahme war der Präzedenzfall Chevron nicht ausreichend. Die Gesellschaften brauchten rechtliche Sicherheiten für Investitionen in Kasachstan. Diese Sicherheiten konnten wir erst zwei Jahre später gewähren, als durch einen Präsidentenerlass das Erdölgesetz erlassen wurde.

Das Erdölgesetz, 1995

Von Anfang an stießen wir bei der Entwicklung unseres Staates auf Probleme, weil die erforderlichen gesetzlichen Grundlagen fehlten. Das betraf sicher viele Bereiche des Staates. Doch am wenigsten war die Rohstoffförderung als einer der Schlüsselbereiche darauf vorbereitet.

In der Sowjetzeit war alles Staatseigentum und dementsprechend bedurfte es keiner wirklichen Verhandlungen über Abbaurechte. Für die Erschließungs- und Abbauarbeiten bekamen die Betriebe vom Ministerium für Erdöl- und Erdgasindustrie einen Abschnitt zugeteilt und begannen dann mit ihrer Arbeit. So waren rechtliche Beziehungen zwischen diesen Betrieben und dem Staat, bei denen die Interessen der Unternehmen oder der Nutzer der Bodenschätze berücksichtigt wurden, nicht notwendig. Durch die damals geltenden Gesetze wurde im Grunde die technische Seite dieser Wechselbeziehungen geregelt.

Die Praxis hat gezeigt, dass das Fehlen eines Gesetzes zur Regelung der Bedingungen für Erdölarbeiten ein negativer Faktor war, der die Investitionen in die Republik behindert hat. Im Anfangsstadium unserer Unabhängigkeit wurden zur Erschließung der Mineralrohstoffressourcen unseres Landes gemeinsame Unternehmen zwischen ausländischen Partnern und inländischen

Unternehmen gegründet, die dann auf den Lagerstätten arbeiteten. Grundlage für diese Zusammenarbeit war ein Vertrag über die Gründung eines gemeinsamen Unternehmens auf dem Gebiet der Republik Kasachstan. So hatte das kasachstanische Unternehmen das Recht zur Rohstoffnutzung und der ausländische Partner wurde Mitinhaber dieser Rechte. Diese Art der Fremdkapitalaufnahme fand auf dem gesamten GUS-Gebiet Verbreitung.

Die ausländischen Investoren, die große Summen investieren wollten, verlangten natürlich bessere Sicherheiten. Doch ohne ein entsprechendes Gesetz konnten nur die Ratifizierung jedes dieser Verträge im Parlament oder deren Bestätigung durch einen Erlass des Präsidenten diese Sicherheiten bieten. Also musste ich für jeden Vertrag persönlich die Verantwortung übernehmen. Dementsprechend konnte jede Ergänzung, jede Änderung solcher Verträge, die sich während der langwierigen Umsetzung von Projekten durchaus ergeben konnte, nur durch Präsidentenerlasse eingebracht werden. Dieses umständliche Verfahren und das Fehlen international anerkannter gesetzlicher Grundlagen trugen nicht zur effektiven Fremdkapitalgewinnung im Erdöl- und Erdgassektor bei.

Mitte 1994 wies ich die Regierung an, einen Gesetzesentwurf „Über das Erdöl" zu erarbeiten. Vom Ministerium für Brennstoff- und Energieressourcen wurde eine Arbeitsgruppe gebildet, zu der Vertreter verschiedener Behörden, wissenschaftlicher und juristischer Institute sowie von Finanzinstitutionen, Vertreter aus der Produktion u. a. gehörten. In der ersten Phase ihrer Tätigkeit stieß die Arbeitsgruppe auf große Schwierigkeiten, denn es musste ein moderner Gesetzesentwurf erarbeitet werden, der sowohl die Interessen der ausländischen Investoren als auch die schützenswerten Interessen des Staates wahrte. Das Schwierigste hierbei war die Überwindung der Mentalitäten. Jahrzehntelang hatte die Gesellschaft ihre Interessen nur auf der Basis des Staatseigentums verwirklicht. An solche Begriffe wie Privateigentum musste man sich erst gewöhnen, und es musste ein Gesetz erarbeitet werden, das nicht nur die Interessen des Staates, sondern auch die Interessen der ausländischen Investoren wahrte.

Da dieses Gesetz die Rechtsgrundlagen für die Wechselbeziehungen in einem der wichtigsten Wirtschaftszweige bildete, in dem sich die Interessen der Regierung und der verschiedensten Unternehmen, Gruppen und ausländischen Investoren überschnitten, war es Gegenstand langer Diskussionen im Obersten Sowjet.

Als die Endfassung des Gesetzesentwurfes fertig war, war der Oberste Sowjet bereits aufgelöst und das Gesetz „Über das Erdöl" wurde eines der 140 Schlüsselgesetze, die die Grundlage für wirtschaftliche Reformen bildeten und die ich durch einen Erlass des Präsidenten der Republik Kasachstan verabschiedete. Der Erlass trat am 28. Juni 1995 als Nr. 2350 in Kraft. Dank dieses Erlasses konnten wir ein neues Kapitel in der Geschichte der Erschließung des kasachstanischen Erdöls aufschlagen.

Das Gesetz stellte fest, dass das im Boden lagernde Erdöl staatliches Eigentum ist, dass aber die Eigentumsverhältnisse für das geförderte Erdöl durch Rechtsakte zwischen der Regierung der Republik Kasachstan und dem Erdölförderunternehmen geregelt werden. Das Gesetz sieht verschiedene Arten von Verträgen zur Öl- und Gasförderung in unserem Land vor wie beispielsweise Konzessionsverträge, die auf der Zahlung von Steuern und Royalty begründet sind, Vereinbarungen zum Produktionssharing und Serviceverträge.

Gesetzmäßig trägt der Investor die finanziellen Risiken bei der Durchführung von Erschließungsarbeiten. So werden die Investitionen bei einem Misserfolg bei der Erschließung nicht erstattet. Außerdem wird in den Verträgen von Behördenseite ein Minimalvolumen an Erschließungsarbeiten für den Investor in Mengenvolumen und Geldausdruck festgelegt. Wird dieses Minimalvolumen innerhalb des für die Förderung festgelegten Zeitraumes nicht ausgeschöpft, geht die nicht genutzte Summe zu einem Schätzwert an den Staat über.

Das Gesetz regelt die vertraglichen Pflichten des Staates und gewährt ausreichende Garantien für Investoren, die nun keine spezielle Genehmigung zur Nutzung von Bodenschätzen durch Präsidentenverfügungen mehr benötigen. Mit der Verabschiedung des Gesetzes konnte das so genannte „Länderrisiko" Kasachstans im Vergleich zu den anderen ehemaligen Sowjetrepubliken erheblich gesenkt werden. Durch solche gesetzlich festgelegten „Spielregeln" konnten ausländische Erdölgiganten in die Erdölförderung in Kasachstan investieren, ohne einen Interessenskonflikt der beteiligten Seiten befürchten zu müssen.

Das Gesetz „Über das Erdöl" spielte bei der Stabilisierung des wirtschaftlichen Wohlstandes eine historische Rolle. Dank dieses Gesetzes wurde die Politik unseres Landes im Bereich der Förderung von Rohstoffen transparenter und berechenbarer. Unser Ansehen und unser Image stiegen von Jahr zu Jahr. Die ausländischen Erdölgiganten gaben sich in unserem Land die Klinke in die Hand.

> *„In der Tat hat Kasachstan verstanden, wie groß seine Möglichkeiten für eine effektive Nutzung der Erdölressourcen sind.*
>
> *... Die Erdölressourcen müssen effektiv genutzt und in das Wirtschaftsentwicklungsprogramm eingebunden werden. Und ich bin davon überzeugt, dass sich Kasachstan tatsächlich in die richtige Richtung bewegt."*
>
> R. Holbrooke, Vizepräsident der Perseus LLC. Rede auf dem Europäischen Medienforum in Almaty am 24. April 2004

Jetzt halten viele diese Tatsache für selbstverständlich. Aber damals wussten wir, dass solche schweren Entscheidungen von der Gesellschaft nicht eindeutig aufgenommen werden. Damals warfen uns viele vor, wir hätten unsere Heimat und die Zukunft unserer Kinder verkauft. Aber anstatt uns auf diese nutzlose Polemik einzulassen, entschieden wir, die staatlichen Garantien gegenüber den ausländischen Investoren klar festzulegen. Uns fehlte das Kapital für die Erschließung unserer Erdölressourcen, zumal wir auch über keinerlei moderne Technologie verfügten. Wir begannen, mit ausländischen Erdölgesellschaften als Partnern zusammenzuarbeiten, die zu langfristigen und rentablen Geschäften in Kasachstan bereit waren.

Das Gesetz wurde Grundlage und Impuls für die weitere Entwicklung des Erdölsektors. Wir konnten nun juristische Garantien für die Erschließung von Rohstoffvorkommen an Land der Republik gewähren, aber für die Erschließung und Förderung von kohlenwasserstoffhaltigen Rohstoffen aus dem Meeresboden reichten die Rechtsakte des kasachstanischen Staates nicht aus, weil hierfür internationale Vereinbarungen erforderlich sind.

Der rechtliche Status des Kaspischen Meeres

Von Anfang an waren die juristischen Unklarheiten hinsichtlich des Kaspischen Meeres ein Hemmnis bei der Entwicklung der Erdgas- und Erdölindustrie auf dem Schelf im Kaspischen Meer. Wegen dieser Unklarheiten haben große Gesellschaften in der Hoffnung auf bessere Zeiten ihre Anwesenheit auf dem Schelf lediglich „angekündigt".

Natürlich waren wir unzufrieden mit der geopolitischen und wirtschaftlichen Lage, die sich aus dem ungeklärten rechtlichen Status des Kaspischen Meeres ergab. Historisch war es so, dass dieses aus geostrategischer Sicht so wichtige Gewässer bis 1991 lediglich Gegenstand der Beziehungen zwischen der Sowjetunion und dem Iran war. Nach dem Zerfall der UdSSR wurde die Lage in dieser Region noch komplizierter. In diesen Prozess waren nun fünf unabhängige Staaten – Aserbaidschan, Russland, Iran, Turkmenistan und Kasachstan – eingebunden, was die Prüfung und die Festlegung eines Status für das Kaspische Meer erforderlich machte, der den Realien der Zeit gerecht wurde und die Position aller Anrainerstaaten des Kaspischen Meeres berücksichtigte.

Die Dringlichkeit dieser Frage nahm auch deswegen zu, weil alle Anrainerstaaten unter den schwierigen Umständen der Jahre 1992-1993 darauf spekulierten, dass eine Erschließung der reichhaltigen Ressourcen im Kaspischen Raum zu einer wesentlichen Verbesserung ihrer wirtschaftlichen und sozialpolitischen Lage beitragen würde. Doch ohne klare rechtliche Regelungen zum Kaspischen Meer und der nationalen Sektoren der Anrainerstaaten war es unmöglich, mit Erschließungs- und Bohrarbeiten zu beginnen und ausländische Investoren für eine vollwertige und maximale Beteiligung zu gewinnen.

Es war klar, dass die Mineralrohstoffressourcen des Kaspischen Meeres in Zukunft mit großen Erdölregionen wie der Nordsee, dem Golf von Mexiko u.a. konkurrieren konnten. Deshalb hatte das Problem Kaspisches Meer von Anfang an keine regionalen Maßstäbe mehr, sondern globale.

Deshalb wurden sofort nach dem Zerfall der UdSSR und nach der Unabhängigkeit Kasachstans von unserem außenpolitischen Amt Verhandlungen mit den Anrainerstaaten des Kaspischen Meeres über dessen rechtlichen Status initiiert. Das war eines der wichtigsten Probleme, auf die ich mein ständiges Augenmerk gerichtet hatte. Wir stellten uns die folgende Aufgabe: Kasachstan muss ein offizielles und von allen Anrainerstaaten des Kaspischen Meeres sowie der Weltgemeinschaft anerkanntes Recht zur Erschließung der natürlichen Ressourcen innerhalb des kasachstanischen Gebietes im Kaspischen Raum bekommen.

Ich musste schwierige Verhandlungen mit den Oberhäuptern großer Staaten führen, die sich ihrer Stärke bewusst waren und auf große Zugeständnisse hofften. Ich habe immer klar und deutlich gesagt, dass ich persönlich Zugeständnisse machen könnte. Aber wenn es um Volk und Land ging, habe ich immer angeregt, Alternativen zu suchen, die beide Seiten zufrieden stellen können.

So war das auch bei den Verhandlungen über den rechtlichen Status des Kaspischen Raumes. Trotz der bereits geleisteten Arbeit fand das erste Treffen von Vertretern der Anrainerstaaten des Kaspischen Meeres erst im Oktober 1994 in Moskau statt. Auf diesem Treffen schlug der Iran die Gründung einer Organisation zur regionalen Zusammenarbeit der Anrainerstaaten vor. Die Delegation aus Kasachstan stellte als einzige aus diesem „Quintett" den Entwurf einer Konvention über den rechtlichen Status des Kaspischen Meeres vor, der jedoch „aus Zeitgründen" nicht behandelt wurde.

Der Kampf um das Kaspische Meer und der Erdölboom

Aber es war ein erstes Treffen und deshalb schon bemerkenswert. Schließlich konnte der Verhandlungsprozess von diesem „toten Punkt" weggelenkt werden. Später, im Mai 1995 fand in Almaty ein weiteres Treffen statt, nach dem wir den Verhandlungsprozess intensivieren und ihn besser organisieren konnten.

Die Verhandlungen waren äußerst kompliziert. Das lag besonders an den anfänglichen Meinungsverschiedenheiten der Anrainerstaaten über die Regelung des rechtlichen Status des Kaspischen Meeres. An dieser Stelle möchte ich einmal genauer beleuchten, wie sich die Positionen der Anrainerstaaten zum rechtlichen Status des Kaspischen Meeres entwickelt haben.

Kasachstan wollte bestimmte Vorschriften der UN-Seerechtskonvention von 1982 auch auf das Kaspische Meer, unter der Berücksichtigung seiner Besonderheiten als in sich geschlossenes ökologisches System, anwenden. Der Meeresgrund und die dort lagernden Ressourcen sollten anhand der Medianlinie abgegrenzt werden. Es sollten territoriale Gewässer und Fischfangzonen in abgestimmter Größe geschaffen werden. Der übrige Teil des Meeres und seine Oberfläche sollten nur für Handelsschiffe der Anrainerstaaten, für den freien Schiffsverkehr und die Fischerei mit festgelegten Fangquoten geöffnet werden.

Innerkontinentale kaspische Staaten sollten freien Transit für Transportmittel aller Art über das Territorium Russlands und des Irans erhalten, um Zugang zu anderen Meeren und dem Weltmeer zu haben.

Russland betrachtete das Kaspische Meer als öffentliches Gemeinschaftsmeer auf Grund eines Kondominiums, das sich auf alle natürlichen Ressourcen erstreckte, einschließlich der im Meeresgrund. Nach der anfänglichen russischen Position konnte jeder Anrainerstaat über eine Zehn-Meilen-Zone im Küstenbereich verfügen und innerhalb dieser Zone mit einem Alleinrecht die im Meeresboden lagernden Bodenschätze erschließen und fördern. Was die Ressourcen außerhalb dieser Zonen betrifft, so sollten sie nach der russischen Variante Gemeinschaftsbesitz sein und durch ein eigens dafür gegründetes Komitee aus Vertretern der fünf Anrainerstaaten verwaltet werden.

Russland hatte immer die Notwendigkeit einer strengen Einhaltung der Rechtsordnung unterstrichen, die durch Verträge zwischen der RSFSR und dem Iran (Persien) vom 26. Februar 1921 und zwischen der UdSSR und dem Iran vom 25. März 1940 festgelegt worden war. Die russische Seite hat sehr richtig darauf hingewiesen, dass die Anwendung der UN-Seerechtskonvention von 1982 auf das Kaspische Meer eine Anerkennung des Wolga-Don-Kanals und des Wolga-Ostsee-Kanals als internationale Wasserwege zur Folge hätte. Jedoch würde dies den russischen Gesetzen widersprechen und das Kaspische Meer auch für andere Staaten öffnen, was nicht in Russlands Interesse am Kaspischen Meer liege.

Eine Umsetzung des russischen Konzepts hätte einen Verzicht der Anrainerstaaten des Kaspischen Meeres auf ihre hoheitlichen Rechte am Abbau der Bodenschätze bedeutet, die auf dem Teil des Meeresgrundes lagern, der an ihr Territorium grenzt. Außerdem hätte ein solcher Beschluss zu einer Auflösung der bereits bestehenden Konsortien geführt und die Gewinnung ausländischer Investoren zur Erschließung und Förderung der Rohstoffe aus dem Kaspischen Meer erschwert. Zum Schluss möchte ich noch anmerken, dass die Idee eines Kondominiums nur schwer realisierbar ist, da es in der internationalen Praxis dafür keine Beispiele gibt. Das heutige internationale Recht teilt die auf dem Meeresgrund lagernden Ressourcen unter den daran interessierten Ländern auf.

Über all das berichtete ich dem russischen Präsidenten Boris Jelzin, als ich versuchte, ihn von einer Änderung der russischen Position bei der Schaffung eines rechtlichen Status des Kaspischen Meeres zu überzeugen. Das erste Ergebnis unserer Verhandlungen war die Unterzeichnung einer gemeinsamen Erklärung der Präsidenten Russlands und Kasachstans über die gegenseitige Anerkennung des Rechts auf Erschließung der Bodenschätze und der biologischen Ressourcen am 27. April 1996 in Almaty.

Später habe ich mit dem iranischen und dem aserbaidschanischen Präsidenten ähnliche Papiere unterzeichnet. In diesen Papieren wurden die Hauptelemente eines rechtlichen Status des Kaspischen Meeres und die Grundsätze für eine Tätigkeit im Kaspischen Meer festgelegt.

Am 6. Juli 1998 habe ich zusammen mit Boris Jelzin in Moskau ein Abkommen zur Abgrenzung des nördlichen Teiles des Kaspischen Meeres unterzeichnet, das die Wahrnehmung der souveränen Rechte auf die Nutzung der dort lagernden Rohstoffe regelt. Ein grundsätzlich neues Moment war hierbei, dass eine Aufteilung des nördlichen Teiles des Kaspischen Meeres zwischen Kasachstan und Russland durch eine Modifizierung der Medianlinie vereinbart wurde. So waren wir endgültig von der Idee eines Kondominiums abgekommen. Im Ergebnis wurde am 13. Mai 2002, nun mit Präsident Putin, ein Protokoll als Anlage zur oben genannten Vereinbarung unterzeichnet, in dem Koordinaten der modifizierten Medianlinie festgelegt sind.

Auch Aserbaidschan hat diese Seevariante und die Notwendigkeit der Aufteilung der Wasserfläche und des Meeresbodens in nationale Sektoren mit Grenzlinien als Staatsgrenzen von Anfang an entschieden verteidigt. Die von Aserbaidschan vorgeschlagene Variante war sozusagen eine sehr strenge Aufteilung. In diesem Falle wären ernsthafte Schwierigkeiten bei der Gewährung normaler Bedingungen für Handel, Schifffahrt, Fischereiwirtschaft sowie für den Schutz und die rationale Nutzung anderer Bioressourcen des Meeres sowie für eine Zusammenarbeit beim Umweltschutz unvermeidbar gewesen.

Ausgehend von diesen Überlegungen hat Baku nach und nach seine Position geändert und sich auf die Seite Kasachstans gestellt, wovon die am 29. November 2001 vom aserbaidschanischen Präsidenten G. Alijew und mir unterzeichnete Vereinbarung und das Protokoll vom 27. Februar 2003 zeugen, die die Abgrenzung des Bodens des Kaspischen Meers festschreiben. Am 14. Mai 2003 wurde mit der Unterzeichnung einer Vereinbarung zwischen der Republik Kasachstan, der Republik Aserbaidschan und der Russischen Föderation über die Grenzlinien mit den benachbarten Meeresabschnitten die Abgrenzung des nördlichen Teiles des Kaspischen Meeres abgeschlossen.

Während eines Besuchs des Präsidenten von Turkmenistan, Saparmurat Nijasow, in Almaty am 27. Februar 1997 konnte ich ihn zur Unterzeichnung einer gemeinsame Erklärung überzeugen, dass „bis zur Erzielung einer Vereinbarung mit den Anrainerstaaten bezüglich des rechtlichen Status des Kaspischen Meeres die Festlegung der territorialen und administrativen Einteilung anhand der Medianlinie beibehalten wird." So solidarisierte sich Aschchabad in diesem wichtigen Streitpunkt ebenfalls mit Kasachstan und Aserbaidschan.

Trotz der zwischen den genannten Staaten vereinbarten Positionen beharrt der Iran als Anrainerstaat des Kaspischen Meeres bis heute auf einer Aufteilung des Kaspischen Meeres unter den fünf Anrainern in fünf gleiche Teile (jeweils 20% der Fläche), was eine Veränderung der bestehenden Grenzen bedeuten und damit die Unterzeichnung einer Konvention über den rechtlichen Status des Kaspischen Meeres unmöglich machen würde. Faktisch wollte der Iran sein Territorium auf Kosten der anderen Länder des Kaspischen Raumes vergrößern.

Im April 2002 fand in Aschchabad ein Gipfeltreffen der Anrainerstaaten des Kaspischen Meeres statt. Auf diesem Gipfeltreffen gab es eine überraschende Initiative von Saparmurat Nijasow,

Der Kampf um das Kaspische Meer und der Erdölboom   95

der sich für die Gründung eines Rates der Präsidenten der Anrainerstaaten des Kaspischen Meeres aussprach. Ich glaube, diese Idee hatte die iranische Seite in den Raum gestellt. Der Rat sollte einmal jährlich zusammenkommen, um aktuelle Fragen der einzelnen Anrainerstaaten des Kaspischen Meeres zu klären.

Dieser Vorschlag wurde vom aserbaidschanischen Präsidenten Geidar Alijew strikt abgelehnt. In einer der Pausen zwischen den Sitzungen sagte er zu mir, er wolle damit diese Frage als rhetorische Frage und unbeantwortet stehen lassen. Anschließend stellte er sehr vernünftig fest, „wie es wohl aufgenommen würde, wenn Sie und ich zusammen mit dem Iran, gegen den die Weltöffentlichkeit ein Embargo verhängt hat, in einem Rat zusammenarbeiten würden?" G. Alijew war ein kluger und besonnen handelnder Mensch, der stets die Ruhe bewahrte. Ich schätze ihn sehr.

Auch Kasachstan lehnte diesen Vorschlag ab, da die Gründung eines solchen Rates die gängige Praxis multilateraler Beratungen nicht fördert, sondern unterminiert. Ein Treffen der Oberhäupter der Anrainerstaaten des Kaspischen Meeres wurde zwar geplant, dies sollte aber in Teheran stattfinden.

Ein abschließendes Abkommen zum Treffen der Oberhäupter der Anrainerstaaten des Kaspischen Meeres (Deklaration) wurde vor allem wegen der Meinungsverschiedenheiten zwischen dem Iran und Aserbaidschan nicht unterzeichnet. Die Staatsoberhäupter der Anrainerstaaten (mit Ausnahme des Iran) bestätigten die Notwendigkeit einer Einteilung des Kaspischen Meeres in nationale Sektoren anhand der durch Einzelabkommen modifizierten Medianlinie.

Jedenfalls war die Grundlage für einen erfolgreichen Abschluss dieses Prozesses geschaffen worden. Wenn wir an den Aphorismus „Der Krieg riecht immer nach Öl" denken, der bereits zu Beginn des 20. Jahrhunderts, einer Zeit großer geopolitischen Konflikte, entstand, werden wir auch weiterhin die Konsolidierung der Bemühungen aller Anrainerstaaten des Kaspischen Meeres verfolgen. Wir werden uns darum bemühen, das Kaspische Meer zu einem Meer der Freundschaft und Zusammenarbeit zu machen.

Die Entscheidung der Frage des Status des Kaspischen Meeres durfte nicht übereilt getroffen werden. Ich bin mir sicher, dass der Verhandlungsprozess die Interessen aller fünf Länder dieser Region in größtmöglichem Maße berücksichtigen wird. Haben doch die Integrationsbeziehungen in der Welt eine so große Bedeutung erlangt, dass der Prozess der wirtschaftlichen Globalisierung zu einem Mechanismus geworden ist, der die Bedingungen auf dem Weltmarkt diktiert und die Rollen der einzelnen Länder innerhalb des Systems der internationalen Arbeitsteilung fast direktiv verteilt.

Auf erste Zeichen dafür, dass beträchtliche Erdölvorräte auf dem kasachstanischen Schelf am Kaspischen Meer lagern, reagierten die meisten Analytiker sehr zurückhaltend und gaben eher skeptische Prognosen ab. Doch die pessimistischen Vorhersagen haben sich bis heute nicht bestätigt. Mit der Eröffnung der großen Lagerstätte Kaschagan am nördlichen Teil des Kaspischen Meeres begann die Erschließung des kasachstanischen Teils des kaspischen Raumes und Kasachstan erhielt einen Platz unter den potenziell größten Erdölexporteuren der Welt.

Der Platz Kasachstans auf der Weltkarte des Erdöls

Man kann lange darüber diskutieren, ob die Politik der Wirtschaft folgt oder umgekehrt. Aber wahrscheinlich sind sich alle darin einig, dass beim Thema Erdöl die Politik eindeutig durch die wirtschaftlichen Bedürfnisse bestimmt wird. Und nicht nur durch die Bedürfnisse, sondern auch durch das akute Problem der Energieversorgung.

Prognosen und Berechnungen zufolge wird der weltweite Bedarf an Erdöl und anderen Energieträgern weiter ansteigen. Eine im Auftrag der amerikanischen Regierung durchgeführte Studie hat folgendes ergeben: Die USA als der größte Erdölverbraucher der Welt importiert heute sechs von sieben Barrel Erdöl, im Jahr 2020 werden es acht von zehn Barrel sein. China mit seiner rasant wachsenden Wirtschaft ist der zweitgrößte Erdölimporteur der Welt. Im Jahr 2030 wird es seinem Erdölbedarf bis zu 80% aus Importen decken müssen.

Es entstehen neue Zentren wirtschaftlicher Entwicklung und neue Wirtschaftsräume mit hohem und ständig steigendem Bedarf an Erdöl. Nach Meinung der Experten wird der Energiebedarf in China, Süd- und Ostasien, Afrika und Lateinamerika am schnellsten steigen. Der Erdölverbrauch dieser Länder hat nichts mit der Nutzung der eigenen Rohstoffquellen zu tun, sondern mit dem Zuwachs der Importe von Rohöl aus Lagerstätten in der ganzen Welt, was die weltweite Nachfrage nach Energieträgern weiter erhöht.

Und das betrifft, wenn auch in geringerem Maße, auch Europa, wo die Vorräte an Bodenschätzen in der Nordsee bald erschöpft sein werden und ein mittleres Wirtschaftswachstum von 2-3% und der Übergang zu Erdgas zu einem geringeren Nachfrageanstieg nach Erdöl führen werden. Dabei wird nach dem Jahr 2010 die Förderung von Bodenschätzen in Europa und in der Nordsee stark zurückgehen.

So bleibt das Erdöl mindestens noch drei Jahrzehnte lang in der ganzen Welt Hauptenergiequelle. Die Notwendigkeit der Erhaltung der globalen Stabilität und des ökonomischen Anreizes für die weitere Industrialisierung und den technischen Fortschritt erfordert dringend neue Energiequellen, das heißt Länder, die über das entsprechende natürliche Potenzial verfügen. Welche Faktoren bedingen den Nachfrageanstieg nach Energieträgern: Die kommende Erschöpfung der heutigen Quellen, die Verschlechterung der politischen Lage in Ländern mit Erdölvorkommen, der steigende Rohstoffbedarf in Ländern mit wirtschaftlichem Aufschwung und die steigende Zahl der Erdbewohner scheinen den Beitritt dieser Länder zur Weltgemeinschaft nicht zu behindern. Ja, sie können gar nicht mehr außen vor bleiben, selbst wenn sie es wollten. Der Preis für das „schwarze Gold" ist sowohl im wörtlichen als auch im übertragenen Sinne zu hoch.

All das zeigt, dass die Integration unvermeidlich ist, was jedoch nicht heißt, dass jedem Land die Rolle, die es bei der internationalen Arbeitsteilung spielen wird, schon vorbestimmt ist.

Jedes Land tritt mit seinem Gepäck in diesen Integrationsprozess ein. Und dieses Gepäck ist sehr unterschiedlich: Intellekt und Arbeit, Industrie und Technologie, aber auch kulturelles Potenzial und Rohstoffressourcen oder eine Kombination aus allem.

Und unter Berücksichtigung der jeweiligen Möglichkeiten dieser Länder diktiert der Weltmarkt die Aufnahmekriterien. Jedes Land muss seinen „Mitgliedsbeitrag" entrichten, nämlich das, was es zu dem Zeitpunkt in die integrierte Ökonomie einbringen kann. Aber wenn der „Beitrag gezahlt" und der Beitritt zum Weltmarkt erfolgt ist, kann sich ein solches Land entweder in der Nische, in die es abhängig von der Höhe des „Mitgliedsbeitrages" von der Weltwirtschaft gedrängt wurde, einrichten oder es kann versuchen, seine Position von Grund auf zu ändern und in der Wirtschaftshierarchie eine Stufe nach oben zu steigen.

Unter den derzeitigen Bedingungen hat die globale Wirtschaft den „Mitgliedsbeitrag" Kasachstans für die Beteiligung an der Wirtschaftsintegration eigentlich schon festgelegt. Der „Mitgliedsbeitrag" ist der Zugang großer internationaler Gesellschaften zu den natürlichen Ressourcen, hauptsächlich zu den mineralischen Energieträgern und zu den Buntmetallen.

Deshalb ist es nicht verwunderlich, dass von den ersten Jahren der Unabhängigkeit an unsere größte Aufmerksamkeit der Entwicklung des Erdöl- und Erdgassektors galt. Denn Erdöl und Erdgas sind für uns weit mehr als Brennstoffe, Energieträger und strategische Ressourcen. Sie sind der Grundstock, der uns so schnell wie möglich über die Schwierigkeiten der Übergangszeit und über den Schaden, den uns der Zerfall der Sowjetunion gebracht hat, hinweg helfen wird.

Aber ich möchte noch einmal betonen: Die Rolle, die wir anfangs bei der internationalen Arbeitsteilung spielen müssen, ist für uns auf keinen Fall fatal und dauerhaft. Es geht darum, was unsere Übergangswirtschaft gerade jetzt der Weltöffentlichkeit präsentieren kann. Und man darf nicht vergessen, dass es das Niveau unserer wirtschaftlichen Beziehungen im Moment noch nicht zulässt, die eine oder andere Nische auf dem Weltmarkt zu besetzen oder nach neuen Wegen zu suchen, unsere Möglichkeiten zu zeigen.

Ich scheue mich nicht zu sagen, dass unser Staat objektiv über ein praktisch unbegrenztes Entwicklungspotenzial verfügt. Um dieses Potenzial ausschöpfen und einen würdigen Platz in der Welt einnehmen zu können, müssen wir noch eine ganze Menge anderer Bedingungen erfüllen außer der Durchführung von politischen Reformen.

In der ersten Phase der Entwicklung unserer Wirtschaft haben wir unser Potenzial als Exporteur von Energieträgern und Metallen genutzt. In der nächsten Phase werden wir uns auf unser Potenzial beim Rohstoffexport stützen und den Aufbau einer Wirtschaft mit anderen Grundlagen umsetzen: Hochtechnologie, Innovationen und eine hoch entwickelte Industrie zur Verarbeitung und Nutzung von Rohstoffen.

Aber jetzt sind wir erst am Übergang von der ersten zur zweiten Phase unserer Wirtschaftsentwicklung, auf der Schwelle zur Weltarena, die wir dann zunächst als ein Land betreten werden, das auf den Export von Rohstoffen ausgerichtet ist. Das ist eine Tatsache, von der sich abzuwenden sehr kurzsichtig wäre, zumindest weil Kasachstan in dieser Hinsicht etwas hat, das es der Weltgemeinschaft anbieten kann.

Und Gott sei Dank interessiert sich die Welt für uns. Kasachstan muss seine Ressourcen nur mit Verstand für das Wohl des Staates und des Volkes einsetzen.

Der Boden Kasachstans ist voller Naturreichtümer, von denen die meisten noch gar nicht erschlossen sind. Nicht von ungefähr gab es zu Sowjetzeiten der Spruch: „In Kasachstan lagert das vollständige Mendelejewsche Periodensystem." Wir haben noch nicht einmal ein Hundertstel von dem erschlossen, was in Kasachstan lagert. Zurzeit belegt unser Land aufgrund der bestätigten Erdölvorräte in der Welt den 12. Platz (ohne die noch nicht ausreichend bewerteten Vorräte auf dem Schelf im Kaspischen Meer) und aufgrund der Vorkommen an Erdgas und Erdgaskondensat den 15. Platz. Auf Kasachstan entfallen 3-4% der bestätigten und erschlossenen Erdölvorräte weltweit (ohne die Ressourcen im Kaspischen Schelf). Die Kohlenwasserstoffressourcen auf dem kasachstanischen Festland betragen zurzeit 2,8 Mrd. Tonnen Erdöl und 1,8 Trillionen Kubikmeter Erdgas.

Zur Unabhängigkeitserklärung Kasachstans im Dezember 1991 betrug die Fördermenge bei Erdöl 25 Mio. Tonnen und bei Erdgas etwa 8 Mrd. Kubikmeter, wobei noch sehr große Vorräte an Erdöl und Erdgas vermutet wurden. Mit der Umsetzung unseres Programms zur Erschließung der Ressourcen auf dem Schelf am Kaspischen Meer sind wir auf dem besten Wege, einer der größten Produzenten von Kohlenwasserstoffen in der Welt zu werden. Mit den Ressourcen auf dem Schelf im Kaspischen Meer kann man die Gesamtvorräte in Kasachstan auf 12 Mrd. Tonnen Rohöl und auf 2–3 Trillionen Kubikmeter Erdgas schätzen. Sie liegen auf einer noch nicht erschlossenen Fläche von 1,6 Mio. Quadratkilometern. Dazu kommen die bereits erschlossenen Vorräte.

> *„Kasachstan ist ein Land mit 15 Millionen Einwohnern. Es nimmt eine große Fläche in der mittelasiatischen Steppe ein und wird ein immer wichtigerer Player am Weltmarkt der Energieressourcen. Kasachstan verfügt über die größten Rohölvorräte im Kaspischen Raum und fördert täglich 1,2 Mio. Barrel, von denen eine Million Barrel exportiert werden. Die Regierung des Landes hofft, dass die Fördermenge bis zum Jahr 2015 auf 3,5 Mio. Barrel täglich steigt; damit würde Kasachstan mit dem Iran gleichauf liegen. Amerikanische und russische Unternehmen und auch die Regierungen dieser beiden Länder kämpfen um einen Zugang zum kasachstanischen Erdöl."*
>
> Peter Baker, „The Washington Post", USA, 29. August 2006

All das zeugte von den guten Perspektiven des Erdölsektors innerhalb der Wirtschaft und damit von der Fähigkeit Kasachstans, einen hohen Rang im Club der Besitzer der Welterdölressourcen einzunehmen. Ich denke, dass der kasachstanische Erdölsektor in naher Zukunft sowohl in politischer als auch in wirtschaftlicher Hinsicht eine wichtige Rolle bei der Entwicklung der Weltwirtschaft spielen wird.

Heute verfügt Kasachstan über eine vergleichsweise gut entwickelte Infrastruktur für den Transport von Erdgas und Erdöl aus den Förderregionen durch ein System von Pipelines, mit denen die Kohlenwasserstoffe exportiert werden können. Eine der für den Export wichtigsten Pipelines stellt das Kaspische Pipeline Konsortium.

Das Kaspische Pipeline Konsortium wurde für den Bau und die Nutzung der 1510 Kilometer langen Erdölpipeline Tengis-Noworossijsk gegründet. Zweck des Projektes ist der Transport von Rohöl aus Russland und Westkasachstan und der Export über den neuen Hafenterminal an der Nordostküste des Schwarzen Meeres.

Das Konsortium wurde 1992 ursprünglich von den Regierungen Kasachstans und des Sultanats Oman und später noch Russlands gegründet. Im Jahr 1996 kamen noch eine Reihe privater Erdölgesellschaften hinzu, die Erschließungs- und Förderarbeiten im kasachstanischen Sektor des Kaspischen Meeres durchführten. Im Jahr 2001 ging der erste Abschnitt der Erdölleitung mit einer jährlichen Durchlaufkapazität von 28 Mio. Tonnen in Betrieb. Die Einspeisung des Erdöls in die Leitungen des Kaspischen Pipeline Konsortiums begann am 26. März 2001. Im Oktober des gleichen Jahres fand am Hafenterminal des Konsortiums die Probebeladung eines Tankers statt.

Die Idee, die Erdölpipeline Tengis-Noworossijsk zu bauen, war noch in den 90er Jahren des 20. Jahrhunderts entstanden. Nach dem Zerfall der Sowjetunion waren große Erdölvorräte in Kasachstan aufgrund ihrer Lage auf dem Festland „eingeschlossen", denn Kasachstan hatte keinen eigenen Zugang zu den Weltmeeren. Nach vorläufigen wirtschaftlichen Berechnungen wurde der Weg durch Russland als der kürzeste und der mit den geringsten Realisierungskosten gewählt. Verhandlungen mit Russland auf höchster Ebene wurden 1994 geführt. Es brauchte sechs Jahre, um die hartnäckige Weigerung Russlands gegen den Bau einer Erdölpipeline zu überwinden.

Allein über die vielen Verhandlungen mit dem Regierungsoberhaupt W. Tschernomyrdin, mit dem Leiter des Ministeriums für Erdöl- und Erdgasindustrie der Russischen Föderation und schließlich mit B. Jelzin könnte man ein ganzes Buch schreiben. Einmal kam unser Premierminister N. Balgimbajew zu mir und sagte: „Es reicht! Absagen und Sabotage, ich glaube nicht, dass wir es schaffen können." Ich gab ihm den Auftrag, ein kurzes und sogar für eine Küchenfrau verständliches Schreiben aufzusetzen, in dem anhand einer Tabelle anschaulich gezeigt wurde, wie viel Geld Russland für die Durchleitung durch russisches Territorium einbüßen würde, wenn es sich nicht am Bau der Erdgastrasse beteiligen würde.

B. Jelzin lag im Kreml-Krankenhaus. Ich fuhr zu ihm. Nach einem zweistündigen Gespräch war das Problem gelöst. Die erste Vereinbarung über ein Pipelinekonsortium wurde von den Vertretern der Republik Kasachstan und des Sultanats Oman am 17. Juni 1992 auf den Bermudas unterzeichnet. Später schloss sich die Russische Föderation an. Die Vereinbarung sah vor, dass die Aktiva an Pipelines der Russischen Föderation und Kasachstans an das Konsortium übertragen werden und dass der Oman die Finanzierung des Projekts sichert. Die Anteile der Konsortiumsmitglieder wurden gleichmäßig verteilt. Trotzdem konnte der Oman die erforderliche Finanzierung nicht sicherstellen. Das 1995 erstellte Gutachten über die technischen und wirtschaftlichen Grundlagen des Investitionsprojekts wurde von den staatlichen Sachverständigen der Russischen Föderation zur Überarbeitung zurückgeschickt. Das Hauptproblem lag darin, dass der Vertrag auf internationaler Ebene geschlossen worden war, ohne dass die begonnene Privatisierung und damit die Interessen der größten Gesellschaften, die Erdöl im Kaspischen Raum förderten, berücksichtigt wurden. Darauf verwies auch die Europäische Bank für Wiederaufbau und Entwicklung in ihrer Ablehnung einer Finanzierungsgarantie des Projekts durch den Oman.

Zu diesem Zeitpunkt fehlten in Russland und Kasachstan die für ein solches Projekt notwendige Rechtsgrundlagen. Vor allem betraf dies den freien Devisenverkehr, ohne den eine Finanzierung des Projekts nicht möglich war. Am 19. April 1997 unterzeichnete ich den Erlass „Über das Kaspische Pipeline Konsortium" zur Valutaregulierung des Projekts. Später, am 24. April 1997 unterzeichnete der russische Präsident Boris Jelzin einen analogen Erlass. Diese Erlasse waren zwar ausschlaggebend, aber damit das Konsortium in beiden Ländern in vollem Umfang tätig werden konnte, war noch die Verabschiedung verschiedener normativer Rechtsakte erforderlich.

Eine der weltweit größten Lagerstätten von Erdgas, Erdöl und Kondensaten ist unser Karatschaganak, das im Jahr 2004 sein 25-jähriges Bestehen hatte. Die dort lagernden Vorräte betragen über 1,2 Mrd. flüssiger Kohlenwasserstoffe und über 1,3 Trillionen Kubikmeter Erdgas.

Der Abbau auf der Lagerstätte begann fünf Jahre nach ihrer Erschließung im Jahr 1979. Jedoch konnte die Lagerstätte nicht autonom funktionieren und sich entwickeln, weil die Lagerstätte vollständig von der Verarbeitungskapazität des Erdgasverarbeitungswerkes in Orenburg abhängig war, zu dem von Karatschaganak eine 130 km lange Rohrleitung führte.

Nach unserer Unabhängigkeitserklärung traten in Karatschaganak neben Problemen bei der Verarbeitung und des Transports der Bodenschätze sehr große Umweltprobleme auf: undichte Stellen in den Rohrleitungen, Verseuchungen des Bodens aufgrund von Havarien auf den Bohrfeldern, „Lyren" – das sind die sechs Höhlen, die zu Sowjetzeiten durch unterirdische atomare Sprengungen zur Erhaltung des Kondensats entstanden waren –, verwilderte, mit Bohrschlamm zugeschüttete Speicher und Bohrtürme.

Zur Lösung dieser Probleme und für die Weiterentwicklung des Projekts waren umfangreiche Investitionen erforderlich. Im Jahr 1992 hatte die Regierung Kasachstans einen Wettbewerb ausgeschrieben, um große ausländische Erdölgesellschaften zur Förderung auf der Lagerstätte Karatschaganak zu gewinnen. Im Ergebnis des Wettbewerbs wurde im März 1995 zwischen der Republik Kasachstan und einer Allianz aus den Gesellschaften AGIP und British Gas eine Vereinbarung über die Prinzipien der Fördermengenverteilung unterzeichnet.

Während der Laufzeit der Vereinbarung von März 1995 bis Ende 1997 wurden für die Projektentwicklung 293,5 Mio. US-Dollar ausgegeben. Nach dem Abschluss eines Vertrages über die Reorganisierung des Kaspischen Pipeline Konsortiums im Dezember 1996 und weiterer Begleitdokumente war eine echte Perspektive zur Schaffung eines effektiven Transportsystems entstanden, das den Export von Karatschaganak aus auf die internationalen Märkte ermöglichte. In diesem Zusammenhang wurde die Unterzeichnung einer Abschlussvereinbarung über die Aufteilung der Fördermengen vorbereitet. Während der Verhandlungen zwischen Vertretern des Auftragnehmers und Vertretern der Ministerien sowie der Behörden des Landes wurde ein Entwurf für die Abschlussvereinbarung über die Aufteilung der Fördermengen erstellt.

Die Abschlussvereinbarung wurde im November 1997 unterzeichnet und trat am 27. Januar 1998 für einen Zeitraum von 40 Jahren in Kraft.

Eine weitere Lagerstätte, die weltweit zu den größten in den letzten 30 Jahren eröffneten Lagerstätten zählt, ist Kaschagan nördlich des Kaspischen Meeres. Die Mengen, die dort gefördert werden können, werden auf 10 Mrd. Barrel geschätzt.

Die Eröffnung dieser Lagerstätte ließ Kasachstan zu den Ländern mit den größten Kohlenwasserstoffvorkommen in der Welt aufsteigen. Die Entdeckung derart großer Erdölvorräte zog das Interesse der ganzen Welt auf Kasachstan und steigerte die Investitionsattraktivität.

Zur Beurteilung des Erdgas- und Erdölpotenzials im kasachstanischen Abschnitt des Kaspischen Meeres wurde im Jahr 1993 die Gründung eines internationalen Konsortiums beschlossen. Um den komplizierten technischen Arbeitsbedingungen und den hohen ökologischen Anforderungen bei der Arbeit im und am Kaspischen Meer gerecht zu werden, wurden die Mitglieder des ersten Seekonsortiums unter den Erdölgesellschaften sorgfältig ausgewählt.

In das Konsortium wurden Gesellschaften aufgenommen, die über die neuesten technischen und technologischen Möglichkeiten sowie Erfahrungen bei der Arbeit auf komplexen Lagerstätten unter Einhaltung strengster Umweltbestimmungen verfügten: Kasachstankaspiischelf, British Petroleum/Statoil (Großbritannien/Norwegen), British Gas (Großbritannien), Shell (Niederlande), AGIP (Italien), Mobile (USA) und Total (Frankreich).

Schwerpunkte der Tätigkeit des Konsortiums waren die Durchführung geologisch-geophysischer Untersuchungen, ökologisches Monitoring und die Einschätzung der Umwelteinflüsse der geologisch-geophysischen Arbeiten, die Entwicklung der Produktions- und Sozialinfrastruktur im kaspischen Raum, die Ausbildung kasachstanischer Experten und die Finanzierung von Wissenschaft und Forschung. Die Investitionssumme gemäß dem Programm des internationalen Konsortiums betrug mehr als 218 Mio. US-Dollar.

Gerade dank des Erdgas- und Erdölsektors konnten wir in den ersten Phasen die wirtschaftliche Entwicklung voranbringen. Jetzt müssen wir bereits die begleitenden Wirtschaftszweige weiterentwickeln und zu unserem ökonomischen Schwerpunkt machen, damit sie zum „Motor" unseres Wirtschaftswachstums werden können.

„Das schwarze Gold" – Fluch oder Segen?

Zu Beginn der 90er Jahre wurde das Kaspische Becken zu einem der wichtigsten regionalen Knotenpunkte für multilaterale Beziehungen, an dem sich die wirtschaftlichen und geopolitischen Interessen vieler Länder überschnitten. Dieser Umstand war die Ursache eines harten, hier offenen und da verdeckten diplomatischen Kampfes um den Einfluss auf die Länder im Kaspischen Raum.

Kasachstan musste in einen harten Konkurrenzkampf innerhalb der Region eintreten und zur gleichen Zeit seine staatlichen Institutionen aufbauen.

So haben wir jetzt ein hochprofessionell arbeitendes Außenamt, eine mobile und moderne Armee, nationale Experten in den Schlüsselbereichen – alles das, was wir vorher nicht hatten, und gleichzeitig gewannen wir Erfahrung beim Verhandeln auf hohem internationalem Niveau.

Während noch im 19. Jahrhundert in Zentralasien zwischen dem Britischen Empire und dem zaristischen Russland der große Kampf um die Macht ausgetragen wurde, ist es heute dank seines großen Reichtums an Erdöl und Erdgas das erste Strategiefeld für die Schlachten der „multipolaren Epoche" zwischen den USA, China und Moskau.

> *„Heute stehen sich das im globalen Maßstab prosperierende China, das vom Erdöl berauschte Russland und die USA als Konkurrenten beim Kampf um Ressourcen und Einfluss in Zentralasien gegenüber; einer Region, die ihre globale strategische Wichtigkeit zurückerhalten hat, als 1991 fünf mittelasiatische Staaten ihre Unabhängigkeit von der Sowjetunion ausgerufen haben. Zentralasien wird zu einem strategischen Schlachtfeld."*
>
> Frederick Kempe, „The Wallstreet Journal", USA, 16. Mai 2006

In den Jahren der Unabhängigkeit hat sich auch die Erdölindustrie selbst gewandelt. Die Aufgaben des Staates im Erdölsektor sind schwieriger geworden. Das im Mai 2004 verabschiedete staatliche Programm zur Erschließung des kasachstanischen Abschnittes im Kaspischen Meer bis 2015 sieht zwei Grundziele im Erdölsektor vor: Erstens die Erschließung und Förderung von Erdöl und die Optimierung des Pipelinenetzes. Zweitens die Schaffung einer eigenen erdölverarbeitenden und petrochemischen Industrie. Das Programm wurde zur logischen Fortsetzung der ersten Phase der Umsetzung des 1993 verabschiedeten staatlichen Programms zur Erschließung des kasachstanischen Sektors im Kaspischen Meer.

Unsere Politik ist heute auf die aktive Einbringung unserer Erdöl- und Erdgasressourcen in den Weltwirtschaftskreislauf und auf die Gewinnung ausländischer Erdölgesellschaften für die Erschließung und Förderung von Erdöls und Erdgas gerichtet. Die ausländischen Investoren sollen gemäß den vereinbarten Bedingungen nicht nur die erforderlichen Gelder in die Entwicklung des Erdöl- und Erdgassektors investieren, sondern auch Förderung, Verarbeitung und Transport übernehmen.

Dank des Rufes, den sich Kasachstan als zuverlässiges und berechenbares Ziel für Investitionen erworben hat, können wir an die ausländischen Investoren Forderungen stellen. Wir haben internationales Ansehen erworben und haben eine eigene Kredithistorie, daher ist es absolut logisch, dass unsere ausländischen Partner unseren Wünschen mit Verständnis begegnen.

> „Das ist ein gesetzmäßiger Prozess. Kasachstan ist erstarkt und verfügt über reelle Einkünfte aus seinen natürlichen Ressourcen. Und wenn wir weiterhin erfolgreich sein wollen, müssen wir für unsere Erdöl- und Erdgasprojekte bezüglich des Steuersystems Kompromisse finden."
>
> Rede des Generalmanagers der Axxon Mobile Kasachstan Inc.
> G. Taylor auf der 11. Plenarsitzung des Rates Ausländischer
> Investoren, Kenderly, 5. Juni 2004

Nach den Prognosen der Spezialisten von Chevron kann das kasachstanische Erdöl bei maximaler Auslastung des Kaspischen Pipeline Konsortiums auf den Märkten des Mittelmeerraumes sowie in Nord- und Westeuropa wettbewerbsfähig sein. Den nordamerikanischen Markt könnten wir durch den Einsatz von Tankern mit einem Fassungsvermögen bis zu 200 000 Tonnen erschließen. Und natürlich könnten wir durch die Erdölpipeline von Atyrau nach Samara mit einer jährlichen Kapazität von 15 Mio. Tonnen die Märkte in Ost- und Mitteleuropa und den Markt im Ostseeraum erschließen.

In dieser Zeit sollten wir uns nicht auf bereits bestehende Wege beschränken. Kasachstan wird am multidirektionalen Export von Bodenschätzen festhalten und Pläne für die Ausarbeitung neuer Routen für den Erdöltransport prüfen. Zurzeit arbeiten wir intensiv an neuen Standorten für die Rohrleitungssysteme. Es wird das Für und Wider von Projekten wie Aktau-Baku-Dscheihan und Kasachstan-Turkmenistan-Iran diskutiert. Es wäre zum Beispiel möglich, dass die Pipeline Baku-Tbilissi-Dscheihan in Aktau-Baku-Tbilissi-Dscheihan umbenannt wird. Und das Projekt der Pipeline Atasu-Alaschankou ist schon Realität.

Der Vertrag über den Baubeginn an der Erdölpipeline zwischen der kasachstanischen und der chinesischen Erdölgesellschaft wurde bei meinem Besuch in China im Mai 2004 unterzeichnet. Die Pipeline wurde am 28. September desselben Jahres mit der Schweißung des ersten Abschnitts begonnen. Und das erste Erdöl floss am 25. Mai 2006 von Kasachstan nach China. Über diese Pipeline, die das kasachstanische Atasu mit dem chinesischen Grenzort Alaschankou verbindet, können wir bis zu 20 Mio. Tonnen Erdöl im Jahr exportieren. Es ist auch geplant, die Pipeline als Grundlage für ein größeres Projekt zu nutzen – eine Pipeline mit einer Länge von ca. 3000 Kilometern vom Kaspischen Raum nach China.

Bei all dem muss man bedenken, dass die Verwirklichung dieser Projekte in großem Maße von der Konjunktur von Energieträgern auf dem Weltmarkt und den konkreten Fördermengen der Bodenschätze auf den Lagerstätten im Kaspischen Schelf abhängig ist.

Wenn wir nun über die Erfolge Kasachstans in diesem Bereich sprechen, darf man nicht vergessen, dass der Erdölreichtum das Fundament unseres wirtschaftlichen Erfolges ist. Für viele ist dies Anlass für subjektive Beurteilungen des Erfolges Kasachstans und vielleicht auch für Neid.

Dabei lehrt uns die Geschichte, dass das Erdöl der Wirtschaft und der allgemeinen Entwicklung des Staates Schaden zufügen kann. Man braucht nur zu erwähnen, dass siebenundzwanzig der sechsunddreißig Staaten mit den weltweit niedrigsten Einkommen und der weltweit höchsten Verschuldung Bodenschätze exportieren.

Deshalb verbirgt gerade der Überfluss an Petrodollars potentielle Gefahren, so paradox es auch klingen mag. Denn die Petrodollars fördern die Erhöhung der Ausgaben im Sozialbereich. Beispielhaft sind hier Länder wie Nigeria, Venezuela und Saudi-Arabien, wo die Sozialausgaben aufgrund der gewaltigen Geldzuflüsse durch den Erdölverkauf gestiegen sind. Der König von Saudi-Arabien erzählte mir bei einem Treffen im Jahr 2004, dass er dort, wo früher Ausländer gearbeitet haben, nun die Araber zur Arbeit schickt. Die Araber bekamen damals staatliche Beihilfen und wollten gar nicht arbeiten. Dann wurden die staatlichen Beihilfen gekürzt, weil die Menschen so verwöhnt worden waren und dadurch Unterhalt vom Staat bezogen.

Insbesondere in Venezuela und Nigeria ist man Mitte der 70er Jahre ähnlich verfahren und hat die Sozialausgaben erhöht. Zur Schaffung von sozialem Wohlstand erhöhten diese Staaten den Staatshaushalt (durchschnittlich um 74,5% bzw. 32,2%). Diese Möglichkeit ergab sich aufgrund der hohen Erlöse aus dem Verkauf von Erdöl. Die Steigerung der Ausgaben half beim Ausbau der Beschäftigungsstrukturen, Handel und Dienstleistungen, der Subvention von Konsumgütern, im Wohnungsbau und zur Steuersenkung. Aber bald begannen die staatlichen Ausgaben aufgrund einer Stagnation der Preise für das „schwarze Gold" die Einnahmen aus dem Erdöl zu übersteigen.

Für eine weitere Finanzierung der sozialen Ausgaben wurden Auslandsanleihen aufgenommen, wodurch natürlich die Auslandsschulden weiter stiegen. Allein zwischen 1976 und 1982 stiegen die Schulden dieser Länder jedes Jahr durchschnittlich um 45%. Falsche Entscheidungen von Politikern, die nicht an morgen dachten, führten zu einem Defizit in der Zahlungsbilanz und zu einem Haushaltsdefizit, was faktisch den Bankrott des Staates und gesellschaftliche Spannungen zur Folge hatte. Der Liquiditätsüberschuss führte zu einer Minderung der Wettbewerbsfähigkeit und der Wirtschaftsdynamik dieser Länder und zu einer weiteren Abhängigkeit vom Erdölexport.

Selbst Norwegen mit seiner diversifizierten Wirtschaft, das in der Nordsee Erdöl entdeckt und daraufhin seine Sozialausgaben erhöht hatte, wurde mit der „holländischen Krankheit" konfrontiert.

Aber andererseits bekam auch die bürokratische Elite der ostasiatischen Länder, besonders Japans, wegen des Fehlens von Bodenschätzen ihre Abhängigkeiten zu spüren. Die Angst vor dem Verlust ihrer wirtschaftlichen und damit auch ihrer politischen Unabhängigkeit zwang sie, sich auf die Möglichkeiten innerhalb des Landes zu konzentrieren und ihre Gewinne aus konkurrenz- und exportorientierten Produkten zu erzielen.

Deshalb dürfen wir nicht vergessen, dass die Erlöse aus dem Verkauf von Erdöl keine stabile Einkommensquelle sind und in der Folge viele andere Probleme nach sich ziehen können, angefangen bei der viel zitierten „holländischen Krankheit", bis hin zu zeitweiligen Lücken bei der Förderung der Ressourcen, die irgendwann auch ausgeschöpft sind. Ich kenne auch solche Länder.

Wenn man über die reichen Rohstoffvorräte in Kasachstan spricht, darf man sich nicht von wohltönenden Zahlen täuschen lassen. Ja, wir verfügen über beeindruckende Vorräte. Aber wie lange sind wir durch diese Vorräte abgesichert, wenn der Bedarf an Erdöl weltweit ständig steigt? So reichen zum Beispiel die Erdölvorräte bei den heutigen Fördermengen und bei den heutigen Preisen laut dem Jahresbericht „Weltenergie 2005" der Gesellschaft British Petroleum weltweit noch 40 Jahre. In Russland sind es etwas mehr als 21 Jahre. Die Erdölvorräte in Saudi-Arabien, das sozusagen als „Weltzentralbank" im Erdölsektor gilt, sind es 42 Jahre. Und im Iran ungefähr 89 Jahre. In Kasachstan kann man dem Bericht zufolge aufgrund der großen Vorräte und der noch nicht sehr hohen Fördermengen mit 83 Jahren rechnen. Wenn allerdings die Fördermenge steigt, werden die Vorräte schneller erschöpft sein.

Kasachstan muss unbedingt lernen, ohne die Petrodollars zu leben oder sich nicht an die – wie man so schön sagt – „Erdölnadel" zu hängen. Es ist sehr wichtig, dass man nicht in Versuchung kommt, Geld, das man noch nicht verdient hat, im sozialen Bereich zu investieren und die Löhne und Gehälter zu erhöhen, sondern das Geld „für schlechte Zeiten" anzulegen. Der im Jahr 2000 geschaffene Staatsfonds hat genau diese Funktion und ist damit eines der Hauptinstrumente der Liquiditätsbindung und zur Minderung des Inflationsdrucks.

Am 1. November 2006 überstiegen die Aktiva des Staatfonds der Republik Kasachstan den Betrag von 12 Mrd. US-Dollar und betrugen insgesamt 12 087,39 Mio. US-Dollar oder 1 586 Mrd. Tenge. Der Hauptanteil der in den Fonds eingezahlten Mittel sind außerplanmäßige Einkünfte aus dem Rohstoffsektor. Übrigens ist Russland dem Beispiel unseres Staatsfonds gefolgt und hat am 1. Januar 2004 den Stabilisierungsfonds der Russischen Föderation eingerichtet.

Dazu möchte ich auch noch sagen, dass man den Staatsfonds in der Tat als „Fonds für kommende Generationen" bezeichnen kann, weil man durch den Verkauf von Erdöl die Reichtümer der Erde, die unseren Kindern gehören, nicht für Sofortmaßnahmen und zur Lösung von irgendwelchen kurzfristigen Aufgaben und Alltagsproblemen verschwenden darf. Wir dürfen nur einen Teil dieser Mittel für den Aufbau und die Entwicklung unseres Landes nutzen – für den Ausbau unseres Hauses, das wir an unsere Kinder und Kindeskinder weitergeben.

So wird Kasachstan in den nächsten Jahren großzügig in seine Infrastruktur investieren, vor allem im Nordwesten und Südwesten des Landes. Wir müssen den westlichen Transportring von Kyzylorda nach Aktau und Atyrau sowie von Uralsk nach Aktjubinsk schließen. Die in Kasachstan verabschiedete Entwicklungsstrategie von Transport und Verkehr sieht den Bau von Transitwegen vom Europäischen Teil Russlands durch West-, Süd- und Nordkasachstan nach China vor. Es sind Eisenbahnverbindungen zwischen Westkasachstan und China erforderlich. Des Weiteren sind der Bau bzw. die Rekonstruktion von Flughäfen, Stromleitungsnetzen und Umspannwerken geplant.

Durch die Erhöhung der Transportmobilität in den Regionen können wir unser Volk noch enger zusammenschweißen. Gleichzeitig ermöglichen wir den Bewohnern und der Wirtschaft dieser Regionen den Zugang zu den großen Finanz- und Bildungseinrichtungen des Landes, wie in Almaty, zu den Industriegebieten in Zentral- und Ostkasachstan sowie zu den Kornkammern in Süd- und Nordkasachstan. Wenn wir also die Einnahmen aus der Erdölindustrie umsichtig und vernünftig anlegen, kann Kasachstan ein starkes, in sich geschlossenes Land werden.

Dadurch kann schon in der nächsten Zeit die Produktion von konkurrenzfähigen Waren und Dienstleistungen beginnen. Des Weiteren werden wir unsere Wirtschaft auf eine effektive Nutzung der Bodenschätze und auf die Entwicklung der petrochemischen Industrie insgesamt ausrichten. Mit der Entwicklung einer begleitenden Infrastruktur – Häfen, Flughäfen, Terminals – wird Kasachstan auf ein neues Niveau aufsteigen, auf dem mit Hilfe des Erdöls Erzeugnisse der Hochtechnologie hergestellt werden können.

Zur weiteren Steigerung dieses Potenzials wurden einige strategisch wichtige Papiere verabschiedet, darunter auch das genannte „Staatsprogramm zur Erschließung des kasachstanischen

Abschnittes des Kaspischen Meeres", das die Bedingungen für eine komplexe Erschließung des Schelfs am Kaspischen Meer festlegt. Das Hauptziel der von mir im August 2003 bestätigten „Strategie der industriell-innovativen Entwicklung bis zum Jahr 2015" ist eine nachhaltige Entwicklung des Landes durch Diversifizierung der Wirtschaftszweige, die Abkehr von einer reinen Rohstoffbasierung und der langfristige Übergang zu einer Dienstleistungs- und Technologieökonomie.

Heute kann ich konstatieren, dass wir den richtigen Weg eingeschlagen haben. Auch wenn man an die ersten Jahre der Unabhängigkeit denkt, in denen nicht alles so glatt lief. Damals mussten wir selbständig mit internationalen Gesellschaften verhandeln, an deren Spitze die „Haie" des Erdölgeschäfts standen. Wir brauchten neue Ideen, neue Ansätze und, das wichtigste, Fachkräfte, die nicht durch die alten Parteimethoden vorbelastet waren. Und damals gab es davon nur sehr wenige. Wahrscheinlich habe ich gerade deshalb die „alte Garde" nach und nach gegen „junge" Führungskräfte ausgetauscht. Ich wusste zwar, dass das nicht leicht werden würde und hatte auch Zweifel, aber ich hatte keinen anderen Ausweg.

Weil der Erdöl- und Erdgassektor so wichtig ist, hatte ich in der Zeit unserer intensiven Verhandlungen mit den Investoren den Minister für Erdöl- und Erdgasindustrie Nurlan Balgimbajew, einen Erdölspezialisten und sehr fähigen Menschen, zum Premierminister vorgeschlagen. Er hatte zur Gründung des Kaspischen Pipeline Konsortiums einen großen Beitrag geleistet. Leider fiel später die Krise in Südostasien in seine Amtszeit, die den Lebensstandard verschlechterte. So musste er zurücktreten.

In diesen Jahren wuchs eine neue Elite von Erdölspezialisten heran. Viele von ihnen absolvierten ein Praktikum bei weltweit angesehenen Erdölgesellschaften, studierten an den besten Universitäten Erdölwirtschaft, erlernten Fremdsprachen und das Einmaleins des Managements. Ich selbst habe sie mit ausgebildet und sie mit allen Kräften unterstützt. Viele von ihnen bekleiden heute hohe staatliche Ämter.

Dank unserer Erdölressourcen und der vielen Erdölgesellschaften, die diese Ressourcen fördern wollen, konnten wir viele Erfahrungen bei der Verhandlungsführung sammeln. Einer der Ratschläge, die ich den jungen Führungskräften mit auf den Weg geben möchte, ist: Wenn euer Verhandlungspartner euren nächsten Schritt zu erkennen versucht, wird er überlegen, wie er eure Strategie ändern oder durchkreuzen kann. Es ist wichtig, bei den Verhandlungen auf Details zu achten, sich aber nicht zu deren Geisel zu machen. Jeder kleine Sieg kann durch eine große Niederlage zunichte gemacht werden. Eine solche Niederlage hätte Anfang der 90er Jahre die finanzielle Unabhängigkeit von Russland werden können.

Die Einführung einer nationalen Währung – des Tenge – war einer der ersten großen Siege Kasachstans. Darüber, wie es uns gelang, diese finanzielle Unabhängigkeit erfolgreich zu verteidigen, berichte ich im nächsten Kapitel.

Kapitel IV

Der Tenge – Das Symbol unserer Unabhängigkeit

Die Wirtschaftskrise der 1990er Jahre

Eine Woche nach meiner Wahl zum Ersten Sekretär des Zentralkomitees der Kommunistischen Partei Kasachstans bin ich an einem Sommermorgen im Juni 1989 mit einer Gruppe von Mitgliedern des Ministerrates der Kasachischen SSR nach Karaganda geflogen. Als unsere Tupolev, eine Regierungsmaschine, zum Flughafenterminal rollte, sah ich schon die Führung des Gebietes Karaganda, die uns an der Gangway empfing. Ihre finsteren Gesichter waren von den Anspannungen in der Stadt gezeichnet. Die ganze Sowjetunion wurde von Bergarbeiterstreiks erschüttert. Karaganda war die letzte Stadt, in der die Bergarbeiter auf die Straße gegangen waren. Damals wurde die gesamte Kohleindustrie von Kasachstan vom Ministerium für Kohleindustrie der UdSSR verwaltet. Deshalb mussten alle Probleme in Moskau gelöst werden und den Sowjetrepubliken war es selten erlaubt, sich in diese Angelegenheiten einzumischen. Am Abend zuvor hatte mich M. S. Gorbatschow angerufen und gemeint, dass sich die Lage ohne meine Einmischung wohl nicht beruhigen würde.

Karaganda steht mir persönlich sehr nah, denn hier begann meine berufliche Laufbahn. Förmlich vor meinen Augen war das riesige Industriezentrum der Republik aufgebaut worden. Ich kannte fast alle Direktoren und Chefingenieure aus den Betrieben der Stadt persönlich. Man kann sagen, dass das Gebiet Karaganda sozusagen ein Klein-Kasachstan war. Aus den verschiedensten Gründen lebten und arbeiteten hier Menschen fast aller Nationalitäten und aus fast allen Sowjetrepubliken. Die harte Arbeit der Bergleute prägt ihren Charakter. Karaganda ist ein multinationales Gebiet mit einer schweren Vergangenheit: Politische Gefangene wurden hierher verbannt, deren Nachfahren heute noch hier leben und arbeiten, außerdem ist es die Heimat großer Persönlichkeiten. Bei den Ereignissen von 1986 verstanden wir, dass Unzufriedenheit in Karaganda auf die gesamte Republik projiziert werden könnte, daher hüteten wir das zerbrechliche multinationale Abkommen wie unseren Augapfel.

Ich hatte über die Gründe für die Streiks nachgedacht und noch im Flugzeug entschieden, dass wir direkt zu den demonstrierenden Bergleuten fahren sollten. Gleich nach der Landung fand auf dem Flughafen eine kurze Sitzung statt, wo uns das Gebietskomitee sein Leid klagte. Der erste Sekretär des Gebietsparteikomitees von Karaganda, Lokotunin, schlug vor, zunächst zu meiner Unterkunft zu fahren. Er sagte, dass die Bergleute sehr aufgebracht sind und es deshalb besser wäre, auf die Vertreter aus Moskau zu warten. Ich höre noch immer seine Worte: „Wer weiß, was die Bergarbeiter sich noch ausdenken! Lasst uns warten, bis sie sich beruhigt haben. Vielleicht löst sich ja die Menge auf und sie gehen nach Hause." Ich ahnte, dass die Sache mit einer einfachen Demonstration nicht zu Ende war und bestand darauf, nicht erst zur Gebietsverwaltung, sondern sofort zu den Bergarbeitern zu fahren.

Auf dem Prospekt Sowjetski, direkt im Stadtzentrum erwartete uns eine Masse unzufriedener und aggressiver Bergarbeiter. Viele von ihnen waren müde von der mehrstündigen Demonstration und schwiegen. Sie trugen ihre Bergarbeiterkluft und waren schwarz, nur ihre Augen glänzten. Sie saßen da und klopften mit ihren Helmen auf den Straßenasphalt. Einige kamen direkt aus dem Schacht. Der Kohlenstaub auf ihren Gesichtern ließ die Farben noch klarer hervortreten und gab der Demonstration einen noch düstereren Charakter. Die Atmosphäre war ziemlich angespannt und es bot sich ein beunruhigendes Bild. Die Gewerkschaftsführer lehnten Verhandlungen mit der Gebietsleitung ab und verlangten ein Gespräch mit Nasarbajew persönlich. So erschien ich persönlich auf der Demonstration.

Die Bergarbeiter bildeten eine Gasse, so dass ich auf die aus Holz zusammengezimmerte Tribüne gelangen konnte. Ich habe mehrere Stunden lang auf ihre Fragen geantwortet. Wir begannen zunächst mit recht einfachen Themen. Der Hauptgrund für die Streiks waren Löhne, die nicht gezahlt wurden, Kohle, die nicht verladen wurde, weshalb das Geld ausblieb, weil die Kohle nicht verkauft wurde, mangelnde Arbeitssicherheit und leere Ladentische. Ich bat die Bergarbeiter, Vertreter zu wählen, um die Verhandlungen in geordnete Bahnen zu lenken. Danach wurden die Verhandlungen in das Verwaltungsgebäude des Kombinats „Karagandaugol" verlegt und dauerten bis zum nächsten Morgen. Bei den Verhandlungen waren auf meine Bitte auch die zuständigen Minister anwesend, der stellvertretende Vorsitzende des Ministerrates der Sowjetunion, Loguschjew, und der Minister für Kohleindustrie, Schadow.

Im Laufe der mehrstündigen Gespräche konnten wir einen Kompromiss schließen und die drängendsten Forderungen der Bergleute erfüllen. Solche Verhandlungen fanden in allen Bergarbeiterstädten des Gebietes Karaganda statt, in Schachtinsk, Saran und in Abai.

Die Streiks konnten beendet werden. Moskau bat uns später um einen ausführlichen Bericht über den Verlauf der Verhandlungen, damit die Erfahrungen aus Kasachstan auch in den anderen Regionen der Sowjetunion angewendet werden konnten. Nun, was für Erfahrungen? Ich hatte ehrlich gesagt Schlimmeres erwartet, weil doch alle neuen Betriebe in der UdSSR, die unsere Kohle brauchten, stillstanden.

Trotz aller Toleranz der Kasachstaner schweren Prüfungen gegenüber nahm die Unzufriedenheit unter den Arbeitern des ganzen Landes zu. Zwar hatten wir den Konflikt mit den Bergarbeitern recht schnell beilegen können, aber uns war auch klar, dass wir damit Geiseln der Situation geworden waren.

Die Situation verschlechterte sich von Jahr zu Jahr. Die Sowjetunion steuerte unaufhaltsam ihrem Zerfall entgegen. Erst der Putsch am 19. August, dann der Beloschwesker Beschluss von Russland, der Ukraine und Weißrusslands waren das i-Tüpfelchen auf dem Zerfall der UdSSR. Aber das ist ein anderes Thema.

In den nächsten zwei Jahren mussten wir harte Bewährungsproben bestehen. Im Jahr 1992 lief die Wirtschaft des Landes völlig aus dem Ruder. Hyperinflation, die Lohn- und Rentenzahlungen blieben allerorts aus, die Geschäftsbeziehungen der Betriebe rissen ab, die Lieferung von Gebrauchsartikeln wurde eingestellt und es gab kein Bargeld mehr. Früher war das alles durch die zentralen sowjetischen Ministerien kuriert worden, aber die gab es nicht mehr. Die Rechnungs- und Warenkreisläufe brachen zusammen. Heute kann sich kaum noch einer leere Ladentische oder lange Menschenschlangen, die nach Brot, Babynahrung, Salz, Zucker oder Zigaretten anstanden, vorstellen. Aber damals war das harte Realität.

Der Abbruch der Finanzbeziehungen und der übrigen Wechselbeziehungen zwischen den Sowjetrepubliken verschärfte die wirtschaftliche Situation noch mehr. Natürlich schlug sich das auch im Leben der einfachen Leute nieder. Der Geldmangel in Kasachstan war noch immer nicht behoben, was zur Folge hatte, dass Löhne, staatliche Unterstützungen usw. nicht gezahlt wurden. Der Grund hierfür war, dass der Rubel damals nur von der Staatsbank Russlands emittiert wurde, deshalb wurden alle Finanzressourcen von Moskau aus verteilt.

Ich wandte mich wiederholt an Moskau mit der Bitte, den uns zugeteilten Bargeldbetrag auf eine Summe aufzustocken, mit der wir unsere Probleme zumindest teilweise hätten lösen können. Aber wir wurden immer wieder damit vertröstet, dass die Angelegenheit in Kürze geregelt würde. Und oft verhallte unser Appell ungehört. Durch die zu dieser Zeit hohe Inflation waren die zurückgehaltenen Löhne, als sie dann doch ausgezahlt wurden, bereits wertlos. Die Probleme wuchsen von Tag zu Tag lawinenartig an. Ich war in ständiger Alarmbereitschaft.

All das hatte eine soziale Instabilität eines Großteils der Bevölkerung zufolge und zog oftmals Streiks und Demonstrationen nach sich. Ich musste oft in die Städte und in die Aule fahren und die Menschen dort beruhigen und ihnen die Situation erklären. Ich appellierte an die Geduld der Menschen und berichtete ihnen von unseren Maßnahmen sowie von den Schwierigkeiten, die noch vor uns lagen. Sie glaubten mir. Ich habe mich immer bemüht, meine Versprechen zu halten. Besonders in dieser schweren Zeit, als die „große Heimat" zerfiel, musste man jedes Wort genau abwägen und auch auf den Tonfall beim Gespräch mit den Menschen achten. Bei allen waren die Nerven zum Zerreißen gespannt.

Manchmal erinnere ich mich daran, dass die Menschen zunächst schrieen und tobten und erst dann langsam den Erklärungen zuzuhören begannen. Wenn die Menschen dann verstehen, wo das Problem liegt und was wir dagegen unternehmen, beruhigen sie sich allmählich wieder. Und irgendwer ruft aus der Menge heraus: „Herr Nasarbajew, haben Sie vielleicht eine Zigarette?" Obwohl ich selbst nicht rauche, hatte ich für solche Fälle immer eine Schachtel Zigaretten dabei. Später nahm ich dann eine größere Menge Zigaretten mit, um sie dann während der Gespräche zu verteilen. Ich kann mich noch an den kuriosen Fall erinnern, als die Zigaretten in Metern verkauft wurden, weil in der Fabrik das Papier für Schachteln fehlte. Das klingt zwar komisch, aber was sollte man tun? Manchmal kann die Verteilung von Zigaretten die Stimmung etwas auflockern, und sogar noch zu einem konstruktiven Dialog führen.

Um Löhne, Renten und staatliche Beihilfen auszahlen zu können, mussten wir Geld aus Russland ankaufen. Bis zur ersten Hälfte des Jahres 1992 wurden uns die Gelder von der Russischen Zentralbank kostenlos zur Verfügung gestellt. Aber als wir das Budget verteilt hatten, mussten wir Rubel ankaufen. Doch da die Mittel für den Ankauf von Geldern in Kasachstans Haushalt nicht ausreichten, machte sich der Mangel an Bargeld im Land sofort bemerkbar. Wir nahmen Rubelschulden (sozusagen einen Kredit) auf, dann präsentierte uns Russland die Verschuldung von 1,5 Mrd. US-Dollar. Einige Jahre später konnten diese Schulden allein durch die Zahlungen beglichen werden, die wir für die Nutzung des Weltraumbahnhofes Baikonur erhielten.

Das Zahlungssystem funktionierte nur über einen einzigen Kanal, das Korrespondenzkonto der Nationalbank Kasachstans in Moskau. Kasachstan Staat schickte seine Zahlungsunterlagen an die Nationalbank in Alma-Ata, weil damals die Geschäftsbanken keine Konten in einer ausländischen Bank eröffnen konnten. Es gab zwar innerhalb des Landes mittlerweile 200 Geschäftsbanken, aber diese waren nur sehr klein. Keine von ihnen hatte in Moskau oder in den anderen Unionsrepubliken eine Vertretung. Sie unterhielten noch nicht einmal Korrespondenzkonten bei den Moskauer Geschäftsbanken. Da diese Verbindungen fehlten, kamen die Zahlungen zwischen Moskau und Kasachstan fast vollständig zum Erliegen. Mitunter betrug die Laufzeit für Zahlungen und Überweisungen mehr als ein halbes Jahr. Der während mehrerer Jahrzehnte funktionierende Zahlungsmechanismus war urplötzlich außer Kraft. Sämtliche Überweisungen lasteten auf der Kasachischen Staatsbank, die nicht dazu bereit war, alle Rechnungen zwischen den Unionsrepubliken sowie alle internationalen Rechnungen zu begleichen.

Aber das Leben ging weiter. Es wurden weiterhin Ausrüstungen und Waren geliefert und die unbezahlten Rechnungen wurden immer mehr. Bei der Hauptfiliale der Staatsbank gingen tonnenweise Bitten um Überweisungen aus ganz Kasachstan ein, aber es war schwer, diese Flut zu bewältigen. Alle zwischenstaatlichen Rechnungen aus den Republiken der ehemaligen UdSSR waren in Rubel ausgestellt, aber die gesamte Geld- und Kreditpolitik lag in den Händen der Russischen Zentralbank und des russischen Finanzministeriums.

Neben den wirtschaftlichen Zahlungen saß Moskau auch auf dem gesamten sowjetischen Sparkassensystem. Alle von den Bürgern bei der Sparkasse getätigten Einlagen wurden von der Zentralen Sparkasse der UdSSR verwaltet. Das heißt, dass die Gelder, die wir bei der Sparkasse anlegten, sofort nach Moskau überwiesen wurden. Wollte jemand über seine Ersparnisse verfügen, wurde die Summe aus Moskau angefordert. Deshalb musste den Menschen, die ihre Spareinlagen verloren hatten, erklärt werden, dass das von den Sparbüchern verschwundene Geld in Moskau lag und nicht an Kasachstan zurückgezahlt wurde. Die kasachstanische Regierung trifft hier keine Schuld. Obwohl diese Gelder von Moskau nicht zurückerstattet wurden, mussten wir trotzdem diese Schulden gegenüber den Bürgern begleichen.

Die russischen Reformatoren

Da wir ein Teil der Sowjetunion waren, konnten wir den Ereignissen in Moskau nicht teilnahmslos zusehen. Schon vor dem Putsch im August 1991 war der Widerstand der sowjetischen und der russischen Regierung an seine Grenzen gestoßen. Die Baltischen Republiken und die Ukraine gossen noch Öl ins Feuer, als sie sich weigerten, Steuern an die Sowjetunion zu zahlen und begannen, eigene Wirtschaftsprogramme zu erarbeiten. Außerdem machten sich in den Ministerien und Behörden Uneinigkeit und Wankelmut breit. Es gab keine einheitlichen Mechanismen und koordinierte Arbeit mehr.

> *„Unmittelbar vor dem Zerfall der Sowjetunion waren die Valuta-Auslandsschulden auf 76 Mrd. US-Dollar und die Inlandsschulden auf 5,6 Mrd. US-Dollar gestiegen. Die Verschuldung betrug nach dem Clearing 29 Mrd. US-Dollar. Die Goldvaluta-Reserven waren merklich geschrumpft. Erstmals seit dem Bestehen der Sowjetunion betrug der Goldvorrat weniger als 300 Tonnen (289,6 Tonnen am 1. Januar 1992). Die fehlenden Zahlungen aus dem zentralisierten Export, die für die Zahlung der zentralisierten Imports und zur Tilgung der Auslandsschulden erforderlich waren, betrugen in den ersten 10 Monaten des Jahres 1992 10,6 Mrd. US-Dollar. Um dieses Defizit auszugleichen, verkaufte die letzte Sowjetregierung einen Teil der Goldvorräte in Höhe von 3,4 Mrd. US-Dollar und setzte außerdem die Valuta aus den Betrieben, Organisationen und Behörden in Höhe von 5,5 Mrd. US-Dollar, die von der Außenhandelsbank der UdSSR verwaltet wurden, dafür ein.*
> *Die ehemaligen Sowjetrepubliken gingen dazu über, Ersatzzahlungsmittel (Gutschei-*

> ne, Marken, Mehrfachgutscheine usw.) einzuführen. In verschiedenen Fällen (in der Ukraine, in Estland, in Lettland und in Litauen) bereitete man auch schon die Einführung einer eigenen Währung vor. So wurde die im Umlauf befindliche Geldmenge vergrößert und auf dem Gebiet Russlands emittiert, was die Finanzlage noch komplizierter machte.
>
> Das Defizit betraf aber auch sämtliche Waren. Die Proportion zwischen den Spareinlagen der Bevölkerung und den Warenvorräten (das Fünffache im Vergleich zu 1970 und mehr als das Doppelte im Vergleich zu 1985) verschlechterte sich. Die Warenvorräte im Einzelhandel schrumpften immer mehr.
>
> Durch die vollständige Lähmung aller Branchen und der Verwaltung brach die Lebensmittelversorgung praktisch zusammen. So beliefen sich 1992 die Ressourcen an Getreide auf etwa 3 Mio. Tonnen (ohne Import), der Lebensmittelbedarf des Landes jedoch auf mehr als 5 Mio. Tonnen im Monat.
>
> Zu dieser Zeit lagen Schiffe mit importiertem Getreide im Hafen, die nicht entladen wurden, weil Valuta für die Bezahlung des Transports und der Fracht fehlten. Kredite wurden nicht gewährt, weil der Ruf der ehemaligen Sowjetunion als erstklassiger Kreditnehmer im Laufe der vorhergehenden Jahre vollständig ruiniert worden war.
>
> Überall in den Städten wurden Lebensmittelkarten eingeführt. Alle Grundnahrungsmittel wurden rationiert: Fleischprodukte, tierische und pflanzliche Fette, Graupen, Eierteigwaren, Zucker, Salz, Streichhölzer, alkoholische Getränke, Käse, Milchprodukte, Tabakwaren, Back- und Konditoreiwaren usw.
>
> In den meisten Fällen wurden die Waren gegen Ende des Jahres 1991 etwa wie folgt rationiert: pro Person und Monat 1 kg Zucker, 0,5 kg Fleischprodukte (einschl. Halbfertigprodukte), 0,2 kg tierische Fette. Selbst diese Mengen konnten mit den vorhandenen Vorräten nicht sichergestellt werden, weil die Versorgung nicht gewährleistet werden konnte, Lebensmittelkarten wurden monatelang nicht geliefert, man musste stundenlang für die Waren Schlange stehen..."
>
> Quelle: „Abriss über die Wirtschaftspolitik im postkommunistischen Russland (1991–1997), 1998, (http://www.iet.ru/publics/1000/1000.html)

Vor dem Hintergrund des immer schwächer werdenden Staatsapparates zeigte sich die Regierung der RSFSR sehr energisch. Trotzdem fehlte die innere Geschlossenheit. Das zeigten die Ereignisse im Herbst 1993 und der erste Krieg in Tschetschenien 1994. Auf der Welle des Populismus und der Demagogie des Obersten Sowjets der RSFSR kamen Politiker und Wirtschaftsfachleute unterschiedlichster Strömungen in die russische Regierung. Hier konnte man auf glühende Verfechter des Monetarismus treffen, die auf den „unsichtbaren Arm des Marktes" schworen. Aber auch Nationalisten waren hier zu finden, die glaubten, dass Russland seine frühere Kraft zurückgewinne, wenn es sich von den „am Tropf hängenden" Republiken löst, die „der Wirtschaft eine zusätzliche schwere Last aufbürden, die die Möglichkeiten [Russlands] für eine sozialökonomische Wiedergeburt unterminieren".

Zudem sind aus der Vielzahl der Strategien und Programme aus dieser Zeit, derer sich die Moskauer Wissenschaftler bis zum heutigen Tage rühmen, zwei mit einander konkurrierende Programme hervorzuheben: „Das 500-Tage-Programm" einer Gruppe um Grigori Jawlinski und „Die Strategie Russlands in der Epoche des Übergangs" von Jegor Gaidar, dass dann später umbenannt wurde in „Programm 91".

Mit dem „500-Tage-Programm" wurde in der heute ehemaligen UdSSR zum ersten Mal das Recht auf Privateigentum eingeführt. Das Programm erkannte das Recht auf freie wirtschaftliche Tätigkeit, auf Erhöhung des Einkommens und auf soziale Sicherheit an. Zur Basis der Ökonomie wurde der Unternehmer erklärt. Das Recht der Republiken auf wirtschaftliche Unabhängigkeit wurde anerkannt. Erstmalig wurde auch der Begriff vom einheitlichen Wirtschaftsraum eingeführt.

Das Programm von Jawlinski wies einige grundsätzlich andere Charakteristika auf, denn es war auf die Erhaltung der Sowjetunion gerichtet. Die wirtschaftliche Unabhängigkeit der Sowjetrepubliken wurde anerkannt, deren Wechselbeziehungen sollten auf gleichberechtigten Beziehungen zwischen der Zentrale und den Republiken basieren. Es wurde der Erhalt einer einheitlichen Währung vorgeschlagen, währenddessen der gesamtstaatliche Haushalt auf Grund des Bruttosozialprodukts pro Kopf berechnet werden sollte.

Die Ideen und der Optimismus, die in diesem Programm lagen, haben Kasachstan in vielen Punkten imponiert. Unter Berücksichtigung der innenpolitischen und der wirtschaftlichen Lage befürwortete ich eine Umwandlung der Union in einen Staatenbund aus selbstständigen Republiken. Gerade zum Thema der weitgehenden Selbständigkeit hatten wir noch vor Veröffentlichung des Programms viele Ideen zur Zusammenarbeit mit dem Zentrum eingebracht. Grigori Jawlinski selbst wurde zum stellvertretenden Vorsitzenden der russischen Regierung ernannt. Außerdem hatte ich ihn zu meinem Wirtschaftsberater gemacht. Die Arbeit seines Teams mit dem Ministerialkabinett der Kasachischen SSR in den Jahren 1991 und 1992 hat Früchte getragen. Das waren Profis. Sie haben uns wirklich geholfen, in dem allgemeinen Chaos einen Neuanfang zu starten.

Das vom Institut für Wirtschaftspolitik von J. Gaidar ausgearbeitete Programm setzte von Anfang auf die politische und wirtschaftliche Unabhängigkeit Russlands von den anderen Republiken. Selbstsicher begründete das Team um Gaidar seine Argumente damit, dass Russland der „Spitzenreiter bei der Reformierung der Wirtschaft auf dem Gebiet der ehemaligen Sowjetunion" sei und dass selbständige, schnelle und vollwertige Reformen erforderlich seien, „denen sich später keine andere Republik mehr anschließen" könne.

Sie siedelten die Interessen der wirtschaftlichen Entwicklung Russlands ganz offen über denen der Sowjetunion an. Natürlich konnte eine solche Politik nicht ohne die Unterstützung von B. Jelzin möglich sein.

Denn es war ja von Anfang an klar, dass Russland eine eigenständige Geldpolitik, eine eigene Nationalwährung und seine eigene Preis-, Steuer- und Haushaltspolitik haben sollte.

Ihrer Meinung nach hatten Prinzipien und Mechanismen der existierenden, wie auch der vorgeschlagenen Beziehungen innerhalb der Union keine Perspektive. Durch eigenständige Reformen konnte man die Probleme zwischen den Republiken und den komplizierten Prozess der Interessenvereinbarung der einzelnen Republiken ignorieren. Die Bestrebungen Kasachstans, die Union auf der Grundlage eines Staatenbundes zu erhalten, wurde als eine Möglichkeit betrachtet, „die eigene Wirtschaft auf Kosten Russlands wieder aufzubauen."

> *„Einfacher gesagt entsprach das Schema eines ‚Wirtschaftsverbundes bei sofortiger politischer Unabhängigkeit' den Interessen der anderen Republiken. Im Grunde genommen bedeutete das eine Vergesellschaftung der russischen finanzwirtschaftlichen Ressourcen bei gleichzeitiger Privatisierung des politisch-rechtlichen Erbes der Sowjetunion. Den russischen Interessen kam das Schema ‚der schnellen Erlangung der wirtschaftlichen Unabhängigkeit bei gleichzeitiger Erhaltung der politischen Union während der Übergangsperiode' sehr entgegen.*
>
> *Die ursprüngliche politische und ökonomische Logik in dieser Phase der historischen Entwicklung machte Russland zum Spitzenreiter bei der Reform der Wirtschaft auf dem Gebiet der ehemaligen UdSSR. Russland verfügt über einen beträchtlichen Teil des Exportpotentials der ehemaligen UdSSR und daher kann nur Russland die Verantwortung für die Auslandsschulden tragen. Und Russland gestattet wiederum, Anspruch auf die Goldvaluta-Guthaben, auf im Ausland befindliches Eigentum und auf die Außenstände der Sowjetunion aus dem Ausland zu erheben. Dadurch wurde Russland natürlich ein führender Partner der westlichen Staaten und internationaler Finanzorganisationen.*
>
> *Russland verfügt über einen sehr großen Binnenmarkt und über ein Potential von Exportressourcen, deren Erlöse leicht zur Entwicklung des Landes genutzt werden können. So werden andere Republiken, die größtenteils nicht solche Möglichkeiten haben, außenpolitisch an Russland gebunden. Letzten Endes kontrolliert Russland die grundlegenden Komponenten der zwischen den Republiken bestehenden Produktionsinfrastruktur und verfügt über die materiellen und personellen Voraussetzungen für eine Verwaltung des Verkehrs-, Kommunikations- und Energiesystems.*
>
> *Das Programm des Institutes für Wirtschaftspolitik von Gaidar hatte ursprünglich eine Einschränkung der Umverteilung der Ressourcen aus Russland ausschließlich durch eine direkte Finanzierung der Armee, des Außenministeriums und anderer Strukturen der Union vorgeschlagen sowie eine Kontrolle des Geldumlaufs beim Übergang des Rubels zur konvertierbaren Währung. Weiterhin wurde gefordert, dass der Rubel als Nationalwährung Russlands gestärkt werden soll."*
>
> Quelle: „Abriss über die Wirtschaftspolitik im postkommunistischen Russland (1991 – 1997), 1998
> [http://www.iet.ru/publics/1000/1000.html]

Im Gegensatz zu Jawlinski, der eine schrittweise Entwicklung von Marktbeziehungen bei einer phasenweisen Privatisierung und Demonopolisierung und erst danach eine Liberalisierung der Wirtschaft vorgeschlagen hatte, sah das Programm von Gaidar „eine umfassende Preisliberalisierung bei gleichzeitiger Einbeziehung eines starken Mechanismus zur makroökonomischen Stabilisierung" vor, dessen Hauptelement die Einführung einer russischen nationalen Währung wäre, was die Verbindung zu den nichtrussischen Geldquellen kappen würde.

Die Sichtweise von Gaidar und seinem Team bezog sich auf den damals populär gewordenen „Neoliberalismus". Dazu jetzt ein kurzer Diskurs: Der Neoliberalismus ist die führende Ideologie, die eine globale Herrschaft für sich beansprucht und wurde mit dem Machtantritt von Margaret

Thatcher in Großbritannien und Ronald Reagan in den USA und der so genannten „Rückkehr der Rechten" populär. In dieser Zeit erlebten die westlichen Industrieländer eine Krise aufgrund des niedrigen Wirtschaftswachstums und der hohen Inflation. Die Probleme in der Wirtschaft wurden in der fehlenden Effektivität des Staates gesehen und in der Notwendigkeit, die Idee von einem „Wohlstandsstaat" aufzugeben. In diesem Zusammenhang schlugen die Rechten das Prinzip vor: „weniger Staat, mehr Markt". Mit anderen Worten, der Markt verstand sich als System, das sich selbst und ohne Einmischung des Staates reguliert. Wenn die Selbstregulierung des Marktes nicht gestört wird, ergibt sich alles von allein.

Nach Tests einiger dieser Reformen wurde die Idee vom Neoliberalismus von internationalen Finanzinstituten und im Rahmen finanzieller Hilfen auf die Entwicklungsländer in Afrika und Lateinamerika übertragen. Im Zusammenhang mit den Anleihen an diese Länder war die Annahme eines Rezept-Paketes eine der Bedingungen für die Zahlung dieser Anleihen: Es enthielt Privatisierung, Umstrukturierung, Optimierung und eine deutliche Abkehr von der staatlichen Regulierung der Wirtschaft.

Der Gerechtigkeit halber muss angemerkt werden, dass die Effektivität dieser Empfehlungen von Land zu Land verschieden war. So konnte in den Ländern in Afrika und Lateinamerika, die von einer staatlichen Regulierung der Wirtschaft abgegangen waren und wirtschaftliche Freiheit gewährten, kein akzeptables Niveau der sozialen und wirtschaftlichen Entwicklung in den Regionen erzielt werden. Dagegen konnte eine aktive Einflussnahme des Staates auf die Wirtschaftssubjekte in Europa, Nordamerika und im Nahen Osten den Menschen in diesen Ländern auf der Grundlage eines raschen Wirtschaftswachstums ein relativ gutes Leben sichern.

Anfang der 90er Jahre konnte das ideologische Vakuum, das durch den Zerfall der UdSSR entstanden war, durch den Neoliberalismus recht schnell gefüllt werden. Auch die Staaten des ehemaligen Ostblocks, die sich in einer Wirtschaftskrise befanden, sahen in der Idee des Liberalismus ein Allheilmittel für ihre Probleme. Der Erfolg der praktischen Umsetzung des Konsenses von Washington bestand in erster Linie darin, dass er von den führenden Finanzorganisationen wie dem IWF, der Weltbank, des Büros für Internationale Entwicklung in den USA oder der Interamerikanischen Entwicklungsbank – alles Organisationen, die faktisch von den USA kontrolliert werden – unterstützt wurde. Angesichts dieser Tatsache und aus verschiedenen anderen Gründen (Abhängigkeit von den Anleihen des IWF, fehlende Erfahrung und Kenntnisse usw.) wurden die Empfehlungen des Konsenses von Washington von diesen Ländern sehr unterschiedlich aufgenommen.

Durch die Übernahme dieser Ideologie durch die Politiker einiger Länder, vor allem Russlands, wurden die Reformen intensiviert. Das Flaggschiff der neoliberalen Reformen im postsowjetischen Raum bildeten die so genannten „Chicago Boys", junge Liberale , darunter auch Gaidar, die an der Universität von Chicago, einer Art „Kaderschmiede des Neoliberalismus", ausgebildet worden waren. Dabei hielten sie klar an der Position der Exegeten der neoliberalen Doktrin, Friedrich von Hayek und Milton Freedman fest, die der Fähigkeit zur Selbstregulierung und einer inhärenten Stabilität des Marktmechanismus anhingen, der nur durch Einmischung des Staates gestört werden kann.

Am 12. Juni 1990, mehr als ein Jahr vor dem Zerfall der UdSSR, hatte Russland bereits seine Unabhängigkeit erklärt. Von wem? Von der UdSSR und den anderen Unionsrepubliken. Und von wem noch? Das war der Anfang des Zerfalls eines großen Landes. Im Juni 1992 ernannte der Erste Präsident Russlands, Boris Jelzin, seinen Wirtschaftsberater Jegor Gaidar zum Vorsitzenden der Regierung der Russischen Föderation. So lag letztendlich der Fokus auf einer politischen und wirtschaftlichen Selbständigkeit Russlands. Der nächste Schritt sollte die Bestätigung Gaidars im Amt des Premierministers sein. Hierfür war die Unterstützung der Abgeordneten des Obersten Sowjets erforderlich. Jedoch war die Lage in Russland so katastrophal, dass der Oberste Sowjet Russlands die Kandidatur Gaidars nicht bestätigte; Ende des Jahres 1992 wurde letztendlich Viktor Tschernomyrdin zum Premierminister ernannt.

Sofort nach seiner Ernennung kam der neue Premierminister nach Almaty. Unser Gespräch verlief freundschaftlich und dauerte über zwei Stunden. Er beriet vieles mit mir. Dieses Gespräch, das muss ich zugeben, flößte mir etwas Optimismus hinsichtlich des Erhalts der Rubelzone ein. Aber leider wurden meine Erwartungen nicht erfüllt.

Die wirtschaftliche Situation verschlechterte sich in dieser Zeit weiter. Die von der Führung Russlands am 1. Januar 1992 eingeführte Preisfreigabe trug bereits erste „Früchte". Kasachstan war aufgrund seiner flexiblen Position bemüht, eine Preisfreigabe zu vermeiden und die Verabschiedung einer solchen Maßnahme zur Vermeidung von negativen Folgen auf jeden Fall zu verschieben. Denn Kasachstan unterhielt ja viele wirtschaftliche Beziehungen zu Russland. Doch die Bedingungen forderten ihren Tribut und auch wir waren gezwungen die Preise freizugeben, allerdings konnten die Grundnahrungsmittel teilweise hiervon ausgenommen werden. Das war eine eng begrenzte Liste. Andernfalls hätten Missverhältnisse bei den Preisen ein Defizit an Waren zu Festpreisen zur Folge gehabt, was zu einer noch höheren Belastung des Budgets geführt hätte. Doch wir wussten auch, dass eine stufenweise Preisfreigabe aufgrund der Inflationserwartungen gefährlich war. In so einer Situation konnte man nicht auf eine Stabilisierung der Wirtschaft hoffen.

Ein Beispiel für diesen Zickzackkurs in der Wirtschaftspolitik war die Russische Zentralbank, deren Aufgaben nicht klar umrissen waren, was zu einer doppelten Abhängigkeit sowohl von der Regierung als auch vom Obersten Sowjet führte. In dieser Situation konnte die russische Regierung ihre Politik nicht auf die wirtschaftliche Stabilisierung ausrichten. Zusätzlich lasteten auf der Russischen Zentralbank auch noch sämtliche Aufgaben der Staatsbank der UdSSR. Und die Geldemission sowie die Geldversorgung aller Unionsrepubliken waren nur durch Russland möglich. Russland verteilte das Geld nicht entsprechend dem Bedarf der Republiken, sondern nach eigenem Ermessen. Unter den Bedingungen der Hyperinflation wuchs der Bedarf an Bargeld proportional zum rasend schnellen Preisanstieg. Trotz der verzögerten Indizierung der Auszahlungen aus dem Budget durch das kasachische Ministerkabinett wuchs die Verschuldung wegen fehlenden Bargeldes lawinenartig; das betraf auch die festgelegten Löhne und Renten.

Die unberechenbare russische Wirtschaftspolitik verschärfte die Doppelherrschaft noch mehr, die aufgrund der Konfrontation zwischen dem russischen Präsidenten und der russischen Regierung einerseits und dem Obersten Sowjet andererseits entstanden war. Moskau gab sowohl Russlands Regionen als auch den anderen Unionsrepubliken widersprüchliche Signale.

Wir stießen bei der Versorgung mit Geld auf große Schwierigkeiten und mussten daher jedes Mal nach Moskau fahren und Bargeld „herausschlagen", damit wir den Menschen die Löhne auszahlen konnten, von den allgemeinen wirtschaftlichen Bedürfnissen ganz zu schweigen. Diese Reisen fanden den ganzen Sommer und den Herbst 1992 über statt.

Als ich früher für eine Erhaltung der einheitlichen Rubelzone eingetreten war, sah Kasachstan genauso wie die anderen Staaten darin vor allem ein Instrument zur Erhaltung der regionalen finanziellen Stabilität und der Unterstützung der trotz allem noch funktionierenden

Wirtschaftsbeziehungen zwischen einzelnen Betrieben als auch auf zwischenstaatlicher Ebene der Rubelzone. Aber im Juli 1992 führte das Team um Gaidar in der Regierung und bei der Russischen Zentralbank den bargeldlosen Zahlungsverkehr zwischen den Teilrepubliken Russlands ein. Grund für den bargeldlosen Zahlungsverkehr war die Eröffnung von Korrespondenzkonten durch die Zentralbanken der Staaten der Rubelzone bei der Russischen Zentralbank. Der Zahlungsverkehr über diese Konten wurde außerdem auf technische Kredite beschränkt. Bei fehlender Tilgung wurde der Verrechnungssaldo als Staatsschuld dieses Landes gegenüber Russland betrachtet. Das war ungerecht. Es herrschte „das Recht des Stärkeren", während den anderen nichts weiter übrig blieb, als ihrerseits Knebelbedingungen zu stellen. Hierfür mussten wir große Summen zahlen. Nach dieser Umstellung führten einige Länder wie Weißrussland, Moldawien und die Kaukasusrepubliken wegen der Schwierigkeiten bei der Bargeldversorgung in Rubel eine eigene Währung oder Ersatzzahlungsmittel ein.

Eine weitere „Besonderheit" der Wirtschaftspolitik dieser Zeit bestand darin, dass der bargeldlose Zahlungsverkehr ohne Zustimmung der anderen Staaten der Rubelzone beschlossen und zehn Tage vor seinem Inkrafttreten verkündet worden war. Möglicherweise hatte das russische Finanzsystem auch schon irgend etwas geahnt, doch der Plan zur Verrechnung zwischen den Wirtschaftseinheiten der Staaten führte zu einer Laufzeit der Zahlungen bis zu einem halben Jahr, zum Verlust von Papieren und zur Verbreitung gefälschter Zahlungsanweisungen. Das war für uns ein erstes Alarmzeichen dafür, ernsthaft darüber nachzudenken, ob eine Beteiligung unseres Landes an dieser uneffektiv funktionierenden Rubelzone sinnvoll war.

Trotz aller Schwierigkeiten, die wir mit Russland hatten, fiel es uns nicht leicht, die Beteiligung an einem einheitlichen Währungsraum abzulehnen, denn die Aktivitäten fast aller unserer Betriebe der Rohstoff fördernden und der Rohstoff verarbeitenden Industrie waren an den Rubel gebunden. Wir wollten ja auch die langjährigen Beziehungen zwischen uns nicht urplötzlich abbrechen. Außerdem waren zur Einführung einer eigenen Währung Zeit und beträchtliche Geldmittel notwendig. Ich denke noch daran, als zur Gründung der GUS, nach der Versammlung in der Beloweschsk, alle Staatsoberhäupter der GUS und damit auch Russlands feierlich versprachen, dass alle in der Rubelzone bleiben können, bis die Zeiten besser sind, und dass sich nichts daran ändern wird.

Neben dem wirtschaftlichen Faktor war der menschliche Faktor von noch größerer Bedeutung. Viele Kasachstaner (übrigens nicht nur russischer Abstammung) haben in Russland Familie, Verwandte und Freunde. Und natürlich bedeutete der Zerfall der Sowjetunion für diese Leute keineswegs den Abriss ihrer Beziehungen. Wir wollten nicht ganz mit Russland brechen, aber Russland wollte das nicht verstehen. Wir stießen bei den Beamten in den Schlüsselpositionen des russischen Wirtschaftsblocks in immer größerem Maße auf Unverständnis für unsere Probleme und für die von uns vorgeschlagenen Lösungen.

> „Der erste Schritt zur Auflösung der Rubelzone und zur Durchsetzung eines russischen Währungs- und Devisensystems – die Einführung des bargeldlosen Zahlungsverkehrs durch die Eröffnung von Korrespondenzkonten der Zentralbanken der Sowjetrepubliken bei der Russischen Zentralbank – erfolgte im Juli 1992. Jedoch dauerten die anderen Maßnahmen länger. Erst ab April 1993 wurden den Staaten der GUS keine so genannten technischen Kredite für den Handel mit Russland mehr gewährt. So äußerte sich der politische

> *Realismus, denn in der Praxis brauchte die Verteilung von Geldern wesentlich mehr Zeit als zuerst angenommen, denn sie erfolgte unter großen Schwierigkeiten und in mehreren Abschnitten. Dies hing in vielen Bereichen mit dem mächtigen Lobbyismus für den Erhalt der Rubelzone zusammen, der von den Industriellen in Russland und den anderen Unionsrepubliken der UdSSR, von den Regierungen dieser Republiken sowie von einem breiten Spektrum russischer Politiker von Ruzki bis Jawlinski vertreten wurde. Leider gehörten anfangs auch solche angesehenen Organisationen wie der Internationale Währungsfonds, die Europäische Kommission ... zu den Fürsprechern der Rubelzone.".*
>
> Quelle: „Abriss über die Wirtschaftspolitik im
> postkommunistischen Russland (1991 – 1997), 1998
> [http://www.iet.ru/publics/1000/1000.html]

Tatsächlich war auch Kasachstan für eine Erhaltung der Rubelzone eingetreten, wenn auch nur kurzzeitig. Wir gehörten damals auch zu den „Industriellen und Lobbyisten aus den anderen Unionsrepubliken", von denen die Anhänger Gaidars sprachen, denn wir wussten, dass Tausende Betriebe hinter uns standen, beispielsweise das Kombinat KarMet, Kaszwetmet, Karugol u.a., die ohne Arbeit und ohne Geld gewesen wären.

Die Verhandlungen mit der russischen Regierung, insbesondere mit dem Reformflügel (Gaidar, Schochin, Fedorow, Schachrai u. a.), der schließlich 1992 gegründet wurde, waren kompliziert. Viele von ihnen waren ob der „großen Zukunft" eines freien Russlands noch immer euphorisch. Bei den vielen Verhandlungen äußerten sie offen, dass es für Russland von Vorteil sei, „Ballast" abzuwerfen, und zwar in Gestalt des Subventionsempfängers Kasachstan. Wir könnten sowieso nichts anders tun, als irgendwann zu ihren Bedingungen „angekrochen zu kommen" – ohne politische Garantien, ohne politische Selbständigkeit. Unsere „Rückkehr auf Knien" sollte der Weg sein, die Sowjetunion wieder zu vereinen, aber zu Russlands Bedingungen. Das war mehr als eigenartig, wenn man bedenkt, dass sie sie ja selbst zerstört hatten.

Selbst als Gaidar aus dem Amt des russischen Regierungschefs ausschied, hatte das keinen Einfluss auf den Kurs Russlands. Das Jahr 1993 brach an, das schwerste Jahr für Kasachstans Wirtschaft.

Im Jahr 1992 war die Verteilung der Barmittel aus Russland mehr oder weniger proportional unter den Republiken der Rubelzone erfolgt, doch 1993 begannen die Verantwortlichen des russischen Wirtschaftsblocks, die Barmittel für Kasachstan zurückzuhalten und so die sozialpolitische Lage in Kasachstan direkt oder indirekt zu beeinflussen. Im Frühjahr kamen die Zahlungen völlig zum Erliegen. Im Mai 1993 beschloss die russische Regierung für alle Staaten der GUS einen völligen Zahlungsstopp für die technischen Kredite.

Außerdem begann die Russische Zentralbank fast gleichzeitig mit der Einführung des bargeldlosen Zahlungsverkehrs im Jahr 1993 mit dem Druck neuer Banknoten. Und es begannen der Umtausch und die Einführung der neuen Banknoten bis nach Sibirien und bis in den Fernen Osten. Während der Verhandlungen wurde uns von russischer Seite versichert, dass beim Druck der neuen Banknoten – sowohl Bargeld als auch die Valuta der Rubelzone – die Interessen Kasachstans mit berücksichtigt würden und dass es keinen gleichzeitigen Umtausch der alten sowjetischen Banknoten (von 1961–1992) durch Einziehung geben werde. Man hatte uns außerdem versichert, dass der laufende Bedarf an Banknoten in Kasachstan und den anderen Staaten der Rubelzone der UdSSR angeblich besser befriedigt werden und dass die alten Banknoten bei der Bildung einer Rubelzone in Noten der Russischen Zentralbank umgetauscht würden.

Trotz der Versprechungen, die mir Viktor Tschernomyrdin während des Weltwirtschaftsforums in Davos im Januar 1993 machte, hatte Russland an Kasachstan immer noch keine neuen Banknoten ausgegeben. Das verschärfte die Lohnschulden noch mehr, denn die Kapazitäten der Druckerei Gossnak waren durch den Druck der neuen russischen Banknoten total ausgelastet.

Im Juni 1993 waren die Verhandlungen mit der russischen Regierung über die Schaffung einer Rubelzone endgültig in der Sackgasse stecken geblieben. Letzten Endes wurden die Ablehnung des alten Konzepts der Rubelzone und die Erarbeitung eines neuen Papiers beschlossen. Doch das kam etwas unerwartet, jedenfalls passte es nicht zu den vorherigen Vereinbarungen. Trotz einer Sondervereinbarung, wonach ein Land, das beabsichtigt, aus der Rubelzone auszutreten und eine eigene Währung einzuführen, verpflichtet ist, hierüber die anderen Republiken in Kenntnis zu setzen, hatte Russland am 1. Juli 1993 faktisch mit der Einführung einer eigenen nationalen Währung begonnen, nämlich der neuen Rubelscheine und -münzen, die angeblich für die Verwendung in der gesamten Rubelzone eingeführt wurden.

Ich erinnere mich noch an den 29. Juni, einen Samstagmorgen, als Viktor Tschernomyrdin mich anrief und mich mit dieser Mitteilung vor vollendete Tatsachen stellte. Gleichzeitig gab Russland eine Erklärung ab, wonach innerhalb von zwei Wochen Sonderverhandlungen über die Prüfung prinzipieller und technischer Fragen eines gemeinsamen Währungssystems stattfinden sollten, das auf der Verwendung des Rubels basieren sollte, der ja bereits die Nationalwährung Russlands war. Russland war bereit, eine Vereinbarung über praktische Maßnahmen zur Gründung einer neuen Rubelzone zu treffen und diese Vereinbarung anschließend in den Parlamenten der Staaten zu ratifizieren, die daran interessiert waren.

Im Grunde genommen hatte uns Russland genau denselben Manipulierungsmechanismus mit Bargeld-Rubeln als Lockmittel angeboten, doch jetzt wären wir bereits von der russischen Nationalwährung abhängig gewesen. Dieser Schritt erschütterte unser Vertrauen in die Führung Russlands stark und der Schatten des „monetären Verrats" wird noch lange über unseren Beziehungen hängen.

Obwohl innerhalb der GUS ein Vertrag über die Erhaltung der Rubelzone bis zur Einführung eigener Währungen in den einzelnen Staaten unterzeichnet wurde, hatte Russland von Anfang an versucht, die ehemaligen Sowjetrepubliken aus der Rubelzone herauszudrängen. Ich fand und finde es heute noch absolut ungerecht. Wir hatten Russland vertraut und an unsere gutnachbarlichen Beziehungen geglaubt. Für Kasachstan war dieser Schritt ein Schock, denn 30% der Bevölkerung waren Russen, und Kasachstan hatte sehr enge Beziehungen mit Russland. Um die weitere Entwicklungspolitik festzulegen, tat ich alles Notwendige zur Stärkung unserer Beziehungen.

Ich möchte kurz abschweifen. Wir sprechen jetzt im einheitlichen Wirtschaftsraum GUS und im Eurasischen Wirtschaftsraum von einem gemeinsamen Markt und einer soliden Integration unserer Länder. Die letzte Phase einer solchen Integration muss die Einführung einer äquivalenten oder einheitlichen Währung sein. Eigentlich wollen wir dahin zurückkehren, wo wir begonnen haben, zu einer einheitlichen Währungszone. Eine solche Währungszone hätte noch in den

Jahren 1991-1992 gebildet werden können. Sie hätte die Grundlage für unsere gemeinsame Entwicklung und für eine Erhöhung der weltweiten Wettbewerbsfähigkeit der gesamten Region sein können. Aber die ehemaligen Sowjetrepubliken hatten sich einfach nicht einigen können. Russland glaubte, es ohne alle anderen GUS-Staaten viel besser zu haben. Die unabhängigen Republiken hatten aufgehört, an den „großen Bruder" zu glauben, wahrscheinlich wegen der vielen „Besonderheiten" der russischen Wirtschaftspolitik. Meiner Meinung nach liegen darin die gegenwärtigen Schwierigkeiten Russlands in den Beziehungen mit den anderen Staaten der GUS sowie das gegenseitige Misstrauen und die Vorwürfe begründet.

Ich bin der Meinung, dass diese Beschlüsse strategisch gesehen sogar für Russland selbst falsch und ungünstig waren. Der erste Premierminister des unabhängigen Kasachstan wurde im Jahr 1991 S. Tereschtschenko. Er musste sein Amt in den für Kasachstan schwersten Jahren ausüben, während der Wirtschaftskrise, die durch den Zerfall der UdSSR verursacht worden war. Besonders beunruhigt war er zu dieser Zeit wegen des Verhältnisses der russischen Reformer untereinander. Es lief gerade die Verteilung des Eigentums, meist mit Russland. Es gab kein Geld und keine Waren. Alle Kritik entlud sich über ihm. Aber er tat wirklich alles, was in seiner Macht stand. Fast jede Woche musste er nach Russland fliegen – zu regelmäßigen Verhandlungen und regelmäßigen Enttäuschungen. Auch der Tenge wurde zu seiner Amtszeit eingeführt. Ich bin ihm heute noch sehr dankbar. Heute kann man über die Dinge sprechen, die damals nicht so recht liefen. Aber die Zeit bestimmt die Regeln.

Es dauerte genau zehn Jahre, bis die russische Regierung erkannte, dass der Weg Kasachstans bei der Durchführung der Wirtschaftsreformen erfolgreich war. Nach den letzten Einschätzungen waren die Reformen in Kasachstan entgegen den pessimistischsten Prognosen der russischen Wirtschaftsexperten sehr erfolgreich. Damals konnten sich die russischen Reformer auch nicht vorstellen, dass die führenden Wirtschaftsexperten Russlands jeden Monat zum Erfahrungsaustausch mit kasachstanischen Beamten in das ehemalige Zelinograd, das heutige Astana, kommen würden.

> *„Welche Erfahrungen bei den Wirtschaftsreformen in Kasachstan könnten interessant und nützlich für Russland sein?*
>
> *Praktisch alle Erfahrungen. Von welcher Seite aus man es auch betrachtet sind alle Erfahrungen nützlich: die Reformen in der Wohnungswirtschaft, die Bankenreformen, die Reformen im Bereich der Elektroenergie, im Staatsdienst, im Haushalt. Jetzt sind Reformen der staatlichen Verwaltung geplant. Auch das ist sehr interessant für uns. Die Gewinnung ausländischer Investitionen, die Schaffung einer Staatsreserve, die Geldpolitik der Staatsbank – die Liste ist sehr lang und die Ergebnisse, die Kasachstan erzielt hat, sind in jeder Hinsicht beeindruckend. Beeindruckend auch deshalb, weil Kasachstan und Russland in vielen Bereichen sehr ähnlich sind: Wirtschaft, Politik, die Menschen, die Geschichte, die Kultur, die Einstellung zu Wirtschaft und Business – wenn man das vergleicht, sind Ihre Erfahrung außerordentlich nützlich für uns."*
>
> Aus einem Interview mit A. Illarionow, Wirtschaftsberater der Regierung der Russischen Föderation zum Programm „Scheti kun", Astana, 31. August 2003

Aber als wir damals die Instabilität und Unberechenbarkeit der Entwicklung der politischen und wirtschaftlichen Situation in Russland erkannten, stand das junge Kasachstan vor einem Dilemma: Entweder vertrauten wir weiter unserem Nachbarn, der alles kontrollierte und nach seinem eigenen Ermessen die Bedingungen für eine einheitliche Rubelzone änderte und blieben Schuldner eines Systems, das in erster Linie russische Interessen befriedigte, oder wir taten den entscheidenden Schritt, um uns von der „Rundumsicherheit" der Rubelzone zu befreien und übernahmen mit der Einführung einer eigenen Währung selbst die Verantwortung für unsere Zukunft.

Die Wahl war schwer. Und der Entschluss nicht einfach. Es ist eine Sache, die Stabilität einer bereits eingeführten und im Umlauf befindlichen Währung zu erhalten, eine andere ist es aber, ein eigenes Finanzwesen von Null an aufzubauen. In dieser Zeit gab es nur wenige eigene Finanzinstitute und es fehlte an qualifiziertem Personal. Es mussten sofort ein Finanzministerium, eine Steuerbehörde, eine Zollbehörde und eine Staatsbank gegründet werden. Wir mussten selber lernen, einen Haushalt zu planen. Außerdem hatten wir damals noch keine eigene, auf die Verhältnisse am Markt abgestimmte Gesetzgebung. Und eben unter diesen nicht einfachen Bedingungen mussten wir grundlegende Schritte zur Lösung äußerst komplizierter Wirtschaftsprobleme unternehmen.

Logischerweise stellt sich die Frage, warum wir uns so gequält haben und nicht sofort eine eigene Währung eingeführt haben. Erstens hatte ich auf die zwischenstaatlichen Verträge und auf die persönlichen Beziehungen zur damaligen russischen Führung vertraut. In der Rubelzone gab es tausende Beziehungen zwischen Betrieben und Zulieferern und die Rubelzone hätte dazu beitragen können, die Krise schneller zu überwinden. Zweitens hatten wir keinerlei Erfahrungen bei der Einführung einer eigenen Währung. Zudem hatten wir kein Geld, um im Ausland den Druck von Banknoten in Auftrag zu geben. Eine eigene Wertpapierdruckerei gab es auch nicht. Ich bekam eine Lektion, aus der auch die künftigen Führungskräfte unseres Landes lernen sollten. Staatsoberhäupter haben keine Freunde, sondern die Interessen des Landes und des Volkes. Ein unabhängiger Staat muss auf seine eigene Kraft vertrauen und sich auf alle mögliche Schwierigkeiten einstellen. Trotz all dieser Probleme hielt ich zu dieser Zeit meine guten Beziehungen zum russischen Präsidenten B. N. Jelzin aufrecht. Gemeinsam haben wir viele Probleme der bilateralen Beziehungen gelöst, beispielsweise bezüglich des Weltraumbahnhofs Baikonur, die Aufteilung des Bodens des Kaspischen Meeres u.a. Nein, ich bin nicht verärgert über die oben genannten Beamten. Sie haben das getan, was sie für richtig für Russland hielten.

Die Einführung einer nationalen Währung

Ein unabhängiger Staat braucht eine eigene Währung. Ich hatte von Anfang an eine klare Vorstellung davon.

Im Herbst habe ich einen geheimen Ausschuss gegründet, der die Möglichkeit der Einführung einer eigenen Währung prüfen sollte. Insgesamt wussten nur sieben Personen davon, einschließlich meiner selbst. Nachdem wir mehrere Versuche unternommen hatten, um die einheitliche Rubelzone zu erhalten, begannen wir, die Einführung einer eigenen Währung vorzubereiten. Von der obersten Führung des Landes waren nur der Vorsitzende des Obersten Sowjets, S. Abdildin, der Vorsitzende des Ausschusses für Haushalt und Finanzen beim Obersten Sowjet, S. Takeschanow, der Vorsitzende der Staatsbank, G. Bajnasarow, sein Vertreter M. Tursunow und der Leiter der Abteilung Baubetriebe bei der Staatsbank, Koschumatow, in das Staatsgeheimnis eingeweiht.

Ebenso geheim war die Zusammenstellung einer Gruppe von Künstlern, die das Design der neuen Währung entwarf. Die Einmaligkeit der Situation und die neuartige Arbeit zeigten sich darin, dass die Beteiligten, ganz außergewöhnliche Leute, sich ihrer Verantwortung und der Bedeutung dieses historischen Moments sehr bewusst waren. Die Künstler M. Alin und A. Euselchanow erstellten unter der Leitung von Timur Suleimanow vier Entwürfe für das Design der Banknoten und der Münzen. Alle Varianten waren hochprofessionell und hochkreativ – einfach großartig.

Nach langen Diskussionen fiel die Wahl schließlich auf die Variante mit den Abbildungen bedeutender und historischer Persönlichkeiten Kasachstans, die viel für unser Volk und für das Entstehen eines kasachstanischen Staates getan hatten. Am Morgen der Unabhängigkeit war dies wichtig, um den Nationalstolz zu fördern. Erst mit unserer Unabhängigkeit konnten wir diese Persönlichkeiten rühmen, über die sogar nur zu sprechen unter der Sowjetmacht verboten war.

Ich kann mich sogar noch an eine Situation erinnern, als uns die Künstler zuerst vorschlugen, die Banknoten mit einem Porträt des ersten Präsidenten, also von mir, zu versehen. E. Assanbajew, T. Suleimanow und G. Bajnasarow kamen zu mir und zeigten mir den 50-Tenge-Schein mit meinem Porträt auf der Vorderseite. Erik Assanbajew sagte: „Sie, Herr Nasarbajew, sind eine historische Persönlichkeit und der erste Präsident des freien Kasachstan. Deshalb schlagen wir vor, den Tenge mit Ihrem Porträt zu versehen." Darauf habe ich geantwortet, dass die Nachkommen entscheiden werden, ob ich eine historische Persönlichkeit bin oder nicht. Ich habe mir daraus einen Spaß gemacht und habe gesagt, dass ich das nicht wollte, weil außer den Staatschefs der afrikanischen Länder sonst kein Staatschef auf den Banknoten zu sehen ist. Wir mussten alle lachen und haben diese Variante verworfen.

Jeden Abend bin ich zu dem Wochenendhaus am Stadtrand gefahren, in dem unser Team arbeitete. Wir hatten damals heftige Diskussionen wegen der Bezeichnung des Geldes. Es wurde vorgeschlagen, unsere Währung „Som", „Aksch" oder „Tenge" zu nennen. Mir persönlich gefiel die Bezeichnung „Altyn". Schließlich haben wir uns für die Bezeichnung „Tenge" entschieden. Das ist ein Begriff aus dem Mittelalter, als in den Kyptschaken-Steppen Münzen mit der Bezeichnung „Tanga" im Umlauf waren. Dazu muss man wissen, dass das russische Wort „Dengi" („Geld") und das Wort „Tenge" den gleichen Ursprung haben.

Aber außer dem Design und der Bezeichnung hatten wir noch ein anderes Problem. Kasachstan besaß damals keine eigene Wertpapierdruckerei. Wir waren also von Moskau abhängig. Nach einer Beratung mit Spezialisten beschlossen wir, diesen sehr speziellen Auftrag an ein europäisches Land zu vergeben. Die Wahl fiel auf die englischen Unternehmen Harrison & Sons und Thomas De la Rue, die in diesem Bereich sehr viel Erfahrung hatten. Uns gefielen die Qualität der Banknoten, die finanzielle Seite des Vertrages und die Diskretion. Hätten wir diesen Vertrag mit Russland abgeschlossen, wären die Kosten nicht nur sehr hoch, sondern auch einfach nur nutzlos gewesen. Also gab es für Kasachstan keine andere Lösung, als den Auftrag ins Ausland zu vergeben. Die Zeit hat gezeigt, dass wir uns nicht geirrt haben. Nach der Fertigung der ersten Auflage wurden die Banknoten heimlich ins Land gebracht.

Wie ich bereits im vorherigen Abschnitt berichtete, hatten Russland und fünf weitere Staaten der GUS im September 1993 eine Vereinbarung über die Notwendigkeit der Schaffung einer neuen Rubelzone unterzeichnet. Aber das war nur eine reine Formalie, denn schon damals war klar, dass Russland keineswegs vorhatte, irgendein anderes Land in die Rubelzone aufzunehmen. Das wurde noch einmal bestätigt, als unseren Vertretern offenkundig inakzeptable Bedingungen vorgeschlagen wurden.

Einen Monat später, im November 1993, erließ ich eine Verfügung zur Gründung eines offiziellen Regierungsausschusses für die Einführung einer nationalen Währung, der vom Premierminister Sergej Tereschtschenko geleitet wurde und fast täglich zusammentrat. Zu diesem Ausschuss gehörten der Vizepremierminister D. Sembajew, der Finanzminister E. Derbissow, der Wirtschaftsminister B. Istleuow, der Vorsitzende der Staatsbank G. Bajnasarow und der Vorsitzende des Parlamentarischen Komitees S. Takeschanow. Auf dem Ausschuss lastete die Verantwortung für den gesamten Maßnahmenkatalog zur Einführung einer nationalen Währung. Des Weiteren wurde der Ausschuss mit Sondervollmachten ausgestattet.

Außerdem wurde eine Arbeitsgruppe unter der Leitung von D. Sembajew gegründet, die eine große Menge an Berechnungen anstellte. So war zum Beispiel eine mathematisch komplizierte Berechnung der erforderlichen Stückelungen und Nennwerte erforderlich. Über all diese Fragen berieten sich die Ausschussmitglieder mit ausländischen Experten. So empfahl der englische Wirtschaftsfachmann Dr. Payne sofort eine Stückelung von zwanzig Tenge. Nach seinen Berechnungen müsste der größte Teil des Geldes bereits in der ersten Phase in Umlauf gebracht werden. Dann errechnete er anhand der Tatsache, dass ein Geldschein nach acht Monaten verschlissen ist, wie viel Geld wir für den Ersatz dieser Banknoten einsetzen müssten. Später haben wir uns in der Praxis davon überzeugt, dass seine Prognosen in allen Punkten gestimmt haben: sowohl bezüglich der Anzahl der Banknoten in der jeweiligen Stückelung als auch bezüglich der gesamten Bargeldmenge und der Inflationsrate.

Die Mitglieder des Ausschusses mussten Grundlagen und Bedingungen nicht nur für die Einführung, sondern auch für das künftige Funktionieren der Währung ausarbeiten, indem sie die eigenständige Umsetzung der Geld- und Kreditpolitik des Staates festlegten. Dabei wurden mehrere Varianten geprüft. Zunächst wurde die Einführung eines Kasachstanischen Rubels mit einem Nennwert von 5000, 10000 und 50000 Rubel und ihre Herstellung in Russland geprüft. Die zweite Variante sah die Herstellung der Banknoten mit den drei höchsten Nennwerten in Russland vor. Des Weiteren wurde die Einführung einer Übergangswährung bis zur Stabilisierung – für 1 bis 2 Jahre – bei anschließender Einführung einer nationalen Währung wie in der Ukraine und in Weißrussland geprüft. Die dritte Variante war die Einführung einer nationalen Währung parallel zum Rubel. Die letzte Variante schließlich war die direkte Einführung des Tenge.

Wir lehnten die ersten drei Varianten als unakzeptabel ab. Wir konnten die Bevölkerung nicht dem doppelten Stress und der doppelten psychischen Belastung aussetzen, indem wir erst eine Übergangswährung und ein Jahr später die endgültige Währung einführten. Deshalb hat sich die Arbeitsgruppe nach eingehender Diskussion und nach Abwägung des Für und Wider für die letzte Variante entschieden.

Die Vorteile lagen klar auf der Hand. Der Staat konnte eine unabhängige Finanzpolitik machen. Da die Geldscheine in mehreren Stufen gesichert waren, war die Möglichkeit einer Fälschung sehr gering. Durch die direkte Einführung der nationalen Währung wurde nur ein einmaliger Geldumtausch erforderlich, zumal die Erinnerung an die Abschaffung der Banknoten zu 50 und 100 Rubel im Dezember 1990 noch recht frisch war.

Natürlich hatte die direkte Einführung der Nationalwährung auch Nachteile. Zum damaligen

Zeitpunkt waren noch nicht alle technischen Möglichkeiten, besonders bezüglich der Münzen, bei deren Prägung es von Anfang an Schwierigkeiten gab, durchgearbeitet. Das neugegründete Münzamt schaffte es von der Kapazität her nicht, die erforderliche Menge Münzen bis zum Jahresende zu prägen. Deshalb beschloss die Arbeitsgruppe, den Tiyni, die kleine Einheit, als Übergangslösung in Papierform herauszubringen, und sobald das Münzamt dazu in der Lage wäre, vollwertige Münzen in den Umlauf zu bringen.

Außerdem gab es bei der Einführung des Tenge weitere Probleme, die ich vorher nicht bedacht hatte. Da waren die Devisenordnung und der Devisenkurs. Wieder begann eine Diskussion über das Für und Wider unterschiedlicher Varianten: der Floating-Kurs, der kontrollierte Floating-Kurs, die Kopplung der Währung an eine andere (US-Dollar) oder die Kopplung der Währung an einen Devisenkorb. Die Gruppe blieb beim kontrollierten Kurs-Floating auf dem Devisenmarkt. Es war die Einführung eines festen Kurses des Tenge mit einer monatlichen Abwertung von 2-3% vorgesehen, falls die Devisenreserven des Landes für eine effektive Steuerung des Devisenkurses nicht ausreichen. Die Festlegung eines einheitlichen Devisenkurses war überaus wichtig, die Kompensation der unterschiedlichen Kaufkraft bei der Privatisierung unter Beteiligung ausländischer Investoren musste dann durch andere Mechanismen erreicht werden.

Ein anderer Aspekt, dessen Bedeutung wir jedoch erst sehr spät erkannt hatten, war die Konvertibilität unserer Währung. Die Vertreter des IWF hatten stets die Notwendigkeit einer freien Konvertibilität betont, weil dieser Schritt eine Verminderung der Einmischung des Staates in die Devisenordnung ermögliche, weil so der Außenhandel liberalisiert und durch die Konvertibilität die Integration des Landes in die Weltwirtschaft beschleunigt werden kann usw. Gleichzeitig haben die Vertreter des IWF auch bestätigt, dass eine Devisenkontrolle absolut uneffektiv ist und ihre Einführung gar keinen Sinn hat. Es war uns klar, dass die Fachleute des IWF Recht hatten, aber andererseits wussten wir auch, dass kein einziges Land in Ost- oder Mitteleuropa eine frei konvertierbare Währung eingeführt hatte, obwohl die Reformen dort schon drei Jahre früher begonnen hatten. All diese Länder führten die Währungskontrolle in der einen oder anderen Form wieder ein, nachdem ihre Währungen den Angriffen von Spekulanten auf den Devisenmärkten ausgeliefert gewesen waren.

Schließlich wurde ein Beschluss gefasst über die Zweckmäßigkeit einer einheitlichen Devisenordnung und einer teilweisen Konvertibilität des Tenge, der auch den Umgang mit laufenden Rechnungen und die Repatriierung von Gewinnen durch ausländische Investoren umfasste. Die Erfahrung hat gezeigt, dass diese Entscheidung richtig war. Laut den Prognosen der Experten des IWF hätte der Devisenkurs im September 1994 bei 150 Tenge für einen US-Dollar und dann im Januar 1995 bei 200 Tenge für einen US-Dollar liegen müssen. Aber in Wirklichkeit fiel der Kurs recht langsam (3-4% im Monat) und stabilisierte sich im Jahr 1996 bei 70 Tenge für einen US-Dollar.

Das erste Zeichen für das Vermögen unseres Landes, die Herausgabe und das Funktionieren der Währung, war die am 1. November 1993 stattfindende erstmalige Veröffentlichung über Kasachstans Goldvaluta-Reserven. Nach den Berechnungen der Experten musste die Höhe der Goldreserven zum Zeitpunkt der Einführung der nationalen Währung mindestens der Importmenge von drei Monaten entsprechen. Im Fall von Kasachstan mussten die Goldvaluta-Reserven zu dieser Zeit mindestens 500 Mio. US-Dollar betragen, während sie zu diesem Zeitpunkt auf 722,9 Mio. US-Dollar geschätzt wurden. So waren wir mehr als bereit, den Tenge einzuführen.

Natürlich klingt diese Zahl im Vergleich zu den heutigen Reserven, die etwa 25 Mrd. US-

Dollar betragen, lächerlich. Aber an diesem Tag war es noch ein Grund, die Einführung unserer Währung zu verzögern.

Am 3. November 1993 hatten die Premierminister S. Tereschtschenko und W. Tschernomyrdin ein Protokoll über ein Arbeitstreffen von Delegationen aus Russland und Kasachstan unterzeichnet. Russland hatte erkannt, dass die Einführung eines eigenen Zahlungsmittels in Kasachstan und die für die nächste Zeit geplanten Maßnahmen zur Stabilisierung des Währungssystems ein optimaler Ausweg aus der immer komplizierter werdenden Lage in der Rubelzone waren.

Wenn man den hohen Warenumlauf bedenkt, hatte eine Richtlinie über den bargeldlosen Zahlungsverkehr zwischen natürlichen und juristischen Personen in Kasachstan und Russland für uns Vorrang. Danach sollte die Rechnungslegung in Rubel oder in kasachstanischer Währung erfolgen. Das Vorgehen bei der Rechnungslegung sollte durch einzelne Vereinbarungen festgelegt werden.

Die kasachstanische Seite bestand auf einer Bestimmung, wonach sich die beiden Seiten verpflichten, Bedingungen für die Gewährung von Möglichkeiten zum gegenseitigen Umtausch der kasachstanischen Währung und des russischen Rubels zum Marktkurs zu schaffen.

So stießen wir bei der Einführung des Tenge bei funktionierender Rubelzone auf ein weiteres Problem. Zur selben Zeit, als unser Ausschuss für die Einführung des Tenge gegründet worden war, hatten die Ukraine, Moldawien, Aserbaidschan, Georgien und Kirgisien bereits eigene Währungen eingeführt und Turkmenistan hatte die Absicht dazu erklärt. Schon damals hatten wir die große Sorge, dass keines dieser Länder eine wichtige Bedingung hierfür erfüllt hatte: die obligatorische Übergabe der sowjetischen Rubel an die Russische Zentralbank. Wir befürchteten, dass die ganze „Rubelmasse", die nach der Einführung der nationalen Währung in den Nachbarstaaten von Kasachstan die nur noch Makulatur war, Kasachstan überschwemmt, denn in Kasachstan war der Rubel noch bis zur Einführung des Tenge gesetzliches Zahlungsmittel. Und leider haben sich unsere Befürchtungen bestätigt.

Am 5. November 1993 unterzeichnete ich den Erlass „Über dringende Maßnahmen zur Stabilisierung des Finanzwesens", der einer der wichtigsten Schritte vor der Einführung einer eigenen Währung war. Diese Maßnahme war deshalb so dringlich, weil illegal eine große Menge sowjetischer Rubel, die in den Nachbarländern aus dem Verkehr gezogen worden waren, nach Kasachstan eingeführt wurden. Das unterminierte das Finanzwesen unseres Landes, weil das ohnehin katastrophale Tempo der Inflation weiter zunahm und das Lebensniveau der Bevölkerung weiter gesunken war. Um die wirtschaftlichen Interessen des Staates und der Bevölkerung zu wahren, wurden die Banken angewiesen, Bargeld von juristischen und natürlichen Personen in Banknoten aus den Jahren 1961 bis 1992 anzunehmen und das Geld auf Sperrkonten einzuzahlen, bis die Kasachstanische Staatsbank weitere Anweisungen erteilt.

Zu dieser Zeit erhielt ich ein von allen Mitgliedern des Ausschusses unterzeichnetes Gutachten, wonach alle Vorbereitungsmaßnahmen abgeschlossen waren und das Bankensystem für die Einführung einer eigenen Währung bereit war. Natürlich waren alle vorangegangenen Maßnahmen streng geheim. Die Banknoten wurden mit einem Frachtflugzeug als Industrieanlage getarnt aus London geliefert. Der Ausschuss für Nationale Sicherheit kontrollierte die Anlieferung des Tenge vor Ort.

Wir sahen ein, dass wir die Bevölkerung nicht schon vorher in Aufregung versetzen durften, um keine Panik auszulösen. Obwohl die Ergebnisse der meisten Verhandlungen mit Russland veröffentlicht worden waren und der Bevölkerung klar war, dass die Einführung einer eigenen nationalen Währung unvermeidbar war, haben wir keine anders lautenden Informationen gestreut. Das betraf auch die Bedingungen und die Fristen für den Umtausch, den Umtauschkurs usw. Es stand auch die Frage, ob der Umtausch durch Einziehung erfolgen sollte oder nicht. Natürlich war klar, wann es passieren sollte. Ich musste eine politische Entscheidung fällen. Ich musste den Tag für die Einführung des Tenge festlegen. Darüber möchte ich etwas ausführlicher erzählen.

Unsere Nachbarländer wurden schon lange vorher offen und direkt über die Einführung einer nationalen Währung in Kasachstan in Kenntnis gesetzt. Uns war immer klar, dass alle ehemaligen Sowjetrepubliken trotz ihrer Unabhängigkeit auch weiterhin eng miteinander verbunden sein würden. Vor allem in der Wirtschaft machte sich dieser gegenseitige Einfluss bemerkbar. Und deshalb kann man sagen, dass alle anderen auf die Einführung einer eigenen Währung in einem dieser Länder vorbereitet sein mussten. Uns kam nicht einmal in den Sinn, das zu tun, was Russland getan hatte. So war Usbekistan eines der ersten Länder, mit denen die Einführung des Tenge diskutiert wurde. Usbekistan, mit dem wir eine gemeinsame Grenze haben, gehörte ebenfalls zu der mit schweren Problemen behafteten Rubelzone und war für uns ein wichtiger Partner, zu dem wir gute wirtschaftliche Beziehungen unterhielten. Mit dem usbekischen Präsidenten I. Karimow hatte ich schon im Vorfeld vereinbart, dass wir einander keine Probleme bereiten würden und dass wir einen gemeinsamen Tag und eine gemeinsame Uhrzeit für die Einführung einer eigenen Währung vereinbaren. Und so haben wir es auch gemacht. Usbekistan führte seinen „Som" am 15. November 1993 ein.

Auch die Stunde X wurde festgelegt, der 15. November 1993. Am 12. November wurde der Erlass „Über die Einführung einer nationalen Währung in der Republik Kasachstan" unterzeichnet und am 13. November veröffentlicht. Am 12. November wandte ich mich in einer Fernsehansprache an die Bevölkerung und verkündete die Einführung des Tenge, der ersten eigenen Währung in der Geschichte Kasachstans.

An diesem denkwürdigen Freitag war ich sehr aufgeregt. Ich musste alle Bürger Kasachstans über einen der entscheidendsten und wichtigsten Schritte auf dem Weg zur Errichtung eines eigenen kasachstanischen Staates unterrichten. Wie wird sich das Volk verhalten? Akzeptiert und versteht es die Notwendigkeit dieser außerordentlichen Maßnahme? Ich bemühte mich bei meiner Ansprache, den Menschen die ganze Wichtigkeit und die historische Bedeutung dieses Schrittes nahe zu bringen, auch wenn die Einführung einer eigenen Währung für uns eine zwangsläufige Maßnahme war.

> 1. Russland selbst ist aus der Rubelzone ausgetreten. Am 26. Juli wurde unser Finanzwesen getrennt, deshalb ist unser Schritt zwangsläufig, da wir nicht in die neue Rubelzone aufgenommen werden.
> 2. Die Einführung einer eigenen nationalen Währung bedeutet kein Abreißen der wirtschaftlichen und anderen Verbindungen mit Russland und den GUS-Staaten.
> 3. Dieser Schritt war für die Festigung der wirtschaftlichen Souveränität des Landes und für eine unabhängige Wirtschaftspolitik notwendig.
> 4. Das Land befindet sich hinsichtlich der Versorgung mit Bargeld in einer kritischen Lage. Dieser Schritt ist die einzige Möglichkeit, die Bevölkerung mit Bargeld versorgen zu können.
>
> Quelle: Archiv des Präsidenten der Republik Kasachstan

Am 15. November 1993 wurde um 08.00 Uhr auf dem Gebiet der Republik Kasachstan eine eigene nationale Währung – der Tenge – eingeführt. Der Kurs betrug 1 Tenge zu 500 Rubel. Zu diesem Zeitpunkt wurden die Banknoten und Münzen in allen Gebieten und Regionen des Landes verteilt. Der Ausschuss stützte sich auf die Erfahrungen bei Währungsreformen zu Sowjetzeiten und entschied, dass der Geldumtausch nicht nur von Geschäftsbanken, sondern auch von den Poststellen und von Betrieben mit einer hohen Mitarbeiterzahl vorgenommen werden konnte.

Der Tenge wurde ab dem ersten Tag des Umtausches zum gesetzlichen Zahlungsmittel erklärt. Der Rubel blieb nur während der fünf Tage, die der Umtausch dauerte, gesetzliches Zahlungsmittel. Hierbei versuchten wir, Maßnahmen zu ergreifen, um eine Massenflut an Rubel und einen Aufkauf sämtlicher Waren an diesem Tag zu vermeiden.

Es wurden auch vier Möglichkeiten zur Sicherstellung von ausreichend Geldwertzeichen angedacht: die Goldvaluta-Reserven der Staatsbank, der staatliche Valutafonds, der Fonds zur Außenstabilisierung (sofern dieser von den internationalen Organisationen bereitgestellt wird) und ein Guthabensaldo in der Zahlungsbilanz. Eine weitere wichtige Aufgabe war eine Exportsteigerung und eine Richtlinie zur Verwendung von Exporterlösen.

In den ersten Jahren des Bestehens der nationalen Währung gab es ein erhebliches Defizit an internen Quellen für das Angebot ausländischer Devisen. Der Abfluss von Valuta aus dem Land gefährdete die Stabilität des Währungskurses. Hierfür bedurften Valutageschäfte zur Übertragung von Kapital von Deviseninländern an Devisenausländer direkt ab dem Tag der Einführung des Tenge einer Genehmigung, wohingegen der Kapitalzufluss nur für statistische Berechnungen registriert wurde.

Mit der Einführung der neuen Währung entstanden völlig neue Aufgaben. Eine der Hauptaufgaben war die Stärkung der Zahlungsfunktion des Tenge und die Erhöhung des Vertrauens in die nationale Währung. Zu diesen Maßnahmen zählte auch die Zahlung von Ausfuhr- und Einfuhrzöllen sowie von Zollgebühren in Tenge, ein Verbot des Verkaufes von Waren gegen ausländische Währung durch den Einzelhandel und das Verbot von Bartergeschäften mit juristischen Deviseninländern. All das machte eine Stabilisierung der Lage und eine Entwicklung unseres Tenge als Währung möglich.

Unsere noch junge Währung geriet 1998 durch eine Finanzkrise in Russland in einen echten „Härtetest". Es kam zu einer extremen Abwertung der Währungen in einigen Ländern, die Handelspartner von Kasachstan waren. Das führte wiederum im wahrsten Sinne des Wortes zu einer Verteuerung des Tenge, was seinerseits zu einer Verschlechterung der Wettbewerbsposition Kasachstans beim Export führte. Die groß angelegte Devisenintervention der Staatsbank wirkte nur kurzzeitig und führte außerdem zu einem starken Rückgang unserer Goldvaluta-Reserven. Eine Abwertung des Tenge war erforderlich. Aufgrund der oben genannten Probleme wurde zu diesem Zeitpunkt die Überführung der Währung vom kontrollierten Floatingkurs in den freien Floatingkurs beschlossen.

Der freie Floatingkurs des Tenge wurde im April 1999 eingeführt, als sich die finanzielle Situation in Russland stabilisiert hatte und die erwartete Abwertung gesenkt werden konnte. Gleichzeitig wurden Maßnahmen zum Schutz der Tenge-Einlagen natürlicher Personen sowie der Depots juristischer Personen bei Geschäftsbanken und der Aktiva der Rentenfonds in Tenge verabschiedet. So wurden insbesondere die Rentenfonds zu dem ehemaligen, hohen Kurs in staatliche Wertpapiere umgewandelt. Es wurde eine zeitlich befristete Pflicht zum Verkauf von 50% der Exporterlöse eingeführt. Während des Überganges der Banken zu dem neuen System wurden die Reserveforderungen für bestimmte Zeit von 10% auf 5% reduziert und auch die anderen Richtlinien wurden etwas aufgeweicht.

Man muss dazu sagen, dass auch diesmal – schon nach alter Tradition – viele „Experten" dem freien Floatingkurs katastrophale Folgen vorausgesagt haben. Ihre Prognose, dass die Überführung des Tenge in einen freien Floatingkurs eine sehr hohe Entwertung nach sich ziehen würde, weil der Tenge damals künstlich gestützt worden sei usw., versetzte die Menschen, die sich noch an die Krise in Russland erinnerten, in noch größere Panik. Ja, der Kurs des Tenge war tatsächlich gefallen. Aber der Kursabfall war keineswegs so katastrophal, mehr noch, das war in dem Moment sogar positiv. Der Übergang des Tenge zum freien Floating trug zur Wiederherstellung der Wettbewerbsposition Kasachstans bei den Exporten und zu einem erneuten Produktionszuwachs bei. Somit verbesserte sich die Zahlungsbilanz des Landes, die Goldvaluta-Reserven vergrößerten sich und das Bankensystem konnte wesentlich stabilisiert werden.

Die Notwendigkeit der Überführung des Tenge in einen Floating-Kurs wurde mit einer Verringerung der Konkurrenzfähigkeit der kasachstanischen Unternehmen wegen vermehrter Billigimporte, darunter aus Russland, sowie mit einem Rückgang der für die Stützung des festen Kurses des Tenge notwendigen Goldvaluta-Reserven erklärt. Die Überführung in das freie Floating wurde rechtzeitig vorbereitet und es wurden mögliche Szenarien der weiteren Entwicklung der außenwirtschaftlichen Lage sowie Varianten für die Veränderung des Wechselkurses unter unterschiedlichen Devisenregelungen durchgespielt. Der Internationale Währungsfonds und die Weltbank unterstützen unseren Beschluss und betonten insbesondere, dass sich der Wechselkurs „unter dem Einfluss von Marktmechanismen entwickeln muss".

Der Tenge war seit seiner Einführung nur eine begrenzt konvertierbare Währung. Aber wir hatten uns das Ziel gesetzt, den Tenge im Laufe der Zeit in eine frei konvertierbare Währung umzuwandeln. Im Juli 1996 wurden die Bedingungen für die freie Konvertibilität erfüllt. Das war der Beitritt Kasachstans zum VIII. Abkommen des Internationalen Währungsfonds. Damit verpflichtete sich Kasachstan, keine Währungsbeschränkungen einzuführen, keine multiplen Devisenkurse anzuwenden, keine bilateralen Zahlungsvereinbarungen zu treffen, die dem Artikel VIII des Abkommens entgegenstehen und keine Importbeschränkungen im Zusammenhang mit der Zahlungsbilanz vorzunehmen. Die Einschränkungen für Zahlungen und Überweisungen bei laufenden internationalen Geschäften wurden aufgehoben. Es wurde Freiheit bei Geldgeschäften mit ausländischen Investoren garantiert, für Devisenausländer wurde ein freier Umtausch und der Ankauf ausländischer Währung auf dem Binnenmarkt eingeführt, und natürlichen Personen wurde die zoll- und genehmigungsfreie Ausfuhr von inländischer Währung bis zu einer bestimmten Höhe ohne die Vorlage der entsprechenden Unterlagen ermöglicht. So kann man mit voller Überzeugung sagen, dass der Tenge bis zum Jahr 2007 zu einer frei konvertierbaren Währung wurde. Mit anderen Worten, der Umtausch des Tenge ist nicht mehr nur für jeweils laufende Geschäfte, sondern auch für Kapitalgeschäfte möglich.

Insgesamt kann man jetzt klar sagen, dass die Einführung des Tenge „Begeisterung ausgelöst hat". Aber damals wussten wir, dass nicht alle zur Einführung der neuen Währung mental bereit waren und dass das negative Verhältnis zum Tenge eine echte Gefahr darstellte. Auch war leicht vorherzusehen, dass die für eine Stützung der neuen Währung erforderliche strikte Finanzpolitik neue Währungsgegner – sowohl unter der Bevölkerung im Allgemeinen als auch unter den Abgeordneten im Besonderen – auf den Plan rufen würde.

Für die Einführung der nationalen Währung war ein ganzer Komplex von Maßnahmen im

Bereich der Finanz-, Steuer-, Haushalts-, Zoll- und Außenhandelspolitik innerhalb sehr kurzer Fristen notwendig, denn wir hatten nur einen Versuch und die Zeit war sehr knapp.

Der Tenge als nationale Währung spielte in der Geschichte unseres Landes nicht nur als wirtschaftliche Grundlage unserer Unabhängigkeit eine Rolle. Der Tenge ist auf eine bestimmte Art bereits ein vollwertiger Teil unserer ureigenen Geschichte, er ist ein Zeichen der Zeit. Und ich möchte noch hinzufügen, dass unser Tenge, der in den 13 Jahren schon zur Gewohnheit geworden ist, in diesem Jahr ein anderes Gesicht bekommen wird. Was die technische Seite des neuen Designs der Banknoten betrifft, so bevorzugen die auf diesem Gebiet führenden Unternehmen der Welt ein Konzept ohne Porträts. Der Hauptgrund hierfür ist, der Falschmünzerei Einhalt zu gebieten. Interpol empfiehlt den Zentralbanken aller Länder sehr nachdrücklich, das Design und die technischen Eigenschaften ihres Geldes alle fünf bis sieben Jahre zu ändern. Der Umtausch alter Scheine und Münzen in neue ist eine weltweit gängige Praxis. So wurden bei der Vorbereitung der neuen Banknoten unter allgemeinen Schwierigkeiten 16 Sicherheitselemente genutzt – für die jeweiligen Nennwerte jeweils eine bestimmte Anzahl und ein bestimmter Sicherheitsgrad.

Bei der Veränderung des Designs des Geldes wird alles berücksichtigt: neue Technologien, Farben, Sicherheitselemente, Moden. Das alles betrifft die technische Seite. Aber das Ganze hat auch eine Kehrseite. Kasachstan ist ein einzigartiges Land mit vielen unterschiedlichen Volksgruppen. Und so wirft die Darstellung einer ehrenswerten Persönlichkeit immer die Frage auf: Warum gerade er und kein anderer? Warum wird er geehrt und der andere nicht? Geld darf nicht zu Streit führen. Es soll die Menschen vereinen, denn sie sind ebenfalls ein Symbol für die Stärke eines Staates und für dessen internationales Ansehen. Auf dem neuen Tenge wird das zu sehen sein, was sowohl zu Kasachstan als auch zur Weltkultur gehört – archäologische Funde aus der Antike, unsere wunderbare Natur und, zusammen mit diesen Dingen, auch das Wappen, die Flagge und Ansichten der beiden Hauptstädte.

Der Tenge hat auch in der Weltgeschichte und in der Geschichte der Währungen in der Welt ein eigenes Kapitel geschrieben. Das kasachstanische Münzamt ist bereits heute einer der modernsten Betriebe der Welt. Nur wenige wissen, dass das kasachstanische Münzamt vor zwei Jahren von der Zertifizierungsstelle TÜV CERT nach dem internationalen Standard ISO 9001:2000 zertifiziert wurde. Vertreter der Kasachstanischen Münze haben schon an vielen Messen teilgenommen. Die Nachfrage der Numismatiker nach den kasachstanischen Münzen war so groß, dass sie manchmal vor Ende einer Messe ausverkauft sind. Im Gegensatz zur ersten Münzmesse, an der Kasachstan teilgenommen hat, wo nicht nur die Münzen selbst, sondern auch die Teilnahme dieses Staates aus dem fernen Asien an so einem elitären Ereignis (eine der vier wichtigsten Veranstaltungen im Numismatikbereich weltweit) eine Sensation waren, ist heute das Interesse an den kasachstanischen Münzen schon professioneller Natur und sehr hoch. Und das vor allem dank des Designs und der einwandfreien Qualität der Prägung; aber ohne jegliche Politisierung.

Vorwärts in die Zukunft, zurück zur Integration

Die Einführung des Tenge war der Beginn des Countdowns für ein unabhängiges Finanzwesen eines Landes, das sich nun ausreichend auf den Eintritt als Wettbewerber in das System der internationalen Arbeitsteilung vorbereitet hat. Seitdem wird ein ganzer Komplex an Maßnahmen zur Stabilisierung der makroökonomischen Indikatoren umgesetzt, die die Grundlage für das beginnende Wirtschaftswachstum sind, für das im November 1993 der Grundstein gelegt wurde.

Wir hatten von Anfang an die Einführung einer Übergangswährung abgelehnt und begonnen, eine eigene, den nationalen Interessen entsprechende Haushalts- und Finanzpolitik zu betreiben. Insgesamt hat unsere Währung über diesen Zeitraum hinweg ihre Stabilität bewiesen und erfreut sich einer stabilen Nachfrage aus verschiedenen Nachbarstaaten.

Es war nicht einfach, solche Ergebnisse zu erreichen. Uns war klar, dass die Einführung einer eigenen Nationalwährung allein keine sozialen und wirtschaftlichen Probleme löst. Außerdem kann die Neueinführung einer Währung beim Fehlen einer Stabilisierungspolitik und einer strengen Ausgabenkontrolle zu einer extremen Zuspitzung der Probleme führen und das Vertrauen der Bevölkerung in die neue Währung erschüttern. Und dieses Vertrauen wiederherzustellen kann sehr lange dauern und sehr schwer sein.

Die Erfahrungen in anderen Ländern haben gezeigt, dass für die erfolgreiche Einführung und Stützung einer eigenen Währung eine noch strengere Finanz-, Steuer- und Haushaltspolitik erforderlich ist. Wie ich bereits gesagt habe, hat das nicht allen gefallen, aber wir mussten lernen, mit dem zu leben, was wir haben, und dabei auf die eigene Kraft zu bauen.

Unterdessen hat Kasachstan in den Jahren 1992 und 1993 in Wirklichkeit eine sanftere Geld- und Kreditpolitik als Russland betrieben und das war nicht zu unserem Vorteil. Deshalb mussten sowohl die Regierung als auch die Kasachstanische Staatsbank ihre Arbeitsweise radikal ändern, um die Situation in den Griff zu bekommen. Doch ist jetzt ein Vergleich der Situation von vor zehn Jahren mit der heutigen wirtschaftlichen Lage in den Staaten der ehemaligen Sowjetunion sehr schwer. Nach Einschätzungen unabhängiger Experten des IWF und der Weltbank ist Kasachstan aufgrund des Tempos und der Effektivität seiner wirtschaftlichen Reformen zu den Spitzenreitern aufgestiegen. Kasachstan hat seine Verpflichtungen in Höhe von 400 Mio. US-Dollar beim IWF und seine Verpflichtungen in Euro-Obligationen in Höhe von 350 Mio. US-Dollar termingerecht zurückgezahlt. Dadurch ist unser Ansehen in der Welt wesentlich gewachsen. Die hohe Anerkennung unserer Errungenschaften kommt heute auch aus den Mündern der höchsten Beamten in Russland.

Russland ist ein riesiges Land mit großen Perspektiven. Wir Kasachstaner wünschen unserem Nachbarn Prosperität. In unserer gemeinsamen Geschichte gab es viel Gutes und viel Schlechtes. Aber das ist Vergangenheit. Unter den Bedingungen der Unabhängigkeit möchten wir freundschaftliche, gleichberechtigte strategische Beziehungen mit Russland aufbauen. Ich bin davon überzeugt, dass das auch im Interesse Russlands ist. Gemeinsam mit W. W. Putin bin ich beim Aufbau eines großen Vertrauensverhältnisses zwischen unseren beiden Ländern sehr weit vorangekommen.

Aber Russland ist nicht homogen. Es gibt dort unterschiedliche Strömungen. An die Führung kamen unbekannte, aber sehr ambitionierte Leute, die die wirtschaftlichen und zwischenmenschlichen Beziehungen aus der Sowjetzeit kaum kannten. Sie nutzten die Schwäche der Machthaber ganz oben und in den Regionen aus und taten das, was sie taten. Obwohl man das alles auch etwas vorsichtiger hätte angehen können, unter Berücksichtigung der Interessen Russlands und der seiner Nachbarn.

Die Kasachstaner haben nicht vergessen, dass einige von ihnen versucht haben, aus unserem Land eine „Bananenrepublik" zu machen. Gerade ihre unüberlegten Äußerungen brachten viele unserer Landsleute dazu, ihre durchgesessenen kasachstanischen Sessel zu verlassen und sich auf der Suche nach einem besseren Leben nach Russland zu begeben. Jetzt sitzen sie in ihren Zentren und Verbänden zwischen großen staubigen Papierstapeln und beobachten durch dicke Brillengläser die schrittweise Rückkehr zu den Ideen der Integration, die Kasachstan bereits zu Beginn der 90er Jahre geäußert hatte.

Ich bin froh, dass heute an die Stelle von Zurückhaltung und Wirtschaftssnobismus nüchterne Berechnung und Pragmatismus getreten sind. Ich hoffe, dass die Idee von einem einheitlichen Eurasien, die ich im Jahr 1994 geäußert habe, und die Hoffnung auf eine wirtschaftliche Integration unserer Länder auf lange Sicht einen noch höheren Lebensstandard ermöglicht. Ein Jahrzehnt nach dem Zerfall der UdSSR konnte man in allen GUS-Staaten eine neue Sichtweise der Politiker in Richtung wirtschaftlicher Integration unserer Staaten beobachten. Hierbei liegen die Vorteile auf der Hand, die uns der Einigungsprozess bringen kann.

Dazu muss ich anmerken, dass die echte Belebung des Integrationsprozesses eng mit der Wahl von W. W. Putin zum russischen Präsidenten verbunden ist. Er hat es geschafft, innerhalb kurzer Zeit seine Machtposition zu festigen, die Reformen zu beschleunigen und er tut viel für eine Bündelung unserer Bemühungen um eine Integration in der GUS.

Gerade deshalb haben wir drei Jahre später gemeinsam die Idee von einem Einheitlichen Wirtschaftsraum vorgebracht. Durch die Arbeit in diese Richtung könnten die Voraussetzungen für die Einführung einer einheitlichen Währung geschaffen werden. Die Basis dafür ist jedoch eine effektivere Zusammenarbeit bei der Integration und eine Annäherung der Wirtschaftssysteme der beteiligten Staaten. Hierfür müssen wir uns nichts Neues mehr ausdenken. Als Beispiel hierfür kann die Europäische Union dienen, die sich während des Zerfalls der UdSSR ausschließlich mit Integrationsprozessen befasste. Für die Länder des Einheitlichen Wirtschaftsraumes ist der erfolgreiche Weg der Europäischen Union einfach nur klug und vernünftig.

Falls der Einheitliche Wirtschaftsraum wegen der Position der Ukraine nicht zustande kommt, dann werden unsere Bemühungen bei der Schaffung eines Eurasischen Wirtschaftsraumes oder einer anderen Vereinigung von Nutzen sein, sofern alle Teilnehmer zu der Einsicht gelangen, dass die Integration notwendig ist. Und das ist ein Vorteil für alle. Das ist Sicherheit und das ist Entwicklung.

Weil die sinngemäße Bedeutung des Begriffes „Integration" in der Vergangenheit eine recht merkwürdige Wandlung erfahren hat, versteht bisweilen nicht jeder, worum es hierbei wirklich geht. Wahrscheinlich haben wir deshalb dieses Potential der Integration, über das wir alle verfügen und das für uns unabdingbar ist, bis heute noch nicht voll genutzt. Hierzu haben sowohl objektive als auch subjektive Faktoren beigetragen. Wenn wir es nicht verstehen, dieses Potential selbständig zu nutzen, dann werden wir es lernen müssen. Wir müssen lernen, uns gegenseitig zu vertrauen, zusammenzuarbeiten und gemeinsam unsere Ziele zu erreichen. Wir brauchen uns nur die Europäische Union anzusehen. Trotz der Gegensätze (und das waren sicher nicht wenige) sind sie zu einem Verständnis der Integration gelangt. Davon zeugen die Einführung des Euro als gemeinsame Währung, das Europaparlament und vieles andere mehr.

Ich denke, dass ich schon genug über die Vorteile der Integration gesagt habe. Jetzt ist es Zeit für konkrete Schritte auf dem Weg zur Annäherung unserer Länder, in erster Linie innerhalb des Einheitlichen Wirtschaftsraumes. Ja, man muss zugeben, dass die Integration, insbesondere der Zusammenschluss in einem Währungsverbund eine gewisse Abkehr von den Prinzipien der wirtschaftlichen und politischen Unabhängigkeit bedeutet. Aber die Ergebnisse der Integration werden für den Staat von größerem Vorteil sein als die vollständige Unabhängigkeit von allen. Man kann einen Gipfel nicht allein besteigen, sondern man braucht die starke Hand eines Partners. Denn nur mit vereinten Kräften können wir den Gipfel bezwingen.

Meiner Meinung nach braucht es wegen der in der Vergangenheit erlebten „Brüderlichkeit" mit einer eindeutigen Hierarchie nach dem Modell „großer Bruder – kleiner Bruder" viel Zeit, ehe sich unsere Staaten endgültig für eine ernsthafte Integration entscheiden. Und das, obwohl wir gemeinsame strategische wirtschaftliche Interessen verfolgen und es in unseren Reformkursen viele Parallelen gibt. Umso mehr, als dass der Vektor für institutionelle Änderungen in unseren Staaten in eine einheitliche Richtung gewählt wurde. Natürlich gibt es noch Systemprobleme, die die Integration behindern. Erstens das geringe Vertrauen, das man durch Achtung der Gesetze innerhalb des Landes, aber auch der Gesetze zwischenstaatlichen Beziehungen stärken könnte. Zweitens die politische Ordnung in den Ländern des Einheitlichen Wirtschaftsraumes (Weißrussland, Kasachstan, Russland und Ukraine), die dem Wesen nach verschieden sind. Hier sind die Unterschiede größer als zwischen den politischen Systemen der Mitgliedsländer der Europäischen Union. Somit wären Abkommen, die von unseren Ländern unterzeichnet würden, auch noch nicht stabil und noch immer von inneren politischen Strömungen abhängig. Drittens ist die Frage, worin die nationalen Interessen der einzelnen Länder bestehen, immer noch nicht endgültig geklärt. Ohne diese Voraussetzung wird jedoch jede Art der Integration nicht von langer Dauer sein.

Die Einführung einer eigenen Nationalwährung wurde ein Symbol unserer Unabhängigkeit, aber die dauerhafte Existenz der Währung wäre ohne grundlegende Marktreformen, die auf eine Verbesserung der sozialen und wirtschaftlichen Entwicklung unseres Landes ausgerichtet sind, unmöglich gewesen. Bei den Reformen darf man nicht vergessen, dass eine Umgestaltung der Wirtschaft ohne Schlüsselfiguren – ohne Privateigentümer – nicht durchführbar ist. Denn gerade die Existenz von Privateigentümern ist ein Schlüsselelement der Marktwirtschaft. Einer der ersten Schritte dorthin war eine umfassende Privatisierung in unserem Land.

Kapitel V
Vom Staatseigentum zum Privateigentum

Vom Staatseigentum zum Privateigentum

Die Privatisierung war eine der widersprüchlichsten Seiten in der Historie Kasachstans. In keinem anderen ehemals sozialistischen Land hat diese Zeit eine so eindeutige Bewertung bekommen. Im Unterschied zu Polen, Ungarn und Tschechien haben wir die Privatisierung gleichzeitig mit dem Aufbau der staatlichen Institutionen durchgeführt. Während Investoren aus dem Westen bereit waren, ihre Produktion nach Osteuropa zu verlagern und auf einen schnellen Verkauf des Staatseigentums drängten, hatte es Kasachstan mit seinen Partnern in Russland zu tun, wo eine Art „Banditenkapitalismus" herrschte.

War es uns möglich, die Privatisierung bis zum Abschluss der Schaffung der staatlichen Institutionen zu verschieben? Die Erfahrungen Usbekistans zeigten, dass eine Verzögerung der Umwandlung des Staatseigentums unsere wirtschaftliche Situation noch verschlimmert hätte. Wir waren in die Unabhängigkeit eingetreten mit riesigen Betrieben für nicht wettbewerbsfähige und nicht ausgereifte Erzeugnisse für eine ineffektive militärisch-industrielle Wirtschaft, die gemeinsam mit dem sowjetischen Staat für immer in die Geschichte eingegangen war. Wie schon der Wirtschaftsberater des polnischen Präsidenten und spätere polnische Premierminister Marek Belka, unter dem Polen ein Vollmitglied der Europäischen Union wurde, sagte: Der Hauptanteil der erfolgreichen polnischen Unternehmen wurde von Grund auf neu geschaffen und hat mit privatisierten Betrieben aus sozialistischen Zeiten nichts zu tun.

Wenn ich die Privatisierung bewerten wollte, würde ich sagen, dass dies ein für Kasachstan historischer Prozess der Etablierung effektiver und initiativenreicher Eigentümer war, die Tausende eigenständige Unternehmen aufgebaut haben. Die Privatisierung hat den Weg freigemacht für neue ökonomische und gesellschaftliche Beziehungen. Die Gesellschaft hatte mit Schockmaßnahmen von Anfang an klargemacht, dass sie sich der Industrielobby nicht unterwerfen wird und auch keine Verlustbetriebe über Wasser halten wird.

Zweitens: Die Fehler, die wir während der Privatisierung gemacht haben, werden uns immer eine Lehre sein. Der Staat wollte die frischgebackenen kasachstanischen Geschäftsleute während der Privatisierung durch Privatisierungs- und Investitionsgutscheine unterstützen, verfügte aber nicht über die notwendigen gesetzlichen Grundlagen für die Arbeit der Investitionsfonds, hatte keine Anforderungen finanzieller und professioneller Art an die Fondsverwalter festgelegt und deren Haftung den Anlegern gegenüber nicht spezifiziert. In der Folge musste der Staat noch lange daran arbeiten, das Misstrauen und die Enttäuschung der Bevölkerung zu überwinden, das durch den Misserfolg dieser Privatisierungsphase entstanden war. Drei Jahre später, bei der Rentenreform, haben wir all diese Fehler berücksichtigt. Neben den nichtstaatlichen Rentenfonds wurde ein staatlicher Rentensparfonds eingerichtet. Die Rechtsgrundlagen stellten strenge Forderungen an dessen Arbeit sowie an die Verteilung der Spareinlagen durch sämtliche Rentenfonds. Die Ergebnisse ließen nicht lange auf sich warten, so dass man unser Rentensystem heute als das am besten durchdachte und zuverlässigste im postsowjetischen Raum bezeichnen kann.

Aber lassen Sie uns von vorn beginnen. Um die Logik der Privatisierung zu verstehen, muss man zunächst die damalige Situation kurz umreißen. Kasachstans Wirtschaft war ein Bestandteil der sowjetischen Wirtschaft, die ihre lokale Aufgabe erfüllte: die Versorgung der anderen Sowjetrepubliken mit Rohstoffen. Aus Kasachstan wurden 70% des geförderten Erdöls, 55% des Eisenerzes, 28% der Kohle, 46% der Schwarzmetalle, 86% des synthetischen Kautschuks und 54% der allgemeinchemischen Erzeugnisse exportiert. Bei der Produktion von Massenbedarfsgütern, die importiert wurden, stand Kasachstan von 15 Sowjetrepubliken an 12. Stelle.

Bei der Bestimmung des Warenaustauschvolumens für Kasachstan spielten die Beziehungen mit den anderen ehemaligen Sowjetrepubliken eine wichtige Rolle: 84% der Importe und 91% der Exporte wurden hier realisiert. Den größten Anteil am Export hatten beispielsweise der Maschinenbau und die Metallverarbeitung mit 34%.

Natürlich beeinflusste das alles die Neustrukturierung der kasachstanischen Wirtschaft, die sich, um es noch einmal zu erwähnen, auf die Gewinnung und den Export von Bodenschätzen orientiert hatte. Der kasachstanische Anteil der extraktiven Industrie war 1,7 Mal so hoch wie in der ehemaligen Sowjetunion; 1,5 Mal so hoch wie in Russland und doppelt so hoch wie in der Ukraine. Auf die extraktive Industrie entfielen mehr als 30% der Industriebetriebsfonds des Landes. Damals waren mehr als 90% der Produktionsbetriebe, deren Rentabilität immer weiter sank, in Staatseigentum.

Ein sehr spezifisches Moment war der beginnende Diebstahl von Staatseigentum durch die Bevölkerung. Wir konnten diese Kettenreaktion der Plünderungen, die doch die Idee des Marktes selbst diskreditierte, einfach nicht stoppen. Das „Volkseigentum" hatte keinen klar definierten Besitzer, der sich um dessen Unversehrtheit kümmerte. Die Steuerbarkeit der Umgestaltung des staatlichen Sektors der Wirtschaft wurde zu einer Schlüsselfrage – es musste schnellstmöglich eine systematische Entstaatlichung und eine legitime Privatisierung des Staatseigentums durchgeführt werden.

Es war ganz klar, dass man das überkommene System des staatlichen Paternalismus so schnell wie möglich abschaffen und einen Übergang finden musste vom Staatseigentum zum Privateigentum, vom Schmarotzertum und der Erwartung, dass „die da oben" alles richten werden – hin zu Eigenverantwortlichkeit und Unternehmergeist.

Dazu kam noch, dass in Kasachstan so etwas noch niemand gemacht hatte. Alles geschah zum ersten Mal, alles war neu. Die Menschen haben keine Schuld daran, dass alles, was die Umsetzung des Lebens auf marktwirtschaftliche Gleise betraf, mit Misstrauen und Unverständnis aufgenommen wurde. Deshalb war es besonders wichtig, so viele Menschen wie möglich direkt an diesen Prozessen zu beteiligen und ihre Bedenken gegen die neuen Realitäten zu zerstreuen.

Dazu haben besonders die Verteilung von Nebenwirtschafts- und Gartengrundstücken sowie die Überschreibung der staatlichen Wohnungen an die Mieter beigetragen. Die Komplexität der Situation in Kasachstan und die absolute Neuheit der vor uns liegenden Aufgaben verlangten unkonventionelle Lösungen.

Die Ereignisse entwickelten sich so schnell, dass wir manchmal weniger die laufenden Prozesse steuern als ihnen vielmehr hinterherlaufen mussten. Wir mussten die bestehenden ökonomischen Beziehungen von Grund auf ändern. Anderenfalls hätten wir die daraus entstandenen Probleme nicht bewältigen können.

Die Betriebe schlossen oder arbeiteten für das Lager, weil die Erzeugnisse keinen Absatz fanden. Wie ich schon im letzten Kapitel sagte, hatte die Produktion von Massenbedarfsgütern rapide abgenommen. Die leeren Regale in den Läden spiegelten das Missverhältnis von Angebot und Nachfrage wider. Mehrere zehntausend Menschen waren ohne Arbeit und Existenzgrundlage.

Auch auf dem Land war die Lage kritisch. Die auf den Zentraleinkauf ausgerichteten Kolchosen und Sowchosen waren ohne Geld und Absatzmöglichkeiten. Weil nichts in den Staatshaushalt floss, konnten auch keine Löhne und Renten gezahlt werden.

Für den Beginn von grundlegenden Reformen war zunächst ein Grundstock privater Eigentümer notwendig, der die von ihm privatisierten Betriebe retten und sie rentabel machen musste, um damit zum Motor des wirtschaftlichen Aufschwungs zu werden. Indem wir die ehemaligen Staatsbetriebe in private Hände gaben, wollten wir sie von staatlicher Verwaltung und Einmischung befreien. Diese privaten Firmen und Unternehmen mussten nun selbständig neue Wirtschaftsbeziehungen knüpfen, die Produktionsmenge regulieren und neue Arbeitsplätze schaffen und konnten damit zur Sanierung der Wirtschaft beitragen.

Doch die meisten Industriebetriebe, die unbedingt privatisiert werden mussten, lagen im wirtschaftlichen „Koma". Viele brauchten nicht nur Investitionen und neue Technologien, sondern zuallererst ein richtiges Management, was die ehemaligen Betriebsleiter sowjetischer Couleur nicht leisten konnten. Schlimmer noch, viele der damaligen Betriebsleiter von großen oder mittelständischen Betrieben aus dem Dienstleistungsbereich oder der Landwirtschaft nutzten das Chaos und die mangelhafte Rechtslage aus, um sich auf Kosten der sterbenden Betriebe und deren Belegschaften noch schnell persönlich zu bereichern. Diese Führungspersönlichkeiten nutzten das Durcheinander und die unklare wirtschaftliche Situation im Lande, um die sich kaum über Wasser haltenden Betriebe unverhohlen zu plündern. Der größte Teil von ihnen war den sowjetischen Ministerien direkt unterstellt, deshalb hatten sie keinerlei moralische Verpflichtungen oder Beziehungen gegenüber Kasachstan. Die so genannte „Wählbarkeit" von Betriebsleitern entband sie von jeglicher Verantwortung.

Ich gebe zu, dass die Regierung in dieser Zeit keine echte Handhabe gegen die Plünderung der damals noch staatlichen Betriebe hatte. Das Fehlen entsprechender Gesetze und strenger Eigentumsregelungen erlaubte diesen „roten Direktoren" sich aus der Verantwortung zu stehlen.

Viele geben uns jetzt die Schuld dafür, dass wir angeblich „das Volkseigentum verteilt" hätten usw. Ja, Gott sei Dank haben wir das getan. Damals war es schwierig, den realen Wert und die Perspektiven der einzelnen Betriebe zu bestimmen. Stellen Sie sich nur einmal vor: Viele Industriebetriebe verfügten über riesige Produktionsstätten und Verwaltungsgebäude mit veralteter Ausstattung. Die meisten Betriebe hatten gigantische Schulden. Um in diesen Betrieben rentabel produzieren zu können, waren unwahrscheinlich große Anstrengungen, Zeit und Geld notwendig. Es mussten schnelle und effektive Maßnahmen ergriffen werden, um die Lage zu stabilisieren. Der Diebstahl und die Unterschlagung, die damals zu einer Massenerscheinung geworden waren, trugen zusätzlich zu einer Intensivierung der Entstaatlichung und Privatisierung bei.

Also begannen wir eine Massenprivatisierungsaktion. Sie verlief in vier Phasen. Jede der Phasen hatte konkrete Ziele und Aufgaben. Jede Phase hatte ihre Spezifik. Wir können heute nicht sagen, dass alle Phasen dieses Prozesses von uns so geplant waren, wie sie letztendlich verlaufen sind. Eigentlich war jede der Phasen eine logische Folge der vorhergehenden. In jeder nachfolgenden Phase bemühten wir uns, die Irrtümer und Fehlkalkulationen der vorherigen Phasen zu vermeiden. Und von denen gab es einige.

Leider wurden nicht alle Hoffnungen erfüllt, die wir in die Privatisierung durch Privatisierungs- und Investitionsgutscheine gesetzt hatten. Diese Privatisierungs- und Investitionsgutscheine, die man in Privatisierungs- und Investitionsfonds für den Erwerb von Aktien der zu privatisierenden Betriebe anlegen konnte, führten nur dazu, dass die Privatisierungs- und Investitionsfonds ihre Aktiva über Strohfirmen abzogen. Das verlief so, dass zunächst Verbindlichkeiten diesen Firmen gegenüber gebildet wurden, die später durch Aktiva zu Lasten der Privatisierungs- und Investitionsgutscheine beglichen wurden. Im Endeffekt lagen die Privatisierungen in den Händen einiger weniger, was die Idee der Volksprivatisierung in Misskredit brachte. Wenn man heute die Namen der Chefs dieser Privatisierungs- und Investitionsfonds dieser Zeit veröffentlichen würde, dann wären das alles Leute, die wir kennen und die nicht gerade bettelarm sind. Aber die einfachen Menschen hatten keine Betriebsaktien erhalten. Und das haben ganz bestimmte Personen auf dem Gewissen.

Damit der Mechanismus und die Zweckmäßigkeit der Privatisierungen in Kasachstan klar werden, möchte ich nun jede der einzelnen Phasen beschreiben.

Erste Phase: Initiativprivatisierung 1991–1992

Am 22. Juli 1991 wurde das Gesetz „Über die Entstaatlichung und Privatisierung" verabschiedet, nach dem die Privatisierung einen so genannten Initiativcharakter tragen sollte: Die staatlichen Organe durften erst dann einen Beschluss fassen, wenn die Belegschaft des Betriebes einen entsprechenden Antrag gestellt hatte. Danach durften Auktionen oder Wettbewerbe, beziehungsweise eine unentgeltliche Abtretung an die Belegschaft des Produktionsbetriebs oder der Sozialeinrichtung stattfinden.

Das genannte Gesetz bildete die Grundlage für die erste Phase der Privatisierung (1991-1992), auf deren Basis später auch das erste „Programm zur Entstaatlichung und Privatisierung von Staatseigentum der Kasachischen SSR in den Jahren 1991-1992" entstand. Es sollte die Bürger des Landes durch ihre Arbeitskollektive weitestgehend in den Prozess der Eigentumsumwandlung einbeziehen. Dieses Programm barg sehr viele Kompromisse in sich.

Weil die Inflation immer mehr zunahm und die Bevölkerung über keine Mittel zur Privatisierung verfügte, wurden der gesamten Bevölkerung in Kasachstan Privatisierungsgutscheine für Wohnraum als Zahlungsmittel für die Wohnraumprivatisierung zur Verfügung gestellt.

Ein Gutschein entsprach damals dem Gegenwert von einem Rubel. Die Anzahl der vergebenen Gutscheine entsprach den Arbeitsjahren, unterhaltsberechtigte Menschen erhielten pauschal 2000 Gutscheine. Das Programm sollte nicht nur die Initiative der Bevölkerung stimulieren, sondern ihr auch garantieren, dass das ehemalige Staatsvermögen im Rahmen der Privatisierung gerecht verteilt wird. Durch die Einlösung der Gutscheine konnte sich in kurzer Zeit ein Wohnungsmarkt herausbilden, außerdem wurde die Bevölkerung mobiler und es konnten sich weitere marktwirtschaftliche Bedingungen etablieren. Später wurden die Wohngutscheine auch zum Kauf von Objekten der Kleinprivatisierung und der Landwirtschaft eingesetzt. Die erste Privatisierungsphase war in erster Linie durch die Bildung von Pacht- und Kollektivbetrieben sowie Auktionsverkäufen von Kommunalobjekten gekennzeichnet. Dabei wurden Arbeitskollektiven bestimmte Vergünstigungen zuteil.

In der Republik begann sich langsam ein Dienstleistungsmarkt herauszubilden. Die erste Privatisierungsphase gab dem Unternehmertum und der sich herausbildenden Schicht von Privateigentümern den entscheidenden Impuls. In dieser ersten Phase wurden 4771 Staatsbetriebe privatisiert. Davon waren rund 60% Einzelhandelsobjekte, Restaurants, Dienstleistungsbetriebe, Kommunalbetriebe u.a. Der größte Anteil davon waren der Handel mit 29,6% und der Dienstleistungsbereich mit 25,8%.

Trotzdem zeigte uns die erste Privatisierungsphase in Kasachstan die Grenzen einer Eigentumsumwandlung auf, die in erster Linie auf die Arbeitskollektive ausgelegt ist. Daher mussten möglichst schnell Beschlüsse für den Übergang von der Initiativprivatisierung zur einheitlichen Privatisierung gefasst werden.

Zweite Phase: Privatisierung durch Privatisierungs- und Investitionsgutscheine, 1993–1995

Am 5. März 1993 verabschiedete ich das „Nationalprogramm über die Entstaatlichung und Privatisierung in der Republik Kasachstan". Dieses Programm kennzeichnete die zweite Phase der Privatisierung, die die umfassendste und damit auch die schwierigste war. Der Prozess war aufgrund seiner Art und seiner Methoden außergewöhnlich.

So wurde die Verwaltung und Privatisierung des Staatseigentums streng zentral geregelt, was die entsprechenden Regionalbehörden obsolet machte. Einheitliche Reglements für die Vorbereitung und Durchführung der Privatisierung wurden eingeführt. Es gab eine große Bandbreite an Methoden: Aktienverkauf an der Börse, Auktionen, kommerzielle Ausschreibungen, Investitionsausschreibungen, Verkauf von Objekten mit gleich bleibenden Pachtbedingungen bis zum Pachtende, Direktverkauf von Sozialobjekten (auch im ländlichen Bereich), Veräußerung von illiquiden Objekten ohne Festlegung eines Mindestpreises, Übergabe von Objekten unter bestimmten Investitionsbedingungen in treuhänderische Verwaltung. Durch diese Vielfalt konnten sowohl die Spezifik der einzelnen Objekte als auch die aktuellen Anforderungen und die Mentalität der Bevölkerung berücksichtigt werden. Die Methodenwahl richtete sich nach den Betriebsgrößen, das heißt, nach der Anzahl der Mitarbeiter und der Höhe des Grundkapitals.

Die Reform hatte vier Privatisierungsarten festgeschrieben: die Kleinprivatisierung, die Massenprivatisierung, die Privatisierung von Einzelprojekten und Agrar-Industrie-Komplexen. Während der Kleinprivatisierung wurden mehr als sechstausend Objekte veräußert. Damit konnten Dienstleistungsbereich, Handel und Gaststättenwesen deutlich belebt werden. So arbeiteten im Ergebnis dieser Phase mehrere Tausend rentabler privater Klein- und mittelständischer Unternehmen in unserem Land.

Die Hauptorientierungsrichtungen des Nationalprogramms waren:
  - Kleinprivatisierung (Auktions- und Ausschreibungsverkauf von Objekten des
   Handels, der Dienstleistungen und der Produktion mit bis zu 200 Mitarbeitern)
  - Massenprivatisierung (Betriebe mit 200 bis 5000 Mitarbeitern)
  - Privatisierung von Einzelprojekten (Betriebe mit mehr als 5000 Mitarbeitern)
  - Privatisierung von Agrar-Industrie-Komplexen

„Programm zur Entstaatlichung und Privatisierung von Staatseigentum der Republik Kasachstan in den Jahren 1993–1995"

Auch die zweite Phase war auf die Erhaltung einer Menge von Kompromissen und Vergünstigungen für die Privatisierungsteilnehmer ausgerichtet. Die Arbeiter der Privatisierungsobjekte konnten sich beispielsweise zu Genossenschaften zusammenschließen, denen mindestens 50% der Belegschaft angehören mussten und so bei Ausschreibungen bis zu 10% Preisnachlass erhalten.

Durch die Flexibilität des Methodenspektrums, die Kompromisse und Vergünstigungen gelang es, einen Großteil der Kleinprivatisierungsobjekte während der zweiten Privatisierungsphase zu veräußern. Die verbleibenden Objekte waren nach mehrfachen Preissenkungen mit denselben Methoden im Jahr 1996 verkauft worden. Die Kleinprivatisierungsobjekte konnten zu 50% mit Geld und zu 50% mit Wohngutscheinen erworben werden. Durch eine Abteilung der Volkssparbank wurde der freie An- und Verkauf von Wohngutscheinen eingeführt. Objekte, die bei den Auktionen nicht veräußert werden konnten, wurden zu veränderten Konditionen angeboten: unter Senkung des Startpreises, ohne Festlegung des Preises oder mit Vorpacht. Auch ein Direktverkauf der Objekte an die Belegschaften war möglich. Die Pachtobjekte wurden zu den bestehenden Pachtbedingungen verkauft. Dabei gingen 50% der Einnahmen an die lokalen Etats. Bei Auktionen über Staatsbetriebe erhielten die Mitarbeiter kostenlos bis zu 10% der Vorzugsaktien in Höhe des Grundkapitals.

Die Kleinprivatisierung hatte neben dem ökonomischen auch einen sozialen Effekt. Schon in den ersten zwei Jahren begannen sich die Regale in den Läden wieder mit Lebensmitteln und Gebrauchsgütern zu füllen. Der Arzneimittelmarkt entwickelte sich. Die Menschen hatten bald keine Angst mehr vor dem privaten Sektor. Der Verkauf von Läden und Kiosken entwickelte auch auf diesem Gebiet das Unternehmertum. Die neugegründeten Firmen waren oftmals mit besserer Technik und einem effizienteren Management ausgestattet als die privatisierten Betriebe. Auf diese Art entstand beispielsweise auch ein ganzes Netz an Tankstellen.

Zu dieser Zeit erhielten aller Kasachstaner kostenlose persönliche Konten für ihre Privatisierungs- und Investitionsgutscheine bei der Volkssparbank. Jeder Bürger konnte seine Gutscheine nur in Aktien des Investitions- und Privatisierungsfonds anlegen, die wiederum auf speziellen Auktionen Aktien von Staatsbetrieben für diese Gutscheine erwerben konnte.

Die Gutscheinprivatisierung war die Privatisierungsphase mit der höchsten Beteiligung und wurde ähnlich auch in anderen Transitionsländern wie Polen oder der Tschechoslowakei durchgeführt. In dieser Zeit waren die Privatisierung eines Großteils der mittelständischen Betriebe und deren Verteilung an die Bevölkerung in Form von Gutscheinen vorgesehen. In der Folge konnte eben diese Schicht von Eigentümern zur Mittelschicht von Kasachstan werden.

Trotzdem können die Ergebnisse dieser Privatisierungsphase kaum als sozial akzeptabel betrachtet werden. Die Gutscheinphase hat nicht zur Etablierung eines stabilen Wertpapiermarktes geführt. Die Versuche, einen offenen Aktienhandel an der Börse zu entwickeln, waren nicht von Erfolg gekrönt, weil die Notierung der Aktien der meisten Betriebe wegen der schlechten Wirtschaftslage zum Scheitern verurteilt war. Die meisten Investitions- und Privatisierungsfonds gingen Bankrott. Die Gutscheinphase hat nicht zur Ausbildung einer stabilen Schicht aktiver Klein- und mittlerer Aktionäre geführt. Und das aus verschiedenen Gründen, unter anderem aus den oben genannten. Hand aufs Herz – hier muss man sagen, dass sich die Hoffnungen der Bevölkerung in die Gutscheinprivatisierung nicht erfüllt haben.

Im Zuge der Vorbereitung und Durchführung der Massen-Gutscheinprivatisierung dachte die überwiegende Mehrheit nicht einmal darüber nach, dass der Prozess vielleicht zu langsam läuft.

Im Gegenteil, viele rieten, nichts zu überstürzen, besonnen zu handeln; es gab sogar Forderungen, die Massenprivatisierung „zu stoppen, sich einen Überblick zu verschaffen, sich vorzubereiten". Aber die Zeit hat gezeigt, dass die Massenprivatisierung die richtige Entscheidung war und die Wirtschaft belebt hat.

Parallel dazu verlief die Umwandlung der Betriebe in Aktiengesellschaften. Diese Umwandlung und die Ausgabe staatlicher Aktienpakete sollte die Idee der Entstehung und Entwicklung der korporativen Verwaltung von Unternehmen fördern. Zu diesem Zweck wurden weiterhin Objekte für die Markteinführung gesucht. Dazu wurden finanzindustrielle Gruppen und Holdings in den mittelständischen Betrieben unterschiedlicher Finanzstruktur gebildet. Ihre Maßnahmen zur Kommerzialisierung sowie die Anwendung weltweiter Erfahrungen der Arbeit unter Marktbedingungen wurden verstärkt.

Die Situation verlangte von uns, die Prozesse der finanziellen und teilweise auch substanziellen Restrukturierung fast vollständig zu ignorieren. Wir hofften, dass nunmehr die neuen Eigentümer den optimalen Abschluss dieses Prozesses schon mit eigenen Kräften schaffen würden. Leider führten die akute Krise und besonders die Schuldenlast zu einer starken Abwertung der Objekte und schreckte potenzielle Investoren ab. Ein anderes wichtiges ökonomisches und soziales Ergebnis der Massenprivatisierung war der Übergang zum Geldverkauf von Objekten des Staateigentums.

Wie für viele andere Reformen, musste auch für die Privatisierung eine gehörige Dosis Verantwortung für die gefällten Entscheidungen übernommen werden. In dieser Hinsicht war die wohl schwierigste politische Entscheidung an dieser Stelle die über die Unwiderruflichkeit der Privatisierung. Der Prozess des Überganges zum Privateigentum sollte unumkehrbar sein. Das verlangte einfach die Logik. Nur eine solche Privatisierung konnte für internationale Organisationen und ausländische Investoren eine Garantie für unseren weiteren marktwirtschaftlichen Kurs bieten. Die Verantwortung für die Entscheidung, diesen Rubikon zu überschreiten, lag natürlich auf dem Staatsoberhaupt. Das war und ist bis heute klar. Und ich musste diese Verantwortung in all ihrer Tragweite übernehmen.

Wir hatten ja immer gelernt, dass Eigentum immer Staatseigentum sein muss (oder eben „Volkseigentum"), aber eigentlich gehörte es niemandem. Und plötzlich – Privateigentum, „Bourgeois". Alle hatten ein bisschen Angst davor. Ich erinnere mich daran, welche Skrupel die Minister oftmals bei der Unterzeichnung von Kaufverträgen für große oder einzigartige Objekte hatten. Als ich das verstanden hatte, machte ich ihnen meine volle Unterstützung und ihre notwendige Absicherung bei solchen großen Veränderungen deutlich. So gelang es uns, Halbheiten und langfristige Unentschlossenheiten bei der Eigentumsreform zu vermeiden, mit denen viele ehemalige Sowjetrepubliken heute noch zu kämpfen haben. Die Politiker müssen sich immer bewusst sein, dass die Eigentumsverhältnisse die Grundlage jeglicher finanziellen und sozialen Stabilität sind.

Die ersten Geldverkäufe von großen Objekten wie beispielsweise das Tabakkombinat Alma-Ata, Juschneftegaz, SCHNOS waren revolutionäre Schritte im gesamten postsowjetischen Raum. Das war nicht nur eine Haushaltsreform. Das Auftauchen von Privateigentum in ihrem täglichen Leben war für die meisten Bürger in erster Linie eine Reform des gesellschaftlichen Bewusstseins.

Langsam kam die Dynamik der Geldverkäufe in ein Gleichgewicht. Trotzdem konnten wir erst im Jahr 1997 normale Marktpreise erzielen. In den Jahren 1996-1997 betrugen die Privatisierungserlöse bereits 20-30% der Haushaltseinnahmen. Bis heute sind die Unternehmen, die in dieser

Zeit als Einzelprojekte privatisiert worden sind, die größten Steuerzahler, die uns regelmäßige Steuereinnahmen sichern.

Zum Abschluss der zweiten Phase begann die Privatisierung von Einzelprojekten; das waren große Unternehmen von besonderer ökonomischer und sozialer Bedeutung. Hier wurden den Reformen noch andere, hochwertige Bestandteile hinzugefügt, nämlich das Potenzial ausländischen Kapitals. Damals wurde allen klar, dass Kasachstan für die weitere Privatisierung ausländisches Kapital sowie die Schaffung von Unternehmen mit ausländischem Kapital brauchen würde.

> *Seit 1994 war die Anlage ausländischen Kapitals in Privatisierungs- und Investitionsfonds erlaubt und ab Frühjahr 1995 waren Ausländer auch zu allen Auktionen zugelassen, bei denen sie mit Valuta zahlen und bis zu 31% der Aktien der Privatisierungsobjekte kaufen konnten.*
>
> *Dazu mussten sie die folgenden zwingenden Voraussetzungen erfüllen:*
> - *Investitionen in die Produktion mit den allgemeinen Fristen, Volumen und Ausrichtungen*
> - *Steigerung der allgemeinen Produktion*
> - *Verpflichtung zur Nachzahlung der ausstehenden Löhne sowie der Verbindlichkeiten an den Haushalt und die Zulieferer*
>
> „Nationalprogramm über die Entstaatlichung und Privatisierung in der Republik Kasachstan 1993-1995"

Zunächst war nur der Verkauf einiger weniger Großbetriebe an ausländische Investoren geplant gewesen. Im Jahr 1993 standen 38 Betriebe auf der Liste. Das lag an der Notwendigkeit, den Betrieben aus ihrer Schieflage herauszuhelfen, die ansonsten zu Schließung und zum Bankrott geführt hätten.

Als erste wurden in dieser Zeit (1993-1994) das Tabakkombinat Alma-Ata und die Konditoreifabrik Tschimkent als Individualprojekte veräußert. Für das Tabakkombinat Alma-Ata zahlte die amerikanische Gesellschaft Philip Morris mehr als 100 Mio. US-Dollar; der Investor verpflichtete sich zusätzlich zu weiteren 240 Mio. US-Dollar Investition in die Produktion und begann sofort mit der Umsetzung seines Sozialprogramms: Es erhöhte die Löhne, kaufte neuen Wohnraum für die neuen Mitarbeiter und führte weitere Vergünstigungen ein. Bis dahin hatte sich die Fabrik in einer sehr kritischen Lage befunden: es fehlte an Geld zum Einkauf von Rohstoffen, Material und Ersatzteilen. Es wurden keine Löhne ausgezahlt. Das waren der erste Erfolg und die erste große Haushaltseinnahme. Ich lobte den Premierminister S. Tereschtschenko und den Vorsitzenden der Staatlichen Kommission für Eigentum, S. Karibschanow, für die hervorragende Arbeit. Damit war der Grundstein gelegt.

Aufgrund einer Art „sowjetischer Xenophobie", die jegliche Anwesenheit von Ausländern als ein Verbrechen gegen die Heimat betrachtete, begannen viele davon zu sprechen, dass ausländische Investitionen absolut nicht notwendig seien, sondern dass die Privatisierung eine ausschließlich innere Angelegenheit sein müsste. Diesen Leuten möchte ich entgegnen, dass wir eine eigenständige Privatisierung ja versucht hatten. Und da war alles noch schlimmer gekommen. Aber urteilen Sie selbst.

Vom Staatseigentum zum Privateigentum 145

Damals befand sich auch der kasachstanische Industriegigant Karmetkombinat in einer sehr kritischen Lage. Das Kombinat hatte hohe Schulden für Elektroenergie und Transport und stand kurz vor dem Bankrott. Außerdem stand es kurz vor der Schließung seiner metallurgischen Aggregate. Es wurde intensiv nach einem Investor gesucht, der das Kombinat aus der Krise führen sollte. Junge kasachstanische Geschäftsleute boten uns ihre Hilfe an. Gemeinsam mit der österreichischen Gesellschaft Fest Alpina wollten sie die Finanzprobleme des Betriebs lösen und ein modernes Management etablieren.

Wir wollten ihnen gern dabei helfen. Die Diebstähle in den Kombinaten hatten gigantische Ausmaße angenommen, daher wies ich die Regierung der Republik Kasachstan auf die Bitte der Investoren hin zu deren Unterstützung an. In den Betrieben der nördlichen Gebiete wurde ein Teil der Truppen des Innenministeriums verlegt, die Objektschutz leisten sollten.

Jedoch erwies sich die Managementerfahrung unserer jungen Experten für die Organisation eines großen Industriebetriebs und die Arbeit mit ausländischen Partnern in der Metallurgie als nicht ausreichend. Aufgrund von Fehlkalkulationen bei den Vertragsabschlüssen für Metallgeschäfte und Kokslieferungen reichten die Koksvorräte zu Beginn des Jahres 1995 noch für drei Tage, Umlaufmittel waren keine vorhanden. Die Löhne wurden länger als sechs Monate nicht ausgezahlt. Letztendlich mussten unsere jungen Geschäftsleute die Segel streichen und das Kombinat verlassen. Und nach knapp einem Monat mussten die Truppen des Innenministeriums bereits die Diebstähle verhindern, die die jungen Investoren begehen wollten.

Sehen Sie, unsere jungen Leute wollten solche großen Aufgaben angehen, und wir kamen ihnen dabei entgegen. Aber sie waren noch nicht bereit dazu. Sie hatten weder genügend Erfahrung, noch Mittel. Sie hatten sich an der Privatisierung beteiligt, aber sie konnten noch immer nicht mit dem neuen Eigentum umgehen. Doch ich half ihnen, auch das zu erlernen. Die Kazkommertsbank übernahm zunächst die Leitung der Hüttenwerke und kaufte auch SCHNOS, doch später wurde alles weiterverkauft.

Ein anderes Beispiel ist unsere zivile Luftfahrt. Nachdem unsere jungen Leute die Führung von „Air Kasachstan" übernommen hatten, kam es dazu, dass unsere Flugzeuge wegen der Schulden auf ausländischen Flughäfen festgehalten wurden. Ausländische Gesellschaften verboten ihren Bürgern aus Sicherheitsgründen, mit der „Air Kasachstan" zu fliegen. Ohne meinen Entschluss, gemeinsam mit den Briten „Air Astana" zu gründen, hätten wir heute überhaupt keine Luftfahrt. Ich denke aber, wenn unsere Manager noch ein bisschen Erfahrung gesammelt haben, werden sie auch die Führung von Betrieben übernehmen können.

Unter diesen Bedingungen konnten nur umfangreiche Investitionen einer Gesellschaft mit einer gefestigten Position auf dem Weltmarkt für Metall diesen Betrieb retten. Deshalb wurde das Hüttenkombinat verkauft. Der neue Eigentümer von Karmetkombinat, die indische Gesellschaft Mittal Steel, beglich sofort die Verbindlichkeiten gegenüber den Rohstoff- und Energielieferanten für Transport und Löhne; Auszahlungen wurden über Rückgriffsansprüche geregelt. Allein für die Schulden des Betriebs gab der neue Investor 350 Mio. US-Dollar aus. Die Gesamtinvestitionssumme in den acht Jahren seit der Privatisierung beträgt bis jetzt 1 Mrd. US-Dollar. In kurzer Zeit wurden die Hochöfen und die Kokerei saniert und wichtige Technologielinien wiederhergestellt. Zusätzlich wurden Abteilungen für Feuerverzinkung und Feueraluminierung sowie Maschinen für den Stahlstrangguss gebaut, ein Profilstahlwalzwerk ist noch im Bau.

Auf der Basis dieser besonderen, alternativlosen Wirtschaftsbedingungen hat die Privatisierung der Metallurgiegiganten eine Kettenreaktion ausgelöst: den Verkauf von angegliederten

Eigentumskomplexen. So verhielt es sich zum Beispiel auch beim Verkauf der Aktiva des metallurgischen Kombinats Karaganda. Damals musste zur Gewährleistung eines normalen Produktionsablaufs die rechtzeitige Bereitstellung von Elektroenergie, Brennstoffen und Rohstoffen gesichert werden. Deshalb musste der Investor im Laufe des Jahres 1996 die Wärme- und Energiezentrale 2 in Karaganda sowie einen Großteil der Kohlebergwerke übernehmen und zur Gewährleistung eines normalen Produktionszyklus in diese investieren.

Im darauf folgenden Jahr wurde der AG „IspatKarmet" die Nebenbetriebe der AG „Karagandaschachtugol" angegliedert. Das war zu der Zeit, als eine Welle von Bergarbeiterstreiks über die GUS-Staaten rollte, die dann auch zu uns kam – ich habe bereits darüber berichtet. Eine Verzögerung der Lösung von sozialen und wirtschaftlichen Problemen in einer solchen Industrieregion kann unvorhersehbare Folgen haben. Doch das konnten wir vermeiden. Und das Karmetkombinat hat dabei eine nicht unwichtige Rolle gespielt.

Die Leiter vieler noch nicht privatisierter Nebenbetriebe und Zweigunternehmen schauten auf die guten Ergebnisse des ausländischen Managements und baten die Regierung, in die Verkaufsliste aufgenommen zu werden, damit ein Investor mit gutem Ruf gefunden werden könne. Die Regierung beschäftigte sich intensiv mit diesem Thema. Dazu möchte ich einige Beispiele anführen.

Zu einem besonderen Verkauf einer „Technologiekette" wurde die Privatisierung der Zweige „Bogatyr" und „Wostotschny" im Gebiet Pawlodar. Im Herbst 1996, als der Winter schon vor der Tür stand, waren die Kohlelieferungen zur Energie- und Wärmeerzeugung zusammengebrochen. Damals wurden die Zweige der Eurasischen Industriegruppe privatisiert, die bereits gute Ergebnisse bei der Produktionsorganisation verschiedener Industriebetriebe zu verzeichnen hatte. Vor dem Verkauf solch wichtiger und großer Betriebe war mittlerweile der Besuch von Regierungsvertretern vor Ort zur Tradition geworden. Sie erläuterten den Menschen die Situation und die Maßnahmen, die der Staat zur Überwindung der bestehenden Schwierigkeiten ergreifen wollte. So versammelten die Regierungsvertreter und Investoren bei der geplanten Privatisierung von „Wostotschny" sämtliche Belegschaften und erläuterten ihnen die Investitions- und Produktionsprogramme. Die Auszahlung der Löhne wurde unmittelbar vorgenommen. Indem wir den Worten Taten folgen ließen, konnten wir das Volk überzeugen.

So konnte die Eurasische Industriegruppe im Laufe von zehn Jahren die Krise in der Montan- und Hüttenindustrie überwinden, sie stabilisierte die Arbeit der Betriebe und positionierte diese auf dem Weltmarkt. Von der Effektivität der Maßnahmen, die nach der Privatisierung ergriffen wurden, zeugt die Tatsache, dass allein zur finanziellen Sanierung und Rehabilitation der Betriebe 290 Mio. US-Dollar investiert worden waren.

Insgesamt wurden in den letzten Jahren mehr als 900 Mio. US-Dollar in die Produktionsentwicklung investiert, wodurch auch neue Produktionskapazitäten geschaffen werden konnten. Der Investitionsprozess wird auch jetzt fortgesetzt, wobei er sich nicht nur auf die genannten Betriebe begrenzt. So investierte die Eurasische Industriegruppe auch 48 Mio. US-Dollar in die Entwicklung der neuen Hauptstadt.

Ein weiteres gutes Beispiel für modernes Investment ist das Unternehmen „Dscheskasganzwetmet". Im Jahr 1995 hatte der Betrieb kurz vor dem Bankrott gestanden, er hatte Schulden in Höhe von 170 Mio. US-Dollar, davon allein 10 Mio. in der Lohnzahlung. Im Jahr darauf gewann die Firma Samsung die Ausschreibung für den Verkauf von Aktien dieses Betriebs. Sie beglich die Verbindlichkeiten und investierte in großem Maßstab. Das Produktionsvolumen stieg in dieser Zeit auf 400 Mio. Tonnen, was ein Rekord in der Geschichte des Kombinats war.

Die Privatisierung von individuellen Projekten, an die wir vorsichtig herangingen, wurde zunächst in mehreren Phasen realisiert. Zuerst wurde der Betrieb einer neuen Verwaltung übergeben. Der Staat sollte sich in dieser Phase davon überzeugen, dass der gewählte Investor zuverlässig und fähig war, die übernommenen Investitionsverpflichtungen zu erfüllen und ein qualifiziertes Management einzusetzen. Im Weiteren wurde diesem Investor dann der Erwerb eines bestimmten Aktienpakets genehmigt. So wurden eine Anzahl von Hüttenkombinaten zur treuhänderischen Verwaltung übergeben.

Doch nicht immer gelang es, von Anfang an zuverlässige Investoren zu gewinnen. So wurde beispielsweise im Jahr 1995 die AG „Balchaschmys" an die Firma „KAM Finans SA" veräußert, doch später musste der Vertrag gekündigt werden, da die Investitionsbedingungen nicht erfüllt worden waren. Erst im Jahr 1997, als das Objekt der „AG Balchaschmys" von der Firma Samsung erworben worden war, konnte die Lage verbessert werden. Heute ist die Gesellschaft „Kazakhmys", in der ein Kartell von Betrieben der Metallhüttenkunde vereinigt ist, eines der profitabelsten der Republik.

Manchmal verlief auch der Aufbau neuer Gesellschaften in mehreren Phasen. So wurde ein Großteil der Aktien des Blei- und Zinkkombinats in Ust-Kamenogorsk, des Mehrmetallkombinats Leninogorsk und des Bergbau- und Aufbereitungskombinats Syrjanowsk in der ersten Privatisierungsphase an die Belegschaft übergeben. Trotzdem blieb die Herstellung eines normalen Produktionsablaufs problematisch. Der Hauptgrund dafür war, dass die bestehende Führung nicht in der Lage war, reale Investitionen für die Produktion zu gewinnen. Dies wurde erst möglich, nachdem die Schweizer Firma „Glinkor" als strategischer Investor hinzugezogen werden konnte. Nur aufgrund einer Restrukturierung durch eine Vereinigung des Blei- und Zinkkombinats in Ust-Kamenogorsk, des Mehrmetallkombinats Leninogorsk und des Bergbau- und Aufbereitungskombinats Syrjanowsk konnte eine rentable Produktion auf den Weg gebracht werden: die Gesellschaft „Kazzinc".

Wir haben aus der Privatisierung vieles gelernt und eine gewisse Immunität gegen das Investoren-Abenteurertum entwickelt. Eine dieser Erfahrungen war die Privatisierung des Bergbau- und Aufbereitungskombinats Wasilkowsk. Die Ausschreibung für dieses Goldförderunternehmen war gemeinsam mit der Europäischen Bank für Wiederaufbau und Entwicklung entstanden. Letztendlich zeigten 5 der 10 größten, der weltweit anerkannten Firmen Interesse. Doch im allerletzten Moment erschien noch ein weiterer Investor, die Firma Placer Dome Inc., die den unwahrscheinlich hohen Betrag von 95 Mio. US-Dollar für den Betrieb bot und damit die Ausschreibung gewann. Aber dann zahlte die Gesellschaft nur 35 Mio. US-Dollar des versprochenen Betrags. Die Investitionsbedingungen waren nicht erfüllt worden, somit wurde der Vertrag storniert. Und wir hatten zusätzlich noch das Vertrauen unseres Investitionsberaters in Gestalt der Europäischen Bank und potentieller solider Investoren verloren, die uns vor dem Abschluss dieses Vertrags gewarnt hatten.

In der zweiten Phase der Privatisierung wandelten sich unsere Beziehungen zu den ausländischen Partnern von Grund auf. Ungeachtet des negativen Investitionsklimas in Kasachstan (hohe außergeschäftliche Risiken usw.) wurde eine Gleichbehandlung von ausländischem und inländischem Kapital garantiert. Doch damit nicht genug. In kürzester Zeit wurde das Gesetz „Über die staatliche Unterstützung von Direktinvestitionen in Kasachstan" vorgelegt und verabschiedet, in dem die Vergünstigungen und Präferenzen für ausländische Investitionen entscheidend erweitert wurden.

Nach der Verabschiedung dieses Gesetzes begann das ausländische Kapital eine wachsende Rolle im wirtschaftlichen Aufschwung zu spielen. So konnten die Schulden der Betriebe bei Lohn, Haushalt, Rentenfonds, Energielieferanten, sonstigen Lieferanten und Zuliefererbetrieben getilgt werden. Damit wurden Streiks verhindert und Arbeitsplätze erhalten – ein schwer erreichbarer Luxus für jedes Land. Die ausländischen Partner brachten neue Ideen für die Unternehmensführung ein. Die kasachstanischen Führungskräfte sozialistischer-nichtwettbewerbsfähiger Prägung erhielten eine kostenlose Weiterbildung. Die Privatisierung ermöglichte den Erhalt des größten Teils der sozialen und kommunalen Infrastruktur.

Die ganze seit 1991 geleistete Arbeit und die erfolgreiche Gewinnung ausländischer Investoren begann nun Früchte zu tragen. So betrug das Bruttoinlandsprodukt im Jahr 1995 992,5 Mrd. Tenge, die Industrieproduktion stieg um 13,6%. Das waren in der Schwarzmetallurgie eine Erhöhung um 17,4%, in der Metallindustrie um 1,9%. Die Löhne in diesen Branchen betrugen 16.000 bis 18.000 Tenge, was das Dreifache des Durchschnittlohns in der Republik war.

Ich wiederhole noch einmal, dass der Verkauf von Staatsbetrieben oft mit einem „Verkauf des Staates, der nationalen Reichtümer, der Heimat" gleichgesetzt wurde. Doch man muss der Gerechtigkeit halber zugeben, dass die meisten ausländischen Investoren eben einfach die besseren Möglichkeiten zum Aufkauf der Staatsbetriebe und zur Gewährleistung deren effektiver Arbeit hatten. Wie ich auch schon sagte: Über solche Möglichkeiten verfügten die meisten der hiesigen Geschäftsleute nicht. Und gerade weil es keine inländischen potentiellen Eigentümer gab, konnten auch sie die effektive Arbeit dieser Betriebe nicht garantieren. Sie kannten weder die Absatzmärkte noch die anderen Aspekte der Marktwirtschaft. Das mussten wir auch noch lernen.

Dritte Phase: Geldprivatisierung, 1996–1998

Die dritte Phase der Privatisierung, die in den Jahren 1996-1998 stattfand, verkörperte den Übergang zu Sektorenprogrammen in strategischen Wirtschaftszweigen, die auch die Elektroenergetik und den Gas-Öl-Sektor mit einschlossen, des Weiteren die Bereiche Gesundheitswesen, Bildung, Wissenschaft und Kultur. Damals traten auch die ersten vertrauenswürdigen inländischen Investoren auf den Plan, die große Industriebetriebe aufkaufen konnten.

Ende Dezember 1995 verabschiedete ich einen Erlass mit Gesetzeskraft, „Über die Privatisierung", und im Februar 1996 wurde durch eine Regierungsverordnung das „Programm zur dritten Phase der Privatisierung für die Jahre 1996-1998" eingesetzt. Der Zweck des Programms war die baldige Vollendung der grundlegenden Prozesse der Privatisierung und die weitere Gewinnung von Eigentümern, nun aber durch Geldprivatisierung, also auf Entgeltbasis. In dieser Privatisierungsphase sollte also die Übergabe des Privatisierungsobjektes an den Eigentümer gegen Entgelt erfolgen.

Innerhalb von drei Jahren wurden Aktienpakete von teilprivatisierten Betrieben realisiert, ebenso Objekte für den Handel sowie für Sozial- und Kulturwesen, die im Rahmen der Kleinprivatisierung noch nicht verkauft worden waren. Die Privatisierung von Individualprojekten ging ebenfalls weiter.

Die wichtigsten Bestandteile des Programms in der dritten Phase der Privatisierung waren die Sektorenprogramme zur Privatisierung wirtschaftsstrategisch wichtiger Sparten für Kasachstan sowie auch in Gesundheitswesen, Bildung, Wissenschaft und Kultur.

> *„Im Laufe des Jahres 1996 wurden durch die Regierung 889 Aktienpakete des Staates für Aktiengesellschaften und Genossenschaften mit beschränkter Haftung verkauft, weiterhin 3526 Objekte aus dem Sozialbereich, Immobilien, 27 Objekte wurden als Individualprojekte privatisiert. Dafür sind 31,2 Mrd. Tenge in den Haushalt geflossen.*
>
> *Das Jahr 1997 wurde zum Jahr der beschleunigten Privatisierung, besonders auf dem Gebiet der Energetik und der extraktiven Zweige. In einigen Zweigen konnte dieser Prozess abgeschlossen werden. Allein im Jahr 1997 konnten 5641 Immobilienobjekte und 608 Aktienpakete des Staates privatisiert werden, außerdem begann die Entstaatlichung von Objekten des Gesundheitswesens, Bildung und Kultur. Daraus ergaben sich Haushaltseinnahmen in Höhe von 54,5 Mrd. Tenge.*
>
> *Im Jahr 1998 sind 513 Aktienpakete des Staates für Aktiengesellschaften und Genossenschaften mit beschränkter Haftung privatisiert worden, 2716 Objekte aus dem Sozialbereich sowie einzelne Vermögenseinheiten und Vermögenskomplexe von Betrieben."*
>
> Quelle: Finanzministerium der Republik Kasachstan

Wie auch die vorhergehenden, zeichnete sich diese Phase durch die Geschwindigkeit ihrer Umsetzung aus. Die Vorbereitung und der Verkauf selbst wurden in sehr kurzer Zeit realisiert. Vorbereitung und Durchführung der Ausschreibungen dauerten einen Monat und die Versteigerung selbst noch kürzer – 15 Tage. Diese überschnelle Privatisierung hatte einen hauptsächlichen Grund – die illegale Privatisierung durch „Geldwäsche" und der Kapitalstock der Betriebe verschwand noch schneller.

Die Führungen von vielen Betrieben und Organisationen bremsten die Privatisierung künstlich, sie schufen für sich und ihre Verwandtschaft Möglichkeiten zur ungesetzlichen Bereicherung und „ließen die Betriebe zur Ader", indem sie gigantische Kreditorrückstände anhäuften. Wenn sich die Privatisierungsprozesse noch weiter verzögert hätten, dann hätte eine derartige „Monetarisierung" der Betriebe zur vollständigen Entwertung der Objekte geführt, und sämtliche Hoffnungen auf eine normale weitere Existenz wären verloren gewesen.

Natürlich war diese schnelle Privatisierung mit hohen Kosten verbunden. Zum Beispiel sind nicht alle Betriebe an wirklich rechtschaffene Eigentümer gegangen. Es gab auch solche, die den eigenen Betrieb bis aufs Letzte ausgenommen haben und dann verschwunden sind. Doch wenn man alle Umstände dieser Übergangszeit betrachtet, kann man nicht bestreiten, dass die Privatisierung ziemlich effektiv verlaufen ist. Und letztendlich überwogen im Vergleich mit derartigen Prozessen in unseren Nachbarländern die Vorteile eindeutig die Nachteile.

In der dritten Phase der Privatisierung waren zwei grundlegende Formen vorgesehen: der Verkauf durch Ausschreibungen und der gezielte Verkauf. Von 66 Betrieben, die mittels Vertrag in Verwaltung gegeben worden waren, sind 26 später den verwaltenden Gesellschaften verkauft worden (darunter auch Unternehmen der Schwarzmetallurgie und der Metallindustrie).

Hohe Startangebote garantierten nicht immer die Erreichung der vorgesehenen Ergebnisse. So bewegte sich beispielsweise der Preis für ein 100%iges Aktienpaket der Gesellschaft „Kazakhtelecom" von 2-3 Mrd. bis 60 Mio. US-Dollar. Schließlich wurden 40% der Aktien für 100 Mio. US-Dollar an die Firma Daewoo verkauft. Jedoch zwang die Nichterfüllung der

Investitionsverpflichtungen den Käufer später zum Verkauf der Aktien an einen kasachstanischen Investor.

Doch in all dem gab es auch ein erfreuliches Moment. Dieser Weiterverkauf zeugte davon, dass bereits in der dritten Phase zusätzlich nationales Kapital zur Privatisierung großer Objekte auf den Plan trat.

In der dritten Phase wurden auch fast alle Energie erzeugenden Betriebe privatisiert. So gab es bedeutende Haushaltseinnahmen auf Grund der Verkäufe und der Investitionsverbindlichkeiten. Damit konnte im Jahr 1997 außerdem die Krise in der Energieversorgung von Betrieben und Wohnungen im Gebiet Ost-Kasachstan beigelegt werden. Gerade der Verkauf von vier Heiz- und Elektrozentralen (Semipalatinsk, Ust-Kamenogorsk, Sogrinsk und Leninogorsk) und die Übergabe zweier staatlicher Landkreis-Elektrozentralen (Schulbinsk, Ust-Kamenogorsk) in Konzession der amerikanischen Firma „AES Suntree Power" verhinderte die drohende Energiekrise in der Region.

Seit 1997 gab es auch immer mehr Privatisierungen im Gas-Öl-Sektor. Weil die Bewertung derartiger Objekte schwierig war, da Experten aus verschiedenen Behörden koordiniert werden mussten, ordnete die Regierung Kasachstans die Bildung einer ressortübergreifenden Kommission an. Diese sollte die Voraussetzungen für den Verkauf von Gas-Öl-Objekten und möglichst günstige Investitionsbedingungen für die potentiellen Käufer festlegen. Im Jahr 1997 wurden mit den Gewinnern der Ausschreibungen, der indonesischen Gesellschaft „Central Asia Petroleum" und der chinesischen nationalen Gas-Öl-Gesellschaft Verträge über den Verkauf der Großbetriebe „Mangistauminaigas" und „Aktobemunajgas" unterzeichnet.

Die dritte Phase brachte auch Veränderungen im Procedere zur Privatisierung von Großbetrieben und einzigartigen Objekten als Individualprojekte. Es vollzog sich der wichtige Übergang von der Übergabe der Betriebe in Verwaltung hin zum Ausschreibungsverkauf an die ausländischen Investoren. Dabei war klar, dass die Kasachstaner aus Geldmangel keine wirkliche Konkurrenz für das ausländische Kapital darstellen konnten.

Im Zusammenhang damit musste Kasachstan auch die schmerzhaften Folgen ertragen, die eine Stornierung eines solchen Vertrags mit sich brachte. Die Gründe für die Stornierungen waren die Nichterfüllung der Investitionsverpflichtungen, die Verschlechterung der Arbeit der Betriebe, ein unqualifiziertes Management und verschiedenartiger Missbrauch bei Finanz- und Außenhandelsgeschäften.

In der zweiten und dritten Phase wurden 94 Großbetriebe privatisiert; 57 davon wurden Eigentum ausländischer Investoren. Die befristete Übergabe in treuhänderische Verwaltung und der spätere Verkauf als Individualprojekt ermöglichte die Schaffung neuer Industriekonzerne unter Beteiligung von privatem und staatlichem Kapital. Diese Firmen haben heute ihre Marktnische auf den internationalen Märkten gefunden, Tausende Arbeitsplätze gesichert und die Wirtschaft des Landes spürbar gestärkt.

Im Großen und Ganzen hat die Übergabe kasachstanischer Betriebe in ausländische Verwaltung dem größten Teil der Großbetriebe aus der Finanz- und Produktionskrise geholfen und ihnen die Anpassung an die harten Marktbedingungen ermöglicht. Damit begann die Sanierung der finanziellen und ökonomischen Lage der Unternehmen.

Vierte Phase: Verwaltung von Staatseigentum

Die vierte Phase begann im Jahr 1999 und war durch neue Ansätze in der Vollmachtenverteilung zwischen den einzelnen Verwaltungsebenen gekennzeichnet, die das Staatseigentum regulieren und darüber verfügen sollten. So wurde ein Gesetz verabschiedet, das Veränderungen in den mehr als 150 Verwaltungsverordnungen vorsah und die Zuständigkeiten eindeutig verteilen sollte. Gleichzeitig sollten auch die gesetzlichen Grundlagen zum Staatseigentum verbessert werden.

Den Beginn dieser Phase kennzeichnet die Verabschiedung des Programms zur Privatisierung und Erhöhung der Effizienz der Verwaltung von Staatseigentum für die Jahre 1999-2000. Das Programm fixiert die praktischen Ergebnisse der vorhergehenden Privatisierungsphasen und damit vor allem die Schaffung von Privateigentum sowie auch die Grundlagen der Marktwirtschaft. Dabei behält sich der Staat seine Präsenz in einzelnen, strategisch wichtigen Wirtschaftszweigen vor. Dazu gehören Basiszweige der Nationalökonomie und auch Produktionszweige für lebensnotwendige Waren, Produkte und Dienstleistungen. Dabei sind besonders die Effizienzerhöhung der Verwaltung von Staatseigentum und die Kontrolle von Verwaltungsbeschlüssen wichtig.

Auf diese Weise haben wir bereits die Aktiengesellschaft „Nationale Holdinggesellschaft Samruk" gegründet. Zur Erarbeitung eines Businessplans für die staatliche Holding gewannen wir eine unabhängige ausländische Consultinggesellschaft, die über Erfahrungen in der Gründung ähnlicher Gesellschaften in anderen Ländern verfügt. Die einzige Firma, die über derartige Erfahrungen verfügt, ist McKinsey, die im Consulting-Rating weltweit an erster Stelle steht und bereits mehr als 6 Projekte für die Regierungen von entwickelten und sich in Entwicklung befindlicher Länder realisiert. Diese Projekte betreffen die Verwaltung von Staatsaktiva, ein Beispiel hierfür ist die Singapurer Staatsholding „Temasek".

Von kasachstanischer Seite nahm die Aktiengesellschaft „Zentrum für marketinganalytische Forschungen" beim Ministerium für Wirtschaft und Haushaltsplanung teil. Bei der Arbeit an dem Projekt wurden die internationalen Erfahrungen der 13 führenden Staatsholdings und Agenturen zur Verwaltung von Staatsaktiva in Ländern Europas, Asiens, Nordamerikas, Australien und Ozeaniens berücksichtigt.

Der Gründung der Holding ging eine schwierige Arbeit voraus, die manchmal auch stockte und auf der Stelle trat. Ich sah den Widerstand unserer Holdings und der Großbetriebe, die gern ihr eigenes Süppchen kochten und machten, was sie wollten. Ich musste die Regierung mehrmals darauf aufmerksam machen, dass die Bildung der Staatsholding zur Verwaltung der staatlichen Aktienpakete nur sehr schleppend vorangeht. Letztendlich zog sie sich eineinhalb Jahre hin.

Erst am 28. Januar 2006 konnte ich den Erlass „Über die Gründung der Aktiengesellschaft ‚Nationale Holdinggesellschaft Samruk'" unterzeichnen. Ich stellte der Holding eine zentrale strategische Aufgabe: Sie sollte die Effizienz der Staatsbetriebe durch eine Verbesserung von deren Verwaltung und Leitung erhöhen und damit das Wirtschaftswachstum fördern. Die körperschaftliche Verwaltung musste auch deshalb verbessert werden, um den Privatunternehmen ein Beispiel zu geben. Dies führte auch zu mehr Transparenz im gesamten Finanzwesen.

Bei vielen kommt jetzt sicher die Frage auf: Wozu brauchen wir diese Holding überhaupt? Dazu habe ich schon eine Menge Antworten gehört. Sie reichen von „Ordnung schaffen in den Staatsbetrieben" bis zur Bildung eines zweiten Staatsfonds usw.

Aber eigentlich ist alles viel einfacher. Sehen Sie selbst: Nationale Firmen bleiben trotz des Privatisierungsprozesses in staatlicher Hand. Das an sich widerspricht der Marktwirtschaft nicht, weil es immer solche Sphären geben wird – Fiaskos oder Marktzusammenbrüche – in denen die Anwesenheit des Staates notwendig ist. Das sind Wirtschaftsbereiche, die für das Gemeinwohl arbeiten. Genau deswegen haben wir damals Bereiche wie Telekommunikation, Energieversorgung, Eisenbahn, aber auch einen Teil der extraktiven Industrie im Staatseigentum behalten. Theoreisch dient das dazu, dass lebenswichtige Wirtschaftszweige nicht von privater Hand geregelt werden, sondern dass diese sich – nicht gewinnorientiert – auf die Qualität und niedrige Preise konzentrieren können. Was ist nun bei uns daraus geworden?

Nachdem sie den nationalen Status mit allen Vorteilen bekommen hatten, „vergaßen" unsere Firmen ihre ursprüngliche Aufgabe und arbeiteten genau auf diesen Gewinn hin. Natürlich ist das an sich nichts Schlechtes, aber daneben gab es keine Verbesserung der Qualität oder des Zugangs der Bevölkerung zu diesen Dienstleistungen. Der Status einer nationalen Gesellschaft ist ja faktisch der, dass er zu einem „legalisierten" Monopolisten auf seinem Gebiet wird. Im Gegenzug sollte eine solche Firma, die im Interesse der Gesellschaft arbeitet, auch akzeptable Preise und hohe Qualität anbieten, die sie aus ihren Einnahmen finanziert. Privatunternehmer würden so etwas nicht machen.

Nehmen wir „Kazakhtelecom". Eigentlich ist es doch viel bequemer für alle, wenn es nur einen Anbieter gibt, der die technologische Einheit des Netzes im ganzen Land gewährleistet, nicht wahr? Und diese Einzigartigkeit ist eine Garantie für Gewinne, und zwar für sehr gute Gewinne. Doch statt diese Gewinne nun in die Entwicklung ihres Angebots oder die Senkung der Ausgaben und Tarife zu stecken, zahlte die Firma ihrer Führung unter anderem astronomische Gehälter. Und auf der anderen Seite gab es in manchen ländlichen Regionen noch nicht einmal Internet und Telefon! Genau darauf war die nationale Kampagne gerichtet. Ich betone: die nationale, dem Volk gehörende. Dieses Geld war das Eigentum des Staates oder, weiter gefasst, der gesamten Gesellschaft. Das sollte die Tätigkeit der Staatsbetriebe auch widerspiegeln. Genau deswegen wurde „Samruk" gegründet, und ich hoffe, dass sie unseren Erwartungen gerecht wird.

Für die vierte Phase sind auch die neuen Ansätze zur Verteilung von Vollmachten unter den staatlichen Behörden über die Verwaltung von Staatseigentum charakteristisch. Ein Schlüsselmoment ist hierbei die Umverteilung der Vollmachten zwischen den Behörden der Republik und der Kommunen. Beispielsweise wurden im Jahr 1999 staatliche Aktienpakete und Beteiligungen an 953 Aktiengesellschaften und GmbHs vergeben. Das Recht zum Beschluss über die Privatisierung und deren Durchführung wurde den Akimen der Gebiete und der Städte Almaty und Astana erteilt.

Das Programm regelte außerdem noch die effektive Verwaltung der Staatsaktiva. So hat der Staat an den 10 führenden Unternehmen eine Beteiligung in Form von „Blue Chips". Unter diesen Firmen sind „Mangistauminaigas", „Aktobemunajgas", „Kazzinc", das Titan-Magnesium-Kombinat in Ust-Kamenogorsk, die Produktionsvereinigung Bergbau- und Aufbereitungskombinat Sokolowsk-Sarbajsk, „Aluminium Kasachstana", die Transnationale Gesellschaft „Kazchrom", die Volkssparbank, „Kazakhtelecom", „Kazakhmys". Im Jahr 1999 wurde ein Teil der Staatsaktien (16,7%) der Aktiengesellschaft Volkssparbank privatisiert, Ende 2000 dann die „Mangistauminaigas Aktiengesellschaft".

Heute sind die staatlichen Aktienpakete der Aktiengesellschaften „Mangistauminaigas", „Aktobemunajgas", „Kazakhmys", Volkssparbank, Titan-Magnesium-Kombinat in Ust-Kamenogorsk und andere vollständig verkauft.

Im Verlauf der vierten Phase wurden die Bemühungen der Regierung zur Erhöhung der

Haushaltseinnahmen aus der Nutzung von Staatseigentum intensiviert. Bis zum Jahr 2002 waren diese Einnahmen in den Haushalt geflossen, seitdem werden sie zum Abbau des Haushaltsdefizits genutzt. Und ab 2003 werden die Erlöse aus der Privatisierung von Großbetrieben in den Nationalfonds fließen. Damals wurde eine Arbeit begonnen, die uns auch heute noch beschäftigt: die Optimierung der Anzahl der Staatsbetriebe der Republik und regionaler Staatsbetriebe. Sie sollen nur dort bestehen bleiben, wo man ohne diese Rechtsform nicht auskommt.

Dank unserer Erfahrung konnten wir nun eine neue Konzeption zur Verwaltung von Staatseigentum erarbeiten. Sie beinhaltet eine vollständige Inventarisierung des gesamten Staatseigentums, die Optimierung der Anzahl der Verwaltungsobjekte, und die Schaffung weiterer regionaler und zentraler Haushaltseinnahmen durch eine effektive Nutzung des Staatseigentums.

Am 4. November 2003 wurde das Gesetz „Über das staatliche Monitoring des Eigentums in strategisch bedeutsamen Wirtschaftszweigen" verabschiedet. Dieses Gesetz ermöglichte den Aufbau eines Monitoringsystems zur Überwachung der Effizienz der Verwaltung von privatisierten Objekten in strategisch bedeutsamen Wirtschaftszweigen, ihre Weiterentwicklung und die Nachprivatisierungskontrolle.

So konnte unsere Privatisierung die Ziele erreichen, die wir von ihr erwarteten. Heute haben wir in Kasachstan einen privaten Sektor, der ungefähr 90% der Industrieproduktion des Landes abdeckt. Die Weiterentwicklung des privaten Sektors erfordert klare Spielregeln und eine adäquate rechtliche Basis, die nicht durch sowjetische Strömungen belastet sind.

Die Privatisierung in der Waagschale der Geschichte

Unter großen Mühen, Sorgen und Stress und nach dem Zusammenbruch alter Werte ging Kasachstan den Weg vom Staatseigentum zum Privateigentum, von der administrativen Kommandowirtschaft zu einer ausgewogenen, rationalen Planung und zum Management – also zum Markt. Das scheint alles nur in wissenschaftlichen Artikeln und Büchern so einfach und verständlich. Aber im wirklichen Leben ist das ein Ozean der Leidenschaften und Tragödien, der Interessenskonflikte verschiedener Gruppen und sogar Generationen. So ist sie leider, die Philosophie von den Zeiten des Umbruchs. Und wir haben das alles durch unsere Herzen gehen lassen.

Unsere Jugend weiß größtenteils noch nicht, welche riesigen Anstrengungen und Sorgen uns die heutigen Erfolge gekostet haben. Sie soll wissen und verinnerlichen, dass dies alles die Ergebnisse der großen Veränderungen sind, die um uns und in uns geschehen sind, Veränderungen, die von uns allen aus unserem Willen und unserer Geduld heraus verwirklicht worden sind.

Heute ist Kasachstan ein leuchtendes Beispiel für den Weg aus der Krise. Experten sind der Meinung, dass die führende Rolle Kasachstans unter den GUS-Staaten bei den Wirtschaftreformen die Folge eines gut gewählten politisch-ökonomischen Modells für die Übergangsperiode ist: eine starke Präsidialmacht plus schnelle und intensive Reformen. Dazu muss man gleich sagen, dass die Reformen von oben durchzuführen waren. So waren die Zeiten; ohne eine starke Machtvertikale wären wir nicht erfolgreich gewesen.

Genau diese Formel ermöglichte den Aufbau und die Stärkung eines unabhängigen Staates, die Durchführung klarer und konsequenter Reformen in Wirtschaft und Politik, und sie garantierte innenpolitische Stabilität. Damals wurde uns klar, dass eine parlamentarische Regierungsform bei diesem niedrigen Niveau der politischen Kultur zu ständigen Krisen in Wirtschaft und

Politik geführt hätte. Und für einen jungen Staat, der seine Unabhängigkeit während einer schweren Wirtschaftkrise aufbauen musste, hätte dies unweigerlich in Chaos und Stagnation geendet.

Trotzdem möchte ich nicht verschweigen, dass der beschleunigte Übergang von staatlichem Paternalismus zu wirtschaftlicher Freiheit und Unternehmertum die unpopulärste Maßnahme war – und das nicht nur für das Volk, sondern auch für den größten Teil des Staatsapparats. Und diese Aufgabe wurde oft durch Willensentscheidungen und Methoden gelöst, die für die Bevölkerung schmerzhaft waren. Manchmal musste ich auf Grund der Notwendigkeit des einen oder anderen Schrittes die Menschen dazu überreden oder sie auch etwas unter Druck setzen. Manchmal muss man die persönliche Verantwortung für gewisse Veränderungen im Leben übernehmen. Und alles nur deswegen, weil wir keine Zeit hatten zu warten, bis alle vollständig dazu bereit und die Reformen in einem vollkommenen Einvernehmen möglich gewesen wären. Anderenfalls hätten wir gar nichts reformieren können, weder den Staat noch die Wirtschaft.

Dafür haben wir das Ergebnis jetzt vor uns – jetzt entscheidet der Bürger im Grunde selbst. Der private Sektor verfügt jetzt über 90% des Produktionspotenzials der Republik. Kleine und mittlere Unternehmen wurden aufgebaut und adaptiert, und dieser Sektor entwickelt sich weiter. Und gerade diese Menschen bilden nach allgemeiner Einschätzung den Grundstock der Mittelschicht, den wir auf jeden Fall schaffen wollten. Warum ist das für Kasachstan so wichtig?

Wie wir wissen, bemüht sich gerade diese Gesellschaftsschicht um Erfolg, verfügt über eine hohe Kaufkraft und trägt den entscheidenden Teil zu den Haushaltseinnahmen bei. Gerade diese Klasse hat etwas zu verlieren, sie strebt nach etwas und sie hat etwas zu vererben. Charakteristisch ist für die Mentalität der Mittelschicht ihr Verantwortungsbewusstsein für ihr eigenes Leben, eine tiefe Sehnsucht nach Individualismus, das Verständnis für den Wert des Professionalismus und der Bildung als Garanten für die eigene Prosperität. Die Mittelklasse – das sind weder Multimilliardäre noch Bettler, das sind die, die sich selbst versorgen. Hier steht das „Ich" über dem „Wir". Das ist das Streben des Menschen, sein Leben und sein Schicksal selbst in die Hand zu nehmen, was sich in seiner Tätigkeit und dementsprechend in seinem Einkommen zeigt.

Eine Mittelschicht ist für Kasachstan sehr wichtig, besonders weil sie die bestehenden Wechselbeziehungen in der Gesellschaft qualitativ verändern kann, sowohl innerhalb der Bevölkerungsschichten als auch die Beziehungen von Gesellschaft und Regierung. Eine Mittelschicht ist auf Stabilität orientiert und ist auch selbst ein Stabilisierungselement der Gesellschaft. Das ist eine „Nation von Bürgern, eine selbstbestimmte Mehrheit", die verstanden hat, dass die Teilhabe am politischen Leben einen echten Einfluss auf die politischen Entscheidungen im Lande bedeutet.

Genau deswegen widme ich dieser Frage viel Aufmerksamkeit und komme in meinen Reden immer darauf zurück, aber nicht nur das. Der Privatisierungsprozess hat die Basis geschaffen für eine kasachstanische Mittelschicht; die Menschen konnten ihre Wohnungen erwerben, Geschäfte eröffnen und letztendlich Hausherren und Eigentümer werden. Sie bekamen die Möglichkeit zu arbeiten und Geld zu verdienen. Niemand wartete auf Anweisungen oder rettende Beschlüsse von oben. Die Menschen konnten ihr Geschäft und ihr Leben selbst aufbauen. All diese Veränderungen waren notwendig, vor allem für die Kasachstaner selbst, und sie waren zu ihrem Nutzen. Die grundlegenden Wirtschaftsreformen waren begleitet vom Unverständnis oder offener Ablehnung der Bürger, die Angst vor allem Neuen hatten. Umso erfreulicher ist es, dass ein Teil der Menschen, die in den 1990er Jahren in ihre historische Heimat ausgereist waren, nun wieder nach Kasachstan zurückkehren. Darüber freue ich mich wirklich sehr.

Heute können wir mit Gewissheit sagen, dass die grundlegenden wirtschaftlichen Strukturreformen abgeschlossen sind. Die Privatisierung des Staatseigentums wurde vollzogen und ein wirtschaftliches Umfeld geschaffen, das den Standards eines entwickelten Marktes entspricht. Privatisierung – das ist immer die Aufteilung von Eigentum. Und jedes Land mit sozialistischer Geschichte, das eine Privatisierung durchführt, ist mit dem Problem der gerechten und effektiven Verteilung des Staatseigentums konfrontiert gewesen. Natürlich lief auch bei uns dabei nicht alles glatt. Damals waren die Menschen allein bei dem Begriff „Privateigentum" schon erschrocken. Doch während jeder der Privatisierungsphasen hatten wir in erster Linie die Interessen des Volkes im Auge.

Natürlich war der Reformprozess für die Wirtschaft nicht ohne Fehler, unüberlegte Entscheidungen und soziale Schwierigkeiten. Doch es wird deutlich, warum die Privatisierung unter unseren schwierigen Bedingungen nicht „gerecht" oder „ungerecht" sein konnte. Sie konnte nur so bewertet werden: effektiv oder ineffektiv. Urteilen Sie selbst: Heute sind aus dem staatlichen Sektor wichtige Sphären herausgelöst wie Gastronomie, Handel, Leicht-, Lebensmittel- und verarbeitende Industrie, Dienstleistungen aller Art, agroindustrielle Produktion usw. Energie und Rohstoffe sind teilweise auch in private Hände gekommen. Es entwickelt sich ein Wettbewerb im Gesundheits- und Bildungswesen, hier besonders auf dem Gebiet der Hochschulausbildung.

Wenn ich von der Privatisierung spreche, muss ich natürlich erwähnen, dass es auch heute noch Menschen gibt, die das Eigentum umverteilen wollen und der Meinung sind, dass die Privatisierung ungerecht war. Nirgendwo auf der Welt war die Erstprivatisierung gerecht. Es wird keine Revision geben, nicht heute und nicht in der Zukunft. So sind die Gesetze unseres Landes. Mehr noch, so sind die Gesetze der Entwicklung. Wie werden niemals eine Neuaufteilung des Eigentums machen können, die alle absolut zufrieden stellt. Entschuldigen Sie die bittere Ironie, aber wir haben schon einmal versucht, eine absolut gerechte Gesellschaft aufzubauen. Und fast alle von uns wissen, wie das für uns und unsere übrigen Nachbarn, die ehemaligen Sowjetrepubliken, geendet hat. Dieses Kapitel der Geschichte ist abgeschlossen. Wir müssen nach vorn schauen. Wir müssen das Geschaffte vervollkommnen und das Leben der Menschen weiter verbessern.

Heute wird immer öfter vom „Fortschritt" unserer Bürger in Wirtschaftsfragen gesprochen: von Führungspersonen, Geschäftsleuten, Landwirten. Während eines der vielen Interviews, die ich an einem der Unabhängigkeitstage der Republik gegeben habe, wurde ich gefragt: „Wer ist die bessere Führungspersönlichkeit – ein ehemaliger Produktionsarbeiter oder ein professioneller Manager?" Ich habe darauf keine klare Antwort. Jeder Fall ist sehr individuell. Doch wenn ich auf meine 20-jährige Erfahrung in der Personalpolitik zurückschaue, kann ich sagen, dass die erstklassige Ausbildung, das sehr gute Wissen und die gesunden Ambitionen, die viele junge Leute heute mitbringen, nicht ausreichend dafür sind, eine gute Führungskraft zu werden – sei es im Geschäftsleben oder im Staatsdienst.

Sie haben gesehen, dass ich damals vielen jungen Geschäftsleuten und Experten einen Freifahrtsschein ausgestellt habe. Junge Leute sind im Alter von 35 Jahren Regierungsmitglieder, Minister, Leiter von Gebieten, Behörden, Großbetrieben geworden. Ehrlich gesagt haben die wenigsten diesem Test standgehalten. Heute bin ich der Meinung, dass eine Führungskraft in erster Linie ein reifer Mensch sein muss, nicht unbedingt vom Alter her, aber reif in der Wahrnehmung seiner Umwelt, der Situation und in erster Linie in der Wahrnehmung seiner selbst.

Früher haben wir die Führungskräfte Kombinats- oder Betriebsdirektoren genannt. Das Wort „Manager" ist ein ausländisches Wort. Aber der Sinn ist derselbe. Viele unserer ehemaligen Direktoren sind gute Manager in der Marktwirtschaft geworden. Besser oder schlechter – das wird sich an konkreten Ergebnissen zeigen. Besser ist der, der die Arbeit und die Menschen erfolgreich leiten kann.

Während der Reformen, die unter anderem auf die Bildung einer Klasse von Privateigentümern gerichtet waren, waren wir auch mit der Notwendigkeit konfrontiert, ein effizientes Finanzwesen zu schaffen, dass, bildhaft gesprochen, der Blutkreislauf der Wirtschaft werden sollte. Wie der Aufbau des nationalen Finanzwesens verlief, berichtet das nächste Kapitel.

Kapitel VI
Das nationale Finanzsystem

Das nationale Finanzsystem   159

In den vorangegangenen Kapiteln dieses Buches habe ich schon einen Staat mit einem lebendigen Organismus verglichen. Diese Metapher gefällt mir sehr gut. Als ich mit dem Umbau von Kasachstan begann, habe ich mir das Land oft genauso vorgestellt – wie eine Art Einheit von Menschen, die in einem Gebiet leben, unter einer Gesetzgebung und im Rahmen einer Gesellschaft, eben wie ein einziger, wachsender, selbstständiger Organismus. Wenn man diesen Vergleich weiterdenkt, dann lässt sich die Wirtschaft mit den Organen vergleichen, die die Lebensfähigkeit des gesamten Organismus und den allgemeinen „Warenaustausch" im Land gewährleisten, und die Finanzen sind auf ihre Weise der „Blutkreislauf" der Wirtschaft.

Daher bezogen sich, wenn man die Wichtigkeit der Existenz eines gut entwickelten Finanzsystems berücksichtigt, ein Großteil der zu Beginn der 1980er Jahre begonnenen und später verwirklichten wirtschaftlichen Veränderungen auf die Finanzen.

So ergab es sich, dass wir diese Reformen in einer für unser Land sehr schwierigen Zeit begannen. Die erregten Bürger nahmen damals alle Geschehnisse mit Schmerzen auf. Die durch den Zerfall des sowjetischen Systems zerrüttelte Wirtschaft erlebte einen wahren „Finanzsturm". Das Defizit an Waren des täglichen Bedarfs, der Inflationsanstieg sowie die Abwertung aller Ersparnisse und laufenden Einkommen der Bevölkerung stiegen im rasanten Tempo an. Zur Lösung der Probleme musste für finanzielle Stabilität in der Wirtschaft und für die Eindämmung der Inflation gesorgt werden. Daneben war die Schaffung eines transparenten, effektiven und stabilen Staatshaushalts von Nöten, der im höchsten Maße die Bedürfnisse der Bevölkerung und die Erfüllung der staatlichen Dienste und Funktionen auf hohem Niveau gewährleisten würde.

Wir wussten, dass vom sozialen Gesichtspunkt her der Preis für die Reformen wahrscheinlich ein sehr hoher sein würde. Gleichzeitig haben wir am Beispiel von anderen entwickelten Ländern festgestellt, dass beim Entstehungsprozess eines Marktes der soziale Aspekt der Reformen nicht außer Acht gelassen werden darf. Wir wollten daher die Reformen unter für die Bevölkerung möglichst schonenden Bedingungen gestalten, aber das war aufgrund der herrschenden Hyperinflation äußerst schwierig. In einer solchen Situation hätte ein langsames Vorgehen unweigerlich in der totalen Katastrophe geendet.

Wenn ich heute an diese Zeit zurückdenke, fällt mir vor allem die große Last an Verantwortung auf, die wir auf uns nahmen, als wir mit diesen Reformen begannen. Nach dem Zusammenbruch der sowjetischen Wirtschaft war es schwer, die Menschen von einem neuen Finanzsystem in unserem Land zu überzeugen, die ihre Ersparnisse von Jahrzehnten verloren hatten. Bei allen Veränderungen im Steuersystem, der Renten oder gleich welcher Art auch immer, haben wir vor allem an unsere Bürger gedacht und unsere ganze Verantwortung für ihr Wohlbefinden lag auf unseren Schultern.

Heute mögen mich viele mit teilweise absurd vorgebrachten Anschuldigungen kritisieren. Ich weiß, dass ich auf dieses Geschwätz und die haltlose Kritik keine Rücksicht nehmen muss, denn das sind ehrlich gesagt nur unbedeutende Kleinigkeiten im Vergleich zu der Last an Verantwortung, die ich zusammen mit meiner Mannschaft auf uns nahm. Da wir keine Erfahrung mit einer solchen Reform hatten, war das Risiko groß. Wir wussten nur, dass wir bei Null begannen und ein unabhängiges Finanzsystem auf die Beine stellen mussten, welches einen normal funktionierenden Staatsapparat und die Entwicklung der kasachstanischen Wirtschaft sichern sollte.

Nur bedingt lassen sich die Reformperiode und die Entwicklung unseres nationalen Finanzsystems in zwei Etappen einteilen. Die erste Etappe erstreckt sich ungefähr auf den Zeitrahmen von 1991 bis 1997. In dieser Zeit stellten sich für uns die Fragen nach der Liberalisierung der Wirtschaft und nach dem Erreichen einer allgemeinen makroökonomischen Stabilität. Die zweite Etappe, die durch eine Kräftigung nach der Stabilitätsphase sowie einem weiteren, stark wachsenden Anstieg des kasachischen Wirtschaftssystems gekennzeichnet ist, begann im Jahr 1998 mit der Überwindung der Weltwirtschaftskrise und dauert – meiner Meinung nach – bis zum heutigen Tag an.

Ehrlich gesagt müsste man ein weiteres Buch schreiben, wenn man die Entwicklung unseres Finanzsystems mit all ihren Veränderungen insgesamt beschreiben wollte. In diesem Kapitel möchte ich mich jedoch auf den Reformprozess an sich und auf die Suche nach dem Weg unseres Finanzsystems aus der Krise zu einem der führenden innerhalb der GUS beschränken. Weiterhin wird besonders auf die Frage nach der Schaffung des kasachstanischen Bankensystems eingegangen sowie auf die Staatsfinanzen, auf die Rentenreform und auf die Gründung des nationalen Fonds. Neben diesen Punkten gibt es noch andere, zweifellos beachtenswerte Momente: Die Errichtung des kasachstanischen Fondsmarkts, den Wertpapiermarkt, die Verwaltung der Schulden der öffentlichen Hand und darüber hinaus noch viele andere.

Bei der Entstehung unseres nationalen Finanzsystems wurden zuerst der Bankensektor sowie das Steuersystem und der Haushalt reformiert. In gewisser Weise bin ich besonders stolz auf die Rentenreform und die Einrichtung des nationalen Fonds. In diesem Kapitel möchte ich dem geneigten Leser erzählen, wie sich alles ergab, mit welchen Schwierigkeiten wir in dieser Zeit zu kämpfen hatten und wie wir ein weltweit anerkanntes Finanzsystem errichteten.

Erste Schritte: Liberalisierung der Wirtschaft, Die Jahre 1991–1997

In ihrem Streben nach der Erschaffung einer kommunistischen „wunderbaren Zukunft", in der sich „jeder nach seinen Fähigkeiten" entfalten konnte und „für jeden Arbeit" vorgesehen war, erschuf die Leitung der Sowjetunion oft Wirtschafts- und Produktionsverhältnisse, die nicht immer einen wirtschaftlichen Sinn hatten. Mit der Folge, dass mit dem Zusammenbruch des Mechanismus der Zentralplanung und des Apparats der „künstlichen Beatmung" wirtschaftlich nicht begründeter Wirtschaftsketten die ganze Widersprüchlichkeit und Unwirklichkeit des sowjetischen Wirtschaftsystems sichtbar wurde.

Deswegen mussten wir zu Beginn unseres Übergangs zur Marktwirtschaft die gesamten Grundlagen der Wirtschaftstätigkeit ändern. Vor allem war es nötig, die Entscheidungsnahme über die Mittel zu ändern – von der staatlichen Ebene auf die Produzentenebene. Damit verbunden war auch die Übertragung der Ergebnisverantwortung und der Effektivität der Investitionen.

Die Waren-Geld-Beziehungen in der Sowjetunion erforderten eine Absprache aller Entscheidungen auf zentraler Behördenebene, wenn eine solche Entscheidungsfindung überhaupt ge-

Das nationale Finanzsystem 161

stattet war. Diese „sperrigen" Beziehungen hatten zur Folge, dass jedes wirtschaftliche oder produzierende Subjekt seine Finanzressourcen auf Konten der Staatsbank der UdSSR oder deren Vertretungen in den einzelnen Sowjetrepubliken einzahlen musste. Um die Ressourcen zu eigenen Zwecken zu verwenden, beispielsweise zum Bau, zum Kauf von Waren etc., musste ein Unternehmen diese Frage mit dem Staatlichen Plankomitee absprechen, welches wiederum im Falle einer positiven Entscheidung eine entsprechende Anweisung an die Staatsbank zur Ausgabe der notwendigen Mittel erteilte.

Um diese Vorgehensweise zu ändern, mussten gleichzeitig einige für jeden Staat grundlegende Sphären des Bankensektors und der Staatsfinanzen geregelt werden: das Haushalts- und das Steuersystem des Landes. Ihre erfolgreiche Reformierung bedurfte einer gemeinsamen Abstimmung aufeinander.

Zur Einführung einer offenen Marktwirtschaft mussten wir tiefe Veränderungen in den Grundlagen unserer Wirtschaft vornehmen. Ich muss zugeben, dass dies nicht sehr einfach war. Einer dieser Veränderungen war die Liberalisierung der Wirtschaft im Jahre 1993. Wir entschlossen uns zu diesem Schritt in Zeiten eines anhaltenden Warendefizits und steigender Hyperinflation. Mit der beginnenden Liberalisierung verbunden war ein zahlenmäßiges Ansteigen von verschiedenen Finanzorganisationen – besonders von Banken und Organisationen, die verschiedene Arten von bankspezifischen Dienstleistungen durchführten. Bis zum Ende des Jahres 1993 gab es in Kasachstan mehr als 200 kommerzielle Banken. Dieser Anstieg beruht auf der Tatsache, dass praktisch jedes Unternehmen oder jede Kooperative zu dieser Zeit aufgrund existierender Gesetzeslücken eine eigene Bank gründen konnte. In der Folge erwiesen sich viele dieser Banken als finanziell nicht überlebensfähig. Sie wurden zu einem einzigen Zweck gegründet – um Spekulationseinkünfte in Zeiten von hoher Inflation und Instabilität auf dem Währungsmarkt zu erhalten.

Dies wiederum führte während der ersten Etappen der Liberalisierung zu einem erheblichen Inflationsanstieg und zum Rückgang von kaufkräftiger Nachfrage. So stieg die Inflation von 1993 bis 1995 durchschnittlich um mehr als 1200% jährlich an und das Defizit im Staatshaushalt nur im Jahr 1995 betrug 40 Mrd. Tenge. Gleichzeitig beliefen sich die Zinsen von Banken für Unternehmen auf 400% jährlich.

In der ersten Etappe der Liberalisierung wurden die Preise für bestimmte Waren noch staatlich kontrolliert. Der Staat schrieb Lieferungen für staatliche Zwecke und andere Einschränkungen zur Sicherung des elementaren Überlebens vor. Weiterhin wurden Preise für Nahrungsmittel und wichtige Basisgüter eingefroren. Dadurch erlitten viele Unternehmen Verluste, die nicht einmal durch günstige Zinssätze oder Verlängerung von Kreditlinien kompensiert werden konnten.

Darüber hinaus konnte der Staat seine Bürger nicht umfassend mit notwendigen Waren versorgen, was große Versorgungslücken zur Folge hatte. Unsere Wirtschaft war sehr speziell ausgerichtet. Wichtige Lebensmittel wurden zu Sowjetzeiten einfach aus den Republiken, in denen sie produziert wurden, nach Kasachstan gebracht. Nach dem Zerfall der Sowjetunion musste Kasachstan zur Versorgung mit Lebensmitteln bei den Republiken „Waren- bzw. gebundene Kredite" aufnehmen. Die Regierung unter S. Tereschenko erhielt solche Kredite in Höhe von mehr als 100 Mio. USD. Die Kredite hießen übrigens Warenkredite, weil sie den Ländern gewährt wurden, die Kasachstan Kredite gaben, und im Gegenzug für den Kauf von Zucker, Tabak, Butter, Wurst usw. verwendet wurden.

Jetzt werden sicherlich viele Leser zu Recht fragen: „Warum wurden die Kredite denn für Lebensmittel verwendet und nicht für etwas anderes?". Der Grund ist einfach: Wir mussten den Markt mit den Waren versorgen, die aufgrund der großen Versorgungslücken knapp wurden, um so die sozialen Folgen zu lindern. Denn wenn man von Reformen redet, muss man die eigene Bevölkerung zumindest mit dem Nötigsten versorgen können. Man stelle sich nur den unheimliche Anblick vor – ein Geschäft, in dem es nichts zu kaufen gibt. So etwas muss man gesehen haben, sonst kann man es nicht glauben.

Die Regierung entschloss sich, diese Kredite aufstrebenden Geschäftsleuten zu geben, um so deren Geschäftätigkeit auf dem Markt zu unterstützen. Wir hofften auf der anderen Seite, dass sie die Kredite effektiver als staatliche Organe zum Kauf von Produktionsmitteln oder Medikamenten für die Bevölkerung einsetzen würden und die Kredite aus eigener Kraft zurückzahlen könnten. Die hohe Inflation jedoch sorgte für eine Geldabwertung, so dass die Geschäftsleute ihre Kredite nicht zurückzahlen konnten. Auf der anderen Seite gab es Geschäftsleute, die auf die Höhe der Inflationsrate und auf Währungskurse spekulierten und so Maßnahmen der Regierung ausnutzen, um damit Geld zu verdienen. Aber auch sie konnten die Kredite nicht zurückzahlen, für die dann der Staat aufkommen musste.

Das größte Problem aber bestand darin, dass wir nicht schnell genug die Folgen der Freigabe der Preise adaptieren konnten. Kasachstanische Unternehmen verloren ihren Absatzmarkt und mussten mit enormen strukturellen Problemen alleine fertig werden. Zur Schaffung von stabilen makroökonomischen Verhältnissen galt es, einige dringende Maßnahmen zu treffen.

Die Regierung musste u.a. die Praxis der zentralisierten Kredite einstellen sowie die Zahl der Steuern einschränken. Das Finanzsystem verlangte einen realen Preis für Kredite sowie die Einschränkung der Rolle, die der Staat bei der Verteilung von Geldmitteln spielte. Verlustbringende Firmen, die nur mit Hilfe von versteckten Subventionen in Form von Krediten existieren konnten, galt es zu restrukturieren und in die Hände von privaten und verantwortungsvolleren Unternehmern zu übergeben. Die Ausgabe von subventionierten Krediten wurde schon im Jahr 1994 eingestellt. Unternehmen wandten sich daraufhin bei Kreditbedarf an die Staatsbank.

Zu dieser Zeit befürchtete ich, dass wir keine Kraft für die Lösung aller zu lösenden Probleme hätten. Alle diese Probleme waren außerdem eng mit der Bevölkerung verbunden, die in der Zwischenzeit von den Reformen müde und enttäuscht war, und jederzeit und grundlos zornig aufbrausen konnte. Wenn man mich jetzt nach den Gründen für den Erfolg der Reformen fragt, fällt es mir manchmal schwer, eine bestimmte Ursache zu finden. Für manchen mag der Grund darin liegen, dass die Bevölkerung für einen Umbruch bereit war, ihn verstand und seine Durchführung guthieß. Aber wir begannen mit den Reformen sozusagen vor einem anderen Hintergrund. Durch den Zerfall der Sowjetunion, den Verlust der eigenen Ersparnisse, und was noch viel schwerer wog – durch den verlorenen Glauben an eine Idee und an die Zukunft fühlte sich die Bevölkerung im Stich gelassen und belogen. Für viele Bürger waren ihre Wut und ihr verlorenes Vertrauen mit unserer Politik verbunden. Aber die Reformen waren beschlossene Sache – und sie waren erfolgreich.

Für einige Wissenschaftler und Fachleute lag der wichtigste Punkt bei den Reformen in der Vorbereitung der Reformen. Bei vielen vergleichbaren Reformen dauerte die „Inkubationszeit" 4-5 Jahre an. Aber um es nochmals zu sagen: Wir hatten keine Zeit für eine genaue Vorbereitung oder lange Untersuchungen. Die Lage veränderte sich täglich. Wir rechneten in Monaten oder Wochen und manchmal auch nur in Tagen. Und dennoch waren die Reformen von Erfolg gekrönt.

Meiner Meinung nach war der menschliche Faktor ausschlaggebend für den Erfolg der Reformen. So genau kann ich es nicht beschreiben, aber im Großen und Ganzen waren es einige Charaktereigenschaften des kasachstanischen Volkes und seiner außergewöhnlichen Fähigkeit neues einfach anzunehmen oder Ideen von außen leicht zu übernehmen. Besonders hervorheben möchte ich die persönlichen Fähigkeiten der Menschen, die damals zu den Reformern gehörten.

So gelang es schon im Jahr 1999 mit Hilfe der wirksamen Reformen das Problem der übermäßig großen Zahl von sozialen Ermäßigungen des täglichen Lebens zu lösen, in dem diese in gezielte soziale Hilfe umgewandelt wurde. Der Übergang des existierenden Solidar-Rentensystems hin zu einem neuen, aufbauend auf Ansparungen, wurde realisiert. Der Haushalt wurde überprüft und umgebaut und dementsprechend auch das Steuersystem des Landes. Aber die Grundlage all dieser erfolgreichen Umwandlungen war das starke und dynamische kasachstanische Bankensystem, welches zu Recht als eines der besten in der GUS gilt.

Die Entwicklung des Bankensystems

Kasachstan begann mit der Gründung eines eigenen Bankensystems gleich nach der Erlangung der Souveränität im Dezember 1990. Am eigenen Leib haben wir die „Besonderheiten" des schwerfälligen sowjetischen Mechanismus erfahren. Daher stand für uns fest, dass wir für eine vollwertige Wirtschaftsentwicklung ein modernes, zweistufiges Bankensystem brauchen, was auf der ganzen Welt unter Marktbedingungen als effektivstes System gilt. So ein System würde uns eine unabhängige Politik im Finanz- und Kreditwesen ermöglichen sowie die Probleme der Inflation und der Finanzierung der staatlichen und gesellschaftlichen Bedürfnisse lösen. Bei dem zu gründenden Bankensystem war uns wichtig, dass die Zinssätze den wirklichen Wert des Kapitals widerspiegelten und die Banken Kredite auf Grundlage der finanziellen Lebensfähigkeit der Kreditempfänger und der ökonomischen Effektivität der Kreditgewährung vergeben würden.

Den Grundstein der Bankreform in Kasachstan legte das im Januar 1991 erlassene Gesetz „Über die Banken und deren Tätigkeiten in der Kasachischen SSSR". Dieses Gesetz förderte die Grundlagen eines zweistufigen Bankensystems. So wurde die Republikanische Staatsbank in die Nationalbank der Republik Kasachstan mit dazugehörigen Verwaltungen und Filialen in den Regionen umgewandelt. In der Folge wurde die Republikanische Promstrojbank in die Aktienkommerzbank „Turanbank" umgewandelt und die Agropromnbank in die Aktienkommerzbank „Agroprombank der Republik Kasachstan", deren Aktionäre die Bank „Kasachstan Kommerz" gründeten, aus der später die „Kazkommertsbank" entstand. Weiter wurde aus der Wneschtorgbank die Aktienkommerzbank „Alembank" und aus der republikanischen Sberbank die „Sberbank der Republik Kasachstan". Im Jahr 1993 wurden diese Banken zu Aktiengesellschaften und die Sberbank in die „Volksbank der Republik Kasachstan" umbenannt. Heute sind diese Banken die größten privaten Geldinstitute Kasachstans, die den Grundstock der zweiten Stufe unseres Bankensystems bilden.

Mit der Einführung des Tenge im November 1993 erfuhr das Bankensystem Kasachstans eine grundlegende Reform: das zweistufige Bankensystem funktionierte, alle Spezialbanken wurden in Aktiengesellschaften umgewandelt und der Nationalbank wurde die Funktion der Zentralbank erteilt. Diese Vorgänge erleichterten im besonderen Maße den Übergang zu einer eigenen Währung.

Dennoch bleibt zu erwähnen, dass die Nationalbank – ungeachtet ihrer Organisation seit der Gründung des unabhängigen Kasachstans – im eigentlichen Sinn noch keine Zentralbank war. Sie erfüllte weiterhin auch zweitrangige Funktionen und darüber hinaus war ihr Status innerhalb der Staatsorgane noch nicht vollständig geklärt. So war die Nationalbank in der Zeit von 1991 bis 1993 allen Organen des Staates unterstellt. Die Regierung erteilte ihr Anweisungen, die Abgeordneten untersuchten ihre Tätigkeit und gaben ihr zusätzliche Anweisungen, die sie oft unverzüglich auszuführen hatte, was insgesamt eine Abstellung der Mittel für diverse Zwecke erforderte.

Zur Lösung dieses Problems habe ich im März 1995 einen Erlass mit Gesetzeskraft mit dem Titel „Über die Nationalbank der Republik Kasachstan" unterzeichnet, laut dem die Nationalbank innerhalb der ihr zuerkannten gesetzlichen Vollmachten in ihrer Tätigkeit unabhängig agieren konnte und dabei nur dem Präsidenten unterstellt war. Seitdem hat keine legislative oder exekutive Behörde das Recht, sich in die Tätigkeit der Nationalbank einzumischen. Es versteht sich natürlich von selbst, dass wie in jedem Land der Welt auch die kasachstanische Nationalbank Fragen der staatlichen Wirtschaftspolitik mit der Regierung koordinieren muss. Im gleichen Jahr wurde das erste Programm zur Reform des kasachstanischen Bankensystems angenommen. Das Programm sah vor, dass die Banken der Wirtschaft Kredite gaben. Das Geld für die Kredite erwirtschafteten die Banken mittels Ersparnissen der Bevölkerung, freier Mittel von Wirtschaftssubjekten und Auslandsanleihen an sich. So „befreiten" wir die Nationalbank vom politischen Druck und von Funktionen, die Geschäftsbanken ausfüllen konnten – und dies dazu noch effektiver.

Die Funktionen der Nationalbank waren nun die einer echten Nationalbank einschließlich einer unabhängigen Geld- und Kreditpolitik und der Gründung eines den internationalen Anforderungen entsprechenden Bankensystems. Leiter der Nationalbank waren G. Bajnasarow, D. Sembajew, O. Zhandossow, G. Martschenko sowie K. Damitow. Sie alle arbeiteten in schwierigen Zeiten und leisteten ihren Beitrag zur Entwicklung des Bankensystems in unserem Land. Ich bin ihnen dafür dankbar.

Den nächsten wichtigen Schritt bei der Entwicklung unseres Banksystems war das sog. Programm zum Übergang von Geschäftsbanken auf internationale Standards der finanziellen Berichterstattung. Mit diesem Programm wurde im Dezember 1995 begonnen. Es verpflichtete alle kasachstanischen Banken zur Erfüllung internationaler Standards bis Ende 2000 in den Bereichen: Vorhandensein ausreichenden liquiden Kapitals, Qualität der Aktiva, Buchführung, Qualität des Managements sowie Einbringung und Übermittlung von Informationen. Die Nationalbank wurde Anfang 2001 bevollmächtigt, die an dem Programm teilnehmenden Banken und deren Tätigkeit zu überwachen und die Einhaltung des Programms zu kontrollieren. So galt ab dem 1. Juli 2001 für neugegründete Banken ein Grundkapital von 2 Mrd. Tenge, für Regionalbanken von mindestens 500 Mio. Tenge und für andere Banken von mindestens 1 Mrd. Tenge.

Die für die Banken eingeführte Kapitalsteigerung blieb nicht ohne schmerzhafte Folgen. So wurden Kleinbanken liquidiert und Banken konsolidiert bzw. vereinigt. Aber dieser Prozess hatte auch einen überraschend positiven Effekt für das ganze Finanzsystem des Landes, es kam zur Bildung von großen, finanziell stabilen Bankhäusern, die über viele verschiedene Möglichkeiten und Potentiale verfügten.

In Ländern mit entwickelter Marktwirtschaft bilden diese Großbanken das „Gerüst" des Bankensystems. Dort entfällt die größte Summe der Aktiva aller Banken auf einige Großbanken. Darüber hinaus führte die Konzentration des Bankkapitals zu einer Konkurrenzsituation zwischen diesen

Banken, wodurch sich die Qualität der Bankdienste verbesserte. Diese Besonderheit unseres Banksystems wurde von vielen Bankexperten und Fachleuten anerkannt.

Bei der Durchführung dieser Umwandlung wandten wir die einfache, aber unbarmherzige Logik des Marktes an: der Stärkste überlebt. Unser Finanzsystem hat bereits die Etappe überlebt, als der Staat schon allein das Aufkommen von Privatbanken begrüßte. Nach der Stabilisierung des ganzen Wirtschaftssystems war die Rede von der Funktionsebene dieser Banken und der Qualität der von ihnen angebotenen Dienstleistungen. Nachdem die Nationalbank die Zulassungsbedingungen für Banken verschärfte, sank die Zahl kommerzieller Banken um ein Drittel, da nur sehr wenige Banken die gestellten Bedingungen erfüllen konnten. Auf der anderen Seite führten die strengen Anforderungen der Nationalbank und die damit verbundene Erhöhung des Grundkapitals von Banken und andere im Rahmen der Reformen erlassene Vorschriften dafür, dass das kasachstanische Bankensystem die Abwertung des Tenge im April 1999 überlebte und keine Finanzkrise zuließ, wie es nach Währungsabwertungen in Russland und anderen Ländern geschah.

Bei der Realisierung dieses Übergangs muss man auch die kasachstanischen Besonderheiten zu dieser Zeit in Betracht ziehen. So existierten in Kasachstan beispielsweise Banken, deren Tätigkeit sich vor allem auf die Regionen konzentrierte, in denen Kleinunternehmen und landwirtschaftliche Betriebe dominierten, die zum größten Teil über zu wenig Mittel verfügten. Das Defizit an Liquidität in vielen Gebieten der Republik begrenzte die Arbeit der Banken, die sich nicht selten auf eine geringe Kundenanzahl beschränken mussten. Die Achillesferse der kasachstanischen Wirtschaft, und das war kein Geheimnis, war die ungleichmäßige Verteilung der finanziellen Mittel auf verschiedene, geographisch von einander getrennte Regionen. Leider machten uns in jeden Jahren auch Gauner mit ihren „Bankpyramiden" zu schaffen, die nichts Besseres zu tun hatten, als ehrliche Leute zu betrügen.

Diese „örtlichen" Banken, das war uns klar, konnten die von der Nationalbank aufgestellte hohe Messlatte nicht überspringen. Daher begannen wir ab 1998 allgemein mit der Gründung von Mikrokreditinstituten und später von Kreditgenossenschaften, die in erster Linie Armut und Arbeitslosigkeit bekämpfen helfen sollten. Um den Zugang zu Bankgeschäften auch in ländlichen Gebieten zu ermöglichen, entschlossen wir uns zur Erweiterung der Postsparkassen, die für große Teile der in entfernten Teilen des Landes wohnenden Bevölkerung eine Alternative für die Anlage der Ersparnisse darstellten. Die Kreditgenossenschaften wurden darüber hinaus in das dreistufige Kreditverteilungssystem eingebunden, das aus Banken und Organisationen, die verschiedene Bankdienstleistungen durchführen, sowie aus Mikrokreditorganisationen besteht.

In der Folge haben wir weitere Schritte zur Stärkung der Rolle der Nationalbank innerhalb der Wirtschaft unseres Landes unternommen. Damit sollte vor allem die Tätigkeit der Subjekte des Finanzsystems geordnet und reguliert werden. Eine derartige Regulierung wurde zu diesem Zeitpunkt von verschiedenen überwachenden Organen durchgeführt. Die Tätigkeiten der Banken oblag beispielsweise der Nationalbank, die der Versicherungsgesellschaften dem Finanzministerium und die der Pensionsfonds dem Arbeitsministerium. Folglich wurde der Koordinierungsprozess verschiedener Segmente des Finanzmarktes für die Durchführung einer gemeinsamen Politik zur Regulierung des kasachstanischen Finanzsystems begrenzt und somit nicht effektiv war.

Im Jahr 2000 übernahm die Nationalbank also überwachende Funktionen der Banken und Versicherungen, 2001 des Wertpapiermarktes und 2002 die Leitung der Pensionsfonds.

An dieser Stelle sollte erwähnt werden, dass 2004 die überwachenden Funktionen der Banken und Versicherungen, des Wertpapiermarktes und des Rentensystems von der Nationalbank an ein unabhängiges Organ übergeben wurden. Dieses Organ ist die Agentur der Republik Kasachstan zur Regulierung und Überwachung des Finanzmarktes und der Finanzorganisationen und ist dem Präsidenten Kasachstans unterstellt.

Diese Agentur soll die Ordnung auf dem Finanzmarkt unseres Landes gewährleisten und muss unter den Rahmenbedingungen von vielen Verordnungen und Gesetzen arbeiten, die sich auf die Rentensysteme, den Wertpapiermarkt und vieles andere beziehen – mit einem Wort: sie arbeitet sehr effektiv. Mich haben in diesem Zusammenhang besonders Angaben über die Arbeitsergebnisse der Agentur gefreut. In 2005 registrierte die Agentur 762 Eingaben von natürlichen und juristischen Personen. Das scheint auf den ersten Blick nicht viel zu sein. Wenn man aber in Betracht zieht, dass unsere Bevölkerung aus verschiedenen Gründen normalerweise keine Probleme lostreten will, ist diese Zahl doch beachtenswert. Die Agentur beschäftigte sich, um nur ein Beispiel zu nennen, aufgrund einer Eingabe mit dem Problem funktionierender, oder eben oft nicht funktionierender Bankautomaten. Daraufhin wurde ein Projekt ausgearbeitet, welches die Anforderungen an Bankautomaten von Geschäftsbanken umfasste, damit diese entsprechend funktionieren. Die Umsetzung dieser Anforderungen wird derzeit geplant.

Dieser Fall ist für mich persönlich in gewisser Weise ein Beispiel dafür, wie ich mir die Arbeit unserer staatlichen Einrichtungen vorstelle. Man muss die Eingaben der Bürger beachten, bearbeiten und die darin enthaltenen Fragen beantworten. Unter den neuen Bedingungen muss man die Bürger daran gewöhnen, dass der Staat für die Menschen da ist und nicht die Menschen für den Staat, frei nach dem Motto: Kommen Sie, fragen Sie, erzählen Sie uns von Ihren Problemen, streben Sie nach Antworten, denn Sie sind Bürger Kasachstans. Lassen Sie uns den früher ironisch klingenden Ausdruck „Diener des Volkes" wörtlich nehmen!

Insgesamt gesehen kann man den Anfang der Stärkung unseres Finanzsystems, seiner Anerkennung durch das Volk und die Weltgemeinschaft zu Recht am Ende der 1990er Jahre sehen. Genau in dieser Zeit begann der Wirtschaftsaufschwung des Landes nach vorhergehender Krise. So belief sich beispielsweise 1997 das BSP verglichen mit dem Vorjahr auf 101,7%. Die günstige Wirtschaftsentwicklung förderte eine dynamische Entwicklung des Bankensektors, dessen Entwicklungsprozess einen Wettbewerbsmarkt begleitete.

An dieser Stelle möchte ich nochmals anmerken, dass vertrauensfördernde Maßnahmen innerhalb unserer Gesellschaft einen besonderen Punkt bei der Reformierung unseres Bankensystems darstellten. Im Gegensatz zu früheren Zeiten, als sich die Menschen vor Krediten „fürchteten", sind heutzutage Kredite selbstverständlich und weit verbreitet: Autokredite, Konsumentenkredite, Hypothekenkredite usw. Auch in diesem Fall waren Sicherungsmaßnahmen der Spareinlagen von großer Bedeutung, denn sie erhöhten das Vertrauen der Bevölkerung in das Finanzsystem. So wurde am Ende des Jahres 1999 der Kasachstanische Fonds für die Haftung (Versicherung) von Einlagen natürlicher Personen gegründet. Die Aufgabe dieses Fonds ist es, den Bürgern im Falle einer Zwangsliquidation von einer an den Fonds angeschlossenen Bank ihre Einlagen zurückzugeben.

Zum letzten Mal kam es zu einer solchen Liquidation bei der „Nauryz-Bank", die mit staatlicher Unterstützung gegründet wurde, aber von ihrem gewissenlosen Leiter in den Bankrott getrieben wurde. Die Einleger, unter anderem auch der Staat, verloren ihr Geld. Die Führungsriege der Bank flüchtete und der Fonds musste daraufhin den natürlichen Personen ihr Geld erstatten.

Das nationale Finanzsystem

Heutzutage ist der Fonds für die Haftung von Einlagen stabil und nähert sich in seiner Arbeit schrittweise internationalen Standards an. Etwas später, im Jahr 2001, wurde ein Versicherungszentrum gegründet, welches von ausländischen Versicherungsfachleuten sehr geschätzt wird. Daneben gibt es ein Büro für Kreditgeschichte und einen Garantiefonds für Hypothekenkredite, deren Garantiesumme zum 30. Dezember 2005 über 5 Mrd. Tenge betrug. Mitglieder dieses Büros sind 20 kasachstanische Banken und Hypothekenfirmen.

Ich denke aber, dass nicht die Meinung ausländischer Fachleute oder irgendwelche Wirtschaftsberechnungen den Erfolg unseres Finanzsystems wiedergeben, sondern vor allem die folgende Tatsache: Zum Stichtag 1. April 1999 beliefen sich die Spareinlagen der Bevölkerung in kasachstanischen Geschäftsbanken auf ca. 348 Mio. USD. Aber nach Angaben verschiedener Fachleute betrugen die versteckten Ersparnisse der Bevölkerung etwa 1 bis 3 Mrd. USD. Diese Summe übertraf um das 1,5-fache die Summe der sich zu dem Zeitpunkt auf kasachstanischen Sparkonten und Pensionsfonds befindlichen Gelder. Mit Hilfe der Reform gelang es uns, die Bürger dafür zu gewinnen, ihre Ersparnisse unserem Finanzsystem anzuvertrauen. So ist es nicht verwunderlich, dass sich die Finanzreserven der „Kasachstanischen Garantiefonds für Einlagen natürlicher Personen in Geschäftsbanken in der Republik Kasachstan AG" auf ungefähr 339 Mrd. Tenge beliefen.

Wenn ich mich an diese Zeiten zurückerinnere, denke ich immer, wie leicht sich doch jetzt diese Angaben aufzählen lassen. Hinter diesen Angaben stehen für mich persönlich sehr viele Erlebnisse und Ereignisse, darunter auch kuriose. Eines dieser Ereignisse gefällt mir sehr gut. Als wir mit einer Werbekampagne die Bevölkerung davon überzeugen wollten, ihre finanziellen Mittel den Banken anzuvertrauen, versprach mir der damalige Vorsitzende der Nationalbank, Grigorij Martschenko, in aller Öffentlichkeit, dass er sich den Bart abrasieren würde, wenn diese Kampagne Erfolg haben sollte. Dabei definierte er Erfolg, wenn die Ersparnisse natürlicher Personen in den Geschäftsbanken 1 Mrd. USD betragen würden.

Die Aussage von Grigorij Martschenko kam in den Massenmedien sehr gut an. Viele Wirtschaftswissenschaftler und Journalisten schrieben damals, dass „Martschenko sein ganzes Leben lang bärtig auf die Strasse gehen würde." Nun, buchstäblich zwei Jahre später, am 7. September 2001 um genau zu sein, kam er auf eine Pressekonferenz und in den Medien wurde gemeldet, dass er „unerwartet verjüngt aussah: Aus seinem Gesicht war ein jahrelang sprießender Bart verschwunden." Auf der Pressekonferenz gab er dann bekannt, dass sich die Ersparnisse natürlicher Personen auf 1,116 Mrd. USD beliefen.

Es ist durchaus möglich, dass diese ungewöhnliche Wette – verglichen mit den Reklame- und Informationsaktionen – eine nicht weniger positive Einfluss darauf hatte, dass die Bevölkerung ihre Ersparnisse bei kasachstanischen Banken anlegte. Danach versprach Martschenko noch zweimal, sich den Bart abzurasieren, wenn sich bestimmte Segmente des Finanzmarktes positiv entwickeln würden. Aber da wollte schon niemand mehr die Wette annehmen.

Grigorij Alexandrowitsch Martschenko ist für mich ein Profi höchster Güte. Das Journal „Euromanie" kürte ihn zum besten Bankier. Er vermochte es, seine Position durchzusetzen und behielt in den meisten Fällen Recht. Ich unterstütze seine Tätigkeit als Vorsitzender der Nationalbank. Wegen seiner Geradlinigkeit stieß er des Öfteren mit der Regierung und dem Parlament zusammen, aber er beharrte immer auf seiner Meinung.

An dieser Stelle ist zu erwähnen, dass ich die Idee des Schutzes und der Stimulierung der Ersparnisse schon im Mai 1999 auf dem 1. Kongress der Finanzfachleute Kasachstans ansprach.

Aufgrund der Adaption an sich stark verändernder Bedingungen auf den Finanz- und Warenmärkten der Welt geriet unsere Wirtschaft zu jener Zeit in schwerwiegende Probleme. Während der Krise in den Jahren 1998-1999 musste die Bankenwirtschaft um die Ersparnisse der Bevölkerung im Land werben, sozusagen als Investitionsquelle für die Wirtschaftsentwicklung, die bislang das Fehlen notwendiger Versorgung und Entwicklung durch den Zufluss finanzieller Mittel in Form von ausländischen Krediten und Investitionen kompensierte. Diesem und anderen Problemen des Finanzsystems widmete ich immer meine höchste Aufmerksamkeit, denn es ist kein Geheimnis, dass die Zusammenarbeit zwischen Staat und Privatsektor für die Wirtschaft mehr Nutzen bringt, als eine einseitige staatliche Planung.

Nebenbei gesagt war der 1. Kongress der Finanzfachleute Kasachstans der Ort, an dem sich zum ersten Mal die Vertreter aller Sektoren des Finanzmarktes versammelten, um die Probleme bei der Erweiterung des kasachstanischen Finanzmarktes zu erörtern. Auf diesem Kongress wurden beispielsweise Probleme bei der Ausweitung von Investitionsmöglichkeiten und bei der Entstehung neuer Finanzinstrumente besprochen, mit deren Hilfe globale Aufgaben des wirtschaftlichen Aufschwungs gelöst und für die Verbesserung der Lebensumstände der Bevölkerung gesorgt werden konnten.

Gleichzeitig mit der Einführung eines Elements für die Garantie der Spareinlagen wurde die Gesetzgebung im Rahmen des Bankgeheimnisses zum Schutz der Anlegerinteressen verschärft. So konnten Überwachungsorgane Angaben zu Fehlmengen und Bewegungen auf Konten natürlicher Personen nur im Falle einer vorliegenden Strafsache oder auf Anweisung des Staatsanwaltes einsehen. Außerdem wurden Steuer- und Zollbehörden aus der Liste der Staatsorgane gestrichen, die Einsicht in Angaben erhalten, welche unter das Bankgeheimnis fallen.

Ein weiteres offensichtliches Merkmal für den Erfolg unseres Finanzsystems stellen die Expansion kasachstanischen Kapitals in Märkte der Nachbarstaaten und der Zufluss ausländischen Kapitals in unseren Finanzmarkt dar.

Daran war früher überhaupt nicht zu denken. Wir wollten nur das Funktionieren eines eigenen Finanzsystems und der Wirtschaft allgemein gewährleisten. Aber es ergab sich, dass die Ergebnisse der Reformen unsere kühnsten Erwartungen bei weitem übertrafen. Innerhalb der GUS nimmt die Monetisierung der kasachstanischen Wirtschaft heutzutage den vordersten Platz ein. Dadurch können kasachstanische Banken aktiv auf den Finanzmärkten unserer Nachbarn expandieren. Ein verglichen mit dem der Nachbarstaaten höher entwickeltes Bankensystem ermöglicht es kasachstanischen Banken, günstigere Zinssätze und Bedingungen anzubieten und so in Konkurrenz mit örtlichen Banken, die über solche Möglichkeiten nicht verfügen, erfolgreich zu sein. Das Wichtigste aber ist die Sicherheitsgarantie und die Rentabilität der Einlagen. Wenn der durchschnittliche Prozentsatz 10 bis 15% p.a. beträgt, so liegt er im benachbarten Tadschikistan bei 36% p.a. Der Unterschied ist sicherlich nicht unwesentlich.

Auf der anderen Seite ist die Stabilität der makroökonomischen Situation, die das Lebensniveau unserer Bürger erhöht, äußerst attraktiv für ausländische Finanzunternehmen. Denn wenn der Zinssatz in Kasachstan mit 10-15% innerhalb der GUS als niedrig bezeichnet werden kann, ist er für westliche Konsumenten unannehmbar hoch. Der Zulauf von ausländischen Banken sorgt daher für eine Belebung der Konkurrenz auf dem Finanzmarkt Kasachstans.

So ist schon heute die größte tschechische Versicherungsgesellschaft „Home Credit Group" auf dem kasachstanischen Markt aktiv, im vergangenen Jahr wurde die Aktiengesellschaft „Home Credit Kasachstan" gegründet. Das Unternehmen beschäftigt sich vorrangig mit der Vergabe von

Verbraucherkrediten und reagiert dabei operativ auf die Veränderungen des kasachstanischen Kreditmarktes, indem es seinen Kunden und Partnern optimale Kreditbedingungen und Zusammenarbeit bietet. Die erfolgreichsten Handelsunternehmen Kasachstans, darunter die großen Handelsketten „Technodom", „Evroset", „Stulak" und „M-Techniks" sowie verschiedene Spezialgeschäfte in allen Regionen des Landes und viele andere Firmen zählen zu den Kunden der „Home Credit Kasachstan". Das Unternehmen erweitert in der Hauptsache die Erweiterung der Geschäftsbeziehungen mit zuverlässigen und erfahrenen Partnern und vergrößert auf diese Weise ihr Kundennetz.

Der Anstieg der Verbraucherkredite in unserem Land zieht natürlich auch neue internationale Global Player an. Neben der tschechischen plant noch eine weitere bedeutende Finanzgruppe aus der Eurozone den Einstieg in den kasachstanischen Markt: Die französische Bankengruppe „Societe Generale" möchte in nächster Zeit eine Vertretung in Kasachstan eröffnen.

Das mag vielleicht ungewöhnlich klingen, aber ich freue mich auf das ausländische Kapital, denn die Zeiten sind vorbei, als hohe Kreditzinsen mit einem hohen Kreditrisiko begründet wurden. Jetzt haben die Menschen im Land stabile Einnahmen und sichere Finanzanlagen, aber die kasachstanischen Banken können sich noch nicht von den Zeiten hoher Kreditsätze „verabschieden". Daher sorgen die ausländischen Unternehmen für mehr Konkurrenz auf dem Finanzdienstleistungsmarkt und die Gesellschaft entscheidet sich eben für den Anbieter, der die besten Bedingungen offeriert.

Zusammenfassend lässt sich feststellen, dass man die Entwicklung des Bankensektors auf die unterstützenden Maßnahmen des Staates und die umfangreiche Reformierung des staatlichen Finanzsystems zurückführen kann. Es wäre daher ungerechtfertigt, den Prozess der Vervollkommnung auszulassen, gerade weil wir in diesem Übergang zur Marktwirtschaft grundlegende Veränderungen sowohl im Haushalt, wie auch im Steuersystem vornehmen mussten.

Haushalts- und Steuersystem

Die Entwicklung des Bankensystems bedurfte, wie ich schon betonte, auch adäquater staatlicher Maßnahmen im Bereich der Staatsfinanzen. Nach der Abschaffung früherer Subventionen und Zuschüsse aus dem Haushalt der Sowjetunion (in 1991 machten diese ein Sechstel des kasachstanischen Haushalts aus) und anderer staatlicher Finanzquellen, begannen schwere Krisenzeiten für diejenigen Wirtschaftszweige und Unternehmen, die zuvor von der Sowjetunion sozusagen abhängig waren und die über 90% der Gesamtproduktion Kasachstans darstellten. Daher musste ein neues Haushaltssystem eingeführt werden.

Einer der ersten Schritte in Sachen Reform der Staatsfinanzen war das 1991 in Kraft getretene Gesetz über das Haushaltsystem Kasachstans, mit Hilfe dessen die Grundprinzipien der Haushaltsgestaltung in der Republik Kasachstan geändert und die gegenseitigen Beziehungen zwischen staatlichen und lokalen Haushalten definiert wurden, deren Eigenständigkeit das Grundprinzip darstellte. Die Ereignisse änderten sich jedoch sehr schnell, so dass das Gesetz schon bald den Anforderungen nicht mehr gerecht wurde. Zu den Gründen lässt sich sagen, dass das Prinzip der „Einheit der Haushalte verschiedener Ebenen", Grundlage für ein effektives System, nicht festgelegt wurde und immer noch Nachtragshaushalte aufgestellt wurden, die die Haushalte für das folgende Jahr bestätigten.

Was die Leitung der Staatsfinanzen betrifft, so lag diese bis zum Jahr 1994 in den Händen sowohl der Nationalbank, wie auch des Finanzministeriums. Eine solche Mischung konnte keine richtige Kontrolle gewährleisten. Daher gründeten wir innerhalb des Finanzministeriums die Hauptverwaltung des Staatshaushalts. Damit war ab 1996 die Durchführung sämtlicher Zu- und Abbuchungsvorgänge der Gesamteinnahmen und -ausgaben über ein Haushaltskonto gewährleistet. Ein Jahr später wurde der Mechanismus der Einnahmen aus lokalen Haushalten mit Hilfe von Zahlungsanweisungen abgeschafft und die Finanzierung wurde durch Ausgabe von Limits in Form von Finanz- und Haushaltsanweisungen durchgeführt. Das war einer der ersten Schritte auf dem Weg zur Vervollkommnung des kasachstanischen Fiskalsystems.

Bis zu den Reformen bestand der gesamte Haushalt aus einer einfachen Ansammlung von Haushaltsanträgen. Die äußerst knappen Mittel wurden danach endgültig auf alle Behörden verteilt. Dabei wurde praktisch nicht auf die makroökonomische Situation eingegangen, auf deren Hintergrund ein Haushalt basieren sollte. Außerdem wurden keine Versuche zur Koordinierung der Ausgaben nach den Prinzipien und Prioritäten einer Wirtschaftspolitik unternommen.

So ähnelte der Vorbereitungsprozess des Haushalts statt einer Besprechung von Prioritäten und Programmen, die die Regierung lösen musste, eher einer Mischung von Zahlen.

Sogar in der Endphase des Vorbereitungsprozesses, als im Parlament der endgültige Haushaltsentwurf beschlossen werden sollte, stritt man nur über vereinzelte Ausgabenpositionen. Es gab überhaupt keine Versuche, die Ausgaben mit den Programmprioritäten zu koordinieren.

Einer der abschließenden Schritte in diesem Bereich wurde im Jahr 1997 vorgenommen und betraf die neue, internationalen Kriterien entsprechende Kontingentierung von Einnahmen und Ausgaben. Diese gewährleistete eine gemeinsame Abstimmung von Haushaltsausgaben auf allen Ebenen mit den Programmaufgaben des Staates sowie die Verbesserung der Disziplin der Exekutive und die Erhöhung der Transparenz bei der Zusammensetzung des Haushalts.

Im Jahre 1999 wurde das dritte Gesetz der Republik Kasachstan „Über das Haushaltssystem" verabschiedet, welches das Einheitsprinzip des Haushaltssystems, ein gleiches Niveau von staatlichen Leistungen für die Bevölkerung im ganzen Land und die Nivellierung der Ungleichheiten innerhalb der Regionen gewährleistete. In dem Gesetz wurden auch die Haushaltsverhältnisse untereinander, Mechanismen von Haushaltsausnahmen und Subventionen sowie Eingrenzungen von Finanzierungen verschiedener staatlicher Funktionen aus Mitteln staatlicher und lokaler Haushalte entsprechend festgelegt. Zu dieser Zeit lag die wichtigste Stütze der Umwandlung darin, dass Haushaltsgelder zielgerichtet und effektiv ausgegeben und der Anstieg von Kreditschulden verhindert wurde. Zum ersten Mal legten wir gesetzlich fest, dass kein Staatsorgan das Recht hat, finanzielle Verpflichtungen aufzunehmen, die die Summe der in der Haushaltsgesetzgebung für das entsprechende Finanzjahr festgelegten Kontingente überschreitet.

Mit der dauerhaft eingerichteten Haushaltskommission konnte das für uns vorrangigste Problem gelöst werden: Die Rationalisierung der Staatsausgaben bei der Festlegung des Haushalts für das laufende Jahr. Der Haushalt wurde aufgeteilt in einen laufenden Haushalt, mit dem Programme zur Erfüllung laufender Bedürfnisse des Staates finanziert wurden, und einen Entwicklungshaushalt für Investitionen in die Wirtschaft, also Ausgaben für die Entwicklung der Infrastruktur, den Städtebau, die Schaffung und Entwicklung von Informationssystemen, die Wissenschaft, Investitionen in Human Resources usw. Mit einer solchen Teilung des Haushalts ließen sich die Ausgaben der gesetzlich festgelegten Staatsfunktionen für die staatlichen Behörden und der Umfang der Staatsinvestitionen in die sozial-ökonomische Entwicklung real beziffern sowie Haushaltsprogramme systematisieren.

Für ein systematisches Herangehen an die Haushaltsregulierung wurde ein Haushaltsgesetz mit dem Ziel ausgearbeitet, existierende Gesetzesvorschriften zu ordnen und zu systematisieren und ihnen eine flexiblere Struktur zu geben. Zum ersten Mal wurde verordnet, dass der Nationalfonds ein Teil des kasachstanischen Haushaltssystems ist.

In diesem Gesetz wurde der Grundstein für Prinzipien des Haushaltssystems gelegt, die die Beständigkeit und Stabilität des Haushalts gewährleisten sollten. Außerdem wurden existierende Regeln der Haushaltsplanung und Herangehensweisen der Bildung des Ein- und Ausgabenteils der Haushalte auf allen Ebenen überprüft. Wichtig ist, dass in diesem Haushaltsgesetz eine Bewertung der Effektivität der Haushaltsprogramme auf Grundlage von entsprechenden Berechnungen, eine Analyse der Gründe für die Haushaltsprogramme, deren Verlauf sowie Wirkung auf die sozial-ökonomische Lage im Land sowie eine Definition für nichteffektive Haushaltsprogramme vorgesehen waren.

Einer der wichtigsten Aspekte der Haushaltsreform war die Suche nach einer optimalen Lösung für die Verwaltung der Staatsschulden. Die Frage nach der Finanzierung des staatlichen Haushaltsdefizits war besonders wichtig. Zum ersten Mal wurde ein festes Limit der Staatsverschuldung gesetzlich festgelegt, mit dem das umfangreiche Haushaltsdefizit ausgeglichen werden sollte.

Früher finanzierte die Regierung das Haushaltsdefizit, indem sie bei der Nationalbank finanzielle Mittel in Form von Krediten aufnahm. Aber die direkte Finanzierung des Defizits durch die Nationalbank durchkreuzte unsere Bemühungen, die Inflation zu senken und die nationale Währung stabil zu halten. Daher entschloss sich die Regierung zur Kürzung der Defizitfinanzierung durch die Nationalbank und lockte Kreditoren von außen an. In 1994 waren dies 55% und in 1997 schon 81%. Auch die makroökonomische Stabilität der Wirtschaft begünstigte die Steigerung der Außenkreditaufnahme mit dem Ergebnis, dass die Regierung die direkte Kreditaufnahme bei der Nationalbank ab 1998 völlig einstellte.

Aufgrund des Wirtschaftswachstums und einer relativen Verteuerung dieser Kredite ging die Außenkreditaufnahme schrittweise zurück – von 76% in 1998 bis auf 63% in 1999. Die Fremdverschuldung der Regierung wurde mit Hilfe einer viermaligen Ausgabe von souveränen internationalen Obligationen mit einer Laufzeit von drei Jahren (1996), fünf Jahren (1997), fünf Jahren (1999) sowie sieben Jahren (2000) verwirklicht. Eine Platzierung von Euro-Obligationen (1999 und 2000) hatte eine besondere Bedeutung für die Steigerung des Bildes von Kasachstan in der Welt, da zu jener Zeit das Vertrauen der internationalen Kapitalmärkte in die Wirtschaft von Entwicklungsländern deutlich zurückging. Internationale Fachleute bewerteten so die letzte Platzierung.

Als wir uns die Bildung eines eigenständigen Haushaltssystems vornahmen, war die Ausgabenseite des Haushalts ein Problem. In den ersten Jahren der Unabhängigkeit fehlten uns vor allem elementare und zeitgemäße Steuergesetze. Zu Zeiten der Sowjetunion wurde die gesamte Besteuerung außerhalb Kasachstans festgelegt und daher hatten wir darin keinerlei Erfahrung. Darüber hinaus bedeutete eine zahlenmäßig starke Zunahme von Unternehmensgründungen eine Erschwerung der Betriebs- und Steuerbuchführung. Diese Faktoren warfen die Frage nach einer notwendigen Reform der gesamten Besteuerung auf.

Wenn wir schon über die Festlegung neuer Prinzipien des Staatshaltshauses reden, muss betont werden, dass wir den Weg bis dahin planmäßig gingen, indem wir eine Gesetzesgrundlage vorbereiteten, was keine leichte Aufgabe darstellte. Diese für das Land so wichtigen Gesetze lagen lange beim Obersten Sowjet, ohne das eine Entscheidung getroffen wurde. Besprechungen über die Gesetze wurde höchstens zweimal im Jahr durchgeführt, obwohl sich die Lage nicht bloß täglich, sondern fast stündlich verschlechterte.

Ungeachtet der sich verschlechternden Lage wurde dennoch im Jahre 1991 auf der siebten Sitzungsperiode des Obersten Sowjets Kasachstans ein Paket mit insgesamt 14 Steuergesetzen verabschiedet. Insgesamt umfasste das Gesetz „Über das Steuersystem in der Republik Kasachstan" 16 gesamtstaatliche, 10 allgemeinverpflichtende und 17 lokale Steuern. Dieses Gesetz war einer der ersten Schritte auf dem Weg zur Umformung der Staatswirtschaft.

Mit der Vervollkommnung des Haushaltssystems arbeiteten wir jedoch auch an der Annäherung des Steuersystems an die realen Zustände. Als erste Etappe dahin gilt das Gesetz „Über Steuern und andere Pflichtabgaben in den Haushalt", mit dem die Effektivität des Steuersystems verbessert wurde. Das verabschiedete Steuergesetz sorgte dafür, dass die Menge der Abgaben sank und das Steuersystem vereinfacht wurden. Dies stimulierte die Wirtschaftstätigkeit, steigerte die Produktivität der Betriebe, förderte die Einführung hoch effektiver Technologien und langfristiger Investitionen sowie die Anwerbung von ausländischen Investoren.

Das Hauptprinzip des Gesetzes war das Prinzip der Gerechtigkeit, welches eine „vertikale" und „horizontale" Gleichheit vorsah. In diesem System werden auf alle Einkommen der Steuerzahler unabhängig von deren Größe und davon, wie sie erarbeitet und ausgegeben werden, zu gleichen Bedingungen Steuern erhoben. Vorteile des reformierten Steuersystems waren die größtmögliche Einfachheit, die wirtschaftliche Besteuerungsneutralität sowie die Minimalisierung und Vergleichbarkeit der Steuersätze. Von den bis dahin in der Republik Kasachstan geltenden 45 Steuerarten und weiteren 6 Abgabearten in die so genannten Zweckgebundenen Fonds blieben 19 übrig.

Zur Steigerung der Investitionsanreize, des Interesses an der Erneuerung des Kapitalstocks und der Erhöhung der Produktionsqualität waren eine Steigerung der Abschreibung und Senkung der Ausgaben sowie eine vereinfachte Kalkulationsregelung vorgesehen.

Das Gesetz konnte aber nicht mehr vollständig die Probleme lösen, die bei der Umstrukturierung auftraten. Es war eindeutig, dass das Steuersystem nicht ausgereift war und weiterer Umstrukturierungen bedurfte.

Das Steuersystem zu jener Zeit funktionierte nach dem Prinzip der „selektiven Vergünstigung". So wurden beispielsweise an Umsatzsteuer bis zu 9 verschiedene Steuersätze erhoben, von 0% bis 70% (in Abhängigkeit von der Eigentumsform, des Wirtschaftszweigs und der Tätigkeit) und weiter 40 Vergünstigungsarten in Form von Zahlungsbefreiungen oder gesenkten Steuersätzen (abhängig davon, wofür der Gewinn verwendet wird oder woher der Umsatz stammt). Die Zahl der Vergünstigungsarten stieg immer weiter und betraf auch andere Steuern. Ein weiteres Beispiel für die Uneffektivität des Systems ist die Tatsache, dass sich Umsatzsteuersätze nach Branche und Eigentumsform unterschieden.

Nachdem wir im gleichen Jahr den Steuerbehörden einen unabhängigen Status verliehen, konnten wir die Grundprinzipien des Steuersystems, die Ordnung der Steuererhebung und des Mechanismus der Einführung neuer Steuerarten sowie deren Höhe festlegen. Außerdem wurde der Grundstein für ein laufendes System der Steueradministration gelegt.

Die weitaus bedeutendste und prinzipiellste Änderung der Steuerpraxis war die Einführung der für uns neuen Mehrwertsteuer im Jahre 1992. Deren Einführung sorgte dafür, dass der Haushalt des Landes eine zuverlässige und effektive Einnahmequelle erfuhr und sich die Konsumentennachfrage wesentlich freier regeln ließ. Diese Steuer war zu jener Zeit ein Mittel, um die inflationäre Abwertung der Haushaltsmittel einzudämmen, da sie direkt mit dem Preisanstieg verknüpft war.

In Anbetracht der seit 1995 andauernden Änderungen in wirtschaftlicher Hinsicht wurde im Jahre 2001 die neue Steuergesetzgebung ausgearbeitet und zu Beginn des Jahres 2002 eingeführt. Die darin enthaltenen Gesetze vereinigten auf optimale Weise fiskale und stimulierende Steuerfunktionen. Mit Hilfe der neuen Steuergesetze konnte das Hauptziel der Steuerpolitik hinreichend realisiert werden – die Einführung eines Steuersystems, das die Interessen des Staates und des Steuerzahlers harmonisch verbindet.

Die Verabschiedung der neuen Steuergesetzgebung war ein neuer Meilenstein in der Entwicklung der Steuergesetzgebung Kasachstans, da sie die in den vorangegangenen Jahren vorgenommenen Entwürfe des Steuersystems verstärkte und gleichzeitig die Effektivität von Rechtsmechanismen auf dem Gebiet der Steuern erhöhte. Mit der Steuergesetzgebung festgeschrieben wurden die Stabilitätsprinzipien der Steuergesetze, ein einheitliches System der Steuervergünstigungen, und Gesetze für Steuerbegünstigungen mit individuellem Charakter für einzelne Steuerzahler wurden ausgeschlossen. Die Steuersätze wurden in den letzten Jahren deutlich gesenkt: die persönliche Einkommenssteuer auf 10% und die MwSt. auf 14%. Weitere Vereinfachungen und Steuersenkungen sind angedacht. Die Reform dieses Segments des kasachstanischen Finanzsystems war sehr wichtig für die allgemeine Entwicklung und erfolgreiches Wachstum. Schon bald nach der erfolgreichen Überwindung der Wirtschaftskrise im Jahre 1998, unter der die Länder Südostasiens und Russland litten, wurde unser Finanzsystem als das nach internationalen Maßstäben beste innerhalb der GUS anerkannt.

Die Wirtschaftskrise im Jahre 1998

Die Wirtschaftskrise im Jahre 1998 stellte die Stabilität unseres jungen Landes und dessen Finanzsystems auf eine besondere Probe. Als Ergebnis globaler Veränderungen auf den Weltfinanzmärkten wurden die nationalen Währungen einiger Handelspartner von Kasachstan abgewertet. Dies führte wiederum zu einer realen Verteuerung des Tenge, worunter die Konkurrenzfähigkeit des kasachstanischen Exports litt. Der Einfluss negativer Folgen der Krise auf die Wirtschaft Kasachstans war nach der Abwertung des russischen Rubels deutlich spürbar geworden. Dies warf Probleme im Zusammenhang mit dem Schutz einheimischer Produzenten vor der Ausdehnung ausländischer Waren auf dem kasachstanischen Markt auf. Des Weiteren musste der stabile Umrechnungskurs des Tenge gestützt werden.

Die damals vorherrschende stereotype Vorstellung, dass sich die Situationen in Kasachstan und Russland einfach vergleichen und bewerten lassen, führte auf dem Devisenmarkt zu einer erdrutschartigen Nachfrage nach ausländischen Währungen. Zur Lösung der Situation auf dem Devisenmarkt und zur Unterstützung des damals von der Nationalbank noch fixierten Tenge-Umrechnungskurses unternahm die Nationalbank umfangreiche Deviseninterventionen, die ihrerseits wiederum eine deutliche Senkung der Goldreserven zur Folge hatten. So wurden in dieser Zeit zur Stabilisierung des Wechselkurses mehr als 600 Mio. USD aufgewandt, was für den

Tenge einen schwereren Moment darstellte. Zur Vermeidung einer weiteren Verringerung der Goldreserven und zur Widerherstellung der Konkurrenzfähigkeit kasachstanischer Waren musste eine Abwertung des Tenge vorgenommen werden. Wer dagegen stimmte, ist sicherlich noch in aller Munde. Wir zerstörten sozusagen noch einen Mythos.

Heutzutage werden Anschuldigungen laut, die besagen, dass man den Tenge früher, schon gleich nach der Abwertung des russischen Rubels, hätte abwerten sollen. Aber ich bin fest davon überzeugt, dass bei einer unmittelbaren Abwertung vor dem Hintergrund der unstabilen Lage auf den Finanzmärkten in den Ländern des GUS sowie aufgrund der Tatsache, dass im Land selbst eine umfangreiche Abwertung erwartet wurde, der gewünschte Effekt ausgeblieben wäre. Jegliche Parität der Devisenkurse, die als Ergebnis einer Abwertung unter solchen Bedingungen festgelegt worden wäre, hätte schnell ihr Gleichgewicht verloren. In diesem Moment bestand die Hauptaufgabe darin, den Zusammenbruch des Devisenmarktes zu vermeiden und das Vertrauen der Bevölkerung und der Wirtschaftssubjekte in das Bankensystem nicht zu verspielen, denn das wäre ein folgenschwerer Fehler gewesen, der zum Zusammenbruch des Bankensystems geführt hätte.

Die Nationalbank unter dem Vorsitz von G. Martschenko vertrat in dieser Zeit die Auffassung, dass man den Tenge gerade in der Krisenzeit nicht abwerten dürfe. Wir besäßen genügend Reserven und seien bereit, einen Teil dafür auszugeben, um somit die Krise zu meistern. So geschah es auch. Ungeachtet der Tatsache, dass die Nationalbank zu dieser Zeit eine bedeutende Anzahl von Devisenreserven verlor und faktisch hohe Verluste der Geschäftsbanken durch Devisen- und Wertpapierspekulationen förderte, blieb die Krise für Kasachstan jedoch ohne nennenswerte Folgen.

Der neue Vorsitzende der Nationalbank, K. Damitow, war wohl für eine Abwertung, aber zögerte aufgrund der großen Verantwortung. Ich lud ihn zu mir ein, wir besprachen lange alle Punkte, die „dafür" oder „dagegen" sprachen und gaben erst im April 1999 nach der Stabilisierung der Finanzsituation in Russland und den gesunkenen Abwertungserwartungen im Land den Wechselkurs des Tenge frei, wodurch dieser zu einer frei konvertierbaren Währung wurde.

Die Vorbereitungen zur Abwertung des Tenge begannen schon im September 1998. Dadurch gelang der Übergang zur freien Konvertibilität des Tenge problemlos. Nicht unwichtig war dabei gerade die gründliche Vorarbeit der wichtigsten Prinzipien und Prozesse. Zur Festlegung des Wechselkurses wurden alle möglichen Szenarien der weiteren globalen Außenwirtschaftsentwicklung und vor allem der in Russland analysiert. Die Vor- und Nachteile jeder Variante wurden unter folgenden Gesichtspunkten bewertet: Erwartetes Niveau des Wechselkurses, die Zahlungsbilanz, die Goldreserven, das Haushaltsdefizit, jedes Segment des Finanzmarktes und soziale Kennziffern. Aufgrund der Auswertungsergebnisse und der raschen Einführung der Konvertibilität konnte der Zusammenbruch des Devisenmarktes und des Bankensystems verhindert werden.

Zur Stützung des Devisenmarktes wurden im April sogar 50% der Exportschulden verkauft. Diese Maßnahme wurde im November wieder gestoppt. Gleichzeitig wurden damit die Spareinlagen der Bevölkerung in Tenge und die Einlagen juristischer Personen bei Geschäftsbanken sowie die Aktiva des Pensionsfonds in Tenge besonders geschützt. Diesbezüglich wurden einige Maßnahmen zur Kompensierung getroffen. So erhielten Anleger, die ihre Depositen in Tenge innerhalb von 9 Monaten nach Inkrafttreten der Abwertung nicht veräußerten, die Möglichkeit der vollständigen Konvertierung in USD zu dem vor der Abwertung geltenden Wechselkurs. Zum

Schutz der Pensionsaktiva innerhalb der Rentenfonds gab das Finanzministerium spezielle Devisenobligationen (ABMEKAM) zum Wert von USD 100 mit einer Laufzeit von 5 Jahren aus.

Die getroffenen Maßnahmen hatten zur Folge, dass der Übergang zu einer neuen Devisenpolitik verhältnismäßig ruhig verlief und das Bankensystem stabil arbeitete. Der Kurs des Tenge in den Wechselstuben stabilisierte sich innerhalb von einigen Tagen. Die Einführung der freien Konvertibilität stärkte die Konkurrenzfähigkeit kasachstanischer Exporte und sorgte für ein Wiederaufleben des Wirtschaftsaufschwungs. So wurden im Jahre 1998 Waren für über 6.012 Mrd. USD exportiert.

Die Einführung der freien Konvertibilität war nicht nur ein ökonomischer, sondern auch ein politischer Schritt – vor allem in Hinblick auf die Gewährleistung einer stabilen Wirtschaftspolitik für die Bevölkerung. Ungeachtet einiger Empfehlungen von internationalen Finanzorganisationen trafen wir ein Höchstmaß an möglichen Maßnahmen zum Schutz der Ersparnisse natürlicher und juristischer Personen. Wir gaben Bankkunden das Recht, ihre Einlagen zu dem Wechselkurs zu konvertieren, der vor der Abwertung galt.

> *„Als 1998 die Finanzkrise in Russland begann, war Kasachstan darauf besser vorbereitet. Der Tenge verlor innerhalb eines Jahres nur die Hälfte seines Wertes. Dank ihrer beständigen Politik gewann die Nationalbank in den Augen des Parlaments, der Unternehmer und der Regierung an Autorität."*
>
> Aus der Zeitschrift „EuroMoney" (GB) „Das kasachstanische Wunder", 1. April 2004

Mit diesen Maßnahmen wurde die Überbewertung des realen Wechselkurses des Tenge gestoppt. Die Abwertung verbesserte die Zahlungsbilanz des Jahres. Darüber hinaus wuchsen die Devisenreserven des Staates und die Produktion innerhalb der Wirtschaft stieg wieder – dies war das wichtigste Ergebnis. Die Höhe des realen, effektiven Wechselkurses des Tenge gegenüber den Währungen der wichtigsten Handelspartner erreichte innerhalb von 3 Jahren nach Einführung der freien Konvertibilität die am Ende des Jahres 1999 fixierte Bewertung. Meiner Meinung nach, und diese Meinung wird auch von ausländischen Fachleuten geteilt, war die Einführung der freien Konvertibilität lebenswichtig und gerechtfertigt.

Als Ergebnis der getroffenen Maßnahmen gelang es uns, die negative Auswirkung der Weltfinanzkrise auf ein Minimum zu beschränken, die makroökonomische Stabilität aufrecht zu erhalten, was von internationalen Finanzinstituten hoch bewertet wurde, sowie das Vertrauen ausländischer Kreditbanken und Großinvestoren zu bewahren.

Aber die Verwundbarkeit der kasachstanischen Wirtschaft blieb weiterhin ein ernsthaftes Problem. Man muss nur erwähnen, dass sich ein Jahr nach der Abwertung des Tenge das Problem umkehrte, indem der Tenge aufgewertet wurde, ein Problem, was heute immer aktueller wird. So findet trotz der sichtbaren Stärkung des Tenge keine Dollarflucht in der Wirtschaft statt. Der Grund dafür liegt im Zustrom großer Mengen ausländischer Devisen aus dem Verkauf von Öl.

Natürlich spielen dabei auch von außerhalb angeworbene Bankkredite und Investitionen in die Wirtschaft eine Rolle. Dagegen ist an sich nichts zu sagen. Aber wenn sich die Regierung früher vor allem um Investitionen kümmerte, so sollten wir uns heutzutage verstärkt um die

"Qualität" der Investitionen bemühen: Wohin gehen diese Gelder? Welchen realen Effekt bringen sie? Für welchen Zeitraum werden sie investiert? Dies sind nur einige der Fragen, die wir uns stellen sollten. Wenn man von der „Investitionsqualität" spricht, sollte man die „langfristigen Gelder", also Investitionen mit einer langen Laufzeit (ab 15 Jahren und länger) erwähnen. Diese „langfristigen Gelder" werden für die Realisierung großer Investitionsobjekte benötigt, deren ROI auf dem Investitionskapitalmarkt die durchschnittlichen Kennziffern übersteigt. Es handelt sich dabei um genau die angesprochenen Projekte zur Ausarbeitung und Einführung von wissenschaftlichen Arbeiten, zur Einführung neuer Technologien und Produktionsstätten – also genau die Projekte, die unsere Wirtschaft benötigt.

Viele meinen, dass wir diese Gelder hätten – nämlich die Aktiva der Pensionsparfonds, die im verabschiedeten Gesetz sehr eingeschränkt sind. Wir wissen auch, welchen Effekt diese Aktiva für unsere Wirtschaft hätten. Aber das sollte man nicht übereilen. Dies sind für uns vor allem Gelder des Volkes. Daher muss man alle Fragen zum Schutz dieser Einlagen und die Kriterien möglicher Projekte untersuchen.

Unser Rentensystem wurde erst vor kurzem eingeführt. Sein Hauptverdienst ist meiner Meinung nach nicht die Höhe der Gelder usw., sondern das Vertrauen der Bürger in das System. Genau dieses Vertrauen ist das wertvollste Gut des Pensionssparfonds, was mehr aussagt, als Einnahmekennziffern oder irgendetwas anderes. Wenn man mit dem Geld aus dem Rentensystem undurchdachte Investitionen tätigt, wird dies einen schweren Vertrauensverlust der Bevölkerung zur Folge haben.

Die Ausweitung der Investitionsinstrumente auf die Mittel aus dem Pensionsfonds wird sicher kommen, aber erst dann, wenn eine optimale Verbindung zwischen Einnahmen und Schutzgarantien für den Pensionssparfonds der Bevölkerung gefunden worden ist. Dieser Frage widme ich meine besondere Aufmerksamkeit, denn ich erinnere mich bis heute an die Enttäuschung und die Vorwürfe der Menschen, die mit einem Mal alles verloren haben, und bin ihnen besonders dankbar dafür, dass sie dennoch an uns glaubten und die Durchführung der Rentenreform in den Jahren 1997-1998 unterstützten.

Die Rentenreform in den Jahren 1997-1998

Die Rentenversorgung gehört zu den sozialen Fragen, um die sich die Regierung wohl jedes Landes auf der Welt ständig kümmert. Kasachstan macht da keine Ausnahme. In der Verfassung des Landes ist das Recht der Bürger auf soziale Absicherung im Alter fest verankert. Heute kann man zu Recht behaupten, dass das Rentensparsystem der Stolz des kasachstanischen Finanzsystems ist. Unser Land schaffte den Übergang zum Rentensparsystem in einer Zeit, da das vorherige Solidarsystem seine Verpflichtungen gegenüber den Rentnern nicht mehr vollständig erfüllen konnte.

Mitte der 90er Jahre entwickelten sich die mit der Rentensicherung verbundenen Fragen zu einem schweren Problem, die durch ein sinkendes BIP, einen Anstieg der Arbeitslosigkeit, eine bedeutende Steigerung der Inflation, sinkende Staatseinnahmen und ein hohes Haushaltsdefizit hervorgerufen wurden. Dies hatte zur Folge, dass die Anteile der staatlichen Finanzierung für den Pensionsfonds sanken, die Rückstände bei der Auszahlung der Renten anstiegen usw.

Zu den Problemen der nicht ausreichenden, aber notwendigen Rentenfinanzierung gesellten sich demographische Prozesse. Wie in vielen anderen Ländern der Welt war es auch in Kasachstan so, dass sich die Altersstruktur der Bevölkerung nach oben verschob. So müssen beispielsweise die Regierungen Deutschlands und Frankreichs aufgrund der in diesen Ländern vorherrschenden schwachen Konjunktur und des demographischen Wandels das Renteneintrittsalter und die Beiträge zur Rentenversicherung erhöhen.

In Kasachstan war die Situation ähnlich. So entfielen im Jahre 1980 auf 100 beschäftigte Rentenbeitragszahler fast 30 Rentenempfänger, im Jahre 1997 steigerte sich die Zahl der Rentenempfänger auf 73 und im Jahre 1980 entfielen bis zu 83 Rentner auf 100 Beitragszahler. Dazu spielten in den 90er Jahren noch stürmische Migrationsbewegungen eine Rolle. Zu dieser Zeit wanderten vor allem junge Leute aus Kasachstan aus, die sich auf die Suche nach einem besseren Schicksal und einer neuen Heimat machten, wohingegen die Rentner keine Möglichkeit zum Auswandern hatten: Entweder wussten sie nicht, wohin, oder ihnen fehlte das Geld.

Die hohe Abhängigkeit des Rentensystems, um genau zu sein das Zusammenspiel von Rentenempfängern und Beitragszahlern, war das Ergebnis der früheren Rentengesetzgebung in der Sowjetunion, laut derer das Rentenalter bei Männern 60 Jahre und bei Frauen 55 betrug. Oft genug konnte man aber auch unter bestimmten Umständen früher in Rente gehen.

Daher begründete die deformierte Rentenstruktur den Anstieg der Staatsausgaben für die Rentenversorgung, die im Jahre 1996 7,9% vom BIP betrug. Zum Vergleich: Im Jahre 1989 lag der Anteil noch bei 5,6% des BIP. Dazu muss noch angemerkt werden, dass die Ausgaben hätten höher ausfallen können, wenn der Staat die Ausgaben für die Renten voll auf die Inflation indexiert hätte.

Ein Erhalt des Rentensolidarsystems in der Republik Kasachstan in der Form, wie es bis 1998 bestand, hätte zu einer Verschärfung der Wirtschaftskrise und entsprechend der sozialen Versorgung im Land geführt. Daher wies ich die Regierung an, Erfahrungen anderer Länder zu untersuchen und daraus Lösungsvorschläge zu erarbeiten. Das Ministerkabinett und die Nationalbank brachten Vorschläge vor, nach denen es zweckmäßig wäre, eine Rentenreform nach chilenischem Muster zu beginnen.

Dieses Projekt wurde in der Öffentlichkeit heftig diskutiert, wobei es viele Gegner gab. Viele Zweifel kamen auf, aber zu dieser Zeit hatten wir keine andere Wahl. Die Wirtschaft des Landes konnte damals die entstandene Situation einfach nicht meistern.

Warum aber entschieden wir uns für die chilenische Variante? In der Mitte des letzten Jahrhunderts hatte die Mehrheit der Länder auf dieser Welt mit dem Problem der alternden Bevölkerung zu kämpfen: Die durchschnittliche Lebensdauer stieg an, aber die Geburtenrate sank. Bei einem Rentensolidarsystem trägt die arbeitende Bevölkerung die Hauptlast, wenn die Bevölkerung altert, denn die Steuerlast wirkt auf den wirtschaftlich aktiven Teil der Bevölkerung umso stärker, je kleiner dieser aktive Teil im Vergleich zu Rentnern wird. So entsteht ein Defizit an Mitteln, wobei die verschiedenen Versuche dieses Defizit beispielsweise durch eine Rentenkürzung zu schließen, in der Gesellschaft einen besonders schweren sozialen Druck hervorrufen können.

Den Ausweg aus dieser Lage, eine Privatisierung des Rentensystems, fand im Jahre 1980 der chilenische Arbeitsminister José Piñera. In dem von ihm vorgeschlagenen System hatte jeder Arbeiter das Recht und die Pflicht, sich selbstständig um seine Zukunft zu kümmern. Anstelle einer staatlichen Rente, die aus umgelegten Steuern finanziert wird, wurden individuelle Rücklagen eingeführt, die in Wertpapiere investiert werden sollten. Die arbeitende Bevölkerung erhielt die Möglichkeit, freiwillig dem neuen System beizutreten. Für Berufsanfänger galt das System automatisch.

Eine solche Reform konnte, neben der Lösung sozialer Probleme, auch ein zusätzlicher Anreiz für die Wirtschaftsentwicklung Kasachstans sein. Die Pensionsrücklagen konnten (wie es in Chile der Fall war) eine Investitionsquelle am Wertpapiermarkt vor allem für die Entwicklung der Binnenwirtschaft sein.

Deswegen begann Kasachstan als erstes Land innerhalb der GUS mit dem planmäßigen Übergang zu einem auf Ersparnissen aufgebauten Rentensystem. Die Regierung verabschiedete ein Konzept zur Reform des Rentensystems und verordnete den allmählichen Übergang von dem bis zu einem gewissen Punkt in Kraft bleibendem Prinzip der Generationensolidarität hin zu einem strategisch ausgerichteten Prinzip persönlicher Pensionsrücklagen. Das war im Grunde genommen ein qualitativer Schritt hin zur Gründung eines neuen, den Anforderungen des Marktes entsprechenden Rentensystems. Das Hauptziel der durchgeführten Rentenreform bestand im Aufbau eines finanziell festen und gerechten Systems, was den Beitrag der Arbeit und die Renten mittels personenfinanzierter Rentenbeiträge einander anpasste.

Im Jahre 1998 wurde das Gesetz „Über die Rentenversorgung in der Republik Kasachstan" verabschiedet, welches die Einführung eines gemischten Rentensystems vorsah, also die Erhaltung der staatlichen Rentenversorgung (Rentensolidarsystem) gemeinsam mit dem neu eingeführten und zur Zeit weiterentwickelten, auf eigene Rücklagen gründenden Rentensystem.

Das Solidarsystem baute auf die Auszahlung der Rente auf Kosten von Sozialsteuern und anderen Einnahmen des Staatshaushalts, wohingegen das Rücklagensystem auf Pflichtabgaben für die Rentenkasse in Höhe von 10 % des Gehalts plus freiwilligen Zahlungen in die Rentenversicherung gegründet war.

In der Übergangszeit zum neuen, auf eigenen Rücklagen basierenden System, garantierte der Staat den Rentnern sowie den Beschäftigten, die bis zum Beginn der Rentenreform schon gearbeitet hatten, die Auszahlung der Renten. Außerdem garantierte die Regierung den Rentnern die vom staatlichen Zentrum für Rentenauszahlung zu zahlende Höhe ihrer Renten sowie die Anpassung an die steigenden Verbraucherpreise.

An dieser Stelle möchte ich bemerken, dass die verabschiedete und den wirtschaftlichen Bedingungen des vergangenen Jahrzehnts entsprechende Politik der ständigen Erhöhung der Mindestrenten und der Anpassung der Renten an das Inflationsniveau ein Ende der Rentendifferenzierungen und deren Ausgleich in Abhängigkeit des Arbeitserfahrung und des vorherigen Gehalts der Rentner zur Folge hatte.

Eine nicht ausreichende Unterscheidung der Renten, ein niedriges Rentenniveau sowie der Ersatzfaktor für das Gehalt waren besonders aktuell unter der Bedingung einer stabilen Verbesserung der wirtschaftlichen Situation im Land, da diese Faktoren ein Anwachsen zahlungsfähiger Nachfrage dieses Bevölkerungsteils verhinderten. Zur Lösung dieser Probleme wurde eine differenzierte Rentenerhöhung ausgearbeitet, die die Höhe der Rente abhängig macht von der Arbeitserfahrung, dem für die Rentenberechnung vorgesehenen Gehalt sowie des durchschnittlichen Monatsgehalts in dem Wirtschaftszweig, in dem der angehende Rentner gearbeitet hat.

Die Regierung behielt sich das Recht vor, die Tätigkeit der Wirtschaftssubjekte zu kontrollieren, die die Ersparnisse aus dem Rentensystem verwalteten – die Rentensparfonds, Depotbanken und renteninvestierende Organisationen. Die Tätigkeit aller Subjekte wurde lizenziert, per Gesetz wurden Verfügungsbefugnisse über die Aktiva begrenzt sowie Anforderungen an die Veröffentlichung und Transparenz der Informationen über die finanzielle Lage der dem System angehörenden Subjekte festgelegt.

Um die Effektivität der Investitionen und die Sicherheit der Rentenrücklagen einschließlich deren Abwertung zu gewährleisten, wurde die Liste der für Investitionen freigegebenen Aktiva gesetzlich festgelegt. Außerdem wurden freiwillige Rentenbeiträge auf privater Ebene ermöglicht. Vor dem Hintergrund der letzten Umwandlungen im Land konnten Pensionsfonds, genau wie Firmen, die Gelder aus Pensionsfonds investieren sowie ihre Portfolios direkt anlegen. Diese Veränderungen zielten auf die Ausschaltung von Monopolen bei der Verwaltung von Pensionsaktiva sowie auf die Kürzung der Verwaltungskosten. Außerdem sorgte die Rentenreform für eine Erweiterung der Tätigkeiten von Finanzorganisationen.

Die Pensionsaktiva wurden im realen Sektor der Wirtschaft mittels Investitionen in nichtstaatliche Wertpapiere kasachstanischer Organisationen angelegt sowie in Anlagen von Geschäftsbanken die mit diesen Mitteln wiederum Kredite für die kasachstanische Wirtschaft vergeben. Zum Stichtag 1. Januar 2006 beliefen sich die Investitionen in nichtstaatliche Wertpapiere kasachstanischer Organisationen sowie in Anlagen von Geschäftsbanken auf 218,6 Mrd. Tenge.

Die Durchführung einer Rentenreform ist bekanntlich keine auf einen Moment beschränkte Maßnahme. So können jene Bürger, die bei der Einführung des neuen Rentensystems schon kurz vor dem Renteneintrittsalter sind, keine Rücklagen mehr bilden. Daher wird in Kasachstan der vollständige Übergang zum Rentensparsystem erst im Zeitraum von 2038-2040 vollzogen werden.

Wenn ich mich an die durchgeführte Reform zurückerinnere, sage ich mir manchmal einfach: „Gut, dass wir das machen konnten!" Unsere Bürger können selbst Geld zurücklegen und sich so einen normalen Ruhestand können. Zurzeit besteht die Rente aus drei Faktoren: Staat, Arbeitgeber und dem Bürger selbst. Der Staat scheidet schrittweise als Teilnehmer mehr und mehr aus. Dafür wird jeder Einwohner Kasachstans Teilnehmer am Rentensparfonds. Wenn er möchte, kann er sich einen würdigen Lebensabend leisten. Nebenbei können die in den Rentensparfonds zurückgelegten Gelder in der Wirtschaft arbeiten.

Aber ich komme wieder zu einem wichtigen Punkt zurück: Das Wichtigste ist, dass der Staat die Unantastbarkeit und die Sicherheit dieser Gelder garantiert; sie dürfen nie in Gefahr sein. Deshalb muss man viele Punkte genau beachten, wenn diese Gelder für Investitionen verwendet werden, vor allem: Um welches Unternehmen handelt es sich? Daher wurde ein Gesetzesprojekt zur Sicherung vorbereitet, welches es nach Überprüfung des Sicherheitsaspektes Pensionsfonds erlaubt, die Gelder in zuverlässigen Unternehmen anzulegen. Damit werden der Wertpapiermarkt angeregt und Kreditkosten gesenkt.

Ein erstes Projekt ist der Bau der Eisenbahnstrecke von Schar nach Ust-Kamenogorsk, in den wir investieren werden. Wahrscheinlich werden wir auch in Ölprojekte investieren sowie in staatlich garantierte Infrastruktur und Objekte zur Verwirklichung des Industrieprogramms.

Wir arbeiten im Moment mit voller Energie daran, dass die Pensionsfonds für unsere zukünftigen Rentner hohe Zinsen bringen und dass die Gelder, wie es auf der ganzen Welt üblich ist, gut in der Wirtschaft angelegt werden.

Zurückkommend auf die Frage nach der Investition von Pensionsersparnissen und Binneninvestitionen möchte ich noch etwas anmerken: Bei der Reformierung des Finanzsystems und dem Versuch, die Gelder der Bevölkerung in die Wirtschaft zu investieren, stießen wir auf das Problem von „Schwarzgeld". Diese Gelder könnten, wie die Aktiva von Pensionsfonds, zur Innenfinanzierung von Investitionen in die Wirtschaft des Landes beitragen. Die Legalisierung der Einnahmen war ein Versuch, das Problem der aufkommenden „Schattenwirtschaft" und des Kapitalabflusses zu lösen.

Finanzamnestie und Legalisierung von Besitz

Schwache Marktinstitutionen und das Fehlen von wirksamen gesetzlichen Vorschriften förderten in den ersten Jahren der Unabhängigkeit die Tatsache, dass 1,2 bis 2 Mrd. USD illegal außer Landes transferiert wurden. Zum Vergleich: In Russland belief sich diese Summe auf 40-50 Mrd. USD. Im Jahre 1999 bezifferte die Statistikagentur der Republik Kasachstan den Umfang der Schattenwirtschaft auf 20-15% des BIP, wobei unabhängige Experten die Summe höher einschätzten – nämlich 45-50% des BIP.

Eine solche große Summe im Schattensektor zwang uns Maßnahmen zu treffen, damit dieses Kapital wieder zurück ins Land gelangte, denn damit konnten diese Mittel zur Entwicklung der Wirtschaft verwendet werden.

Die Idee war, dass die Wirtschaftsamnestie einen einmaligen Akt darstellen würde, um die Gelder der kasachstanischen Bürger zu legalisieren, die zuvor nicht deklariert und dem legalen Wirtschaftsverkehr entzogen wurden. Diese Aktion sollte bewirken, dass die Leute von der Besteuerung und der Verantwortung für ihre Taten befreit werden würden, wenn sie ihr illegales Kapital legalisieren würden, welches sie rechtmäßig verdient, aber aufgrund hoher Steuern nicht legalisiert hatten. Diese sehr erfolgreiche Aktion musste in der Folge wiederholt werden.

Im Laufe des Vorbereitungsprozesses der Legalisierung gab ich die Anweisung, die auf der ganzen Welt vorhandenen Erfahrungen auf diesem Gebiet (sowohl positive wie auch negative) zu untersuchen. Die Analyse der Erfahrungen ergab, dass die Effektivität solcher Aktionen meist von den Bedingungen abhängt, zu denen die Bürger ihr bislang verborgenes Kapital legalisieren können. Daher ging die Regierung Kasachstans besonders aufmerksam bei der Ausarbeitung dieser Bedingungen vor, die einen hohen positiven Effekt der Reform zur Folge hätten.

So wurde beispielsweise die Erfahrung der Schweiz auf diesem Gebiet untersucht. Dort wirkte sich die Amnestie besonders positiv auf das Schweizer Bankensystem aus und förderte eine starke Verbesserung des Investitionsklimas, einen Anstieg der Produktivität und von makroökonomischen Kennziffern des Landes insgesamt.

Darüber hinaus wurde eine Finanzamnestie auch in Ländern wie Frankreich (1982, 1986), Argentinien (1987), Indien (1997), China und einigen anderen durchgeführt, wo sie durchweg positive Ergebnisse brachten. So konnten die Bürger in China beispielsweise nach der offiziellen Deklaration und Besteuerung ihrer Gelder über das Kapital selbstständig verfügen, ohne dabei Strafaktionen von Steuerbehörden befürchten zu müssen. In den Staatshaushalt flossen dabei mehrere Milliarden USD. In Irland übertraf die Summe der durch die Steueramnestie erhaltenen Gelder den gesamten Staatshaushalt und betrug 2,5% des BIP; Mexiko erhielt durch eine ähnliche Aktion etwas über 2 Mrd. USD.

Anfang April 2001 wurde das Gesetz „Über die Amnestie von Bürgern der Republik Kasachstan im Zusammenhang mit der Legalisierung ihrer Gelder" verabschiedet. Der Gesetzesmechanismus sah folgendes vor: Die Bürger Kasachstans sollten Gelder auf spezielle Konten bei Geschäftsbanken, die zum System der kollektiven Garantieeinlagen gehören, einzahlen oder überweisen (über die Gelder durften sie während des Legalisierungsprozesses nicht verfügen). Nach der Einzahlung der Gelder in nationaler Währung oder ausländischen Devisen bzw. Überweisung der Gelder von einem persönlichen Konto bei einer ausländischen Bank erhielten die Bürger von der Bank ein offizielles Dokument (Nachweis über die Einzahlung von Geldern auf ein Sonderkonto für die Gelderlegalisierung). In das Dokument wurden die eingezahlte Summe und das Ein-

Das nationale Finanzsystem

zahlungsdatum eingetragen. Die auf Sonderkonten eingezahlten Beträge wurden nicht in die Steuereinnahmen eingeschlossen.

Diejenigen Personen, die Gelder einzahlten, wurden für die bis zur Legalisierung begangene Straftat nicht strafrechtlich verfolgt. Darüber hinaus beschränkte sich die Befreiung von der strafrechtlichen Verfolgung nicht nur auf ungesetzliche, nicht lizenzierte Unternehmenstätigkeit, sondern auch auf Beschäftigung mit illegaler unternehmerischer Tätigkeit, Schmarotzertum usw.

Das Gesetz erstreckte sich nicht auf Personen, gegen die bis zum Beginn der Legalisierung ein strafrechtliches Verfahren oder ein Verwaltungsverfahren eingeleitet wurde sowie auf bereits Verurteilte und Personen, gegen die Verwaltungsstrafen ausgesprochen wurden. Das Gesetz wurde auch nicht bei folgenden Fällen angewendet: Legalisierung von Geldern aus Korruptionsfällen, Verbrechen gegen Personen, den Frieden und die Sicherheit der Menschheit, Verbrechen gegen die Verfassung, die Staatssicherheit, das Staatseigentum, die Interessen des Staatsdienstes, der allgemeinen Sicherheit und die allgemeine Ordnung, die Gesundheit der Bevölkerung und gegen die Moral sowie in Verbindung mit Geldern, die anderen Personen gehören oder als Kredite erhalten wurden.

Eine besondere Bedingung stellte die Vertraulichkeit des Legalisierungsprozesses dar. In dem Gesetz wurde festgelegt, dass Informationen über existierende Sonderkonten und die darauf eingezahlten Gelder nicht veröffentlicht werden dürfen und das Vorhandensein eines Sonderkontos kein Grund für die Durchführung jeglicher Prozesse wie strafrechtliche Verfolgung oder Anwendung von Verwaltungsverfahrensmaßnahmen darstellen dürfe. Die zur Legalisierung angemeldeten Gelder durften nur in das Eigentum des Staates übergehen wenn ein Gerichtsverfahren (Urteil) zur Konfiszierung des dem Bürger gehörenden Eigentums in Kraft tritt. Über die auf ein Sonderkonto überwiesenen Beträge (in nationaler Währung oder ausländischen Devisen) durfte der Einzahler am Tag nach Beendigung der Legalisierungsfrist verfügen.

Die Amnestie hatte zur Folge, dass allein innerhalb der ersten zwei Monate (Juni-Juli 2001) die Einlagen der Bürger im Banksystem auf über 46% stiegen (um 51,7 Mrd. Tenge). Der Gesamtumfang der legalisierten Gelder betrug ca. 480 Mio. USD oder mehr als 2% des BIP. Ungefähr 55% dieser Mittel blieben dem Banksystem in Form von Einlagen erhalten, was wiederum entscheidend zur Vergrößerung der Bankenrücklagen beitrug. Für eine effektive Verwendung der Verwaltungsmittel von Mai bis Juni 2001 wurden die Emissionen von mittelfristigen staatlichen Wertpapieren gesenkt, die im Juli 2001 eigentlich hätten steigen sollen. Zeitlich verlängert wurde die Ausgabe von Wertpapieren großer, darunter auch nationaler, Unternehmen, um den Emissionsbeginn der Wertpapiere mit dem Zeitpunkt des Legalisierungsendes abzustimmen. Gleichzeitig wurden in Kasachstan die Steuern gesenkt: ab dem 1. Juli 2001 betrug der Mehrwertsteuersatz nur noch 4% und die Sozialsteuer nur noch 5%.

Abschließend möchte ich anmerken, dass die Wirtschaftsamnestie in Kasachstan eine einmalige Erscheinung in den Ländern der ehemaligen Sowjetunion darstellte. Die Amnestie hatte das Ziel, zusätzliche Finanzmittel, die zuvor dem legalen Wirtschaftsumlauf entzogen wurden, in die Wirtschaft Kasachstans zu leiten. Insgesamt wurden etwa eine halbe Milliarde USD legalisiert. Obwohl es sich dabei um private Gelder handelte, die dem Staat keinerlei Steuern einbrachten, ist der erzielte wirtschaftliche Nutzen offensichtlich. Das in den Bankensektor eingeflossene Kapital arbeitet jetzt zum Wohle des Staates und der Gesellschaft und der bedeutende Zufluss von ausländischen Devisen stärkte die Position der nationalen Währung Kasachstans.

Eine weitere positive Folge der Legalisierung des Kapitals aus grauen Kanälen für die Staatskasse besteht darin, dass die Steuerungsgrundlagen und die Zahl der Steuerzahler gestiegen sind, was entsprechend in der Erhöhung der Einnahmen des Haushalts resultiert.

Angesichts der positiven Erfahrungen aus der ersten Legalisierung in Kasachstan arbeiten wir zurzeit an der Legalisierung von Immobilien, was eine logische Folge der Finanzamnestie ist. Eine erfolgreiche Realisierung von deren Legalisierung ermöglicht die Beseitigung „grauer Immobilien", die in die legale Buchführung und in die Wirtschaft einfließen können.

Zurzeit gibt es in Kasachstan laut Angaben des Justizministeriums mehr als 4,7 Mio. Immobilienobjekte, die in den Immobilienzentren nicht registriert sind. Das bedeutet, dass ca. 30% aller Immobilienobjekte nicht registriert sind. Nach vorläufigen Bewertungen würde die Legalisierung dieser Objekte einen Zufluss von 4 Mrd. Tenge in die Wirtschaft Kasachstans bedeuten.

Warum haben wir uns für die Durchführung einer solchen Reformkampagne entschlossen?

Erstens ist die Legalisierung von Immobilien, wie ich schon erwähnte, eine logische Folge der zuvor durchgeführten Kapitalamnestie. Die Probleme der „grauen Wirtschaft" und damit einhergehend der „grauen Gelder" sowie der Immobilien wurden durch unvollständige Gesetze und eine unstabile Wirtschaftssituation in den vergangenen Jahren hervorgerufen. Da sich die genannten Parameter verbessern, müssen wir dafür sorgen, dass alles, was versteckt war, in den legalen Umlauf gelangen kann. Auch hier muss ich wahrscheinlich betonen, dass sich dem Gesetz nach die Legalisierung nicht auf Personen bezieht, die sich Gelder aus Verbrechen verschafft haben.

Diese Aktion haben viele kritisiert, aber wir sollten nicht auf deren Geschwätz hören. So lange ich weiß, hat es immer solche Leute gegeben, die eine allgemeine Hysterie bei fast jeder von uns veranlassten Reform anzetteln wollten. Was ist aus diesen Kritikern geworden? Wo sind sie jetzt, da wir die positiven Ergebnisse dieser Umwandlungen in der Realität sehen? Da jeder Bürger deren Effektivität in seinem täglichen Leben spürt?

Ich habe immer nach dem Prinzip reagiert: „Wer kritisiert, muss einen besseren Vorschlag machen können." Außerdem soll die Kritik im positiven Sinne des Wortes vorgebracht werden und überhaupt nicht so, wie sie bei uns verstanden wird. Ich habe mich immer an dieses Prinzip gehalten. Wenn mir etwas an Tätigkeiten von anderen nicht gefällt, dann stelle ich mir zu aller erst die Frage: „Was kann ich stattdessen vorschlagen, wenn mir etwas nicht zusagt?" Aber damals hat niemand andere Vorschläge zur Bekämpfung der „grauen" Immobilien gehabt, außer den in aller Welt schon bekannten. Wir sind zum Dialog bereit und begrüßen ausgesprochen sämtliche Vorschläge. Aber ich betone nochmals – Vorschläge, und nicht unbegründete Unwillensäußerungen gegen alles und jeden. Die Kritik in unserem Lande erinnert mich oft mehr an die „Küchengespräche" aus sowjetischen Zeiten, die sich immer um das ewige Thema „Wer ist Schuld daran?" drehten. Sollen wir etwa alle 4,7 Mio. Eigentümer von Immobilienobjekten ins Gefängnis stecken, wenn sie aus Unwissenheit oder Nachlässigkeit gehandelt haben? Ich denke nein.

Bei der Gestaltung des Gesetzes über die Legalisierung von Immobilien wurden die Bedingungen zur Gewährleistung der Geheimhaltung nicht berücksichtigt. Zurzeit wird an der Verbesserung dieses Gesetzes gearbeitet, um den Fehler zu beheben. Außerdem bedarf es einer groß angelegten Aufklärungsarbeit über die Aktion des Staates, das Recht auf Besitz anzuerkennen. Nochmals – bei dieser Aktion ging es nicht darum, Schuldige zu finden, die Besitztümer verstecken, sondern um deren Einbringung in einen gesetzlichen Rahmen mit entsprechender Dokumentierung und somit entsprechenden Garantien über die Beachtung der Rechte der Eigentümer.

Wenn das Eigentum des Bürgers legitimiert und registriert ist, dann, und nur dann kann er es verkaufen, wiederverkaufen, verschenken und, was noch viel wichtiger ist: Dieses Eigentum kann als Sicherheit bei der Aufnahme eines Bankkredits für die eigene Geschäftstätigkeit dienen. Abschließend ist zu sagen, dass eine Person nach der Legalisierung des Besitztums Eigentümer wird, und ruhig schlafen kann. Genau so muss man das den Bürgern erklären und unseren Beamten darlegen.

Zweitens hat es sich so ergeben, dass in den Jahren der Sowjetunion die große Masse der Bevölkerung die Achtung von dem Eigentum verloren hat, was in noch größerem Maße für die entsprechenden rechtlichen Formalitäten gilt. Urteilen Sie selbst – in keinem sowjetischen Rechtslehrbuch und in keinem Gesetz fand sich der Terminus „Immobilie" oder „Sachenrecht". Vielen Menschen haben einfach nicht an die Ungesetzlichkeit ihrer nicht immer absichtlichen Handlungen gedacht, mit denen sie ihre Einkünfte verstecken wollten. So gab es beispielsweise für die rechtliche Eigentumsübertragung auf eine andere Person häufig ganz gewöhnliche Gründe. Die Übergangsphase vom sowjetischen Pass zu einem neuen Personalausweis wurde beispielsweise begleitet von fehlender Aktivität der Bürger, langen Wartezeiten auf die neuen Ausweise, aber auch von vereinzelten Verlusten etc. Wenn man in jener Zeit ein günstiges Geschäft tätigen konnte, musste der Unternehmer das Geschäft, um es nicht zu verpassen, auf den Namen einer anderen Person abschließen. Der Grund dafür lag darin, dass der Unternehmer keine eigene registrierte Steuernummer hatte, weil die Anfangsphase der Erteilung der Steuernummern mit verschiedenen Fehlern behaftet war. Ich hoffe dennoch, dass die Besitzlegalisierung für unsere Bürger und unser Land insgesamt denselben positiven Nutzen bringt, wie die erste Kapitalamnestie. Das Besondere an diesen Maßnahmen liegt darin, dass dem Bürger nochmals die Möglichkeit gegeben wird, seine finanziellen Mittel zu legalisieren, indem er dem Staat 10% Kapitalsteuer bezahlt. Das bezieht sich auch auf Gelder, die im Ausland liegen. Diese müssen nicht unbedingt nach Kasachstan überwiesen werden. In diesem Zusammenhang haben wir eine Warnung an die Bürger herausgegeben, dass es sich dabei um die letzte Amnestie des Staates handelt.

Wenn man sich an die Erfahrung aus der Legalisierung des Kapitals erinnert, lässt sich anmerken, dass deren Durchführung mit dem Wirtschaftswachstum und den hohen Ölpreisen zusammenfiel. Die kasachstanischen Einnahmen aus dem Ölverkauf stiegen in diesem Zeitraum stark an. Beispielsweise förderten wir allein im Jahre 2000 mehr als 35 Mio. Tonnen Öl. Im selben Jahr belief sich der Ölexport auf über 4,2 Mrd. USD. Zum Vergleich: Im Jahre 1995 förderten wir 23 Mio. Tonnen und exportierten Öl im Werte von 0,7 Mrd. USD. Uns verblüffte nicht die Steigerung der Öleinnahmen, sondern die stabile Wachstumsdynamik. Bei solchen Wachstumstendenzen würden wir das Problem der „Wirtschaftsüberhitzung" und viele andere „Schönheiten" der Marktwirtschaft zu spüren bekommen. Zur Vermeidung derartiger Probleme gründeten wir daher den Nationalen Ölfonds.

Dieser Zeitraum war durch die notwendige Untersuchung der Erfahrung anderer Länder und die Hinzuziehung unserer Botschafter im Ausland in diese Arbeit gekennzeichnet. Nach dem Vorbild anderer Länder mussten wir unseren Ölfonds gründen. Die Regierung sollte mehr mit der Leitung von transnationalen Unternehmen sprechen. Vor diesem Hintergrund wurde Kassym-Zhomart Tokajew, ein erfahrener Diplomat, der erfolgreich im Außenministerium gearbeitet hatte, im Jahre 1999 zum Ministerpräsidenten gewählt. In diesem Buch kann ich leider nicht auf unsere großartige, gemeinsame außenpolitische Tätigkeit eingehen.

Der Kasachstanische Fonds für zukünftige Generationen

Die Idee eines nationalen Fonds an sich kam zum ersten Mal im Jahre 1997 auf, als die „Strategische Entwicklung Kasachstans bis 2030" ausgearbeitet wurde. Für viele ausländische Berater, einheimische Direktoren und Wirtschaftswissenschaftler erschien diese Idee wahnsinnig. Mehr noch, kurz nach ihrer Bekanntmachung stürzte der Ölpreis ab, was wiederum im August 1998 zur Krise in Russland führte. Aus diesen Gründen beschäftigten wir uns mit der Gründung eines Nationalfonds erst wieder im Jahre 2000.

Die Zeit und die damals herrschende Periode von Entwicklungstendenzen erforderten von uns Maßnahmen mittels Erarbeitung von möglichen Stabilisierungswegen der Lage im Falle von Systemrisiken. Zu diesen Risiken gehören ein starker Abfall des Ölpreises, die Gefahr der „Wirtschaftsüberhitzung" und der so genannten „Holländischen Krankheit" (Erschöpfung der Ölreserven).

Die Entscheidung über die Gründung eines Fonds rief in der Bevölkerung Spekulationen hervor, vor allem, weil die meisten die Rolle eines Fonds in der Staatsentwicklung nicht verstanden. Die Kritiker der Gründung eines solchen Fonds nutzten die Unkenntnis der Bevölkerung in dieser Frage aus und schreckten nicht davor zurück, die Begriffe zu vertauschen und sprachen darüber, als ob es sich dabei um eine weitere Einnahmemöglichkeit lokaler Führer handeln würde.

In unzähligen Interviews wurde mir immer diese Frage gestellt und man bat mich um Aufklärung, warum wir einen solchen Fonds benötigen. Auf diese Fragen antwortete ich immer, dass wir uns mit der Gründung eines solchen Fonds nichts Neues ausgedacht haben, denn viele Staaten mit Rohstoffvorkommen haben auch entsprechende Fonds geschaffen. Denn die Preise in der Welt ändern sich, und wenn wir jetzt sehr hohe Einnahmen aus dem Ölverkauf erzielen, müssen wir diese für den Fall zurücklegen, dass sich die Konjunktur negativ entwickelt. Ich habe immer betont, dass der Staat zuversichtlich in die Zukunft gehen muss, und dafür braucht der Staat innere Reserven.

Nach langen Diskussionen und ungeachtet der vielen Kritiken wurde der Nationalfonds mit dem Ziel gegründet, die Stabilisierung der sozial-ökonomischen Entwicklung des Landes zu gewährleisten, Finanzmittel für zukünftige Generationen zurück zu legen und die Abhängigkeit der Wirtschaft vom Einfluss ungünstiger äußerer Faktoren zu verringern.

Während des Entscheidungsprozesses zur Gründung eines Ölfonds haben wir die Erfahrung existierender Ölfonds in anderen Ländern untersucht und kamen zum Ergebnis, dass in den vergangenen Jahren entsprechende Rücklagen und Sparfonds in vielen Ländern der Welt geschaffen wurden. Brasilien akkumulierte in einem analogen Fonds die Einnahmen aus dem Kaffeeverkauf, Chile die Einnahmen aus dem Verkauf von Kupfererz und Venezuela, Saudi-Arabien, Libyen, Kuwait, der US-Staat Alaska und die kanadische Provinz Alberta die Einnahmen aus dem Verkauf von Öl und Gas.

Bei der Untersuchung der Tätigkeit von entsprechenden Fonds haben wir uns immer eine Frage gestellt: „Berücksichtigt der Mechanismus eines funktionierenden Fonds die Besonderheit Kasachstans?" Kuwait beispielsweise gründete seinen Allgemeinen Rücklagenfonds schon im Jahre 1960. Dies wurde durch den Fund großer Kohlenwasserstoffvorkommen im Land in den 50ger Jahren sowie durch den ständigen Überschuss der Staatseinnahmen gegenüber der Staatsausgaben möglich. In den folgenden 15 Jahren wurden alle staatlichen Investitionen in die Wirtschaft Kuwaits aus diesem Fonds getätigt und bis zum Jahre 1976 stieg der Reichtum Kuwaits in einem solchen Maße an, dass das Land eine weitere Quelle gründete: den Rücklagenfonds für zukünftige Generationen.

Im amerikanischen Bundesstaat Alaska gibt es auch zwei Fonds: seit 1976 einen ständigen Rücklagenfonds als Rücklage für zukünftige Generationen und seit 1990 die staatlichen Haushaltsrücklagen zum Ausgleich von laufenden Haushaltsdefiziten. Die Ergebnisse ihrer Arbeit werden in der Regel veröffentlicht und beide Fonds sind nicht nur der Exekutive und Judikative rechenschaftspflichtig, sondern auch den Einwohnern des Bundesstaates.

Der Eisenerzstabilisationsfonds in Chile wurde im Jahre 1985 gegründet, um die Wechselkursschwankungen zwischen der Landeswährung und den Steuereinnahmen auszugleichen. Dabei hängt die Einrichtung des Fonds von den Abzügen des staatlichen Eisenerzunternehmens von Chile ab. Die Zentralbank des Landes leitet dabei den Fonds.

Im 1998 wurde aus den Mitteln der Öleinnahmen der Fonds für makroökonomische Stabilität Venezuelas gegründet, dessen Hauptziel der Schutz des Haushalts vor den Preisschwankungen für Rohstoffe aus fossilen Brennstoffen ist.

Aus allen genannten Beispielen erschien für unsere Verhältnisse das Beispiel des im Jahr 1990 gegründeten Norwegischen Ölfonds, einem der größten Fonds der Welt, am geeignetesten. Seine Errichtung war aufgrund einer immer älter werdenden Gesellschaft und sinkender Ölfördermengen notwendig geworden. Daher ist er gleichzeitig ein Rücklagenfonds, sowie auch ein Stabilitätsfonds. Er soll vor allem langfristig die Haushaltsstabilität gewährleisten. Laut norwegischer Gesetzgebung hat die Regierung das Recht, das Parlament um Freigabe von Mitteln für kurzfristige (z.B. im Fall von gesunkenen Haushaltseinnahmen) und für langfristige Ziele (zum Ausgleich von Haushaltseinnahmen aufgrund beispielsweise gesunkener Ölfördermengen oder gestiegener Sozialausgaben) zu bitten. Die Regierung oder das Finanzministerium legen die Grundziele der Investition aus den Mitteln dieses Fonds fest und bewerten auch die Effektivität der verwendeten „stabilisierenden" Mittel. Die Zentralbank des Landes leitet diesen Fonds. Zurzeit bestehen die Aktiva des Stabilitätsfonds aus Staatsobligationen und Wertpapieren von Firmen, die nicht aus der Ölbranche stammen. Genau dieses Model entsprach am ehesten den Interessen Kasachstans, da sich in beiden Ländern die gleichen Parameter der entsprechenden sozial-ökonomischen Entwicklung entsprachen.

Ich überspringe einige Details und fahre damit fort, dass es während der ganzen Existenz des Fonds auch Kritik an seiner Führung gab. Ich war immer der Meinung und habe auch dementsprechend gehandelt, dass Kritik konstruktiv sein muss, denn nur dann ist sie nützlich. Aber manchmal gab es Anmerkungen solcher Art, dass man wohl oder übel am Verstand des Autors zweifeln muss. Der Fonds würde nicht benötigt, da es so viel Öl gäbe oder es wäre mein privater Fonds... Diese ganze unbegründete Kritik habe ich einfach nicht beachtet.

Es gab aber auch gerechtfertigte Kritikpunkte. So lautete ein Argument der Gegner des Fonds, dass die Anlage der Fondsaktiva im Ausland gleichzusetzen ist mit einer Investition in die Wirtschaft anderer Länder, wobei die kasachstanische Wirtschaft an sich Investitionen braucht.

Solche Bemerkungen werden immer in Betracht gezogen, um die Tätigkeit des Fonds zu verbessern. Aber zurzeit zeigen alle Parameter der sozial-ökonomischen Entwicklung anschaulich, dass die Inflationsrate in unserem Land um ein Vielfaches gestiegen wäre, wenn wir die Aktiva des Fonds in Kasachstan investiert hätten.

Die Rücklagen im Fonds festigen einerseits die Stabilität unserer Wirtschaft entscheidend, andererseits erhöhen sie das Vertrauen anderer Länder in Kasachstan. Als Beispiel dafür lässt sich anbringen, dass internationale Ratingagenturen regelmäßig das kasachstanische Kreditranking erhöhen.

In letzter Zeit wurden auch andere Anmerkungen laut, die besagen, dass die Aktiva des Nationalfonds in einen anderen Fonds eingebracht werden sollten, deren Teilnehmer alle Bürger Kasachstans sein sollten. Jeder erwachsene Bürger Kasachstans und auch jedes Kind sollte eine Aktie erhalten. Im Rahmen der Präsidentschaftswahlen verteilte die Opposition an jeden Bürger Zettel, auf dem der Tenge mit der Wertangabe 17.000 abgedruckt war. Diese Summe, die aus dem Ölfonds stammen sollte, wurde jedem im Falle eines Wahlsiegs der Opposition versprochen. Lässt sich das wirklich vergleichen? Wir haben die Renten aller Rentner erheblich erhöht, das Gehalt von Mitarbeitern aus Haushaltsorganisationen um 30% angehoben, Zahlungen an Familien mit vielen Kindern und an Invaliden steigen und viele Arbeitsplätze wurden geschaffen – das ist wahre Fürsorge für die Menschen.

Aber wir dürfen nicht schon wieder eine Neuverteilung nach dem Motto „für alle etwas und allen gleich viel" zulassen, das haben wir schon hinter uns. In diesem Zusammenhang kann man das Beispiel Saudi-Arabiens anbringen, wo man an die Bevölkerung Geld verteilte. Eine Wiederholung dieses Vorganges ist nicht mehr vorgesehen, denn es besteht die Gefahr, dass die Bevölkerung nur auf Kosten dieser Gelder leben will. Die saudi-arabische König, Hüter zweier islamischer Heiligtümer, erzählte mir, dass es schwer ist, seine Mitbürger zur Arbeit in der Industrie und im Dienstleistungsbereich zu überreden.

Außerdem muss in einer Marktwirtschaft der Staat für Bedingungen sorgen, in denen jeder Einzelne sein Potential verwirklichen kann und dafür eine gerechte Entlohnung erhält. Die Motivation für eine produktive Arbeit sollte möglichst hoch angesetzt werden. Wenn man solche Bedingungen nicht schafft, werden große Teile der Bevölkerung einfach nur noch auf Dividenden warten und nicht mehr selbst arbeiten wollen. Schon die Erfahrung aus der Geschichte hat gezeigt, dass ein Vorgehen nach dem Motto „alles nehmen und alles gleichmäßig auf alle verteilen" in einer Katastrophe endete.

Ich denke, dass eine Erklärung über die Tätigkeit des Nationalen Fonds in diesem Buch mehr zum vollen Verständnis beiträgt, warum der Fonds gegründet wurde und welche Bedeutung er für die Wirtschaft und das Land insgesamt hat. Der Nationale Fonds ist an sich keine juristische Person. Er stellt eine Ansammlung von finanziellen Mitteln dar, die auf Konten der Regierung bei der Nationalbank angelegt sind. Der Fonds erfüllt zwei Aufgaben: Eine Sparfunktion (Rücklagenbildung für zukünftige Generationen) und eine Stabilitätsfunktion (Senkung der Abhängigkeit der Haushaltseinnahmen von der Konjunktur der Weltmarktpreise).

Um die Stabilitätsfunktion gewährleisten zu können, werden in den Fonds die überschüssigen Mittel aus republikanischen und lokalen Haushalten oder andere Haushaltspflichtabgaben von Organisationen des Rohstoffsektors eingezahlt. Zu den Pflichtabgaben zählen: Einkommenssteuer der Genossenschaften, Mehrwertsteuer, Gewinnsteuer, Bonuszahlungen, Lizenzgebühren, Anteile Kasachstans aus dem Abkommen über die Verteilung von Produkten und Mitteln sowie Einkünfte des Staates aus Verkäufen von Grundstücken zu landwirtschaftlichen Nutzung. Zur Verwirklichung der Sparfunktion werden Übertragungen aus den republikanischen und lokalen Haushalten in Höhe von 10% der die Plansummen übersteigenden Überschüsse in den Fonds eingezahlt.

Die Fondsleitung übernimmt ein Rat, zu dem folgende Personen gehören: der Präsident der Republik Kasachstan, die Vorsitzenden des Senats und des Madschilis (Unterhaus des Parlaments), der Ministerpräsident und sein erster Stellvertreter, der Vorsitzende der Nationalbank, der Finanzminister, der Minister für Wirtschaft und Haushaltsplanung sowie der Vorsitzende des Komitees zur Kontrolle des kasachstanischen Haushalts. In dem Rat sitzen Vertreter der Exekutive und der Judikative des Staates, wodurch ein Interessenskonflikt praktisch ausgeschlossen ist. Alle Entscheidungen des Rates werden kollektiv getroffen. Kein Ratsmitglied kann über Finanzen des Fonds alleine verfügen. Der Fonds wird vom Parlament überprüft und ist eine echte Reserve für die Bevölkerung und das Land.

Die Nationalbank leitet unmittelbar die Finanzen des Fonds auf Grundlage einer Investitionsstrategie, für die ein Vollmachtsvertrag mit der Regierung abgeschlossenen wurde. Die Investitionsstrategie legt die allgemeine Ordnung für die Tätigkeit von Investitionen durch den Fonds fest. Dazu gehören: Einschränkungen in Bezug auf Art und Menge der zurückgelegten Devisen sowie die inneren Steuerungsinstrumente und Depotbanken. Außerdem wird das Risikomanagement im Rahmen der Fondsleitung festgelegt, des weiteren die Wahl des Wertpapierportfolios, die Berichtsperiode und der Inhalt des Rechenschaftsberichts der Nationalbank zu ihrer Tätigkeit als bevollmächtigter Leiter des Fonds gegenüber der Regierung.

Zum Stichtag 1. November 2006 überschritten die Aktiva des Nationalfonds der Republik Kasachstan die Marke 12 Mrd. USD und beliefen sich genau auf 12.087,39 Mio. USD. Diese Summe reicht für ungefähr 2,5 Jahre, also wenn der Ölpreis fällt, haben wir genug Geld für 1,5-2 Jahre, um die sozialen Verpflichtungen des Staates zu erfüllen. Diese Kennziffer wird aufgrund der geplanten großflächigen Erschließung des kasachstanischen Teils des Kaspischen Meeres und der Ausweitung der Ölexporte weiter steigen.

Bis zum Jahre 2010 wird die Ölfördermenge über 100 Mio. Tonnen steigen. Damit einhergehend wird auch der Druck auf den Devisenmarkt planmäßig steigen. Aus diesem Grund wird auch die Arbeit des Nationalfonds als mächtiges Instrument zur Stabilisierung der Geldmenge ständig zunehmen.

Aber die Sterilisierung der Geldmenge mit Hilfe des Fonds und den Bemühungen der Nationalbank wird alleine nicht ausreichen. Es wird nötig sein, dass der reale Wirtschaftssektor den Zustrom der Gelder erschließt. Nur wenn wir uns in diese Richtung bewegen, wird der Wertpapiermarkt vollwertig arbeiten können und werden die Banken ihre Aufmerksamkeit auf die Funktionen des Kapitalübergangs von einem Wirtschaftszweig in den anderen richten, wobei die in dem Währungs- und Finanzbereich sowie den exportorientierten Branchen erwirtschafteten Überschüsse verhältnismäßig einhergehen mit dem Kapitalmangel in der verarbeitenden Industrie, der Landwirtschaft und den potentiell konkurrenzfähigen, aber auf dem Markt noch nicht bekannten Unternehmen.

Diese Gelder können nicht nur eine stabilisierende Rolle und auf ihre Weise die Rolle einer Versicherung für den Fall sinkender Ölpreise einnehmen. Bei richtiger Verwendung kann der Gewinnüberschuss zur Modernisierung oder zur Entwicklung aller weiteren kasachstanischen Wirtschaftszweige dienen. Daher wurde ein Teil der als Auffüllung des Fonds gedachten Mittel für die Finanzierung staatlicher Entwicklungsinstitute ausgegeben. Im Einzelnen erhielten die Entwicklungsbank im Rahmen der Strategie zur industriellen und innovativen Entwicklung 24,3 Mrd. Tenge, der Investitionsfonds 23 Mrd. Tenge und die Staatliche Exportversicherungsgesellschaft 7,7 Mrd. Tenge. Im Haushalt für das Jahr 2005 waren außerdem Mittel für die Bank für die Entwicklung Kasachstans, das Zentrum für Engineering und Technologietransfer, das Zentrum für Marketinganalyseforschungen und den Innovationsfonds vorgesehen. Aus den Mitteln des

Nationalfonds wurden das Entwicklungsprogramm für die Landwirtschaft und das Programm für Hypothekenkredite unterstützt. Zusätzlich wurden über 550,5 Mio. Tenge für die Erweiterung der Informationstechnologien bereitgestellt. Mit diesem Maßnahmenkatalog soll, so ist es geplant, die Steigerung der Wirtschaftsdiversifizierung gefördert werden.

Ich möchte gesondert darauf hinweisen, dass mit einer Steigerung des Fonds auch gleichzeitig die Verantwortung der Nationalbank sowie der Regierung für die effektive Leitung des Fonds insgesamt und der Durchschaubarkeit dieses Prozesses erhöht werden muss. Damit meine ich nicht die Suche nach neuen Geldquellen für den Fonds, sondern ein effektiveres Funktionieren und Investieren der vorhandenen und beachtlichen Geldmenge. Angesichts der Ausmaße des Fonds wird in nächster Zeit ein – auch langfristig gesehen – optimales Verhältnis zwischen den stabilisierenden und Rücklagen bildenden Teilen des Fonds definiert. Wir müssen unsere langfristig angelegte Investitionsstrategie nämlich nicht nur mit Worten, sondern auch mit Taten ausfüllen. Kurzfristige Einnahmeschwankungen dürfen die allgemein angelegte Investitionsstrategie grundsätzlich nicht beeinflussen.

Weiterhin aktuell bleibt auch die Frage nach dem Umfang des Fonds, der davon abhängt, wie viele Einnahmen aus den Rohstoffverkäufen wir in den Fonds einzahlen. Laut Expertenmeinung werden sich die Einnahmen nur aus dem Ölverkauf in den nächsten zehn Jahren auf ungefähr 20 Mrd. USD belaufen, daher macht es keinen Sinn, eine Obergrenze für den Fonds zu setzen.

Dazu muss gesagt werden, dass sich der Fonds noch im Anfangsstadium befindet. Der Erfolg des Fonds hängt zu einem großen Teil von der Professionalität seiner Führung ab. Die Regierung muss genau festlegen, wie hoch die Rücklagen und wie hoch die Einlagen in den Haushalt ausfallen sollen. Eine besondere Aufmerksamkeit muss auf die verschiedenen Dynamiken der Fondsauffüllung gerichtet werden, die von den Szenarien der Wirtschaftsentwicklung und die Lage auf den Weltmärkten abhängen wird.

In diesem Zusammenhang muss an eine engere Kooperation zwischen der Kreditpolitik, der Steuerpolitik und der Leitung der Einnahmen aus dem Rohstoffsektor gedacht werden, die eine steigende Konkurrenzfähigkeit der kasachstanischen Wirtschaft und eine Vermeidung der „Holländischen Krankheit" zum Ziel hat. Bestimmte Schritte in diese Richtung wurden schon unternommen.

So ist der Nationalfonds seit 2005 untrennbarer Bestandteil des Haushaltssystems, was sowohl für den Fonds, wie auch für den Haushalt eine klare Vorstellung darstellt. Außerdem wird ein genauer Mechanismus ausgearbeitet, wie sich der Garantietransfer aus dem Nationalfonds in den Haushalt mittelfristig und evtl. langfristig definieren lässt.

Die Themen „Nationalfonds" im Besonderen und „Öleinnahmen" im Allgemeinen sind eines der Lieblingsthemen für kasachstanische Journalisten und viele andere Menschen. Heute erwirtschaftet Kasachstan die meisten Einnahmen aus dem Verkauf von Edelmetallen, Eisenerz sowie dem Export von Blei, Zink, Gold, Aluminium, Eisenlegierungen. Exportiert werden Mineraldünger sowie jährlich 5-6 Mio. Tonnen Getreide. Kasachstan ist nicht nur Öl, Gas und Kohle. Offensichtlich müssen wir das erst selbst verstehen, bevor wir das der gesamten Welt zu beweisen versuchen. Die Gesamteinnahmen aus den Verkäufen werden strikt von der Staatskasse und dem Finanzministerium überwacht, sie fließen alle, auch die Öleinnahmen, in den Haushalt. Der etatmäßige Anteil des Ölverkaufs am gesamten Haushalt nimmt im Moment nur 26 Prozent ein. Dies ist aber erst der Anfang, denn die größeren Anteile kommen in der Zukunft.

Wohin also fließen diese Gelder? Erstens in den Haushalt, so zum Beispiel in diesem Jahr 14,5

Mrd. USD, also 1,5 Trillionen Tenge. Man muss sich das vorstellen, wir haben diese magische Zahl „Trillion" überschritten. Zweitens fließen 10 Mrd. USD in den Rücklagenfonds des Nationalfonds für zukünftige Generationen.

Also wird jeder Cent zielgerichtet ausgegeben, wir veröffentlichen jährlich, welche Summen wohin fließen, was nichts anderes bedeutet, als dass alles offen und transparent abläuft. Wenn man die Steuern zusammenzählt, die ausländische ölverarbeitende Unternehmen abgeben, also die kooperativen Steuern, worunter ich die Bezahlung für das Erdinnere, die Ökologie und die Arbeitsleistung verstehe, dann ergibt sich daraus, dass über 70 Prozent aller Einnahmen von diesen Ölunternehmen in die Staatskasse Kasachstans fließen. Wenn ich davon spreche, dass wir das BIP pro Einwohner um das 3,5-Fache auf 5.800 USD steigern wollen und in Zukunft gar auf bis zu 9.000 USD, dann vertraue ich besonders auf die ökonomische Entwicklung dieser Branchen in unserer Wirtschaft.

Im Moment legen wir in dem Fonds auch aus der Privatisierung stammende Gelder an. Aber ein Teil wird auch für die Entwicklung der Landwirtschaft (1.150 Mio. Tenge), den Wohnungsbau und das Industrialisierungsprogramm verwendet. Wir haben alle kasachstanischen Entwicklungsinstitutionen und die Entwicklungsbank kapitalisiert, des Weiteren auch den Entwicklungsfonds und vieles andere.

Die Einnahmen aus den Ölverkäufen kann man auf eine Art und Weise ausgeben, so dass eine „Holländische Krankheit", eine „Überhitzung" der Wirtschaft und andere uns im Moment ängstigende Probleme entstehen. Aber man kann die Gelder ungeachtet von diesen Prognosen auch für die Stärkung der Wirtschaft sowie zur Unterstützung und zur Entwicklung der für unser Land wichtigen Themen verwenden. Es kann so sein, dass die Zeiten des hohen Ölpreises für Kasachstan eine Chance zur Verbesserung darstellen und somit Kräfte gesammelt werden können, um in den schweren Kampf um den „Platz an der Sonne" in der Weltwirtschaft und in der Welt an sich einzutreten. Darin liegt zurzeit unser Vorteil, aber wir sollten nicht zu sehr auf die Petrodollars hoffen. Diese Zeit sollten wir als Startpunkt ansehen, als „kurze Atempause", die wir womöglich von der Geschichte erhalten haben. Worauf müssen wir uns vorbereiten? Auf unsere Zukunft. Auf schwere Konkurrenz. Auf Herausforderungen aus der ganzen Welt. Ich bin fest überzeugt, dass mit den letzten Jahren der kasachstanische Weg erst begonnen hat. Die schwersten, wie auch die schönsten Zeiten haben wir noch vor uns.

Wir begannen mit einer leeren Staatskasse und reden heute über Rücklagen. Gott sei Dank! Ich habe an anderer Stelle schon erwähnt, dass wir zum Zeitpunkt der Einführung des Tenge noch nicht einmal 500 Mio. USD als Gold- und Devisenreserven hatten. Mittlerweile belaufen sich unsere Reserven auf ca. 25 Mrd. USD.

Anerkennung ist das höchste Lob

Die Tatsache, dass Kasachstan von Seiten der Weltgemeinschaft eine positive Investitionsbewertung erhält, zeugt von hoher Anerkennung unserer wirtschaftlichen Entwicklung. Als erstes Land der GUS erhielt Kasachstan eine Bewertung des Investitionsklimas von den drei weltbekannten Bewertungsgesellschaften „Moody's", „Standart & Poor's" und „Fitch Rating's Ltd." Den höchsten Erfolg stellte unlängst die von der weltweit führenden Agentur „Standart & Poor's" durchgeführte Änderung der seit 1996 existierenden Bewertung von „stabil" auf „positiv" dar:

> *Geschichte der Bewertung:*
>
> *Juni 2006: Die Bewertungsprognose wird von „stabil" in „positiv" geändert.*
>
> *Mai 2004: Die langfristige Schuldnerbewertung in nationaler und ausländischer Währung wird entsprechend auf „BBB" und „BBB-" angehoben; die kurzfristige Schuldnerbewertung in nationaler und ausländischer Währung wird auf „AAA" angehoben, die Prognose ist „stabil".*
>
> *Mai 2003: Die langfristige Schuldnerbewertung in nationaler und ausländischer Währung wird entsprechend auf „BBB-" und „BB+" angehoben; die kurzfristige Schuldnerbewertung in nationaler und ausländischer Währung wird auf „AAA" angehoben, die Prognose ist „stabil".*
>
> *Mai 2001: Die langfristige Schuldnerbewertung in nationaler und ausländischer Währung wird entsprechend auf „BB+" und „BB" angehoben.*
>
> *Juli 2000: Die langfristige Schuldnerbewertung in nationaler und ausländischer Währung wird entsprechend auf „BB" und „BB-" angehoben.*
>
> *September 1998: Die langfristige Schuldnerbewertung in nationaler und ausländischer Währung wird entsprechend auf „BB-" und „B+" gesenkt.*
>
> *November 1996: Die langfristige Schuldnerbewertung in nationaler Währung wird auf „BB+/B" festgelegt. Die langfristige Schuldnerbewertung in ausländischer Währung wird auf „BB-/B" festgelegt. Die Prognose ist „stabil".*
>
> „Standart & Poor's" „Republik Kasachstan – Kreditbewertung"
Erscheinungsdatum: 11.07.2006 MSK

Unter den vielen anderen positiven Bewertungen der kasachstanischen Wirtschaft lässt sich eine hervorheben, und zwar die im Dezember 2002 von den Beratern der Vertretung des Internationalen Währungsfonds in unserem Land. Darin hieß es, dass „Kasachstan in den vergangenen Jahren erhebliche Erfolge bei der Stabilisierung der Wirtschaft erreicht hat und mittel- und langfristig über ausgesprochen günstige Perspektiven verfügt sowie keine Unterstützung des IWF mehr benötigt."

> *„Die ständige Vertretung des IWF in Kasachstan wird, wie schon im Dezember 2002 angekündigt, im August 2003 geschlossen. Die Entscheidung basiert auf den beeindruckenden Errungenschaften bei der Stabilisierung der Wirtschaft, den besonders günstigen mittel- und langfristigen Perspektiven der kasachstanischen Wirtschaft und der sehr geringen Wahrscheinlichkeit, dass das Land in Zukunft Unterstützung des Fonds benötigt."*
>
> Auszug aus dem Abschlussbericht des IWF für die Regierungskommission gemäß Artikel IV, 10. März 2002

Bei der Erinnerung an den zurückliegenden Aufbau eines eigenen Finanzsystems habe ich mich nochmals davon überzeugt, dass wir richtig gehandelt haben und unseren eigenen, kasachstanischen Entwicklungsweg gegangen sind. Davon zeugt Vieles. Zum einen, dass unser Finanzsystem internationalen Standards entspricht, wodurch es von der Weltgemeinschaft anerkannt wird. Zum anderen auch die gemeinsame Arbeit führender und weltbekannter Wirtschaftsinstitutionen mit kasachstanischen Banken und Unternehmen. Außerdem die beginnende „Expansion" kasachstanischer Unternehmen innerhalb der GUS. Gerade aufgrund der gemeinsamen Partnerschaft zwischen Staat und Finanzsektor konnten wir frühzeitig Probleme entdecken und zu deren kurzfristigen Lösung beitragen.

Heutzutage werden junge kasachstanische Manager von neuem Format in der Welt der internationalen Finanzsysteme anerkannt. Viele davon kenne ich persönlich, vielen konnten wir bei ihren ersten Schritten helfen oder anders gesagt „den Weg ins Leben weisen." Die Entstehung des Bankensektors der zweiten Stufe verlief nicht einfach. Die Vergangenheit lebte weiter, Wirtschaftssubjekte, private wie auch staatliche Unternehmen sowie lokale Haushalte nahmen Kredite auf und zahlten diese – unter Ausnutzung der schwachen Gesetzgebung – nicht an die Banken zurück. Daraus entwickelten sich für die betroffenen Banken mitunter ernsthafte Probleme. So musste ich selbst eingreifen, damit die Kredite der „Kazkommertsbank", der „Volksbank" sowie der Bank „TuranAlem" zurückbezahlt wurden. Diese Banken bedurften meiner persönlichen Unterstützung.

Zum Teil führte die Entwicklung eines westlichen Standards entsprechenden Bankensystems dazu, dass mich die Leiter praktisch aller Banken immer auf allen meinen Auslandsreisen begleiteten. Bei diesen Besuchen lernen sie die „Hohen Tiere der Geschäftswelt" kennen, sammeln Erfahrungen bei den führenden Banken und Unternehmen, bringen fortschrittliche westliche Praktiken in ihre Tätigkeiten ein und übernehmen die Prinzipien der Finanztätigkeit. Heute haben die kasachstanischen Banken die höchsten Ratings innerhalb der GUS. Das Wichtigste dabei ist, dass das entstandene Bankensystem eines der fortschrittlichsten Systeme auf dem Gebiet der ehemaligen Sowjetunion ist.

Die eigenständige Geld- und Kreditpolitik der Nationalbank berücksichtigte die in jenen Jahren vorherrschenden wirtschaftlichen Realitäten und glich sich ihnen an. Einer der wichtigsten Errungenschaften dieser Politik war der Sieg über die Hyperinflation und die Schaffung von Bedingungen für einen schrittweisen Wirtschaftsanstieg des Landes.

Dank der Reformen und der Unterstützung des Staates erhielten kasachstanische Geschäftsleute und Bürger die Möglichkeit, das ganze Spektrum von Bank- und Finanzdienstleistungen zu verwenden, ohne dabei im sprichwörtlichen Sinn aus dem Haus gehen zu müssen.

Schon heute arbeiten in Kasachstan Vertreter von namhaften Finanzinstituten aus aller Welt. Dazu muss gesagt werden, dass sich unsere kasachstanischen kommerziellen Banken das Wichtigste des Weltfinanzsektors praktisch schon angeeignet haben und auf der gleichen Ebene mit den ausländischen Unternehmen konkurrieren. Mehr noch, kasachstanisches Kapital wird außer Landes aktiv, indem Niederlassungen kasachstanischer Unternehmen in anderen Ländern eröffnet werden und die dortigen Märkte erobern. Gleichzeitig muss der einheimische Markt mit neuen Wirtschaftsinstrumentarien versorgt werden. Dabei geht es vor allem um projektbezogene Obligationen, für deren Ausgabe für die Wirtschaft unseres Landes bedeutende Infrastrukturprojekte ausgewählt werden. Dafür in Frage kommen Bauprojekte für die Eisen- und Autobahnen sowie Bahnhöfe und Häfen. Die Tatsache, dass die neuen Investitionsprojekte zusammen mit staatlichen Entwicklungsinstitutionen auf der Fondbörse realisiert werden, hilft die Finanzierungsprobleme von zu schaffenden Produktionen zu lösen und gibt einen Impuls für die Verwirklichung der Strategie für die industrielle und innovative Entwicklung.

All dies hilft beim Übergang zur strukturierten Diversifikation der Wirtschaft mit dem Ziel einer erhöhten Konkurrenzfähigkeit und der Einnahme eines würdigen Platzes in der Welt sowie der weiteren Entwicklung von Integrationsprozessen auf dem post-sowjetischen Gebiet.

Die von uns dafür getroffenen Maßnahmen rufen ein unbändiges Interesse anderer Staaten hervor. Nach Kasachstan reisen viele Gäste aus verschiedenen Ländern, die sich sehr für unsere Erfahrungen interessieren. Bei vielen meiner Staatsbesuche im Ausland werde ich von Vertretern dieser Länder befragt. Dabei ist es bemerkenswert, dass ich bei Treffen mit Vertretern aus Wirtschaftskreisen, Politikern aus anderen Ländern und jungen Leuten, die an den besten Universitäten der Welt studiert haben, feststelle, dass sie alle von der Entwicklung unseres Finanzsystems begeistert sind. Viele haben dabei nur eine Frage: „Wie konnte ein Land, das sich noch vor kurzem am Rande der Welt befand, solche Erfolge feiern? Wie kommt es, dass nun kasachstanische Firmen mit unseren eng zusammenarbeiten und ihre strategischen Partner sind?"

Ich denke, dass dies alles den von uns veranlassten Reformen, darunter auch denen auf dem Finanzsektor, zu verdanken ist. Außerdem möchte ich nochmals den menschlichen Faktor hervorheben, über den ich schon an anderer Stelle geschrieben habe. Natürlich ist es, wie ich am Anfang des Kapitels erwähnte, unmöglich, auf alle Besonderheiten der Entwicklung unseres Finanzsystems in nur einem Kapitel einzugehen, dies ist nur ein kleiner Ausschnitt aus der Entwicklungsgeschichte.

Jetzt ernten wir die Früchte unserer Bemühungen. Auf dem Gebiet der Institutionen ist der Umbau in Richtung Marktwirtschaft in unserem Land abgeschlossen. In den vergangenen Jahren hält in unserem Land das unablässig steigende Wirtschaftswachstum konstant an. Die Erfolge der Wirtschaftsentwicklung lassen sich in vielem mit der Entwicklung des kasachstanischen Finanzsystems begründen. In unserem Land, und darauf bin ich stolz, funktionieren die Finanzmärkte, ausgebaute Infrastrukturen und das Rentensystem. Wir dürfen uns dabei nicht auf dem Erreichten ausruhen. Wir haben, und davon bin ich fest überzeugt, noch große Perspektiven in der Zukunft.

Kapitel VII
Die Entwicklung der Bodenreformfrage

Die Entwicklung der Bodenreformfrage 195

Am 27. Februar 1994 wurden die gesamte landwirtschaftliche Leitung der Republik Kasachstan sowie die Vorsitzenden der Kolchosen aus dem ganzen Land zur kasachstanischen Agrarversammlung nach Akmola eingeladen. Dies geschah aus Anlass der vierzigjährigen Kultivierung von Randgebieten. Die feierliche Versammlung ging immer mehr in ein ernsthaftes Gespräch über die Zukunft der kasachstanischen Landwirtschaft über, deren Zustand sich stetig einer Katastrophe näherte.

Das dritte Jahr unserer Souveränität näherte sich seinem Ende. Die Gesellschaft erholte sich nach und nach von den Folgen der „Schocktherapie" und gewöhnte sich immer mehr an die neuen wirtschaftlichen Bedingungen. Aber wenn man davon sprechen konnte, dass sich in den Städten der persönliche Einsatz der Bürger zum Katalysatoren der stürmischen Entwicklung bei kleinen und mittleren Wirtschaftsbetrieben entwickelte, so sah die Situation auf dem Land ganz anders aus. Im Agrarsektor kamen die Wirtschaftsreformen nicht voran.

Am meisten machte ich mir um die Stimmung unter der Landbevölkerung Sorgen, die aus alter Gewohnheit auf Entscheidungen von oben warteten, denn es war üblich, dass der Landwirtschaft in unserem Land eine besondere Aufmerksamkeit geschenkt wurde. Dies zeigte sich in vielen Punkten: Von der Kampagnen zur Kultivierung von Randgebieten in der gesamten Sowjetunion bis hin zur Bezeichnung Kasachstans als „Kornkammer des Landes" sowie folglich bedeutende finanzielle Unterstützung bei der Entwicklung und Unterstützung der Landwirtschaft während der gesamten Existenz der Sowjetunion. Aber der Zusammenbruch der zentralen Marktwirtschaft führte zu einer Einschränkung des Kapitalflusses in die Landwirtschaft, wodurch die Produktionsmengen abfielen, das Lebensniveau der Landbevölkerung sank und der soziale Druck in den ländlichen Gegenden anzog.

Ungeachtet der in den 90er Jahren existierenden Krise und der sich verschlechternden Lage auf dem Land, erwarteten die regionalen Landwirtschaftsproduzenten, als ob nichts geschehen wäre, die Rückkehr der früheren staatlichen Unterstützung und hofften auf eine Lösung ihrer wirtschaftlichen Probleme von außen. Am interessantesten dabei ist, dass diese Hoffnung die 15 Jahre unserer Unabhängigkeit überdauert hat und sich in den Köpfen unserer landwirtschaftlichen Produzenten bis zu dem heutigen Tage hält. Das krasseste Beispiel sind die alljährlichen Forderungen nach staatlich geregelter Senkung der Preise für Öl und Kraftstoffe während der Saat- und Erntezeit. Diese Forderung wird an den Staat gerichtet, wo doch die Hersteller von Kraftstoffen und Öl schon längst private Firmen sind, die entsprechende Ausgaben haben und nach Gewinnerzielung streben.

Genau dies ließ uns das Verhältnis vom Staat zur Landwirtschaft genau bestimmen. Ich wusste, dass ich viele unangenehme Dinge sagen musste, aber ich sagte sie trotzdem und begann die Lage zu erläutern. Meine Hauptidee war folgende:

Mit dem Zerfall der Sowjetunion änderte sich die politische und wirtschaftliche Situation in Kasachstan. Der Staat war nicht mehr im Stande, die Landwirtschaft im bisherigen Umfang zu subventionieren. Darüber hinaus verlangten die neuen Marktgegebenheiten eine grundsätzliche Umwandlung der Landwirtschaft, vor allem die Schaffung von einem Mechanismus, der erstens eine effektive Arbeit in der Landwirtschaft stimulieren würde und zweitens zu einem Verzicht auf frühere Produktionsmethoden führen sollte. Ich gab zu verstehen, dass der Staat seine Aktivitäten in der Landwirtschaft einstellen werde und die Hoffnung auf die Eigeninitiative und die Aktivierung eigener landwirtschaftlicher Betriebe legen würde, was wiederum zu einer Umformung von Kolchosen und Sowchosen führen und Eigenbesitz ermöglichen würde. Ich kann mich daran erinnern, dass ich den Anwesenden mitteilte, dass bald keine Sowchosen und Kolchosen mehr existieren würden, was 99% der Zuhörer für einen schlechten Witz hielten.

Die besondere Ironie dieser Geschichte bestand darin, dass meine Ideen auf einer Veranstaltung zum 40-jährigen Jubiläum der Kultivierung von Randgebieten ausgesprochen wurden. Für uns alle ist verständlich, welche Bedeutung diese Kultivierung für die Entwicklung der Landwirtschaft Kasachstans und die des ganzen Landes hatte. Dies zu bestreiten wäre einfach nur dumm, aber es entwickelte sich im Endeffekt nicht so reibungslos und wunderbar, wie sich das die sowjetische Führung vorstellte.

„Wenn man die Vor- und Nachteile der Randgebietswirtschaft mit den heutigen Marktpositionen analysiert, so zeigt sich ein nicht ganz glänzendes Bild. Ich kann das heute nicht verschweigen. Man muss sich doch vergegenwärtigen, dass innerhalb der 40-jährigen Geschichte 10 Dürrejahre herrschten. Kasachstan selbst musste einige Male aus dem Ausland Korn und Viehfutter importieren. In manchen Jahren beliefen sich diese Zukäufe auf über 2 Mio. Tonnen. Jährlich musste der Staat in diesen 40 Jahren für den Kornkauf Schulden aufnehmen. In den letzten 5-Jahresplänen waren 350 Höfe ständig verlustreich, also jeder fünfte. Es wurde nur nach dem Prinzip gehandelt „Brot um jeden Preis und zu jeder Qualität." Nur im Jahre 1992 gab es mit 14,8 dt/ha den höchsten Hektarertrag. Dieser Ertrag überschritt innerhalb dieser 40 Jahre nur 13-mal die Grenze von 10 dt/ha. Kein Land der Welt gibt soviel Geld für seine Landwirtschaft aus, die ohne Hilfe schon längst bankrott wäre. (...)

Wir müssen uns im Klaren darüber sein, dass unsere Landwirtschaft schwierigste Zeiten durchlebt. Dies ist ein Ergebnis von strategischen Fehlern und in der Taktik der Kultivierung, wie auch der objektiven Entwicklung von Umwandlungsprozessen in der Wirtschaft. Wir werden selbstverständlich ständig Wege aus der Krise suchen und finden sowie den Produzenten mit allen möglichen Maßnahmen helfen. Unsere Hilfe beschränkt sich aber nur auf die, die rentabel arbeiten und die geleistete Unterstützung an den Staat zurückzahlen können. Der Staat kann und will verlustbringende Unternehmen nicht länger unterstützen.

Auszug aus der Rede bei der feierlichen Versammlung vor
Vertretern und Arbeitern der kasachstanischen Landwirtschaft
im Jahre 1994

Die Entwicklung der Bodenreformfrage 197

Für die Landwirtschaft waren die Jahre von 1994-1996 der krisenreichste Zeitraum. Hauptursache für die Krise war die so genannte Disparität der Preise. Der Staat hatte die Preise für Energieträger, Industriewaren und andere Dienste „losgelassen" (liberalisiert). Für landwirtschaftliche Produkte wurden die Preise vom Staat festgeschrieben, um eine Preisexplosion für Grundnahrungsmittel zu vermeiden. Unter diesen Umständen mussten die Landwirte ihre Produktionsmittel schon zu Marktpreisen einkaufen, die Produkte an sich an den Staat, aber nur zu vom Staat festgelegten Fixpreisen verkaufen. Als Folge blühte der Barterhandel auf. Nur wenige Produzenten hatten die Möglichkeit, ihre Waren zu exportieren, wobei in den meisten Fällen bei der Realisierung der Verkäufe ein oder mehrere Zwischenhändler involviert waren.

Viele Treffen mit aktiven Farmern, die ungeachtet aller Schwierigkeiten unter Marktbedingungen arbeiten wollten, überzeugten mich davon, dass es an der Zeit war, eine Agrarreform unter Beachtung der neuen Wirtschaftsbedingungen durchzuführen. Die Entstehung neuer Beziehungen in der Landwirtschaft sowie die zunehmende Tendenz der nichtrationalen Benutzung des Landes stellten die Eigentumsverhältnisse des Landes in Frage und machten neue Verhältnisse in der Landwirtschaft erforderlich. Anders gesagt kann man keinen richtigen Marktmechanismus einführen, ohne vorher den Eigentümer festzulegen, also eine Art „Agent", der die wirtschaftliche Verantwortung auf sich nimmt und Entscheidungen trifft. Dies betraf vor allem Ländereien als grundlegendes Produktionsmittel der Landwirtschaft.

In den ersten Reformjahren gingen die Meinungen über die Notwendigkeit eines Rechts auf Landeigentum auseinander. Mehr noch, ein Großteil der Bevölkerung war prinzipiell gegen eine Übergabe von staatlichem Besitz in private Hände. Diese Einstellung zu privatem Landeigentum in der Republik Kasachstan lässt sich durch die Tatsache erklären, dass die Landbevölkerung die neuen Marktbedingungen nur in geringem Maße annahm. Die Leute hatten einfach noch nicht damit begonnen, neu zu leben und neu zu denken.

Eine nicht unwichtige Bedeutung in dieser Sache spielte dabei auch die Geschichte. In der Geschichte Kasachstans überwog die gemeinsame (Stammes-) Bewirtschaftung der Erde. Landeigentum war dabei praktisch ausgeschlossen. Jeder Staat nomadisierte in den Grenzen seiner Ländereien, wobei die Grenzen von niemandem allein verändert werden konnten. Später zu Zeiten der Verwaltungsreform von 1867-1868, die der russische Zar in Kasachstan durchführen ließ, verstärkte sich die Einstellung, wonach das Land dem Staat gehört, der das Land an die Aul-Gemeinschaften zur Bewirtschaftung übergeben konnte. In der Folge verteilte die Zarenregierung auf Grundlage dieser Gesetzeslage das gesamte Land in Kasachstan.

So erhielt die Burkejewer Horde das Land zwischen den Flüssen Wolga und Ural und die Kosakenstämme erhielten zusätzlich noch eine der besten Ländereien. Mit anderen Worten: Praktisch zu keiner Zeit gab es bei uns im wahrsten Sinne des Wortes Land im Privatbesitz. Unser Land gehörte entweder einem Stamm, oder einem Staat- dem russischen Zarenreich, der Sowjetunion und schließlich der Republik Kasachstan.

Neben diesem historischen Hintergrund hatte die Landreform in Kasachstan auch einige weitere Besonderheiten. Hier ist vor allem die Tatsache zu nennen, dass die schwierige Einführung des Rechts auf eigenen Landbesitz sowie die existierenden Meinungsverschiedenheiten in dieser Frage die Reform der Landwirtschaft hinauszögerte – die ganzen vergangenen Jahre bis hin zum heutigen Tag. Die Leute waren einfach nicht bereit für eine Vergabe der Landwirtschaft in andere Hände, jedoch konnte ohne diesen Vorgang von einer eindeutigen und grundlegenden Reform der gesamten Landwirtschaft keine Rede sein. Daher gaben wir, im Gegensatz zu anderen

Bereichen, bei denen uns die festgelegten Reformtermine im Nacken saßen und uns fast überholten, der Landwirtschaft genügend Zeit zur Reform.

Wir verstanden, dass die Landwirtschaft ohne staatliche Hilfe nicht funktionieren konnte, daher beschränkten wir uns, im Gegensatz zum damaligen Kurs der Privatisierung und Einführung der Marktwirtschaft, bei der Frage nach dem Privatbesitz auf Halbmaßnahmen und Übergangsmodelle. Nichtsdestotrotz waren die damaligen Probleme, wie beispielsweise in der Industrie, auch in der Landwirtschaft aktuell. Der ständige Diebstahl und Verschleuderung von Staatseigentum sowie das immer stärker werdende Absinken der Lebensmittelproduktion führte zu einer bedauernswerten Lage des Agrar- und Versorgungsbereiches. Die ältere Generation erinnerte sich an leere Regale sowie einen Lebensmittelmangel usw.

Und dennoch durften wir uns nicht beeilen. Der Erfolg bei der Reform der Landwirtschaft war wichtiger als die Erfüllung seines Zeitplanes. Für unser Land, in dem die Bauern mehr als 40% der Bevölkerung stellen, hatten Reformen im Agrarsektor nicht nur einen wirtschaftlichen, sondern auch einen sozialen Aspekt. Denn hinter den vielen Hektaren, dem Melken und Züchten standen nicht nur Sowchosen und Kolchosen, sondern die Landbevölkerung, die weniger als andere Bevölkerungsschichten auf Marktreformen vorbereitet war und sich an unterer Stelle im Sozialplan befand.

Wir standen vor einem Dilemma: Die Landwirtschaft brauchte staatliche Unterstützung, aber unsere Landwirtschaft konnte mit staatlichen Zuschüssen nie konkurrenzfähig werden. Wir mussten uns von diesen Gesprächen lösen und unbedingt einen Weg zur Entwicklung finden, bei dem beide Punkte berücksichtigt werden.

Die Bauern standen noch vor den Toren der marktwirtschaftlichen Umwandlung. Die Notwendigkeit einer grundlegenden Umwandlung des Marktes wurde jedoch immer deutlicher. Wobei die Erfahrung anderer Länder zeigte, dass dort die erfolgreiche Wirtschaftsentwicklung mit der Umwandlung des Agrarsektors und der Durchführung einer Landreform begann. Diesen Weg gingen Länder in Westeuropa, Nordamerika und Australien. Das Beispiel, das für uns in Frage kam, weil es unseren Bedingungen am nächsten kam, war in Osteuropa das von Ungarn, einem Land, in dem seit 1989 Land in Privateigentum übergeht. Im gleichen Jahr wurde in Polen das Recht auf Grundbesitz gesetzlich festgelegt. In Rumänien wurde im Jahre 1990 ein Programm zur Agrarreform eingeführt, was auf die Schaffung eines breiteren Kreises von effektiv arbeitenden Landbesitzern zielte, die das Recht der freien Aufteilung und Bewirtschaftung von Grund erhielten und dabei die Wirtschaftsform aussuchen konnten. Per Gesetz wurden das Kauf- und Verkaufsrecht von Grund und Boden festgelegt. Ab 1989 führte auch die Tschechische Republik ein Recht auf privaten Landbesitz ein.

All diese Landreformen wurden von Erfolg gekrönt und wurden in den genannten Ländern zum Impuls für die Wirtschaftsentwicklung. Ehrlicherweise muss man jedoch auch sagen, dass in allen osteuropäischen Ländern – auch in eingeschränkter Form zu Zeiten des Sozialismus – ein privater Landbesitz existierte. In Kasachstan, wie in einer Sowjetrepublik, gehörte das Land zum Staatsbesitz. Darüber hinaus unterschied sich unsere Landwirtschaft durch die sowjetische Übergröße und eine gewisse Unausgeglichenheit. Also kam das Modell jener Länder, obgleich die Ausgangssituationen ähnlich waren, für uns nicht in Frage.

Auch sonst ist Kasachstan weder Estland, noch Tschechien, wo historisch gesehen das Land auf Dörfer verteilt wurde. Von den Natur- und Klimabedingungen gesehen befindet sich Kasachstan in einem risikoreichen Erdbebengebiet. In unserem Land herrschen oft Dürreperioden

Die Entwicklung der Bodenreformfrage 199

und Kälteperioden im Frühjahr, was sich negativ auf die Erntefähigkeit des Landes auswirkt. Viele Fachleute und Wissenschaftler sind der Meinung, dass in Kasachstan aus diesem Grund nur eine kollektive Bearbeitungsform des Landes möglich wäre und ein privater Grundbesitz folglich seinen ursprünglichen Sinn der Bestimmung eines Landbesitzers verlieren würde.

Ich kann nicht gerade behaupten, dass ich mit dieser Aussage ganz und gar nicht übereinstimme. Alles, was ich dazu sage ist, dass sogar kollektive Arbeitsformen auf einem festen Verständnis darüber basieren sollten, wer was macht und wem was gehört.

Der wesentliche Nachteil des Kollektivismus besteht darin, dass bis zum heutigen Tag viele frühere Kolchosen und Sowchosen darunter leiden, dass es keine personifizierte Verantwortung gibt – frei nach dem Motto: Alle tragen die Schuld daran, nur nicht wir. Wer muss Entscheidungen treffen? Wer trägt dafür die Verantwortung? Der Eigentümer des Landes, denn Land ist die vorrangige Grundlage aller. Sogar wenn es einen aktiven Farmer gibt, der etwas versuchen will und alle anderen anweist, wird dieser von den Menschen aus alter Gewohnheit mit allen Sorgen sowie aller Verantwortung belastet und alle schauen zu, wie das Ganze dann enden wird. Jeder muss einsehen, dass wenn er belogen wird, er es auch zulässt, dass man ihn belügt.

Aber welche Art von Landwirtschaft brauchten wir dann?

Wir stellten uns diese Fragen und kamen zum Schluss, dass weder die erste, noch die zweite Variante im wahrsten Sinne des Wortes für unser Land geeignet waren. Zu jener Zeit musste in Übereinstimmung mit der eigenen geschichtlichen Erfahrung sowie der Erfahrung von anderen Ländern eine eigenständige Symbiose geschaffen werden. Das Ergebnis einer solchen Kombination musste eine wirklich entwickelte und auf ausländischen Märkten konkurrenzfähige Landwirtschaft sein, die gleichzeitig staatliche Unterstützung bei den Wirtschaftsreformen sowie soziale Unterstützung für die ländlichen Regionen enthält.

Also verzichteten wir nicht auf staatliche Unterstützung auf dem Dorf. Sie musste nur fixiert sein auf Investitionen für die Landwirtschaft im sozialen Bereich: Bildung, Gesundheitsvorsorge, Erholung für die Bauern sowie eine bestmögliche Ausrüstung der Dörfer und deren Infrastruktur. Sicher stimmen Sie mit mir überein, dass kein einziger erfolgreicher Farmer Probleme rund um das Trinkwasser lösen oder alleine neue Straßen und Trassen bauen kann. Aber Hersteller von landwirtschaftlichen Produkten mussten selbstständig wirtschaften, ihre Probleme selber lösen, Gewinne erzielen usw. Landwirtschaft ist genauso ein Wirtschaftszweig wie die Industrie, das Transport- und das Energiewesen. Es gibt ein eigenes Produkt, es gibt seine Besonderheit, es gibt auch seine eigenen Vorteile, also gibt es auch die Möglichkeit, konkurrenzfähig und erfolgreich zu sein. Auf dieses Ziel richteten sich alle Reformetappen des Agrarsektors in der Wirtschaft. Wir hatten keine Erfahrung mit der systematisierten Wirtschaftsreform, aber wir gingen den Weg dorthin Schritt für Schritt, oft auch begleitet von Versuchen und Fehlern.

Die erste Etappe der Landreform
Die Jahre 1991–1994

Bei meinen vielen Reden habe ich immer davon geredet und werde auch in Zukunft immer davon reden, dass privates Grundeigentum Grundvoraussetzung für eine funktionierende Marktwirtschaft ist. Eigentum hat die besondere Bedeutung, dass es Stabilität und Zuversicht gewährleistet. Eine Gesellschaft, die sich nicht im Klaren darüber ist, wem was gehört, kann nicht mit einer dauerhaften erfolgreichen Entwicklung rechnen. Darüber hinaus sorgt Eigentum auch für das Gefühl des Eigentümers und garantiert Investitionen im eigenen Geschäftsbereich.

Andererseits hätte die Einführung des privaten Grundbesitzes für die landwirtschaftliche Nutzung in den Jahren von 1991-1994 auch negative Folgen haben können, da die Mehrheit der Landbevölkerung gegen eine Verteilung des Landes in private Hände eingestellt war. Denn um über sein Eigentum verfügen zu können, muss man dessen wahren Wert kennen.

Wir konnten nicht sofort, ohne Umwege den privaten Grundbesitz einführen. Am Anfang der Landreform gab es keine stabilen Wirtschaftsverhältnisse in der Landwirtschaft, die Rentabilität der Landwirtschaftsproduktion sank rapide und es mangelte an einer objektiven Taxierung von Grund und Boden. Das hätte dazu führen können, dass die Bauern ihre Ländereien unüberlegt verkaufen, was sie später bitter bereut hätten. Eine solche Reform hätte eine noch größere, diesmal aber soziale Krise hervorgerufen.

Bei der Vorbereitung der Reform stellten wir fest, dass das Sowjetische Landgesetz nicht den Anforderungen der Gesellschaft an die landwirtschaftlichen Verhältnisse entsprach. Im Juni 1991 wurde das Gesetz „Über die Landreform" verabschiedet, um die rechtlichen und wirtschaftlichen Bedingungen für ein effektives Funktionieren der verschiedenen Wirtschaftsformen auf dem Land zu regeln. Das Gesetz umfasste jedoch noch keinen Grundbesitz, sondern schaffte Bedingungen für die Überwindung der Krise im Agrarsektor. Jeder wusste, dass dieses Gesetz nur Übergangscharakter besaß. Die Bedingungen der Landwirtschaft waren, dass man wie zuvor Land vom Staat mieten musste.

In der Hauptsache zielte das vorliegende Gesetz auf die Gründung eines speziellen Landfonds mit dem Ziel, die Mittel später zur effektiveren Bodennutzung zu verteilen. Außerdem wurden damit die Grenzen der Landgebiete und die Ausstellung und Umstellung von Dokumenten für das Recht auf Landbewirtschaftung festgelegt.

Wenn in der Landwirtschaftproduktion die Änderung der Eigentumsform von staatlicher zur kollektiven und von dort zur personifizierten, privaten Form ging, so verlief dieser Prozess in anderen Bereichen der Landwirtschaft (Service, Umbau, Versorgung etc.) über die Gründung von großen staatlichen Aktienunternehmen (so gen. GAK), die später in Privatbesitz übergingen. Dadurch verlief der Übergang zu Privatbesitz etappenweise: von weniger effektiv bis effektiver arbeitend.

So verlief auch die Dynamik der Landreform in Etappen. Bei Ländereien für die landwirtschaftliche Nutzung begann sie mit dem Recht der Dorfbewohner auf die bedingte Bewirtschaftung des Landes und endete mit der Festlegung des Privatbesitzes im Landgesetz im Jahre 2003.

Die zu Beginn der 90er Jahre angenommene Basisgesetzgebung und Rechtsakte erlaubten es, mit der groß angelegten Arbeit zur Entstaatlichung und Privatisierung der Landwirtschaft zu beginnen. So wurde parallel zur Reform ein entsprechendes Nationales Programm zur Entstaatlichung und Privatisierung der Landwirtschaft verabschiedet. Im ersten Schritt wurde die Privatisierung der staatlichen Landwirtschaftsunternehmen mittels Umwandlung in Kooperativen durchgeführt. Auf diese Weise wurde in Kasachstan 472 Sowchosen privatisiert. Die Privatisierung des Vermögens staatlicher Landwirtschaftsunternehmen wurde durch die Verteilung der Vermögensanteile auf die Mitglieder der Arbeitskollektive realisiert. Bei dem Verteilungsakt waren Zeugen anwesend. Dabei ist anzumerken, dass die Leiter von ganzen, stabil arbeitenden Großsowchosen, zur Bewahrung der Einheit 10% der Vermögensanteile erhielten (bei 20-jähriger Führungsarbeit) sowie weitere 10 % für die nächsten fünf Jahre zur weiteren Verwendung.

Die Entwicklung der Bodenreformfrage

Bei erfolgreicher Arbeit und bei Erreichung von positiven Ergebnissen innerhalb von 5 Jahren gingen diese Anteile in deren Privateigentum über.

Die Frage nach der Bewahrung von Produktionsgrundlagen staatlicher Landwirtschaftsunternehmen war wichtig, grundlegender dagegen waren jedoch die Ländereien. Dabei stellten sich wichtige Fragen: Wem sollten die Grund und Böden privatisierter Kolchosen und Sowchosen zugesprochen werden? Wer wird das Landes mit qualitativer Arbeit bewirtschaften und sich um dessen Fruchtbarkeit kümmern können? Wie wird die Übergabe des Landes realisiert werden? Diese wichtige Frage ließ mir keine Ruhe, ich stellte sie mir immer und immer wieder. Es war eindeutig, dass ein wahrer Hausherr gefunden werden musste; jemand, der denkt, sorgfältig ist und sich mit vollem Eifer für sein Eigentum einsetzt. So fiel die Entscheidung zu Gunsten der Bauern.

Wir trafen die Entscheidung, dass jeder einzelne Landbewohner ein bestimmtes Stück Land erhielt. Die Abmessung des Landstücks hing von der durchschnittlichen Größe des konkreten Landes ab, welches dem Arbeitskollektiv zugeteilt und von den exekutiven Behörden des jeweiligen Rayons festgelegt wurde. Zur Berechnung der durchschnittlichen Landgröße wurden alle landwirtschaftlichen Grundstücke herangezogen. Davon ausgenommen waren die Grundstücke von Wohngebieten und die Gebiete, die einem speziellen Grundstücksfonds der exekutiven Behörde des jeweiligen Rayons gehörten.

Während der zweiten kasachstanischen Privatisierungsetappe in den Jahren 1993-1995 wurden 1490 staatliche Landwirtschaftsunternehmen privatisiert. Die Eigentümer von Grundstücken und Vermögensanteilen konnten diese freiwillig vereinigen und damit Kleinunternehmen, landwirtschaftliche Produktionsgenossenschaften sowie bäuerliche Betriebe und deren Vereinigungen gründen und dabei die Rechte einer juristischen Person für den Eigentumserwerb in Anspruch nehmen.

Mit diesen Maßnahmen konnten sich die Mitglieder von landwirtschaftlichen Organisationen freiwillig und frei für die jeweilige Wirtschaftsform der Ländereien entschließen. Die Arbeiten zur Festlegung der Abmessungen von den Grundstücken aller Landwirtschaftsunternehmen wurden in den Jahren 1993-1994 durchgeführt. Ab 1995 begann die Aufnahme der Formalitäten und Ausgabe von Besitzurkunden für die jeweiligen Grundstücke an die Mitarbeiter reformierter und reorganisierter Betriebe.

Dadurch ergab sich eine paradoxe Situation. Die Privatisierung des Vermögens von landwirtschaftlichen Unternehmen erforderte logischerweise auch eine Änderung des Landeigentümers. Aber im Jahre 1993 ging die Verfassung vom Prinzip aus, dass der Staat das alleinige Besitzrecht für Grund und Boden hat. Somit konnten diese Grundstücke nicht an die neuen Eigentümer der privatisierten Objekte übergeben werden.

Anders gesagt haben wir auf der einen Seite mit der Reformierung der Landwirtschaft begonnen und einige Resultate auf dem Weg der Privatisierung von Staatseigentum erreicht. Aber eine weitere effektive Nutzung dieses Eigentums und Investitionen für deren Modernisierung führten andererseits aufgrund der ungelösten Landfrage zu Zweifeln bei den Investoren. Es macht doch keinen Sinn, Traktoren und Sämaschinen zu kaufen, wenn es kein Land gibt, worauf man pflügen und säen kann. Darüber hinaus konnten diese Maßnahmen dennoch nicht unsere große und einstmals entwickelte Landwirtschaft retten. Sie zerfiel vor unseren Augen und hat sich bis heute davon noch nicht erholt.

An dieser Stelle möchte ich erwähnen, dass das Ernährungs- und Landwirtschaftsprogramm der UNO im Auftrag der EU-Kommission im Jahre 1992 eine Untersuchung zur Lage der Ernährung in den Ländern der ehemaligen Sowjetunion durchgeführt hat. Die Analyse der Ergebnisse dieser Studie ergab laut Angaben der EU-Kommission Mängel bei der Arbeit der Organisationen, die in den einzelnen Ländern für die Bewertung der Lebensmittelsituation verantwortlich waren, was sich besonders im Fehlen einer echten Lebensmittelbilanz manifestierte. Eine solche Bilanz wurde nicht, wie allgemein auf der ganzen Welt üblich, von Ernte zu Ernte ausgearbeitet, sondern auf Kalenderbasis, also von Januar bis Januar. Dies führte dazu, dass man in Kasachstan, wie auch in anderen Republiken der ehemaligen Sowjetunion, nicht genau sagen konnte, welche und wie viele Lebensmittel man verkaufen konnte und wie viel man importieren musste.

In der Analyse der Lebensmittelsituation für die Region bemerkte die Kommission, dass sich die Lage in Kasachstan von der in anderen Ländern Zentralasiens dadurch unterschied, dass die Versorgung der Bevölkerung mit Lebensmitteln sehr sicher sei. Zu dieser Zeit war Kasachstan das einzige Land innerhalb der GUS mit einem Überschuss an Lebensmitteln und vor allem an Getreide.

Ungeachtet aller aufgestauten Missstände fühlten wir zum ersten Mal, wenn auch noch unsicher, einen jedoch genau umschriebenen Weg für den weiteren Aufbau und eine weitergehende Reformierung der Landwirtschaft. Das „Übergangsgesetz" „Über die Landreform" aus dem Jahre 1991 erlaubte es uns, für einige Zeit die mit der Eigentumsfrage zusammenhängenden Probleme zu lösen. Die Privatisierung von Staatseigentum war der Anstoß für die Gründung der ersten bäuerlichen und landwirtschaftlichen Betriebe. Aber diese Resultate stoppten die Degradierung der Landwirtschaft nicht vollständig. Es bedurfte einer langfristigen Entwicklung der Landwirtschaft. Die Zeit und die Logik der Ereignisse erforderte weitere Umbaumaßnahmen.

Die zweite Etappe der Landreform und die Zeit des Bankrotts
Die Jahre 1994–2001

Als Beginn der zweiten Etappe der Landreform kann man die Unterzeichnung von zwei Präsidentenerlassen mit Gesetzeskraft aus dem Jahre 1994 bezeichnen, in denen Fragen in Bezug auf die Verbesserung der Verhältnisse auf dem Land geregelt wurden (21.01.1994 und 05.04.1994). Gemäß diesen Erlassen wurde das Recht auf Landbenutzung zu einem Bürgerrecht. Auch dieser Erlasse waren auf ihre Weise Übergangsrechte und in ihnen wurde das ausschließliche Eigentumsrecht des Staates auf Grund und Boden festgelegt. Aber in ihnen gab es einen Absatz, der den An- und Verkauf von Grundstücken sowie die Benutzung und Verpachtung von Land regelte. Wir konnten die Bevölkerung mit einem Recht auf privates Landeigentum noch nicht schockieren, daher wurde dieses Recht durch ein Besitzrecht ersetzt. Von diesem Moment an begann die Entstehung erster Anzeichen für einen Immobilienmarkt und privaten Landbesitz. Es gab die Möglichkeit, Rechte auf Landbesitz käuflich zu erwerben, die sich praktisch nur wenig von Rechten auf Landeigentum unterschieden.

Die Eigentümer privatisierter Objekte erwarben Landbesitzrechte und verfügten darüber frei und ohne staatliche Beschränkungen. Zum ersten Mal in der Geschichte der Landgesetzgebung innerhalb GUS gab es eine neue Institution – die Institution der Verfügung über Landrechte. In das Grundgesetz wurden nicht diese Grundstücke aufgenommen, sondern das Recht auf lebenslangen vererbbaren Besitz, Besitzrecht und das Recht auf Pachtung von Land. Die Gesellschaft reagierte auf diese ganzen juristischen Neuerungen sehr zurückhaltend. Ihrer Meinung nach kam dies faktische einem Verkaufsrecht gleich und verstieß somit gegen die Verfassung.

Wir verstanden im Rückblick auf die Vergangenheit, dass die Bedeutsamkeit dieser Rechtsnormen sehr wichtig war. Denn genau da begann der Übergang der Landgesetzgebung zur Marktwirtschaft, genau nach der Verabschiedung der Gesetze begannen sich ein Immobilienmarkt sowie der Marktwert des Landes zu entwickeln.

Ich habe mehrmals angemerkt, dass bei der Definition des Eigentumsstatus für Land nicht nur die wirtschaftliche Effektivität betrachtet werden muss. Es gilt dabei auch Traditionen zu beachten, die Interessen des kasachstanischen Volkes wahrzunehmen, das Schicksal der Menschen und die hohe Verantwortung vor zukünftigen Generationen einzubeziehen. Daher musste man sich vor einer endgültigen Entscheidung die Meinungen und Interessen der gesamten Gesellschaft anhören.

Ideen zur Einführung des Privateigentums von Grund und Boden gab es in Kasachstan praktisch seit dem ersten Tag seiner Unabhängigkeit. Aber aus verschiedenen Gründen war es unmöglich, in den ersten Reformjahren das Recht auf Grundeigentum in Gesetze einzubinden.

Wir ich schon erwähnte, lag das Hauptziel bei der Wahl eines neuen Landherren in der Steigerung der effektiven Landbewirtschaftung. Unter den Übergangsbedingungen auf dem Weg zur neuen Marktwirtschaft lagen auf den Schultern des neuen Eigentümers schwierige Probleme, denn er musste die Produktion selbstständig verantworten. Um dabei erfolgreich zu sein, musste der Eigentümer nicht nur das Land bearbeiten, sondern auch dafür sorgen. Mit einem Wort mussten sie hinreichend ausgebildete Manager sein, die den Produktionsprozess hochwertig organisierten.

Der Staat musste seinerseits bei der Einführung des privaten Landeigentums für die entsprechenden Institutionen sorgen (Registrierungsbehörden, Taxierung der Ländereien etc.). Eine endgültige Entscheidung über die Einführung des privaten Landeigentums setzte sorgfältig ausgearbeitete Mechanismen für die Übergabe in private Hände voraus. Dabei galt es, die entsprechende Situation sowie die Besonderheiten der Privatisierung und der Vermögensübergabe von staatlichen Landwirtschaftsbetrieben zu beachten. Hier bewahrheitete sich wahrscheinlich das alte Sprichwort „siebenmal messen, erst dann abschneiden". Daher ist es völlig objektiv, dass bis zum Jahr 1995 Grund und Boden ausschließlich Staatseigentum waren.

In der Verfassung des Landes, die per landesweitem Referendum im Jahre 1995 angenommen wurde, wurde zum ersten Mal in unserer Geschichte festgelegt, dass sich in Kasachstan Land sowohl in Staatseigentum wie auch in Privateigentum befinden kann.

> *„Abschnitt 1 „Allgemeine Verordnungen", Artikel 6.*
> *3. Land und dessen dazugehörende Bodenschätze, Wasser, Pflanzen- und Tierwelt sowie andere Naturressourcen befinden sich in Staatseigentum. Land kann sich auch in Privateigentum befinden und zwar gemäß gesetzlich festgelegter Grundlagen, Bedingungen und Höchstgrenzen."*
>
> Verfassung der Republik Kasachstan, verabschiedet auf einem landesweitern Referendum am 30. August 1995

Dies eröffnete die Möglichkeit Gesetzesvorschriften zu initiieren, in denen das Recht auf privaten Landbesitz für landwirtschaftliche Zwecke festgelegt werden konnte. Der erste Gesetzentwurf zu diesem Thema wurde vom Parlament nicht angenommen. Er wurde lange besprochen, aber es fand sich keine Einigkeit darüber. Das ging soweit, dass einige Parlamentarier begannen anzunehmen, dass einige Nationalitäten fruchtbares Land besitzen und andere nicht. Dies spielte auf unberührte Ländereien an, auf denen vor allem Migranten aus anderen Ländern arbeiteten.

Im Dezember 1995 gab ich den Erlass „Über das Land" aus, in dem per Gesetz die neuen Landverhältnisse geregelt wurden. Darin wurde die Möglichkeit anerkannt, dass Land in Privateigentum von Bürgern und nichtstaatlichen juristischen Personen zu übergeben, damit dort eine eigene Hilfswirtschaft, Gartenbau und Datschen errichtet werden konnten. Dazu zählte auch die Bebauung mit industriellen und nichtindustriellen (Wohn-)Gebäuden, Einrichtungen und Wohnkomplexe, darunter auch Gebäude für deren Versorgung. In diesem Erlass wurde auch festgelegt, dass landwirtschaftlich genutzte Ländereien, militärische genutzte Grundstücke, Wald- und Wasserschutzgebiete, besonders schützenswerte Landschaften, Grundstücke mit Naturkomplexen bzw. Naturobjekten mit besonderen ökologischen, wissenschaftlichen, historisch-kulturellen, erholungsbringenden, heilenden und gesundheitlichen Zielen sowie allgemein genutzte Wohngebiete nicht in Privateigentum übergehen konnten.

Dieser Erlass enthielt dennoch einen Kompromiss, da die Rechte auf privates Landeigentum ausgegrenzt wurden. Im Jahre 1995, als die Landwirtschaft ein sehr unrentabler Wirtschaftszweig (Verluste aus dem Verkauf von landwirtschaftlichen Produkten betrugen 17,9%, aus dem Verkauf der Pflanzenzucht 2,9% und der Viehzucht 30,7%) und die Zahlungsfähigkeit der Bauern niedrig war, hätte die Einführung des Privateigentums Probleme mit der Lebensmittelversorgung in Kasachstan hervorrufen können.

In einer Rede vor der Volksversammlung Kasachstans bemerkte ich, dass im Falle fehlender finanzieller Mittel der mögliche Verkauf und Weiterverkauf von Land für unsere Bürger, die darauf arbeiten, bedeuten würde, dass man sie beraubt und knechtet. Die Menschen, die weder an das Gefühl, Eigentümer zu sein, gewöhnt waren, noch die Werte des Eigentumsrechtes kannten, hätten ihre Grundstücke verkauft, verführt durch den schnellen Gewinn, oder sie hätten mit dem Kapital, das von außen angelockt wurde, einfach nicht konkurrieren können. Sie hätten dann dafür als Leiharbeiter für diejenigen arbeiten müssen, die ihren Boden gekauft hatten. Unsere Gesellschaft war eben für eine globale Einführung des privaten Bodenbesitzes noch nicht bereit.

Auf der dritten Etappe der Privatisierung (1996-1997) wurden 162 staatliche Landwirtschaftsbetriebe in der Republik privatisiert. Die Besitzer von Vermögensanteilen und Grundstücken hatten das Recht, diese zu verkaufen oder zu verpachten. Mit einer starken Kürzung der staatlichen Unterstützung arbeitete die Landwirtschaft weiterhin nach dem alten Schema, dessen Fundament zur Zeit der Planwirtschaft gelegt worden war. Viele Arbeiter der früheren Kolchosen und Sowchosen, die Vermögensanteile und Rechte an dem vereinbarten Bodenanteil kostenlos erhalten hatten, erkannten, da sie nicht gut informiert und traditionell konservativ eingestellt waren, den Kern der Sache nicht und konnten über ihr Eigentum nicht effektiv verfügen. Die Mehrheit der Produktionskooperativen, die hastig von den früheren Direktoren der Kolchosen und Sowchosen (den so genannten „roten Direktoren") unter Mitwirkung der örtlichen Behörde gebildet worden waren, verloren schnell ihre Grund- und Umlaufmittel. Sie verkauften ihre Aktien an verarbeitenden und versorgenden Organisationen, was den ländlichen Warenproduzenten nicht erlaubte, ihre Idee einer Beteiligung an deren Führung umzusetzen. Auch nicht immer effektiv disponierten sie mit der gestiegenen Produktion. Es gab Fälle, in denen die Leiter dieser Betriebe das Getreide zu lächerlichen Preisen verkauften, und zwar zu 20-30 USD pro Tonne.

Bei der Disparität der Preise, dem Aufblühen eines „wilden Bartergeschäftes", der Verengung der Märkte und dem Verkauf von landwirtschaftlicher Produktion wuchs die Verschuldung der Betriebe schnell. Anfang 1998 betrugen die Schulden des Landwirtschaftszweigs mehr als 120 Milliarden Tenge. Die Landwirtschaft wurde für die Investoren äußerst unattraktiv.

Ende der 90er Jahre sank der Anteil der Investitionen in die landwirtschaftliche Produktion der Wirtschaft des Landes auf 0,4%. Die Situation wurde durch die Zerstörung des Produktverkaufs und die Versorgung der ländlichen Warenproduzenten erschwert, welche ihrerseits zu dem Verlust der großen Verkaufsmärkte von Getreide, Fleisch, Gemüse und anderer landwirtschaftlicher Produktionen führte.

Da ein System zum Schutz des Binnenmarktes fehlte, führte dies zu einer Überschwemmung durch billigere Importprodukte, zur Verdrängung der inländischen Waren, dies führte zusätzlich zum Zerfall der Produktion. Die entstandene Situation erforderte, dass man sofort akute Maßnahmen ergriff, die den umstrukturierten Betrieben eine Unterstützung nach der Privatisierung bot, und eine Schaffung eines staatlichen Unterstützungssystems, was die Entstehung von ländlichen Betrieben zu marktwirtschaftlichen Bedingungen gefördert hätte.

Zugleich wäre die Geschichte der Bodenreformfrage unvollständig, wenn wir nicht an dem Zeitpunkt anhalten würden, an dem 1998 der Staat den Bankrott vieler landwirtschaftlicher Betriebe herbeiführte. Zu dem Zeitpunkt war dies die einzige richtige Entscheidung. Der Kern und Grundgedanke der durchgeführten Arbeiten bestanden darin, dass man den landwirtschaftlichen Institutionen die angehäuften Schulden erließ. Dies erlaubte uns, die Landwirtschaft von den unzuverlässigen Schuldnern zu „reinigen", indem man den Bankrott herbeiführte, was entsprechend den Wechsel der Eigentümer nach sich zog.

Insbesondere begann man 1998 in der kasachstanischen Republik, den finanziellen Zustand des landwirtschaftlichen Sektors zu festigen, um damit die finanzielle Rehabilitation und Sanierung der zahlungsunfähigen landwirtschaftlichen Gebilde durch Bankrottanmeldung durchzuführen. Es wurde eine spezielle republikanische, zwischenbehördliche Arbeitsgruppe gegründet, die in Übereinstimmung mit den ausgearbeiteten Empfehlungen der Regierung der Republik Kasachstan alle 10 Tage Informationen über die Verwirklichung der finanziellen Sanierung und Rehabilitation der Landwirtschaft vorlegte.

Alle Betriebe der Republik wurden in drei Gruppen eingeteilt. Die erste Gruppe stellten die rentabel arbeitenden Betriebe dar, die stabile wirtschaftliche und finanzielle Indikatoren aufwiesen. Die zweite Gruppe waren die Betriebe, die bei der Umsetzung der Maßnahmen zur finanziellen Gesundung finanziell stabil werden konnten. Schließlich die dritte Gruppe, die Betriebe, die man nach der Durchführung der Maßnahmen zum Vorbankrott dem Bankrottverfahren unterziehen musste.

Es war klar, dass die Anwendung des Bankrottverfahrens in seiner klassischen Form dazu führen konnte, dass die Betriebe alle ihre Aktiva verlieren, und den Dorfbewohnern nichts bleiben würde. Daher wurden an den Orten, an denen das Bankrottverfahren durchgeführt werden sollte, die so genannten Maßnahmen zum Vorbankrott umgesetzt. So wurden im Rahmen der geltenden Gesetzgebung die Hauptproduktionsmittel, welche die Basis der Produktions- und

Technologieprozesse des insolventen Betriebs darstellten, an die Mitglieder des Arbeitskollektivs zur Tilgung der Schulden beim Arbeitslohn, und auch an die Hauptkreditoren verteilt, die Interesse hatten, den landwirtschaftlichen Betrieb zu führen. Nachdem die Mitglieder des Arbeitskollektivs die Hauptproduktionsmittel erhalten hatten, verließen sie mit ihren vereinbarten Grundstücken den insolventen Betrieb und gründeten gemeinsam mit den oben genannten Hauptkreditoren ein neues Wirtschaftssubjekt, das mit keinerlei Schulden belastet war, und fingen nochmals ganz von vorne an zu arbeiten. Der insolvente Betrieb mit den verbliebenen, grundsätzlich nicht liquiden Aktiva und riesigen Schulden wurde aber für bankrott erklärt.

Bei der Durchführung des Bankrottverfahrens des insolventen Wirtschaftssubjektes blieb ein großer Teil der Kreditoren unzufrieden, und die Schulden wurden entsprechend automatisch abgeschrieben.

Während der Durchführung der Reformen im Agrarsektor wurden zwischen 1998 und 2001 2284 Betriebe für zahlungsunfähig erklärt, von denen bis zum Anfang 2001 1981 Betriebe (87%) aufgelöst wurden, darunter 1574 durch Gerichtsverfahren, 407 durch außergerichtliche Verfahren.

Was hat uns nun das durchgeführte Bankrottverfahren der landwirtschaftlichen Institutionen gebracht? In erster Linie, dass die Wirtschaftssubjekte in der Krisenzeit und in der Zeit der Preisdisparität ihre angehäuften Schulden tilgen konnten. Auf diese Weise erhielten viele Betriebe die Möglichkeit, ihre Tätigkeit praktisch ganz von Vorne zu beginnen, ohne Schulden, ganz zu schweigen von den neuen Unternehmen, die auf der Grundlage der ehemaligen bankrotten Betriebe gegründet wurden. So wurden während der Durchführung des Bankrottverfahrens (1998-2001) auf der Grundlage der früheren privatisierten Kolchosen und Sowchosen 35 000 Bauernbetriebe gegründet, deren Hauptteil sich über zwei Gebiete erstreckte: Süd-Kasachstan und die Region um Almaty.

Die Wende hin zu marktwirtschaftlichen Verhältnissen ging im Agrarsektor langsam vor sich. Dies war sowohl mit der Besonderheit des Sektors verbunden als auch damit, dass sich in der Landwirtschaft des Landes große Probleme angehäuft hatten. Das Fehlen von Umlaufkapital hinderte die Entwicklung des Sektors, die Tilgung der Schuldenlast der landwirtschaftlichen Warenproduzenten konnte nicht helfen, alle finanziellen Probleme zu lösen. Der Bedarf an Umlaufmitteln und Aktiva zwang die Landwirte, sich an die Handelsbanken zur Kreditaufnahme zu wenden. Die nicht festgelegte normativ-rechtliche Grundlage der Hypothekenfinanzierung unter Verpfändung des Rechtes an Boden jedoch, wie auch die Zahlungsunfähigkeit des verpfändeten Vermögens wurden zum Grund für die Ablehnung. Bei dem privaten Bodenbesitz hätte die Wirtschaft den lange fehlenden Mechanismus der Hypothekenfinanzierung gewonnen, bei dem das genau festgelegte Besitzrecht zum akzeptablen Pfand für den Erhalt der nötigen Mittel werden konnte.

Die Landwirtschaft benötigte zu dem Zeitpunkt dringend langfristige Investitionen, da die zeitliche Nutzung der Böden der wirtschaftenden Subjekte, die keine festgelegten und rechtlich geschützten Bodengrenzen hatten, nicht dafür sorgen konnte, dass Kapital in den landwirtschaftlichen Sektor fließen konnte. Außerdem oblag den örtlichen Beamten eine bedeutende Rolle in der Festlegung der Pachtfristen, in dem Abschließen, dem Verlängern und Aufheben von Verträgen.

Diese Situation erzeugte einen Anstieg des Schattenhandels mit administrativen Beschlüssen zur Bodenzuteilung, seiner illegalen Nutzung und zum Verschweigen der gewonnenen Einnahmen. Nach Meinung einzelner Experten betrug der Preis eines administrativen Beschlusses zur Pachtung eines Hektar landwirtschaftlichen Bodens zwischen 6 und 10% der erhaltenen Ernte.

All diese negativen Momente brachten die Gegner der Bodenreform als Argumente vor. Sie untermauerten ihre Vorschläge damit, dass auch nach der Übergabe der Böden in private Hände die Effektivität der Bodennutzung sich nicht erhöhte. Zu behaupten allerdings, dass eine Einführung des privaten Bodenbesitzes auch in kürzester Zeit garantiert für die Erhöhung der Effektivität der Bodennutzung und Arbeitsproduktivität in der Landwirtschaft sorgen würde, wäre nicht wahr, besonders unter den Bedingungen der Entwicklung der kasachstanischen Wirtschaft, darunter auch des landwirtschaftlichen Sektors.

Außerdem wurden auch Meinungen über einen unvermeidlichen Anstieg von Spekulationsgeschäften mit Grundstücken angeführt, da die gesetzliche Anerkennung des Privateigentumrechtes an Boden den Zugang der Finanzspekulanten zu dem limitierten Guthaben begünstigen kann, dessen Preis in Kürze bedeutend wachsen kann.

Es wurden auch nostalgische Gesichtspunkte geäußert. Die Anhänger des staatlichen Bodenbesitzes behaupteten, dass die Bodenverhältnisse zwei wirtschaftliche Resultate fordern, einen unternehmerischen Gewinn und die Rente. Wenn der unternehmerische Gewinn vom Besitzer des Bodens völlig begründet zugeeignet wird, dann soll die Rente nur von der Gesellschaft zugeeignet werden, da der Rentengewinn nicht der Verdienst des Bodenbesitzers ist. Gleichzeitig dazu verliehen einige Kritiker des privaten Bodenbesitzes der Frage eine unnötige Politisierung, indem sie behaupteten, dass die Einführung des privaten Bodenbesitzes in Kasachstan den historischen Grundpfeilern und Traditionen des kasachischen Volkes widerspreche und zu einer sozialen Explosion führen könnte. Ihrer Meinung nach seien die Umverteilungen des Eigentums unumgänglich, und sie könnten zu Konflikten bei den Bodenverhältnissen führen.

Im Rückblick auf diese Zeit möchte ich darauf hinweisen, dass die Gegner des privaten Bodenbesitzes auch begründete Argumente hatten, die man nicht bestreiten konnte. Insbesondere stimmten wir mit den Meinungen überein, dass es für den Staat vorteilhaft sei, das Recht auf Bodenbesitz und auf Verpachtung zu behalten. Die Verpachtung der Böden ohne Kauf, unter Beibehaltung des staatlichen Bodenbesitzes könnte für eine begrenzte Wirkung der Marktwirtschaft auf dem Lande sorgen.

Die weitere Entwicklung der Marktwirtschaft und das Auftreten neuer Nuancen in den Bodenverhältnissen erforderte die Verabschiedung des neuen Gesetzes „Über den Grund und Boden". Das gegebene Gesetz sollte unter Berücksichtigung der erschwerten Situation stärker überarbeitet werden und für die Garantie eines reibungslosen Funktionierens der Marktwirtschaft aussichtsreicher werden. Auf einem Treffen mit Parlamentariern äußerte ich erneut meine Meinung zur Einführung des privaten Besitzes an landwirtschaftlichem Boden. Es war eine begründete Meinung, weil sowohl die weltweite Erfahrung als auch unsere Praxis zeigen, dass der Stand der Dinge in der Landwirtschaft in Vielem davon abhängt, in welchem Ausmaß der Faktor Boden in den marktwirtschaftlichen Verhältnissen aktiv ist. Außerdem haben die geltenden gesetzgebenden Behörden schon die nötige rechtliche Grundlage geschaffen.

Die weiteren Ereignisse zeigten, dass der Agrarsektor der Wirtschaft und unsere Bevölkerung für eine solche umwälzende Entscheidung noch nicht bereit waren. Die im Juli 1999 ausgearbeitete und im Parlament vorgestellte Gesetzesvorlage „Über den Grund und Boden" wurde von der Regierung abgelehnt. Dabei wurde kritisiert, dass es Situationen gäbe, in denen es eben um die Reglementierung der Einführung des Privatbesitzes an Boden (darunter auch an landwirtschaftlichem Boden) geht. Die Vorbereiter des Gesetzesvorschlags gaben eine Reihe ernsthafter Fehlkalkulationen zu, weil man zur Erarbeitung des Projektes keine Wissenschaftler und Arbeiter aus dem Agrarsektor hinzugezogen hatte, und vor allem die Interessen der Dorfbewohner nicht in vollem Ausmaß berücksichtigt hatte.

Nach fast zweijährigen Debatten wurde das neue Gesetz „Über den Grund und Boden" im Januar 2001 als eine Kompromissvariante zur Entscheidung dieser Frage verabschiedet.

Man sollte es aber nicht als endgültige Variante beurteilen. Das Gesetz bot den Bürgern Kasachstans trotzdem das Recht auf privaten Besitz und Pachtung von Boden, was eine Kapitalisierung der wirtschaftlichen Verhältnisse auf dem Land erforderte. Ich denke, dass mit diesem Gesetz die Bildung einer Klasse an Bodenbesitzern ernsthaft begonnen wurde. Indem sie sich erfolgreich entwickelten, wurden diese Besitzer in der Folge zur treibenden Kraft, die für die Durchführung der Bodenreformen bis zu ihrem logischen Abschluss kämpfte.

Laut dem im Januar 2001 verabschiedeten Gesetz wurden in der Republik das staatliche und private Eigentum an Boden auf gleiche Weise anerkannt und verteidigt. So konnten sich Böden zur landwirtschaftlichen Nutzung nicht in Privatbesitz befinden, mit Ausnahme der Grundstücke, die für die Führung eines privaten, häuslichen (Neben-) Betriebes, der Gartenzucht und für den Bau einer Datscha zur Verfügung gestellt wurden. In Bezug auf den staatlichen Besitz an landwirtschaftlichen Böden wurde der Kern des Gesetzes, das im Januar 2001 verabschiedet wurde, im Vergleich zu den vorhergehenden gesetzgebenden Urkunden nicht verändert. Der Boden konnte sich nicht in Privatbesitz von Ausländern oder Personen ohne Staatsbürgerschaft befinden, die auch nicht das Recht auf eine ständige Bodennutzung besaßen.

Die Böden zur landwirtschaftlichen Nutzung wurden nur natürlichen und juristischen Personen der Republik für die landwirtschaftliche Warenproduktion, die geschützte Aufforstung, wissenschaftlich-forschende, Experimental- und Schulungseinrichtungen, die Führung eines landwirtschaftlichen Nebenbetriebes, den Gemüseanbau und Viehzucht zur Verfügung gestellt.

Das Ergebnis der zweiten Etappe der Bodenreform war, dass jeder Dorfbewohner die Möglichkeit hatte, selber bestimmen zu können, auf welche Weise er über sein vereinbartes Grundstück verfügte. Die Dorfbewohner gewöhnten sich an ihre Rolle als Bodenbesitzer, die sie verpflichtete, die neuen Möglichkeiten auf die beste Weise zu nutzen. Genau dieser Wandel in dem Bewusstsein der Dorfbewohner wurde zu dem Faktor, der uns erlaubte, einen entscheidenderen Schritt zur Einführung des privaten Bodenbesitzes zu machen: der Verabschiedung des neuen Bodenreformgesetzes der Republik Kasachstan.

Die Ausarbeitung und Verabschiedung des Bodenreformgesetzes, 2002-2003

Zur Frage der Annahme des Bodenreformgesetzes und damit verbunden der Einführung von Privatbesitz für landwirtschaftlichen Boden gelangte das Land nicht spontan, vielmehr war dies ein langer Entwicklungsprozess der Vervollkommnung der Bodengesetzgebung unter den Bedingungen der Übergangszeit und Entwicklung von marktwirtschaftlichen Mechanismen in der Wirtschaft.

Die erste und zweite Etappe des Bodenreformgesetzes waren eher vorübergehende Maßnahmen in der Übergangsphase mit dem Ziel, die damals ausgebrochene Krise in der Landwirtschaft zu überwinden. Das Hauptziel der ersten Reformetappe war es, den Status der den Boden be-

Die Entwicklung der Bodenreformfrage 209

wirtschaftenden Subjekte festzulegen und deren wechselseitigen Beziehungen zum Staat zu regeln. Zu der Zeit und unter den damaligen Umständen war das Verständnis von privatem Bodenbesitz als solches unannehmbar. Die erste Etappe des Bodenreformgesetzes zielte auf die Abkehr von der sozialistischen Bodengesetzgebung. Allen denjenigen, die auf landwirtschaftlichen Boden arbeiteten, musste man Klarheit über ihre Bodenbesitzbeziehungen zum Staat verschaffen, welcher zu dem Zeitpunkt über das ausschließliche Recht auf Bodenbesitz verfügte.

Die Hauptaufgabe der zweiten Etappe des Bodenreformgesetzes bestand in der breiten Einbeziehung des Agrarsektors in die marktwirtschaftlichen Verhältnisse, da die Einführung der Institution der Pacht und des Rechtes auf Privatbesitz an einzelnen Bodenkategorien die Möglichkeit zur Beteiligung gab. Bekanntermaßen wurde der Gesetzesentwurf „Über den Grund und Boden" vom Jahr 1999, welcher die Einführung von Privateigentum vorsah, von der Regierung aus dem Parlament zurückgezogen. Dies war ein erfolgloser Versuch, die Parlamentarier davon zu überzeugen, dass es notwendig sei, Privateigentum an Böden mit landwirtschaftlicher Nutzung einzuführen. Das Ergebnis der Diskussion zwischen Parlament und Regierung war die Annahme eines Kompromissvorschlags zum Gesetz „Über den Grund und Boden" im Januar 2001. Aber auch dieses Gesetz sah die Einführung des Rechts auf Privateigentum an landwirtschaftlichen Böden nicht vor.

Sowohl die erste als auch die zweite Etappe des Bodenreformgesetzes waren, ungeachtet der Erfüllung der laufenden Aufgaben der damaligen Zeit, eigene Vorbereitungsphasen vor dem wichtigsten Ereignis in der Bodenreform des Landes – der Einführung von Privateigentum an Böden mit landwirtschaftlicher Nutzung. Bis zu der Zeit gab es schon mehr als 150 000 Bauernhöfe, die über fast 40% der Böden mit landwirtschaftlicher Nutzung verfügten, was die Konzentration von Landbesitz in den Händen eines kleinen Kreises zu vermeiden half.

Bis 2003 erholte sich die Wirtschaft des Landes nicht nur vollständig von der Krise der 90er Jahre, sondern zeigte ein bereits hohes Entwicklungstempo. Im Laufe der letzten Jahre wurde ein stabiles Wachstum des BIP beobachtet. So belief sich das BIP des Landes 2003 auf 109,3%. Die allgemeine erfreuliche Wirtschaftslage der Republik Kasachstan ermöglichte die zusätzliche Abgabe von beträchtlichen Mitteln zur Durchführung von tief greifenden Reformen und Unterstützung des Agrarsektors. Aber die Unterstützung sollte nicht – wie dies in der Phase der zentralisierten Wirtschaft der Fall war – allumfassend sein. Die Unterstützung des Agrarsektors sollte selektiv verteilt werden.

In meinem Auftrag wurde „Das staatliche Agrarlebensmittelprogramm für die Jahre 2003-2005" ausgearbeitet, welches die strategische Richtung für die Entwicklung des angegebenen Zweiges festlegte. Es sollte auch die Bereiche aufzeigen, deren staatliche Unterstützung Priorität besäßen, um mit ihnen eine größtmögliche Wettbewerbsfähigkeit zu erreichen, und schließlich die Mechanismen und den konkreten Umfang der staatlichen Unterstützung.

In der Botschaft an das Volk von Kasachstan für das Jahr 2003 wurde das Wiedererstehen des Dorfes als eine der Hauptprioritäten in der Arbeit der Regierung festgelegt, und die Jahre 2003 bis 2005 wurden zu den Jahren des Wiedererstehens des Auls erklärt.

> *„Wir sollten uns daran erinnern, dass gerade die Landbevölkerung die genetische Personifizierung jeder Nation darstellt. Gerade sie strebt am meisten nach Stabilität und gesundem Entwicklungsweg. Gerade sie nimmt die Ideale der Unabhängigkeit und eines starken Staatswesens am feinsten und genauesten wahr, weil sie auf der Geninformationsebene die Sehnsüchte und Hoffnungen unserer Vorfahren bewahrt und reproduziert."*
>
> Aus der Botschaft an das Volk Kasachstans
> für das Jahr 2003, April, 2002

Wenn ich über die Landbevölkerung spreche, dann erinnere ich mich immer an das für uns geeignete Beispiel der Bodenreform des Irans. Kasachstan hat den passenden Zeitpunkt für die grundlegende Reform eines solch schwierigen Sektors wie der Landwirtschaft ausgesucht. Die Wirtschaft im Ganzen erlebt eine lang anhaltende Wachstumsphase und ihre Perspektiven sehen sehr vielversprechend aus. Auf ähnliche Weise verhielt sich zu seiner Zeit der Iran unter dem Schah. Als nach dem darauf folgenden arabisch-israelischen Krieg eine weltweite Energiekrise ausbrach, stiegen die Einnahmen des Landes durch den Ölexport um ein Vielfaches. Die Regierung in Teheran, so schien es, brauchte sich keine Sorgen zu machen. Aber die Millionen Bauern, die ohne Land zurückblieben und als Ergebnis der landwirtschaftlichen Reformen ihrer traditionellen Beschäftigung beraubt waren, fingen an, in die Städte abzuwandern. Dort, besonders in Teheran, begann sich das Konflikt- und Protestpotenzial rasch zu vergrößern. Womit dies endete, ist allgemein bekannt. Das Ende der 70er Jahre aber war beinahe die beste Zeit für die Wirtschaft des Irans unter dem Schah. Nichts kündigte ein trauriges Ende an. Obwohl zu jener Zeit in Kasachstan selbst alles ähnlich ruhig gewesen wäre, erschütterten der Zerfall der Sowjetunion und die Verschlechterung der Lebensbedingungen unsere Bevölkerung sehr stark.

Während wir unsere Bodenreform durchführten, waren wir stets besorgt, dass sich die Erfahrung des Irans in unserem Land wiederholen könnte.

Einst nannte man das Getreide in Analogie zum Öl das „gelbe Gold", jetzt aber kamen die Dorfbewohner kaum über die Runden. Nicht immer richtig fassten sie auch die Kürzung der staatlichen Unterstützung auf. Unter diesen Bedingungen ist die Durchführung solcher sozial schmerzhaften Veränderungen wie die Reformierung des Dorfes und der Lebensweise der Dorfbewohner voller unvorhersehbarer Folgen. Mit der zunehmenden Verbesserung der wirtschaftlichen Indikatoren und Steigerung des Lebensstandards der Stadtbevölkerung verstanden wir immer mehr, dass gerade die Landbevölkerung bzw. ihre Werktätigen äußerst stark unter der Unvollkommenheit der sowjetischen Wirtschaft litten und gerade sie besonders deren ganze Mangelhaftigkeit beim Übergang zur Marktwirtschaft am eigenen Körper spürten. Gleichzeitig erklärten wir klar und deutlich, dass es unmöglich sei, zum sowjetischen System der totalen Subventionierung der Landwirtschaft zurückzukehren.

> *„Es ist allen deutlich zu erklären, dass eine Unterstützung des Auls (Dorfes) nicht in der allgemeinen staatlichen Subventionierung und unwiederbringlichen Finanzierung von*

> *allem und jedem bestehen soll und wird. Wir können und werden nicht zur früheren Praktik der materiellen Abhängigkeit und staatlichen Vormundschaft zurückkehren.*
>
> *Man muss auch künftig zielgerichtet eine Linie verwirklichen, wie man Bedingungen für den Menschen schafft, unter denen er selbst für sich und seine Familie Geld verdienen kann, man muss diejenigen unterstützen, die arbeiten können und dazu fähig sind sowie ihren Fleiß zeigen. Auch darin besteht die Verantwortung des Staates vor dem Volk und seiner Zukunft.*
>
> *Die gesamte Finanz-Wirtschaftspolitik des Staates, darunter auch die Sozial- und Agrarpolitik, sollte selektiv nur auf diejenigen Bereiche ausgerichtet sein, die aus der Sicht der Lebenstüchtigkeit des Menschen und Funktionstüchtigkeit des Marktes aussichtsreich sind."*
>
> Aus der Botschaft an das Volk Kasachstans für das Jahr 2003,
April 2002

Neben dem hohen Wachstumstempo der anderen Wirtschaftszweige befand sich der Agrarsektor des Landes noch in einem rückständigen Zustand. So belief sich der Anteil der Landwirtschaft am BIP in dem Zeitraum 2000-2003 durchschnittlich auf insgesamt 8,2%, wogegen der Anteil der Landbevölkerung sich auf ungefähr 35-40% an der Gesamtbevölkerung der Republik (abhängig von der Jahreszeit) belief. Es herrschte eine niedrige Arbeitsproduktivität der Werktätigen auf dem Land aufgrund der langsamen Einführung neuer Technologien in der landwirtschaftlichen Produktion sowie des Mangels an finanziellen Ressourcen und auch des niedrigen Grads an fachlicher Qualifikation von den Führungskräften.

Ausgesprochen wichtig war auch, dass ein starker landwirtschaftlicher Sektor im Land auch dessen benachbarten Industriezweige besonders fördern würde: die Mineraldüngerproduktion, den Landmaschinenbau, die Leicht- und Nahrungsmittelindustrie und noch weitere im Bereich Technologie. Das bedeutet, dass der Multiplikationseffekt für die Wirtschaft im Land kolossal wäre, ganz zu schweigen von den demographischen, Migrations- und Sozialfaktoren, die die Ursache für unser besonderes Verhältnis zum Aul sind.

In meinem Auftrag wurde ein Modell über die Ansiedlung der ländlichen Bevölkerung hinsichtlich der Perspektivmöglichkeit ausgearbeitet. Es galt auch, entschieden über das Schicksal einer Reihe von depressiven kleinen Städten zu bestimmen. Das Land brauchte eine staatliche Politik zur Förderung der inländischen Migration von Menschen ohne Aussicht in die sich entwickelnden Gebiete, in die Rayonzentren und in die Kleinstädte. Sie sollte die Fragen der Planung und Lenkung der Migrationsströme sowie des Aufbaus und der Versorgung mit Land und Unterkunft und die Fortbildung der Umsiedler berücksichtigen.

In Kasachstan war die Ansiedlung von Menschen auf dem Land historisch gesehen, besonders zur Zeit der sowjetischen zentralen Verwaltungswirtschaft, sowohl unter marktwirtschaftlichen, als auch unter sozialen und ökologischen Gesichtspunkten nicht erfolgreich. Dies hatte zur Folge, dass eine depressive Wirtschaft zum charakteristischen Merkmal für viele ländliche Gebiete wurde.

> „<...> Die Krise in der landwirtschaftlichen Produktion zog eine Abwanderung der Bevölkerung und ein Zerfall des Lebensversorgungssystems der ländlichen Ortschaften nach sich. Dieser Prozess hält auch heute noch an. Nur in den Jahren 2000 bis 2002 sind ungefähr 300 Ortschaften verschwunden. Nach Angaben der Akimate gibt es heute 136 nicht annullierte ländliche Ortschaften ohne Bevölkerung.
>
> Von 7660 ländlichen Ortschaften, die offiziell durch Bezirksakimate vertreten sind, leben in mehr als 500 weniger als 50 Menschen, existieren unzählige Bahnhöfe und Ausweichstellen (257), Dörfer, die innerhalb der Stadtgrenzen liegen (317), in denen die Bevölkerung praktisch der Landwirtschaft nachgeht. Die Bevölkerungszahl der dort lebenden Menschen beläuft sich auf 579 540, die Bevölkerung bezeichnet sich selbst als ländlich und hofft darauf, dass der Staat sich den Problemen des Dorfes annimmt. <...>"
>
> Aus dem staatlichen Programm zur Entwicklung
der ländlichen Gebiete der Republik Kasachstan
für die Jahre 2004-2010

Jedoch sind wirklich tief greifende Reformen des Agrarsektors nicht möglich ohne die entscheidende Frage nach den Bodenverhältnissen zu klären – den Verzicht auf den ausschließlich staatlichen Bodenbesitz. Der Hauptmangel der vorherrschenden staatlichen Eigentumsform an Boden war und blieb das Problem einer herrenlosen Beziehung zu diesem sowie seiner unvernünftigen, gar illegalen Nutzung. So offenbarten die im Jahre 2001 von der Administration des Präsidenten der Republik Kasachstans durchgeführten Untersuchungen eine illegale Aussaat auf einer Fläche von 3000 Hektar Land.

Die Gesetzgebung, die nur eine vorübergehende Bodennutzung vorsah, förderte weder die Entwicklung von stabilen Bodenverhältnissen in der Landwirtschaft noch eine gesicherte Zukunft des Bodennutzers. Gerade das Fehlen von Privatbesitz an landwirtschaftlichem Boden hemmte das Investitionswachstum im Agrarsektor. Um Risiken möglichst zu vermeiden war privates Kapital bestrebt, vorwiegend kurzfristig in die besten Ländereien zu investieren, die bereits im ersten Jahr einen Gewinn abwarfen. Zu Beginn der dritten Etappe der Bodenreformen entfielen aus dem Gesamtinvestitionsumfang auf den Anteil der Landwirtschaft nur 1,5%.

Außerdem förderte die bestehende Gesetzgebung nicht die Entwicklung von Pachtverhältnissen. Der Mangel an Informationen zur Bonität der Böden und den damaligen Beurteilungsmethoden erlaubte keine reale Bestimmung und Differenzierung des Umfangs der Bodensteuer. Das Fehlen eines Wirtschaftsmechanismus, der zur Erhöhung der Fruchtbarkeit der Böden anregen könnte, verringerte die Verantwortlichkeit der Höfe für die Bodennutzung. Als Fazit hinderte das bestehende Bodenrecht die Entwicklung von marktwirtschaftlichen Verhältnissen auf dem Dorf.

Im Hinblick auf die entstandene Situation beauftragte ich in meiner im April 2002 vorgetragenen „Botschaft an das Volk Kasachstans für das Jahr 2003" die Regierung mit der Ausarbeitung eines Gesetzesentwurfs „Zum privaten Bodenbesitz" mit dessen Vorlage im Parlament.

Ein Jahr später hatten die entstandenen Debatten über den Gesetzesentwurf einen Konflikt zwischen Regierung und Parlament und letzten Endes die Auflösung der Regierung zur Folge.

Die Entwicklung der Bodenreformfrage 213

Dieser Konflikt entstand aufgrund einiger grundlegender Momente. Der erste Punkt, mit dem die Urheber des Entwurfs nicht einverstanden sein konnten, war der Vorschlag der Abgeordneten, Grundstücke kostenlos an die Besitzer des vereinbarten Bodenanteils abzugeben. Ihrer Meinung nach verstieß dieser Vorschlag gegen das Verfassungsrecht der Bürger, die einen derartigen Anteil nicht besaßen. Die Situation wurde dadurch erschwert, dass der Boden ein besonderes Produktionsmittel mit einem Grund- und Katasterwert ist. Der zweite Punkt, auf dem die Regierung beharrte, war die Größe der Grundstücke, die zum Verkauf an die privaten Besitzer bestimmt waren. In der ursprünglichen Version war vorgesehen, dass diese nicht mehr als 10% der gesamten Fläche des für die landwirtschaftliche Nutzung vorgesehen Bodens eines Rayons darstellen würden, wobei die endgültige Entscheidung bei der örtlichen Behörde blieb. Die Madschilis schlug vor, in dem Entwurf zum Bodenreformgesetz die Größe zu halbieren. Die Experten allerdings waren der Ansicht, dass diese Variante zu einer Segmentierung von 60% aller landwirtschaftlichen Gebilde führen würde. Das heißt, dass bei den Großgrundbesitzern ein Teil der landwirtschaftlichen Grundstücke in staatlicher Hand bliebe und ein anderer Teil in privater. Dies könnte Investoren abschrecken und würde eine Kettenreaktion der Zerstückelung der bestehenden landwirtschaftlichen Subjekte hervorrufen.

Der nächste Einwand seitens der Regierung betraf die Festsetzung der verschiedenen Fristen zur Einführung von Privatbesitz für natürliche und juristische Personen. Die Variante, die von den Abgeordneten vorgeschlagen wurde, sah eine Übereignung der Ländereien mit landwirtschaftlicher Nutzung an natürliche Personen sofort nach Inkrafttreten des Bodenreformgesetzes vor, an juristische Personen aber erst nach Ablauf von 3,5 Jahren. Dies verstieß gegen das Prinzip der Gleichheit der wirtschaftenden Subjekte, da die Landwirte, als natürliche Personen, sofort das Recht erhielten, die Grundstücke durch Kauf in Privatbesitz zu nehmen, die Produktionskooperationen sowie die Wirtschaftsgenossenschaften, als juristische Personen aber erst nach 3,5 Jahren. Wenn man aber bedenkt, dass die Ländereien dieser juristischen Personen aus den vereinbarten Grundstücken ihrer Mitglieder, d.h. natürlichen Personen, bestanden, dann müssten die juristischen Personen im Laufe dieser 3,5 Jahre die Grundstücke von ihren Mitgliedern pachten, mit anderen Worten das Arbeitskollektiv würde das Land von sich selber pachten. Dies rief Verwunderung hervor.

Eine weitere Meinungsverschiedenheit betraf die Unterpacht, welche die Abgeordneten der Madschilis bis 2007 verlängern wollten. Nach Meinung der Regierung würde diese Variante einerseits zu einer Fristverlängerung der materiellen Abhängigkeit der Verpächter führen und andererseits zu einer unbegründeten Erhöhung der Selbstkosten der landwirtschaftlichen Produktion.

Der letzte, prinzipiell wichtige Punkt war, dass die aus dem Verkauf der landwirtschaftlichen Ländereien gewonnenen Mittel nicht in dem gegründeten Nationalfonds, sondern in den neuen Institutionen eingesetzt würden, was zusätzliche Kosten nach sich ziehen würde. Es gab Meinungsverschiedenheiten sowohl konzeptueller als auch prinzipieller Natur. Die Position der Regierung bestand im Folgenden: „Wenn das Bodenreformgesetz in dieser Variante verabschiedet wird, dann kann dies eine Zerstörung unserer Landwirtschaft zur Folge haben."

Die Abgeordneten sahen, dass die Möglichkeit einer Gesetzesannahme bestand und die Regierung zu einigen Zugeständnissen bereit war, und begannen sogleich eine besondere Art der Erpressung.

Die Position der Abgeordneten lautete folgendermaßen: „Wenn ihr unsere Änderungen nicht vornehmt, dann stimmen wir gegen das ganze Gesetz." So ging es immer weiter, Zugeständnis auf Zugeständnis, Artikel auf Artikel, und im Gesamtergebnis äußerten die Mitglieder des Kabinetts ihre Meinung, so dass dem Senat von der Madschilis eine völlig abgeänderte Gesetzesvariante übergeben wurde. Tatsächlich wurde ein anderer Gesetzgebungsakt übergeben, welcher in der Fassung der Regierung jedoch abgelehnt wurde.

Alle Argumente und Einwände der Parlamentsabgeordneten waren wichtig, weil sie die Meinung ihrer Wähler widerspiegelten, aber nicht alle waren annehmbar. Jedes Argument, jeder Einwand der Parteien wurde berücksichtigt, analysiert, beurteilt und in Betracht gezogen. Ungeachtet der durch die Regierung vorgenommenen Änderungen an den Formulierungen einer Reihe von Artikeln der Gesetzesvorlage, wurde von den Abgeordneten trotzdem eine Position vertreten, die in der gegebenen Frage mit der Position der Regierung nicht übereinstimmte. Es blieb nur ein einziger rechtmäßiger Weg: Das Parlament musste der Regierung die Vertrauensfrage stellen. Wenn das Parlament mit zwei Dritteln der Stimmen das Misstrauen ausspricht, dann muss sich der Präsident zur Auflösung entweder des Parlaments oder der Regierung entscheiden. Wenn im Parlament nicht genügend Stimmen für ein Misstrauensvotum abgegeben werden, dann wird die Gesetzesvorlage der Regierung verabschiedet. In der entscheidenden Parlamentssitzung lautete das Abstimmungsergebnis wie folgt: 55 von 77 Abgeordneten der Madschilis und drei von 37 Abgeordneten des Parlaments sprachen der Regierung das Misstrauen aus. Für ein Misstrauensvotum hätten sich allerdings auch zwei Drittel des Senats aussprechen müssen. Das gesamte Parlament hat daher nicht die nötige Stimmenanzahl erreicht. Imangali Tasmagambetow allerdings beschloss unter dem Eindruck dessen, dass 55 Abgeordnete (die Mehrheit) der Madschilis gegen ihn seien, er nicht weiter Premierminister bleiben könne und trat folglich zurück. Eine nicht unwesentliche Rolle spielten dabei auch seine missglückten Beziehungen zum Sprecher der Madschilis.

Mit einem schnellen Wirtschaftswachstum entstand in unserem Land die Möglichkeit zur Verbesserung der sozialen Situation unserer Bürger, zur Entwicklung der menschlichen Ressourcen und zur größeren Beachtung von Kultur, Bildung und Gesundheitswesen. Eine solche Aufgabe kann nur von jemandem mit entsprechenden Erfahrungen im sozialen Bereich ausgefüllt werden. Dieser Mensch war Imangali Tasmagambetow, mein jahrelanger und treuer Mitstreiter, dem es gelang, eine Zeitlang als Akim zu arbeiten, und der im Parlament kein Neuling war. Das langsame Überprüfen der in das Parlament eingereichten Gesetze widersprach seiner aktiven Art. Ich veranschauliche diesen Vorfall, um der jungen Generation einen Rat zu geben: Höhere Staatspolitiker müssen ihre Emotionen zurückhalten, wenn es um die Interessen des Staates geht.

Nach der Auflösung der Regierung traf ich mich sowohl mit den Abgeordneten des Senats als auch der Madschilis, mit denen ich mehrmals die von der Regierung vorgeschlagene Gesetzesvorlage erörtern und länger betrachten musste. Die Entscheidung der Bodenreformfrage erinnerte an den Spross einer Kiefer, der trotz Dürre und bisweilen Sturmböen beharrlich nach oben wuchs. Aber die Hindernisse, auf die er auf seinem Weg stieß, drohten den mächtigen und stattlichen Baum in einen missgestalteten und krummen Baum zu verwandeln. Die Frage, ob man Privatbesitz einführen solle oder nicht, war ein Hindernis für das weitere Wachstum und die Entwicklung der Landwirtschaft, deshalb bedeutete das Hinauszögern dieser Entscheidung, dass wir für immer in einem „Sumpf der Zweifel" stecken bleiben könnten.

Ich wandte mich an den Verfassungsrat. Wenn dieser alle Bestimmungen des Bodenreformgesetzes als verfassungskonform anerkennen würde, würde ich es unterzeichnen und das Gesetz würde in dieser Form in Kraft treten. Nach einem weiteren Gespräch mit den Abgeordneten zur Klärung der Meinungsverschiedenheiten fanden wir eine gemeinsame Sprache. Dramatisch verlief der Kampf um dieses Gesetz und endlich wurde der letzte große Schritt zur Reform des landwirtschaftlichen Sektors des Landes umgesetzt. Das neue Bodenreformgesetz sollte ganz dem Wohl der Landbevölkerung und dem Wiedererstehen der Aule Kasachstans dienen.

Am 20. Juni 2003 unterzeichnete ich das Bodenreformgesetz, dessen wichtigste und grundlegendste Änderung die Einführung von Privatbesitz an landwirtschaftlichem Boden war.

Unter Berücksichtigung der Besonderheiten der Republik Kasachstan und der jüngeren Erfahrung waren im Gesetz drei Arten von Bodennutzung vorgesehen: ständige Bodennutzung, vorübergehende Bodennutzung (Pacht) und Privatbesitz. Laut Gesetz wurden die Staatsbetriebe ständige Bodennutzer, Ausländer und ausländische juristische Personen erhielten das Recht, Grund und Boden für einen Zeitraum von höchstens 10 Jahren zu pachten, hatten jedoch kein Recht, mit den Grundstücken zu handeln (mit Ausnahme von Verpfändung). Grundstücke für die landwirtschaftliche Nutzung, die sich in staatlichem Besitz befanden, konnten jetzt natürlichen und nichtstaatlichen juristischen Personen der Republik Kasachstan für das Recht auf Privatbesitz überlassen werden. Dabei kann das Eigentumsrecht an den angegebenen Grundstücken zum Kataster- (Tax-)wert oder zu einem von der Regierung in Höhe von 75% des Katasterwertes festgelegten vergünstigten Preis erworben werden. In beiden Fällen ist ein Kauf von Grund und Boden auf Ratenzahlung mit einer Frist von bis zu 10 Jahren vorgesehen. Neben dem Privateigentum bleibt die Möglichkeit der Pacht mit einer Frist bis 49 Jahren. Damit dürfen aber keine Geschäfte gemacht werden und auch hier ist die einzige Ausnahme die der Verpfändung. Mit anderen Worten: Man muss den Grund und Boden nicht unbedingt vom Staat kaufen, man kann ihn auch weiterhin pachten. Die Mittel, die dem Staat durch den Verkauf der landwirtschaftlichen Grundstücke in Privateigentum zufließen, sind für den Nationalfonds vorgesehen.

Die Bodenreformfrage war eine echte Streitfrage und rief eine Menge von Meinungsverschiedenheiten und Widerspruch in den verschiedensten Kreisen der kasachstanischen Gesellschaft hervor. Bei der Analyse der Kritiken fanden wir heraus, dass viele Argumente, die von den Gegnern des Privateigentums vorgebracht wurden, keine ausreichende Grundlage hatten und nicht der kasachstanischen Praktik der Bodennutzung entsprachen.

Zum Beispiel bestand die Hauptsorge darin, dass Grund und Boden von so genannten „Großgrundbesitzern" aufgekauft werden könnte, welche in Wirklichkeit Investoren seien und in der Landwirtschaft zu den Bedingungen der Bodenunterpacht arbeiten würden. Damit wird Grund und Boden für die Bauern unerreichbar. In vielen Ländern der Erde, darunter in den USA und Russland, nennt man diese Firmen Integratoren der Produktion, welche praktisch keine Grundstücke besitzen. Zur Verhinderung von solchen Vorgängen sind im Gesetz bestimmte Maßnahmen vorgesehen. Um zu vermeiden, dass sich der Grundbesitz in einer Hand konzentriert, wurden Beschränkungen der maximalen Grundstücksgröße festgelegt, die der Staat den Bürgern und den juristischen Personen in Privatbesitz übergibt. Mit dem Ziel, die vordringlichsten Rechte auf den Erwerb von landwirtschaftlichem Boden zu sichern, ist das vorrangige Recht auf den Erhalt des Grundstückes für den Aufbau von Bauernhöfen durch Bürger vorgesehen, die eine landwirtschaftliche Ausbildung und Arbeitserfahrung im Agrarsektor haben und in dem entsprechenden Dorf leben.

Die Anhänger einer vollständigen Liberalisierung des Grundstückmarktes schlugen vor, dass alle Einschränkungen für den Verkauf, darunter auch die für ausländische Bürger geltenden, gestrichen würden. Das Hauptargument bestand in der Notwendigkeit, ausländische Investoren für die Landwirtschaft zu gewinnen. Dieses Argument erwies sich als nicht tragbar, da – unter Berücksichtigung der in der Landwirtschaft herrschenden Bedingungen – in allen Ländern der Welt der Landwirtschaftssektor dotiert wird und in ihm nur das nationale Kapital einbezogen wird.

Nach der Verabschiedung dieses Gesetzes wurde noch einen Monat lang über die wichtigsten Punkte diskutiert, die darauf folgende Erntearbeit jedoch zwang die Landbevölkerung, bereits zu den Bedingungen des neuen Bodenreformgesetzes zu arbeiten.

Nach der Verabschiedung des Bodenreformgesetzes

Als ich dieses Kapitel schrieb, waren mehr als zwei Jahre seit der Verabschiedung des Bodenreformgesetzes und der Einführung von privatem Eigentum an landwirtschaftlichem Grund und Boden vergangen. Ich konnte mich nochmals von der Richtigkeit der getroffenen Entscheidung und der gewählten Politik überzeugen. Privateigentum war und bleibt das Fundament der politischen Stabilität in der Gesellschaft. Die Bodenreform war eben auf die Entwicklung und Festigung der marktwirtschaftlichen Einrichtungen ausgerichtet. Die Prognosen der Gegner der Einführung von Privatbesitz an landwirtschaftlichem Boden und deren Bedenken, dass das Land von „Großgrundbesitzern" aufgekauft werde, hatten sich nicht bewahrheitet.

Laut den Daten vom 20. August 2004 gingen ungefähr 30 000 Hektar landwirtschaftlichen Bodens in Privatbesitz über. Nach Meinung der Experten werden in den nächsten 10 Jahren nicht mehr als 10-15% des Bodens gekauft werden. Aufgrund des hohen Preises für Land ist es für die Bauern am günstigsten, den Boden vom Staat zu pachten. Dies bestätigt auch die Erfahrung in Ostdeutschland, das auch eine Übergangsphase von Planwirtschaft zur Marktwirtschaft durchlebte. Von 1991 bis 2003 wurden insgesamt 6% des in staatlichem Besitzes befindlichen Bodens gekauft. Aber ungeachtet dieser Erfahrung fanden einige Einschränkungen, die von den Abgeordneten im Verlauf der Diskussionen vorgebracht wurden, in dem Bodenreformgesetz ihren Niederschlag. Obwohl meiner Meinung nach diese Einschränkungen, insbesondere das Verbot, ein Grundstück im Lauf von 10 Jahren nach seinem Kauf weiter zu verkaufen, überflüssig und sogar uneffektiv sind. Aber das ist nicht die Hauptsache.

Der Erfolg der Bodenreform wird von der Umsetzung weiterer langfristiger komplexer Maßnahmen abhängen. Die Verabschiedung des Bodenreformgesetzes, welches Privatbesitz an landwirtschaftlichem Boden erlaubt, ist nur einer von vielen ersten Schritten auf dem Weg zur Vervollkommnung der Bodenbesitzverhältnisse und der Entwicklung des Grundstückmarktes in Kasachstan. Man muss anmerken, dass sogar dieser Schritt den Agrarsektor der Wirtschaft in Bewegung gebracht hat. Das Privatkapital schenkte der staatlichen Landwirtschaftspolitik Vertrauen und begann bereits ernsthaft, Mittel in den Agrarindustriekomplex zu investieren.

Das zur richtigen Zeit eingeführte Programm zur Unterstützung des Auls für die Jahre 2002-2005 zeigte erste Ergebnisse. Der Staat gab anderthalb Milliarden USD zur Unterstützung des ländlichen Verbrauchers aus. Außerdem wurden besondere Steuervergünstigungen angeboten. Die Familien zahlen nur Steuern für den Boden, was 20% der Steuern ausmacht, die andere Industriezweige zahlen. Der Staat dotiert Zucht, Saatzucht, Bewässerungswirtschaft und Mineraldünger. Gesondert wurde ein Programm zur Entwicklung der ländlichen Gegenden umgesetzt, welches die Verbesserung der Infrastruktur, die Trinkwasserversorgung und den Bau von Schulen und Krankenhäusern vorsieht. Die Landwirte, die nun Besitzer von Produktionsstätten waren, konnten moderne Technologie mieten. Es wurden Gesetze verabschiedet, die für eine systematische Entwicklung des Agrarsektors notwendig waren. Man muss dem Minister für Landwirtschaft, Achmetschan Jessimow, Gerechtigkeit widerfahren lassen, der unbeirrt seine Arbeit zur systematischen Klärung des Problems Dorf durchführt. Als erfahrener Spezialist sowie eine Führungskraft, die sich den Interessen der Menschen widmet, ist er der beste Minister für Landwirtschaft in den Zeiten der Unabhängigkeit. Er hat viel für das Dorf getan und tut das auch heute noch.

Der Umfang der landwirtschaftlichen Gesamtproduktion betrug für das erste halbe Jahr 2006 auf die Republik umgerechnet insgesamt 77,5 Milliarden Tenge, was 3,8% mehr ist, als im gleichen Zeitraum des Jahres 2005.

Gleichzeitig verstehe ich allerdings, dass es viel Arbeit kostet, die weitere Vertiefung der Bodenreformen zu gewährleisten und einen Impuls für den Anfang des Funktionierens eines zivilisierten Grundstückmarktes in Kasachstan zu geben.

Der Staat sollte die Dorfbevölkerung unermüdlich über die grundsätzliche Lage der durchzuführenden Bodenreformen und die Mechanismen ihrer Durchführung informieren. Notwendig sind ein ständig funktionierendes System einer beratend-rechtlichen Unterstützung der Bauern sowie eine Ausarbeitung von Mechanismen, die eine vernünftige Bodennutzung und Erhöhung der Fruchtbarkeit der Böden anregen.

Gegenwärtig wird die Höhe der genehmigten Steuersätze für Ländereien abhängig vom Bonitätsgrad des Bodens bestimmt und nicht von dem Kataster- (Tax-)wert des Grundstückes.

Zur Verhinderung einer unvernünftigen Bodennutzung, eines Verstoßes gegen die Regeln seiner Bestellung und eine Änderung seines Zweckes sind in dem Bodenreformgesetz nur Strafmaßnahmen vorgesehen (Entziehen des Eigentumsrechtes und Bodennutzungsrechtes). Unter den Bedingungen der Marktwirtschaft sind die angegebenen Maßnahmen nicht ausreichend, um den Anreiz zur Sicherung der Fruchtbarkeit der Böden und zur vernünftigen und effektiven Bodennutzung zu verstärken. Einfacher gesagt, wir sollten nicht nur die unvernünftige Nutzung bestrafen, sondern auch einen sorgsamen Umgang mit dem Boden fördern. Denn es ist viel leichter, Regeln nicht zu verletzen, als etwas für die Verbesserung der Böden zu tun.

Es ist wichtig, ein Finanzierungssystem für die Landwirtschaft zu entwickeln. Aufgrund der unzureichenden Grundlage für Pfandleihe und der Verteuerung der Bankzinsen sind Kredite für Hersteller von landwirtschaftlichen Waren immer noch unzugänglich. Mit der Zeit und mit der Entwicklung des Grundstückmarktes werden diese Probleme Schritt für Schritt verschwinden.

Gleichzeitig müssen auch Maßnahmen zur weiteren Entbürokratisierung getroffen werden. So wird jetzt praktisch überall das so genannte „Fensterprinzip" in den staatlichen Organen eingeführt, welches erfolgreich funktioniert. Die Anzahl der notwendigen Genehmigungen wird verringert. Auch die Prozedur zur Ausstellung von Besitzdokumenten für Grundstück auszustellen, wird vereinfacht werden. Dieses Problem hängt mit dem unvollkommenen und doppelten System der Registrierung der Rechte an Immobilien zusammen, das von verschiedenen staatlichen Organen angewendet wird. Mit der Entwicklung der so genannten elektronischen Regierung in Kasachstan wird ein elektronisches Kataster aufgebaut werden, welches für die einfachen Bauern den Erhalt der Dokumente erleichtert, die diese bei der Ausstellung von Dokumenten für das Besitzrecht an Boden benötigen.

Gleichzeitig muss man bei der Durchführung der Reformen die Aufmerksamkeit auch auf die Wirtschaftszweige an sich lenken, da die Landwirtschaft nicht nur ein Wirtschaftszweig ist, sondern auch eine große Menge sozialer Fragen aufwirft. Dieser Zweig wird weiterhin eine besondere Rolle im Leben des Staates spielen. Wenn der Staat die Landwirtschaft unterstützt, muss man gleichzeitig verstehen, dass er durch seine Unterstützung keine Mentalität des finanziellen Abhängigseins schaffen sollte.

Der Staat wird günstige Bedingungen nur dort schaffen, wo es Perspektiven der Entwicklung gibt. Diese Unterstützung wird sich in Investitionen in die Infrastruktur und den sozialen Bereich, und zwar besonders durch den Bau von Schulen, Krankenhäusern, Wegen und Wasserversorgungssystemen, widerspiegeln. Die Bildung einer effektiven Landwirtschaft wird in erster Linie von den Bauernhöfen selbst abhängen sowie von dem Wunsch der Menschen umzulernen und nach den neuen marktwirtschaftlichen Prinzipien zu arbeiten. Als Beispiel für die Bildung einer effektiven Wirtschaft dient folgende Tatsache: In den USA erzeugt ein Landwirt eine Produktion in Höhe von 38 000 USD im Jahr, in Australien in Höhe von 22 000 USD und in Kanada von 17 000 USD. In Kasachstan entfallen auf einen Landarbeiter nur 900 USD im Jahr.

Daher liegt das Hauptziel des Staates in nächster Zeit in der Schaffung von günstigen Bedingungen für das Funktionieren einer privaten, hochproduktiven und wettbewerbsfähigen Agrarindustrie ohne jegliche direkte Einmischung des Staates. Ich bin überzeugt, dass schon in nächster Zeit in der Landwirtschaft zivilisierte Bodenbesitzverhältnisse entstehen, die die Investitionsattraktivität und die ökonomische Effektivität der gegebenen Branche erhöhen.

Wodurch können, meiner Meinung nach, so optimistische Prognosen abgeben werden? Dies sind erstens die Errungenschaften bei der Reformierung der Bodenbesitzverhältnisse: die Einführung von Privatbesitz an landwirtschaftlichen Böden, die Abschaffung der Institution der Unterpacht, die Kodifizierung der Bodenreformgesetzgebung. Zweitens zeigen die Wirtschaftsindikatoren des Agrarsektors in den letzten Jahren ein stabiles Wachstum, was von einer Verbesserung der Lage auf dem Land zeugt, und drittens bedeutete die Verabschiedung des Bodenreformgesetzes nicht die Beendigung der Reformen zu den Bodenbesitzverhältnissen.

Der Entwicklungsprozess hat kein Ende, das bedeutet, dass wir zusammen über die Zukunft nachdenken müssen. So wurde zum Beispiel das Gesetz „Über den Eintrag von Zusätzen in das Bodenreformgesetz der Republik Kasachstan" verabschiedet. Laut diesem werden Ergänzungen in die Artikel 9 und 13 eingetragen, die eine kostenlose Überlassung von Grundstücken an wissenschaftliche Zentren mit internationaler Beteiligung vorsehen sowie eine Kompetenzerweiterung der Regierung des Landes bei der Bestätigung der Bestimmungen zur Überlassung der Grundstücke für den privaten Wohnungsbau.

Jetzt, nach der Einführung von privatem Bodenbesitz, können wir zu wichtigen Maßnahmen zur Verwirklichung des gewählten Landwirtschaftsmodells übergehen, worüber ich an anderer Stelle schon sprach. In diesem Zusammenhang wird der erste und wichtigste Punkt die Erhöhung der Wettbewerbsfähigkeit der landwirtschaftlichen Produzenten sein. Ich spreche sehr oft darüber und nichtsdestotrotz scheint mir manchmal, dass meine Worte von den Bauern bis jetzt nicht richtig verstanden werden. Sie machen sich über den kommenden Eintritt in die WTO Sorgen und über eine Überschwemmung mit Importprodukten. Meiner Meinung nach ist das absurd. Urteilen Sie selbst, unsere Hersteller brauchen sich um den Transport und die Unterbringung ihrer Waren keine Gedanken zu machen, und das senkt die Kosten. Außerdem kennen sie die Verbraucher und den Markt besser. Und das Wichtigste: die Verbraucher kennen sie. Für jede westliche Firma wären diese Vorteile mehr als ausreichend. Senkt die Kosten, erhöht die Qualität, arbeitet mit den Verbrauchern – und beispielsweise kein europäisches Huhn oder Mehl wird unseren Markt erobern. Irgendwelche besonderen Schutzmaßnahmen oder eine strenge protektionistische Politik seitens des Staates machen keinen Sinn. Wir werden nie wieder eine solche Politik verfolgen. Wir werden unsere landwirtschaftlichen Hersteller unterstützen, indem wir Bedingungen für die Entwicklung ihres Geschäftes schaffen, und diejenigen nicht beschränken, die in den kasachstanischen Markt eintreten wollen.

Es gilt diesbezüglich vor allem, den Bereich der Verarbeitung der landwirtschaftlichen Produkte zu entwickeln. Kasachstan ist ein großer Getreideexporteur. Mit der Entwicklung der Getreideverarbeitung aber können wir Exporteur von Endprodukten werden, was viel vorteilhafter ist. Unsere landwirtschaftliche Produktion sollte auf internationale Standards gebracht werden. Einiges ist bereits getan worden für den Aufbau von Clustern zur Verarbeitung von Getreide, Milch, Obst- und Gemüseproduktion und Baumwolle. Große Beachtung werden wir der Entwicklung unserer Agrarwissenschaft schenken.

In Kasachstan herrschen besondere, natürliche und klimatische Bedingungen. Darin liegen unsere Vor- und Nachteile. Ich hoffe, dass unsere Agrarwissenschaftler irgendwann Kulturen schaffen werden, die die Besonderheiten unseres Bodens und unseres Klimas maximal nutzen.

Die zweite Richtung beim Aufbau eines kasachstanischen Landwirtschaftsmodells ist die Entwicklung der ländlichen Gebiete. Ein wesentlicher Aufschwung des Dorfes ist ohne entschiedene Veränderungen in den Lebensbedingungen, in der Lebensqualität und der Lebensweise der Bauern nicht möglich. Daher ist es notwendig, beträchtliche Anstrengungen auf den Aufbau der ländlichen Gebiete zu richten. Das Wichtigste ist, Bedingungen dafür zu schaffen, damit die Bauern ihren Betrieb und ihr Dorf selbst aufbauen. Außerdem werden entsprechend dem Plan, demzufolge Kasachstan zu den 50 am meisten entwickelten Ländern der Welt gehören sollte, neben dem Fonds zur nachhaltigen Entwicklung „Kazyna" und der Holding „Samruk" auch sozial-unternehmerische Korporationen gegründet und für die Entwicklung des landwirtschaftlichen Sektors die nationale Holding „KazAgro" erschaffen.

Wenn man über die grundlegenden Errungenschaften der Bodenreform spricht, darf man das Wichtigste nicht vergessen. Es gibt ein altes Sprichwort: „Wir haben die Erde nicht von unseren Vorfahren geerbt, wir haben sie nur von unseren Nachfahren geliehen." Gerade solch ein Ansatz ist bei der Klärung der Bodenbesitzfrage nötig. Meine Überzeugung liegt in der Auffassung begründet, dass nur ein richtiger Landwirt die Erde behutsam behandelt, um sie in der gebührenden Weise den Nachfahren zu übergeben.

Wenn ich über die Gefühle sprechen soll, die ich in dieser Zeit empfand, dann kann sie wahrscheinlich nur ein Mensch verstehen, der selbst irgendwann einmal derartige Entscheidungen getroffen hat. Ich stimme mit der Meinung vieler herausragender geschichtlicher Persönlichkeiten überein, der Staatsoberhäupter, die über die Einsamkeit von Staatspolitikern sprachen, auf deren Schultern die Verantwortung für das Volk liegt. Auf dem Staatsoberhaupt liegt die ausschließliche Verantwortung für das ganze Land und Volk, welches ihn gewählt hat. Er sollte alles dafür tun, damit sein Land nicht negativ überrascht wird, sondern eine wirkliche Verbesserung der Lage spürt.

Absolut alles „für" oder „gegen" nachrechnen kann man praktisch nicht, in die Zukunft zu blicken ist schwierig, die Vergangenheit kann man nicht mehr ändern. In derartigen Situationen spürt man nur Aufregung und Zweifel. Natürlich gibt es Ratgeber, darunter auch ausländische, es gibt Helfer, es gibt die Regierung, welche Ratschläge geben kann. Nachdem man aber alle Empfehlungen und Meinungen angehört hat, darunter auch manchmal extreme und sich gegenseitig widersprechende, muss man trotzdem wichtige und schicksalsschwere Entscheidungen selber treffen. Darin liegt auch die sehr große Verantwortung und Schwierigkeit des Staatsoberhauptes.

Vertreter der früheren Führungselite, die es gewöhnt waren, in dem alten Land zu arbeiten, wollten und konnten nicht unter den neuen Bedingungen tätig werden. Viele äußerten ihre Bedenken, dass ohne Kolchosen und Sowchosen in Kasachstan der Hunger ausbrechen werde und die Agrarwirtschaft zerstört würde. Die Realität hatte aber das Gegenteil bewiesen. Man musste sich von seinen alten Freunden trennen, mit denen man schon viele Jahre zusammen gearbeitet hatte. Ich konnte sie verstehen, konnte sie aber nicht in den Ämtern lassen, weil sie die Angelegenheit behinderten. Einige von ihnen haben dies verstanden, andere gingen in harte Opposition. Ich empfinde allerdings weder Hass auf die einen noch auf die anderen, noch fühle ich mich gekränkt. Möge die Geschichte über uns urteilen.

Ungeachtet dessen kann man mit gutem Grund behaupten, dass wir dank der durchgeführten Reformen die Ausgangsbasis für eine nachhaltige Entwicklung des Landes gelegt, ein weiteres Wirtschaftswachstum gefördert und den Wohlstand des Volkes verbessert haben.

Im Kern wurde die Institution des privaten Bodenbesitzes zum ersten Mal in der ganzen Geschichte Kasachstans eingeführt – und das ist bezeichnend für Kasachstan. Ich war immer der Ansicht, dass man nicht auf Ideen und Pläne zu verzichten braucht, nur weil sie bisher von niemandem ersonnen wurden. Alles passiert irgendwann zum ersten Mal. So unternahm 1991 der erste Kosmonaut des unabhängigen Kasachstans seinen Flug in das Weltall und eröffnete damit eine neue Epoche der kosmischen Höchstleistungen im Weltall.

Kapitel VIII
Kasachstan – Der Weg zu den Sternen

Zher kindigi – Der Nabel der Welt

Als ich mich an die Ereignisse vor 50 Jahren erinnerte, staunte ich über ein historisches Eintreffen von Umständen, welches sich als sehr symbolisch erwiesen hat. Die Errichtung der Souveränität Kasachstans begann mit dem Kosmos selbst. Unmittelbar vor dem Zerfall der Sowjetunion, im August 1991, wurde im Kosmodrom „Baikonur" die Selbstständigkeit der Republik erklärt, im Oktober desselben Jahres flog der erste kasachische Kosmonaut in das Weltall und die Erklärung über die Unabhängigkeit Kasachstans wurde im Dezember beschlossen. Das bedeutet, dass wir unsere Absicht, ein Nationalstaat zu werden, im Kosmos früher realisierten, als auf der Erde! Darin sehe ich jetzt nach vielen Jahren ein Zeichen von oben.

Meine Beziehung zum Kosmos war und bleibt, wie auch bei vielen Menschen, eine ganz besondere. Dieses große Geheimnis, welches die gesamte Information über das All und außerirdische Zivilisationen und die lebendige Verbindung mit den Geistern der Vorfahren in sich birgt, hat mich immer angezogen und aufgewühlt.

Interessant dabei ist, dass bereits Korkyt-ata der Erde Baikonurs eine besondere kosmische Zukunft vorausgesagt hat. Den überlieferten Legenden und Chroniken zufolge verbrachte Korkyt-ata sein ganzes Leben auf der Suche nach der heiligen Erde und dem ewigen Leben. Schließlich hörte er die folgende Prophezeiung: „Wenn du den Nabel der Welt findest, dann wirst du unter den Lebenden bleiben." Er hielt sich in vielen Ländern des Ostens auf. Er suchte die Erde, wo niemals Krieg, Naturkatastrophen oder Tod herrschen werden. Er glaubte, dass es auf der Welt solch einen heiligen Ort gäbe und besang ihn.

Schließlich kehrte er in seine Heimat zurück, an die Ufer des Syrdarja. Weil er dachte, dass das ewige Leben nur in der Kunst läge, erfand er ein Instrument, die Kobys. Der Legende nach hielt ihn, als er den Teppich in der Mitte des Flusses ausbreitete und auf der Kobys spielte, die Kraft des Qi auf dem Wasser und ließ ihn nicht untergehen. Man sagt, als Korkyt-ata auf der Kobys spielte, gab es keinen Tod, sondern nur glückliches Leben. Einmal schlief er ein, und aus dem Wasser tauchte eine kleine Schlange auf, durch deren Biss der Weise dann auch starb.

Den Philosophen beerdigte man in der Steppe. Vor seinem Tod bekannte er, dass er die heilige Erde trotzdem gefunden habe – die Ufer des Syrdarja. Den Ort seines Todes nannte er „Zher kindigi – den Nabel der Welt". Korkyt-ata erklärte, dass er genau hier die erstaunliche Verbindung mit dem Himmel und dem Allerhöchsten gespürt habe.

Einige Jahrhunderte später wählten sowjetische Wissenschaftler unter Leitung von Sergej Koroljow das hiesige Baikonur für den Bau eines Kosmodroms aus. Einen Ort in der Nähe der Ruhestätte von Korkyt-ata. Sie täuschten sich nicht. Von einigen Dutzenden Kosmodromen ist Baikonur hinsichtlich seiner Lage als das Beste anerkannt. Es befindet sich ausreichend nah am Äquator, nach den Gesetzen der Mechanik wird hier beim Start weniger Brennstoff verbraucht.

Aber im Unterschied zu den Kosmodromen, die sich direkt am Äquator befinden, gibt es hier fast keine Niederschläge. Die Sonne scheint 300 Tage im Jahr.

In der Tat wurde Baikonur zur Wiege der weltweiten Kosmonautik, zum kosmischen Zentrum, zum Hafen der Erde, von dem die Menschen in den Kosmos starteten. Genau hier, auf kasachischem Boden, wurden sie zu Kosmonauten.

Wo aber ist unser kasachischer Kosmonaut? Diese logische Frage tauchte ganz klar und deutlich 1990 in mir als Präsidenten der Kasachischen Sowjetrepublik auf.

Ihre Aktualität wurde besonders deutlich vor dem Hintergrund der großen Veränderungen im Schicksal der UdSSR. Nach vorläufigen Verhandlungen mit den Leitern der Raumfahrt- und Militärbehörden Russlands, welche insgesamt diese Idee unterstützten, machte ich zusammen mit dem Minister für allgemeinen Maschinenbau der UdSSR, Oleg Nikolajewitsch Schischkin, eine spezielle Reise zu dem Kosmodrom.

Es war der 12. Januar 1991. Baikonur empfing uns mit schlechtem Wetter. Als ich die Gangway des Flugzeugs im Flughafen „Krajnij" der Stadt Leninsk hinunterging, sah ich die trostlose Landschaft im Hintergrund von ebensolch grauen Mänteln der Militärführung. Und plötzlich, trotz matschigem und windigem Winterwetter, rannten mir Kinder mit einem Blumenstrauß entgegen. Ein kasachischer Junge, 5 oder 6 Jahre alt, reichte mir leuchtendrote Nelken, und in diesem Moment dachte ich unwillkürlich, dass die Umsetzung der Pläne für Baikonur schon beschlossene Sache ist. Ich drückte dem Jungen, der für mich unerwartet zum Symbol der Zukunft der kasachstanischen Kosmonautik geworden war, dankbar die Hand und strich dem Mädchen, das neben ihm stand und seine Hand hielt, über den Kopf.

Zwei Tage arbeiteten wir in Baikonur. Unser Terminkalender war dicht gedrängt: eine detaillierte Untersuchung der Daten im Kosmodrom, in der Stadt Leninsk, ein Treffen mit den Bewohnern der Baikonur umgebenden Siedlungen Tore-Tam und Akaj, ein Besuch der Weltraumschule der Republik und das Wichtigste: eine politische Erklärung, die ich im Namen Kasachstans über Baikonur abgeben wollte. Auf der Pressekonferenz, an der Journalisten des Zentralen und des Kasachischen Fernsehens teilnahmen, sprach ich über die Absicht Kasachstans, an der Eroberung des Weltalls teilzunehmen, wobei ich allerdings betonte, dass eine Erhaltung und Sicherung des Raumfahrtzentrums nur mit den vereinten Kräften der Sowjetrepubliken möglich sein werde. Die Idee eines neuen, kasachstanischen Status des Kosmodroms lag somit in der Luft, und die unterschiedliche Reaktion der Umgebung war mit bloßem Auge sichtbar. Während meines ersten Besuchs als Präsident von Kasachstan in Baikonur, verfolgten wir die Vorbereitung des Raumtransporters „Progress". Übrigens wurden damals wie heute zwei bemannte Flüge im Jahr durchgeführt, jeweils im Frühling und im Herbst. Ich stellte die Frage nach der Notwendigkeit, dass auch einer unserer Kosmonauten fliegen sollte. Real ging es dabei um den Zeitraum September-Oktober 1991.

Die erste Anlegestelle am Ufer des Weltalls wurde das Kosmodrom „Baikonur". 1954 wurde die Staatliche Kommission zur Wahl des Standortes des Kosmodroms gegründet. Zum Vorsitzenden der Kommission wählte man den Leiter des Testgeländes „Kapustin Jar", Generalleutnant der Artillerie W.I. Wosnjuk. Nachdem die Kommission einige Gegenden des Landes erkundet hatte, äußerte sie den Vorschlag, das Kosmodrom in dem Steppengebiet Kasachstans, östlich des Aralsees, einige hundert Kilometer von dem Ort Baikonur

> *entfernt aufzustellen. Dieser Ort hatte eine Reihe von Vorteilen gegenüber den anderen: er war wenig besiedelt, nicht nur im Umkreis des Kosmodroms, sondern auch entlang der Startbahn der Raketen, eine flache Halbsteppe, es gab den großen zentralasiatischen Fluss Syr-Darja, in der Nähe verliefen die Haupteisenbahnstrecke und Straße, mehr als 300 Sonnentage im Jahr, und das Wichtigste, eine relative Nähe zum Äquator, welche die Möglichkeit gab, die zusätzliche Geschwindigkeit der Erdrotation für den Start zu nutzen.*

Die ganze Zeit hindurch war Baikonur für Kasachstan eine verbotene Zone, jetzt war die Zeit gekommen, dass ein kasachischer Kosmonaut in den Weltraum fliegen sollte. Mein Argument, dass durch das Leben selbst hervorgebracht wurde, war einfach und logisch. Glücklicherweise verstanden viele Leiter der Sowjetführung, dass dieser Flug eine Geste der Gerechtigkeit für die Republik sein werde, von deren Boden aus schon 30 Jahre lang Raumschiffe in das Weltall geflogen waren. Mir war jedoch deutlich bewusst, dass dies der erste, notwendige Schritt Kasachstans dem Kosmos entgegen war, diktiert vom Gebot der Zeit.

Es begann ein nicht einfaches Verfahren, einen Kandidaten für die Mission zu finden. Wir suchten unter den Militärpiloten. Ich bat den Verteidigungsminister der UdSSR, unter den kasachischen und in den Luftstreitkräften dienenden Piloten zu suchen. Man fand zwei oder drei potentielle Kosmonauten, aber keiner stellte sich als geeignet heraus.

Als Kandidaten schlug man Talgat Mussabajew vor, einen Fluglehrer, der einen Höhenrekord in der Klasse der Kleinflugzeuge aufgestellt hatte. Für sein Training hätte viel Zeit eingeplant werden müssen. Die sowjetische Weltraumbehörde wollte unseren Kandidaten nicht gern einsetzen, sie hatte ihre eigenen, die an der Reihe waren. Ich wollte diese Frage aber schnell klären, umso mehr, als dass diese Frage in den schwierigen Verhandlungen mit Michail Gorbatschow und dem Verteidigungsministerium bereits geklärt worden war. Eines Morgens las ich dann in unserer Zeitung, dass sich unser Landsmann, ein Versuchsflieger für Militärflugzeuge, Tochtar Aubakirow, in Tschimbulak befinde. Ich rief ihn sofort zu mir. Was war das für eine Tortur! Einmal hieß es, dass er bereits 45 Jahre alt sei, ein anderes mal, dass er gesundheitliche Probleme habe. Aber ich bestand darauf, dass er flog – und er flog.

Innerhalb von einigen Monaten begann eine Gruppe von führenden Wissenschaftlern der Republik Kasachstan unter Leitung des Präsidenten der Akademie der Wissenschaften der kasachischen SSR Umirsak Sultangasin und Viktor Drobschew in meinem Auftrag das erste nationale Weltraumprogramm Kasachstans zu erstellen. Man muss dazu sagen, dass der wissenschaftliche Teil des Programms schon lange ausgearbeitet war und nur auf seine Sternstunde wartete. In dem Programm für den Flug des ersten kasachischen Kosmonauten galt es, entsprechende Korrekturen vorzunehmen.

Bei der Vorbereitung des Weltraumprogramms war alles festgelegt, die Ausbildung des Kosmonauten gestaltete sich jedoch nicht ganz einfach. Der Flug fand außer der Reihe statt, man hatte nur wenig Zeit für die Vorbereitung und daher wurde der Kandidat T. Aubakirow, der damals den Titel Held der Sowjetunion trug, den er sich als Versuchsflieger der UdSSR verdient hatte, zum Mitglied der Stammmannschaft bestimmt und T. Mussabajew als sein Ersatzmann.

In Zusammenhang mit ernsthaften Veränderungen an den Plänen der Weltraumbehörden

Russlands und des Kosmonautenausbildungszentrums wurden viele Verhandlungen und Konsultationen mit Leitern, Spezialisten und Angehörigen des Militärs durchgeführt. Letztendlich musste ich mich an den Verteidigungsminister der UdSSR, Dmitrij Jasow, und sogar an den Präsidenten der Sowjetunion Michail Gorbatschow wenden, bis diese wichtige politische Entscheidung schließlich getroffen wurde.

Im Februar 1991 kam auf meine Einladung hin eine große Gruppe Wissenschaftler und Weltraumspezialisten nach Alma-Ata, darunter der Generaldirektor der russischen Weltraumbehörde Jurij Koptjew, der Generaldirektor der NPO „Energija", Jurij Semenow, der Direktor des Instituts für Weltraumforschung der UdSSR und andere. In der Akademie der Wissenschaften der Republik fand ein Treffen statt mit dem Ergebnis, dass das erste Weltraumprogramm Kasachstans bestätigt wurde.

Gleichzeitig liefen parallel auch Verhandlungen mit den Leitern der sowjetischen und russischen Behörden zur Organisation der Feierlichkeiten in Baikonur zum 30-jährigen Jahrestag des Weltraumflugs Jurij Gagarins. Unmittelbar vor dem Flug des ersten kasachischen Kosmonauten wurde beschlossen, diese feierlichen Maßnahmen im Kosmodrom unter der Ägide Kasachstans durchzuführen. Ich ließ veranlassen, dass der Ministerrat der Republik die Vorbereitung und Durchführung der Feierlichkeiten in Baikonur unter seine Kontrolle nehme.

Drei Monate lang wurde gigantische Arbeit geleistet.

Am 12. April 1991 fand in Baikonur eine grandiose Show mit Live-Schaltung nach Moskau unter meiner Beteiligung statt. Auf den Straßen der Stadt Leninsk fand ein Umzug mit mehreren Tausend Leuten statt, im Zentralstadion wurden Schauflüge des einzigartigen Transportflugzeugs „Mrija" mit der russischen Trägerrakete „Energija-Buran" an Bord durchgeführt.

Auf einer improvisierten Rennbahn in der Umgebung von Baikonur veranstaltete man Pferderennen, und beim ausverkauften Start des Kosmodroms lief ein Galakonzert mit sowjetischen Schlagerstars.

Mit einem Wort: Das Festival war sowohl hinsichtlich der Maßstäbe als auch der Emotionen kosmisch. Nach Augenzeugenberichten gab es in Baikonur kein grandioseres Schauspiel als das Festival „Stars des Kosmos, des Sports, des Schlagers", das zu Ehren des 30. Jahrestages des ersten Weltraumfluges eines Menschen begangen wurde. Dies war meine zweite Ankunft in Baikonur und ein neuer politischer Schritt Kasachstans in Richtung Kosmos.

Der historische Tag des 2. Oktobers 1991 begann. Dies war bereits mein dritter Besuch in Baikonur in diesem Jahr. Ich erreichte das Kosmodrom um 7 Uhr morgens, um 11.59 Uhr sollte der Start der sowjetisch-österreichischen Mannschaft stattfinden. Innerhalb weniger Stunden nahm der Flughafen „Jubilejnij" auf dem 251. Platz einige Dutzend Flugzeuge in Empfang. Am Kosmodrom kamen der österreichische Kanzler Franz Vranitzky, der Vorsitzende des Obersten Sowjets der UdSSR, Iwan Stepanowitsch Silajew, führende Persönlichkeiten aller sowjetischen Republiken, unzählige Delegierte Russlands, Kasachstans, der Ukraine, Österreichs sowie Vertreter aller Weltraumbehörden des Auslands. Die Aufmerksamkeit auf den Start der internationalen Mannschaft wurde auch aus politischen Gründen erhöht. Mehr als einen Monat zuvor, am 31. August 1991, wurde das Kosmodrom Baikonur, das sich auf dem Gebiet Kasachstans befand, zum Eigentum der Republik Kasachstan erklärt. Daher rührte meine Aufregung nicht nur von dem bevorstehenden Start, sondern auch von den Gedanken an die Zukunft Baikonurs.

2. Oktober 1991, 10 Uhr morgens. Auf den Platz vor den Montage- und Versuchshallen des Startkomplexes „Sojus" traten die folgenden Kosmonauten: der Russe Alexander Wolkow, der

Kasache Tochtar Aubakirow und der Österreicher Franz Viehböck. In ihren Weltraumanzügen mit einigen Kilogramm Ausrüstung sahen sie wie unbeholfene Kinder aus, die ihre ersten unsicheren Schritte auf der Erde machen.

Der Kommandant, Oberst Wolkow, erstattete dem Vorsitzenden der Staatlichen Kommission genau Bericht über die Bereitschaft der Mannschaft zum Start. Da verstand der Vorsitzende der Staatskommission, General Wladimir Iwanow, offenbar die Wichtigkeit des Augenblicks, schaute mich zuerst an und reichte dann das Mikrofon an Aubakirow weiter und gab ihm damit die Möglichkeit, ein paar Worte zu sagen.

Ohne Scheu meldete Tochtar auf kasachisch: „Sehr geehrter Herr Präsident! Der Kosmonaut Aubakirow ist zum Flug in den Weltraum von kasachstanischem Boden aus bereit", und ich nickte ihm aufmunternd zu.

Alles verlief nach Plan. Ich blieb zusammen mit den Gästen bei allen Etappen der Vorbereitung zum Start dabei und begleitete die Kosmonauten selbst zur Rakete. Ich wünschte ihnen und auch dem Generaldirektor der NPO „Energija", Jurij Semenow, und dem Leiter des Kosmodroms „Baikonur", Generalleutnant Aleksej Schumilin, die zur Kontrolle des Starts im Bunker blieben, viel Erfolg und fuhr zum Beobachtungspunkt Nr. 18.

Dieser kleine Beobachtungsplatz war geschmückt mit Flaggen, rundherum erstreckten sich Jurten, daneben das lebende Symbol des kasachstanischen Weltraums, ein kleines weißes Kamel und von überall war Volksmusik zu hören. Alles rundum erinnerte an ein kleines feierliches Aul. Es blieben nur noch ein paar Minuten bis zum Start. Ich musste den beharrlichen Bitten der Journalisten nachgeben und das Geschehen kommentieren. In meinem Interview mit der Presse betonte ich besonders: „Ich denke, dass wir in Zukunft unter Beteiligung aller Republiken der Sowjetunion in den Weltraum expandieren sollen, weil das Kosmodrom heute wohl unsere einzige Priorität im weltweiten ökonomischen Wettbewerb ist." Der neben mir auf dem Beobachtungspunkt stehende Vorsitzende des Obersten Sowjets der UdSSR, Iwan Stepanowitsch Silajew, fügte hinzu: „Ich unterstütze Sie voll und ganz, Nursultan Abischwitsch. Gerade wurde eine neue Wirtschaftsform gegründet (damit war die Gründung der GUS gemeint), dies ändert die Situation der Zukunft des Kosmodroms und der Eroberung des Weltalls. Hier befinden sich gerade alle führenden Persönlichkeiten der Republiken. Unter diesen Umständen ist es sehr wichtig, dass sie selbst die Möglichkeiten, das Potenzial und die Grandiosität von Baikonur gesehen haben."

Und dann wurde über Lautsprecher bekannt gegeben, dass der Start in der nächsten Minute beginnen würde. Ich überprüfte die Uhrzeit und zum Zeichen der Unterstützung sagte ich zu den neben mir stehenden Verwandten von Tochtar: „Gute Reise!" Ringsumher herrschte ungewöhnliche Stille, zu hören waren nur die deutlichen Kommandos: „Schalter auf Start, Zündung, Start!"

Tausende Augen richteten sich auf die Startposition, auf der das von einer Metallkonstruktion umhüllte Raumschiff „Sojus TM-13" aufgestellt war. Die Sicht war glasklar. Da verschwanden die Bauernbetriebe und in weißen Rauchwolken stieg ein riesiger Feuerball in die Höhe, der das Schiff mit sich trug. Die Rakete überwand die Erdanziehung und strebte feierlich dem Himmel entgegen. Nur kurze Zeit später erreichte uns ein gewaltiges Getöse, das die Erde erschütterte.

Es ist ein besonderes Gefühl, wenn ein Mensch die reale Macht des Weltalls und die Einheit der Menschen vor dem Kosmos spürt. Wir alle erschienen gleich vor dieser kosmischen Naturgewalt, wurden zu einer großen Familie der Erdbewohner, die ihre Söhne auf eine weite und gefährliche Reise verabschiedete.

Ich hatte auch schon früher die Gelegenheit, einen Start ins Weltall zu beobachten, aber dieser Flug war natürlich etwas Besonderes. Jemand klatschte in die Hände. „Noch zu früh, erst nach dem Eintritt in den Orbit", sagte ich zu dem Unerfahrenen.

Die Rakete verschwand in dem klaren herbstlichen Himmel Baikonurs. Niemand ließ sie aus den Augen, alle schauten nach oben und beobachteten die Flugbahn des Schiffes. Die allgemeine Aufregung übertrug sich auch auf mich, ich versuchte aber, ruhig auszusehen.

Iwan Stepanowitsch Silajew beugte sich so weit runter, in der Hoffnung, die Rakete unter dem Schutzdach des Beobachtungspunktes zu sehen, so dass er beinahe auf dem Geländer lag. Diese Fernsehbilder mit den „lebendigen" Aufnahmen gingen damals um die ganze Welt.

Ungefähr 10 Minuten lang schauten alle gespannt in den Himmel, obwohl das „Sternchen" schon verschwunden war und nur einen weißen Kondensstreifen hinter sich ließ.

Die Tribünen leerten sich, alle rannten auf den freien Platz, um einen besseren Blick zu haben.

Nur einer, der Moskauer Metropolit Pitirim, blieb auf seinem Platz und schaute nachdenklich in die Ferne. „Wahrscheinlich hat er sich mit eigenen Augen davon überzeugt, wie sehr wir Menschen eins sind vor Gott und vor dem Kosmos", nahm ich an.

Und dann, endlich, rief der Radiosprecher, indem er seinen offiziellen Tonfall änderte: „Die Abkopplung hat stattgefunden! Das Schiff wurde auf die Umlaufbahn gebracht!"

In die Stille platzte der Beifallssturm. Alle ringsum umarmten sich, küssten sich, viele hatten Tränen in den Augen. Kanzler Vranitzky und ich nahmen unzählige Glückwünsche entgegen und waren gemeinsam glücklich: Der Weg zu den Sternen war von unseren Ländern gegangen worden!

Den Traditionen der kasachischen Gastfreundschaft gemäß verwandelte sich am 2. Oktober 1991 der Gagarin-Startkomplex dank der Bemühungen des Exekutivkomitees des Gebietssowjets von Kyzylorda und der örtlichen Vollzugsbehörde in ein farbenfrohes Jurten-Städtchen. Es gab dabei nicht nur viel zu essen und zu trinken, sondern auch Schauspieler in Folklore, Geschenke, Souvenirs und, als wichtigster Punkt, den Geist der von meinem kasachischen Volk gerechterweise verdienten Festlichkeit. Dieser warme Herbsttag in Baikonur ging in die Annalen der kasachstanischen Kosmonautik ein.

Einige Zeit später gab ich genau hier zusammen mit dem österreichischen Kanzler Franz Vranitzky auf dem Gebiet des Beobachtungspunktes eine Pressekonferenz für die Journalisten, auf der ich nochmals betonte: „Baikonur ist nicht nur das Eigentum der Sowjetunion, der Schatz des ganzen Landes, sondern auch unsere Stärke in der Welt."

Selbst hier erklärte ich, dass auf meine Anordnung hin in Kasachstan eine Behörde zur Erforschung des Weltraums gegründet werden wird, die unter der Leitung einer Akademie der Republik gestellt wird. Im Rahmen der Konversion stand uns die Aufgabe bevor, die Möglichkeiten des Weltraumkomplexes auf die wirtschaftlichen Interessen Kasachstans hin auszurichten.

Allen war klar, dass das Budget des Landes den Bedarf der Weltraumbehörden nicht decken kann, und das bedeutete de facto das Aus für die Weltraumprojekte. Daher sagte ich, indem ich mich an die im Kosmodrom anwesenden führenden Vertreter aller Republiken wandte: „Man muss alles Mögliche dafür tun, dass die Arbeiten in Baikonur nicht aufhören."

Ich erinnere mich gut, wie der erste Funkkontakt mit unserer sowjetisch-österreichischen Mannschaft stattfand. Die Arbeiter des ZUP, die mein Gespräch aus Alma-Ata mit der Raumstation „Mir" sicherstellten, verbargen ihre Verwunderung nicht: Der Präsident des Landes möchte selbst mit den Astronauten sprechen. Meine Ansprache an die internationale Mannschaft war einfach, menschlich, und man kann sogar sagen väterlich.

Ja, ein Sohn des kasachischen Volkes war zum ersten Mal im Weltall, und ich war ganz offen stolz darauf. Tochtar, mit dem ich mich in unserer Muttersprache unterhielt, erzählte mir, wie schön unsere Erde vom Kosmos aus sei und welche Experimente er zur Erforschung des Gebiets Kasachstans durchführt. Die Mannschaft hat sich im ganzen sehr gut verstanden, war fröhlich und witzig, und wie der Flugleiter des Flugkontrollzentrums, Wladimir Solowjew, später bemerkte, arbeiteten die Jungs im Orbit ohne eine einzige Panne, was nicht nur viel über die Professionalität, sonder auch über die gute Atmosphäre im Kollektiv sagt.

Baikonur, das schwierige Kind

Baikonur ist wirklich ein Kind der Sowjetunion. Nach der „Parade der souveränen Staaten", auf der Kasachstan als letzter lief, zeigte sich jedoch, dass unseren früheren Sowjetrepubliken nicht nach dem Weltall zumute war. Wirklich halten können das Kosmodrom nur Russland, dessen grundlegende Weltallprogramme mit Baikonur verbunden sind, und Kasachstan, das kraft historischer Umstände zu seinem Eigentümer wurde.

Die neue Form der exekutiven Gewalt des jungen souveränen Staates, die Institution der Verwaltungschefs, wirkte sich auch auf die Stadt Leninsk aus. Im Februar 1992 wurde auf meine Anordnung hin Witalij Brynkin der in der Geschichte Baikonurs erste Verwaltungschef der Stadt Leninsk.

Das administrative Zentrum des Kosmodroms, die Stadt Leninsk, erhielt daraufhin den Status einer Stadt von wichtiger Bedeutung für die Republik, und die es umgebenden Siedlungen Tore-Tam und Akaj gehörten nun zu dieser Stadt.

Ungeachtet aller Schwierigkeiten in der Übergangsphase, wurden gerade zu dieser Zeit die Grundlagen für die Gründung eines Gemeindeamtes gelegt und die Staatsorgane der Republik Kasachstan entstanden. Darüber hinaus fand eine aktive Entwicklung der kasachstanischen gesellschaftlichen Organisationen im Kosmodrom statt. Die hellblaue Flagge unserer Republik wehte selbstsicher über Baikonur.

Am 25. Februar 1993 wurde die Agentur der Weltraumforschungen der Kasachischen SSR in die Nationale Raumfahrtagentur der Republik Kasachstan umgewandelt, zum Generaldirektor wurde der erste kasachische Kosmonaut Tochtar Aubakirow ernannt. Sofort wurde in Baikonur die Verwaltung der Raumfahrtagentur Kasachstans mit dem gleichlautenden Titel „Kosmodrom Baikonur" gegründet.

Diese zwei Jahre kasachstanischer Verwaltung in Baikonur erlaubten vielen unserer Landsmänner, das Kosmodrom zu sehen sowie das früher abgesperrte Objekt der kasachstanischen Presse zu zeigen, da es eine der ideologischen Aufgaben dieser Zeit war, die Möglichkeiten des Weltraumkomplexes auf die ökonomischen Interessen Kasachstans zu lenken. Im Sommer 1993 erreichte das Kosmodrom eine große Delegation kasachstanischer Journalisten, die hier eine auswärtige Sitzung des Journalistenverbandes Kasachstans organisierten.

Baikonur brauchte Schutz und Unterstützung, weil die interessierten Massenmedien alle Probleme der Übergangsperiode sowie des ökonomischen und sozialen Rückgangs überall in der ganzen GUS der Ohnmacht der kasachstanischen Vollzugsbehörden an den örtlichen Stellen zuschrieben. In den zentralen Fernsehkanälen Russlands zeigte man schreckliche Bilder vom Verfall Baikonurs, wobei man indirekt das ambitionierte Kasachstan als den Schuldigen bezeichnete.

Die Zeit und die Umstände diktierten ihre Forderungen. Man musste kurzfristige Maßnahmen zum Erhalt des Weltraumkomplexes ergreifen, der aufgrund der Kürzung der finanziellen Mittel von russischer Seite anfing, baufällig zu werden. Die Stadt Leninsk bezog ihren ganzen staatlichen Unterhalt von Kasachstan, die Budgetmittel zum Erhalt der Stadt von sowjetischer Bedeutung reichten nicht aus. Außerdem begann die Krise des „menschlichen Faktors", die Baikonur ernsthaft zerstören konnte.

Menschen, ausgezeichnete und unersetzbare Spezialisten der Weltraumtechnik, Romantiker und Patrioten des Weltraumhafens zum All, begannen Baikonur zu verlassen und in ihre historische Heimat aufzubrechen. Der Grund für die Migration trug keinen nationalen Charakter, die Menschen suchten einfach ein besseres Leben und Stabilität.

Inzwischen beschäftigte sich die Nationale Raumfahrtagentur der Republik weltweit mit der aktiven Suche nach Partnern für eine gemeinsame Aktivität im Weltraum. Die Idee, auf der Basis von Baikonur eine Internationale Weltraumgesellschaft zu gründen, wurde zum Hauptanliegen in ihrer Arbeit. Aber die Zeit verging, und als tatsächliche Gefährten auf dem Weg der Entwicklung der Weltraumaktivitäten und der Übernahme Baikonurs stellten sich wieder nur Russland und Kasachstan heraus.

Am 28. März 1994 fassten der Präsident der Russischen Föderation, Boris Nikolajewitsch Jelzin, und ich einen einzigartigen und wichtigen Entschluss zu Baikonur und unterschrieben eine zwischenstaatliche Vereinbarung „Über die grundlegenden Prinzipien und Bedingungen bei der Nutzung des Kosmodroms Baikonur", in welchem zum ersten Mal in der Geschichte zwei souveräne Staaten vor die Frage gestellt wurden, den Weltraumkomplex zu pachten.

Als der russische Präsident und ich diesen Beschluss verkündeten, ging durch den Georgijewski-Saal im Kreml ein Ausruf des Erstaunens.

Die Russen waren zufrieden, weil dies für sie der einzige annehmbare Ausweg für die Weiterführung der Arbeiten war. Die Kasachen, die nun schon einige Jahre die Idee einer Internationalen Weltraumgesellschaft durchdacht hatten, waren enttäuscht. Außerdem rief bei vielen bereits der Begriff „Pacht" Unverständnis hervor. Ich hörte, wie die Spezialisten bewiesen, dass die Pacht nur die Objekte des Kosmodroms und der Technik betreffen sollten, aber nicht die Menschen. In der Tat stießen alle Probleme gerade auf diesen „menschlichen Faktor" selbst. Das Kosmodrom von der Stadt trennen konnte man nicht, und letztendlich fanden wir die Formulierung „Weltraumkomplex", die alle Objekte des Kosmodroms und der Stadt Leninsk zusammen mit den Einwohnern beinhaltete. Nur unter solchen Umständen waren die Russen zu einem weiteren Aufrechterhalten Baikonurs bereit, und unsere Seite akzeptierte sie. Ich verstehe gut, dass moralisch gesehen meine Landsleute in Baikonur verletzt sein konnten, aber die Notwendigkeit, das wissenschaftlich-technische und intellektuelle Potenzial des Weltraumkomplexes zu sichern, war sogar den staatlichen Interessen Kasachstans übergeordnet, denn dies war eine Aufgabe mit Weltbedeutung. Außerdem hatten wir Kasachen noch viel von den Russen zu lernen, welche eine sehr große Erfahrung bei der Entwicklung der Weltraumaktivitäten hatten.

Die kasachstanisch-russische Vertragsgrundlage zum Komplex „Baikonur" hat seine Besonderheit. Sie besteht darin, dass die unterzeichneten und ausgearbeiteten neuen Vereinbarungen nicht nur und nicht so sehr die gemeinsame Weltraumaktivität als solche betrafen, sondern hauptsächlich alle Seiten der Lebenstätigkeit des Komplexes „Baikonur" unter den Bedingungen seiner Pacht durch die Russische Föderation. Dabei muss man unter dem Komplex „Baikonur" alle Objekte des Kosmodroms „Baikonur" und der Stadt Bajkonyr verstehen, welche die Tests, die

Technologie, die Wissenschaft, die Produktionstechnologie, Soziales und die Versorgung beinhalten. In der Stadt Baikonur wohnen nicht nur russische Staatsbürger, sondern auch Bürger der Republik Kasachstans, deren soziale Rechte man auch mithilfe von entsprechenden bilateralen Vereinbarungen regeln muss.

Der nächste, praktische Schritt zur Festigung unserer Beziehungen mit dem Hauptpartner bezüglich Baikonur bestand in der Vereinbarung zwischen der Regierung der Republik Kasachstan und der Regierung der Russischen Föderation, auf deren Grundlage am 10. Dezember 1994 der Pachtvertrag des Weltraumkomplexes „Baikonur" mit einer Frist von 20 Jahren und einer Verlängerung um 10 Jahre unterzeichnet wurde. In der Präambel dieses Dokumentes wiesen die Seiten auf die historische Bedeutung dieses Schrittes für Russland und Kasachstan hin und betonten den gegenseitigen Wunsch, eine weitere Entwicklung der Weltraumforschung in den Interessen beider Staaten sicherzustellen.

Der Pachtbetrag für die Nutzung des Kosmodroms belief sich auf 115 Millionen USD pro Jahr. Zum Organ, das die Tätigkeit der Seiten regulierte, wurde eine Unterkommission zum Komplex „Baikonur" durch eine zwischenstaatliche Kommission zur Zusammenarbeit zwischen der Republik Kasachstan und der Russischen Föderation bestimmt.

Ich habe oft lange über das nicht einfache Schicksal von Baikonur nachgedacht. In ihm lebten die kosmischen Höhen und die irdischen Probleme Hand in Hand, es lag stets im Zentrum der zwischenstaatlichen Interessen, und ließ keine der beiden Seiten eine führende Position einnehmen. Dieses Geschöpf der großen Sowjetunion wurde zum gemeinsamen, schwierigen, aber geliebten Kind Russlands und Kasachstans, das niemals zu erkennen gibt, wer ihm näher und lieber ist.

Nur die Zeit konnte zum wichtigsten Richter werden. Sowohl die 15 Jahre, die seit dem Raumflug unseres ersten kasachischen Kosmonauten vergangen sind, und die 12 Jahre, die seit dem Tag der Unterzeichnung des Pachtvertrages vergangen sind, haben die Richtigkeit der getroffenen Entscheidung bewiesen. In diesen Jahren hat Russland den Hauptstartplatz zur Durchführung seiner grundlegenden Weltraumprogramme erhalten und modernisiert.

Kasachstan hat, dank enger Zusammenarbeit mit den Russen, die Raumflüge zweier Kosmonauten gewährleistet, einen von Tochtar Aubakirow, der das erste nationale wissenschaftliche Programm im Weltraum durchgeführt hat, und Talgat Mussabajew, der drei Mal einen Raumflug im Interesse der Republik Kasachstan gemacht hat und zum Rekordhalter bei der Aufenthaltsdauer im Orbit geworden ist.

Wenn ich über die Errungenschaften Kasachstans im Weltraum spreche, dann möchte ich hier besonders die Rolle des Helden Russlands und des Volkshelden Kasachstans, des Flieger-Kosmonauten beider Länder, Talgats Mussabajews, hervorheben. Seine Geschichte, wie er Kosmonaut wurde, wiederholt auf erstaunliche Weise die Geschichte Baikonurs. Er war Kasache und wurde russischer Staatsbürger, um seine Arbeit im Weltraum fortsetzen zu können. Nach seinem ersten Flug 1994, als T. Mussabajew als Bordingenieur ein halbes Jahr im Orbit wachte, wurde ihm zusammen mit dem Kosmonauten Jurij Malentschenko die höchste Auszeichnung Russlands verliehen. Bevor er sein Training für den zweiten Raumflug begann, beriet er sich mit mir. Talgat wollte als Kommandant der Mannschaft fliegen. Dafür aber musste er gemäß dem Gesetz der Russischen Föderation „Über den Weltraum" die russische Staatsbürgerschaft annehmen.

Die wissenschaftlichen Experimente, die von ihm während des ersten Fluges durchgeführt wurden, galt es fortzusetzen.

Argumente gab es viele, aber die ethische Frage der Staatsbürgerschaft machte ihn ratlos. Ich zerstreute aber seine Zweifel: „Du bist und bleibst Kasache, für die Ausführung des Weltraumprogramms Kasachstans musst du aber auf diese Bedingungen eingehen." Bei allen drei Flügen zeigte Mussabajew Mut und Heldentum. Ich wunderte mich nicht, als ich erfuhr, dass Mussabajew de facto die Orbitstation „Mir" während des zweiten Fluges 1998 in einer Extremsituation rettete. 2001 wurde gerade er beauftragt, den ersten Weltraumtouristen der Erde, den amerikanischen Millionär Dennis Tito, in den Orbit „zu eskortieren". Außer der Erfüllung der Weltraumprogramme beider Länder, gelang es Talgat bei der ersten Möglichkeit die Aufmerksamkeit auf Kasachstan zu lenken. Das war seine Gratulation an das internationale Festival „Asia dauysy", ein Lied des großen Abaj aus dem Kosmos sowie die Teilnahme an der Präsentation Astanas, der neuen Hauptstadt Kasachstans.

Die Bewohner der Stadt erinnern sich wahrscheinlich an diesen besonders aufregenden Moment, als sie Glückwünsche aus dem All auf kasachisch erhielten. Die erste Flagge im Orbit, das vom kosmischen Licht angestrahlte Buch der Moslems „Der Koran", eine Handvoll kasachischer Erde, die in der Schwerelosigkeit war, all dies ist mit dem Namen Talgat verbunden.

Sowohl während der Flüge im All, als auch nach Beendigung der Arbeiten im Orbit war Mussabajew immer da, wo man ihn brauchte.

Auch heute noch, nach Beendigung seiner aktiven Fliegerei, erfüllt er als Leiter des gemeinsamen russisch-kasachstanischen Unternehmens „Bayterek" seine verantwortungsvolle Aufgabe zum Aufbau eines neuen Raketenweltraumkomplexes. Bei der Ernennung zu diesem verantwortungsvollen Posten wurde wieder die russisch-kasachstanische Mentalität Mussabajews berücksichtigt.

Auch darüber, was man über die Nachfolger denken sollte, sagte er laut und deutlich seine Meinung. 1997 wandte sich Mussabajew an mich mit einem Bericht darüber, was die Ausbildung der Kandidaten für die Arbeit als Kosmonaut in die Länge zieht.

Danach wurde eine Arbeitsgruppe gebildet, die sich mit der Auswahl beschäftigte. Von 800 Menschen kamen nur 4 durch die medizinischen Prüfungen, die wichtigste medizinische Prüfung in Moskau allerdings bestanden nur Muchtar Ajmachanow und Ajdyn Aimbetow, die dann auch zum Training in das Sternenstädtchen geschickt wurden.

Den ersten Weltraumflug auf der KK „Sojus TM-19" vollbrachte T. Mussabajew am 1. Juli 1994, der als Bordingenieur zusammen mit J. Malentschenko und W. Poljakow 126 Tage im Orbit arbeitete. Zwei Mal gelang ihm der Ausstieg in den freien Weltraum mit einer Dauer von insgesamt 11 Stunden und 7 Minuten.

Vom 29. Januar bis 25. August 1998 dann der zweite Weltraumflug als Kommandant der KK „Sojus TM-27" und OK „Mir" nach dem Programm EO-25 (NASA-7/"Pegas") zusammen mit N. Bugarin und L. Eyharts (Frankreich, bis 19. Februar 1998), und auch A. Thomas (USA bis 8. Juni 1998). Während des Fluges stieg er fünf Mal in den freien Weltraum mit einer Gesamtdauer von 30 Stunden 8 Minuten. Die Dauer des Fluges betrug 207,5 Tage.

Vom 28. April bis 6. Mai 2001 machte er den dritten Raumflug als Kommandant der KK „Sojus TM32) zusammen mit J. Baturin (Bordingenieur) und dem ersten Weltraumtouristen, dem Amerikaner Dennis Tito.

Ich kehre zur chronologischen Erzählung zurück und erinnere ich mich an das Jahr 1995. Der zwischenstaatlichen Vereinbarung zufolge änderte sich der Status der Stadt Leninsk. Jetzt war sie, wie auch zuvor, administrativ-territoriale Einheit der Republik Kasachstan, für die Zeit der Pacht aber wurde ihr der Status einer Stadt von für die Russische Föderation von föderaler Bedeutung verliehen. Dies bedeutete, dass sie sich unter der Jurisdiktion der RF befand, die Finanzierungsquellen waren ebenfalls russisch. Die Verfassungsrechte der Bürger Kasachstans, die in der Stadt Leninsk wohnten, vertritt ein spezieller Vertreter des Präsidenten Kasachstans im Kosmodrom „Baikonur". Durch meinen Beschluss wurde im Januar 1995 für dieses neue Amt ein Veteran Baikonurs gewählt – der Erbauer des Kosmodroms Ergazy Nurgalijew.

Allmählich kam das Leben der Stadt und des Kosmodroms in Gang. Im Herbst 1995 wandten sich die Bewohner Baikonurs mit der Bitte an mich, die Stadt Leninsk in die Stadt Baikonur umzubenennen. Gegen Ende des Jahres wurde die Entscheidung angenommen, die Stadt erhielt ihren eigentlichen kasachischen Namen Baikonur.

> *Zusammen mit dem Kosmodrom begann am 5. Mai 1955 der Bau der Expertensiedlung, anfangs als Siedlung „Sarja" bezeichnet, später aber, in Abhängigkeit von der politischen Lage wurde mehrmals der Name geändert: Taschkent-90, die Siedlung Tjura-Tam, die Siedlung Leninks, Swesdograd, die Stadt Leninsk (21.Juni 1966) und schließlich am 20. Dezember 1995 erhielt sie ihre heutige Bezeichnung, die weltweit bekannt ist: die Stadt Baikonur. Die heutige Stadt Bajknour ist ein modernes sozial-kulturelles und administratives Zentrum, das mit Recht als Oase in der Wüste bezeichnet werden kann. Die Infrastruktur der Stadt ist vertreten mit 1200 Objekten und Anlagen, der Wohnungsfonds beläuft sich auf 367 Wohnblöcke mit einer Gesamtfläche von mehr als einer Million m^2. In der Stadt gibt es 13 allgemein bildende Schulen, 9 Vorschuleinrichtungen, eine Filiale des Moskauer Luftfahrtinstituts, eine Ingenieurschule für elektronische Funktechnik, eine medizinische und technische Berufsschule. Die Einwohnerzahl der Stadt Baikonur beläuft sich auf ungefähr 80 000. Die Einwohner Baikonurs begehen 16 russische und kasachische Feiertage im Jahr.*

Heute funktionieren in der Stadt Baikonur neben russischen Strukturen auch kasachstanische Organe der staatlichen Verwaltung, welche die Jurisdiktion der Republik Kasachstan und die Verfassungsrechte der Bürger Kasachstans sicherstellen, deren Zahl mehr als die Hälfte der Einwohner Baikonurs darstellt.

In den russischen Betrieben und den Einrichtungen der Stadt und des Kosmodroms arbeiten mehr als 7000 Bürger der Republik Kasachstan. In den vergangenen 12 Jahren ist die Anzahl der Schulen mit kasachischer Unterrichtssprache in Baikonur von 1 auf 6 gestiegen, was heute die Hälfte aller schulischen Einrichtungen der Stadt darstellt.

Eine der Pachtbedingungen war die kasachstanische Kaderausbildung für die Arbeit in der Weltallforschung. Dieser Frage wird besondere Aufmerksamkeit geschenkt. Im Laufe der letzten 5 Jahre haben, einer Quote des Bildungsministeriums der Republik Kasachstan zufolge, mehr als 100 Menschen die Abteilung des Moskauer Luftfahrtinstituts in der Stadt Baikonur erfolgreich abgeschlossen. Dank der Bemühungen des Ministeriums stieg 2006 die Anzahl der auf Staatskosten Studierenden auf 100. In der 40-jährigen Geschichte der Ingenieurschule für elektronische Funk- und Nachrichtentechnik Baikonurs fanden Hunderte von Absolventen, Bürger der Republik Kasachstan, eine geeignete Arbeit in Baikonur.

> *Heutzutage ist das Kosmodrom „Baikonur" ein mit Technik gefüllter wissenschaftlich-technischer Komplex. Zur Bodeninfrastruktur des Kosmodroms gehören 11 Montage- und Versuchskomplexe zur Montage und Durchführung von Tests der Flugkörper, der Raketenträger und Booster, 9 Startkomplexe (14 Startvorrichtungen), 8 Schachtstartvorrichtungen, 4 Auftank- und Neutralisationsstellen zum Auftanken der Flugkörper und Booster mit Brennstoff und Druckluft, 2 Flugplätze, 1 Messkomplex im WZ und 5 Messpunkte.*
>
> *Außerdem zählen zur Infrastruktur Baikonurs 360 km Fernheizsystem, 470 km Eisenbahnlinien, mehr als 1200 km Straßen und 2500 km Telefonleitungen.*
>
> *In Baikonur arbeiten 13 Zentren für die Nutzung und Testversuche der Weltraumraketentechnik. In den Jahren seit Bestehen des Kosmodroms wurden ungefähr 2500 Raketen für die Weltraumerforschung und für militärische Zwecke, mehr als 3000 Flugkörper und Satelliten gestartet, in den Orbit starteten mehr als 150 russische und ausländische Kosmonauten.*
>
> *Wenn man über das heutige Kosmodrom „Baikonur" spricht, sollte man erwähnen, dass es hier die Möglichkeit gibt, 5 Typen von Trägerraketen zu starten. In Betrieb befinden sich 9 Startkomplexe mit 15 Startvorrichtungen für Trägerraketen der leichten („Zyklon-2"), der mittleren („Proton-K") und der superschweren („Energija") Klassen und 34 technische Komplexe zur Vorbereitung der Raketen und Flugkörper.*

Wenn man insgesamt den Gang der Entwicklungen bei der Raumfahrtaktivität Kasachstans analysiert, kann man diesen bedingtermaßen in mehrere Etappen einteilen.

Die erste, welche die Jahre 1991-1994 umfasst, trug einen stark ausgeprägten nationalen Charakter: Zwei kasachische Kosmonauten flogen ins Weltall, womit die Durchführung des ersten Raumfahrtprogramms Kasachstans begann.

Die zweite, normativ-grundlegende Etappe im Zeitraum von 1994 bis 2004, war untrennbar mit der ökonomischen und politischen Lage des Weltraumkomplexes verbunden. Während dieser Periode wurden zwischen der Republik Kasachstan und der Russischen Föderation mehr als 30 zwischenstaatliche Verträge und Vereinbarungen abgeschlossen, welche die Weltraum- und sozial-rechtliche Aktivität unter den Pachtbedingungen des Komplexes „Baikonur" regeln.

Die dritte, 2005 beginnende, würde ich als Etappe der aktiven und praktischen Entwicklung der Weltraumaktivität in Kasachstan bezeichnen. Über diese möchte ich gern genauer sprechen, da sie auch unsere Perspektiven auf diesem Gebiet beinhaltet.

Der kosmische Baum Kasachstans – „Baiterek"

Im Januar 2004 unterzeichneten der russische Präsident Wladimir Putin und ich während seines offiziellen Besuches in Kasachstan eine Vereinbarung zur Verlängerung der Pachtfrist des Kosmodroms Baikonur bis zum Jahre 2050, was langfristige Weltraumprogramme beider Seiten bedeutet. Ungefähr ein Jahr später, am 25. Januar 2005, bestätigte ich durch meinen Erlass das staatliche Programm zur Entwicklung der Weltraumaktivität in der Republik Kasachstan für die Jahre 2005-2007. In Übereinstimmung damit begann die Durchführung des gemeinsamen russisch-kasachischen Projektes „Baiterek" zum Bau eines Raketen-Weltraumkomplexes mit hohen Anforderungen an die ökologische Sicherheit und an den Umweltschutz.

Bis zum heutigen Zeitpunkt wurden Arbeitsplanprojekte für den Bau von Technik- und Startkomplexen ausgearbeitet, wie auch ein Arbeitsplan für den Aufbau von Anlagen, technischen Systemen und der technologischen Ausstattung des RKK „Baiterek".

Auf dem Startplatz Nr. 200 des Kosmodroms „Baikonur", auf dem der RKK „Baiterek" aufgebaut werden wird, sind die Ingenieurs- und Forschungsarbeiten und ebenso die Arbeiten abgeschlossen, welche die Festlegung der Liste der Anlagen PU Nr.40, die nicht mehr der Pacht unterliegen und dem gemeinsamen Unternehmen übergeben werden, betreffen. Mit den wichtigsten russischen Organisationen, die an der Durchführung des Projekts teilnehmen, geht die Abstimmung der Verträge gemäß den Listen zur Durchführung der Arbeitsumfänge weiter.

> *Das gemeinsame kasachisch-russische Unternehmen „Baiterek" wurde gegründet, um den neuen ökologisch sicheren Weltraum- und Raketenkomplex „Baiterek" auf der Grundlage der Objekte der Raumfahrtinfrastruktur des Kosmodroms „Baikonur" zu bauen. Darüber hinaus sollte in Zukunft das RKK „Baiterek" nicht nur für die Durchführung kommerzieller Weltraumprogramme und -projekte genutzt werden, sondern auch für die Durchführung nationaler Weltraumprogramme der Republik Kasachstan und der Russischen Föderation.*
>
> *Durch die Verwirklichung des vorhandenen Investitionsprojektes erhält die Republik Kasachstan gute Möglichkeiten für die Entwicklung seiner nationalen Raumfahrtindustrie und des Weltraumprogramms, für die Nutzung einer aussichtsreichen ökologisch reinen und allen internationalen Standards entsprechenden Raketenweltraumtechnik und für die Schaffung neuer Arbeitsplätze.*
>
> *Der Weltraum-Raketenkomplex „Baiterek" ist prädestiniert für den Start von Raumflugkörpern unterschiedlicher Bestimmung im Interesse der Durchführung der Weltraumprogramme Russlands und Kasachstans, ebenso der kommerziellen Programme auf niedrigen, mittleren und hohen kreisförmigen und elliptischen Umlaufbahnen (darunter auch sonnensynchroner, geostationärer, polarnaher und zwölfstündiger), aber auch auf Abflugbahnen zu den Planeten des Sonnensystems. Von sehr großem Interesse ist der Start von Nachrichtensatelliten gemäß dem nationalen Weltraumprogramm der Republik Kasachstan für die Durchführung verschiedener Aufgaben.*

Aktive Arbeit leistet das im März 2005 gegründete nationale Unternehmen „Kazkosmos", das 9 Weltraumprojekte anbietet, wovon eines – die Gründung eines spezialisierten Ingenieurbüros für Raumfahrttechnik gemeinsam mit der russischen Weltraumkorporation „Energija" – im Kosmodrom verwirklicht werden wird.

Von dem Unternehmen werden Arbeiten zum Bau eines Kommando-Messkomplexes der Republik Kasachstan auf dem Truppenübungsplatz „Sary-Schagan", eines nationalen Raumfahrtsystems für die Fernsondierung der Erde sowie eines kosmischen Apparates für wissenschaftliche Zwecke und eines Multifunktionssystems für einen persönlichen Nachrichtensatelliten durchgeführt. Ebenso wurde ein Vorentwurf und eine technisch-wirtschaftliche Grundlage des Luftfahrt- und Raketen-Raumfahrtkomplexes „Ischym" realisiert.

Anfang 2006 wurde noch ein Objekt des staatlichen Programms zur Entwicklung der Raumfahrtaktivität in der Republik Kasachstan für 2005-2007 in Betrieb genommen – das in Astana befindliche Zentrum zur Abbildung von Flugdaten der vom Kosmodrom „Baikonur" startenden Trägerraketen.

Das Zentrum für astrophysikalische Forschungen erzielte besondere Ergebnisse bei der Durchführung wissenschaftlicher Forschungen im kosmischen Bereich. Dies betrifft wissenschaftliche Forschungsarbeiten zur Mitarbeit beim Aufbau eines internationalen Systems zur Strahlungsüberwachung des Weltraums, zur Ausarbeitung eines Projekts eines komplexen Programms zur Durchführung wissenschaftlicher Forschungen und Experimente der Republik Kasachstan an Bord der internationalen Raumstation und zur Durchführung komplexer Forschungen zur Untersuchung von optischen Erscheinungen in der oberen Atmosphäre und zu anderen Untersuchungen.

Wir müssen heute unser einheimisches Potenzial der Raumfahrtaktivität in Baikonur konzentrieren, um hier ein Zentrum der Raumfahrtindustrie zu bilden.

Zu diesem Zweck wurden in der Stadt Baikonur Filialen der Nationalen Behörde „Kazkosmos" und SP „Baiterek" gegründet, die bereits tätig sind. Außerdem findet eine Umverlegung der strukturellen Unterabteilungen des Zentrums für astrophysikalische Forschungen statt.

> *Kosmische Forschungen haben in Kasachstan eine lange Tradition. 1950 wurde das Fesenkowa-Astrophysikalische Institut zur Durchführung astrophysikalischer Beobachtungen und theoretischer Forschungen galaktischer und außergalaktischer Objekte – der Sterne und Planeten des Sonnensystems – gegründet. Seit 1983 ist das Institut der Ionosphäre tätig, welches sich nicht nur mit der Erforschung der Mechanismen der Sonne-Erde-Beziehungen, der dynamischen Prozesse, welche die Wechselwirkung der verschiedenen Sphären (Atmosphäre, Ionosphäre, Magnetosphäre) bestimmen, sondern auch mit dem Überwachen und der Prognose des kosmischen Wetters über der kasachischen Region beschäftigt.*
>
> *Am 12. August 1991 wurde auf Initiative des Akademiemitgliedes U. Sultangasin in der Republik das Institut für kosmische Forschungen gegründet, das sich auf die Schaffung von Methoden und Technologien der kosmischen Überwachung und ökologischer Prognostizierung konzentriert.*

Den nächsten realen Schritt Kasachstans, dem Klub der Weltmächte im Weltraum beizutreten, bildete der Start des ersten kasachischen Satelliten „KazSat".

Um an diesem bedeutenden Ereignis teilzunehmen, fuhr ich am 18. Juni 2006 zusammen mit dem Präsidenten Russlands Wladimir Putin nach Baikonur.

Planmäßig am 18. Juni um Punkt 4.44 Uhr startete vom 200. Startplatz des Kosmodroms die Trägerrakete „Proton-K", an deren Bord sich der erste Satellit Kasachstans befand. Wladimir Wladimirowitsch beobachtete zum ersten Mal den Start einer Rakete von Baikonur. Symbolisch ist, dass dies der Start von „KazSat" war, der durch die gemeinsame Zusammenarbeit möglich geworden ist.

Entgegen der Erwartungen der Presse kommentierten wir den erfolgreichen Start nicht, da die Hauptarbeit des Satelliten im Orbit erst nach einer gewissen Zeit beginnen sollte.

Um 20 Uhr desselben Tages kam an der Bodenstation in Akkola das Signal des Satelliten an, dass die Antennen der Relaisstation ausgefahren wurden, was bedeutete, dass der kosmische Apparat betriebsbereit war. Erst nach Abschluss von zweimonatigen Kontrollen des Satelliten im Orbit, welche russische Spezialisten gemeinsam mit unseren kasachischen Mitarbeitern des Bodenflugleitsystems in Akkola durchführten, wurde „KazSat" durch Kasachstan in Betrieb genommen.

„KazSat" besitzt 12 aktive Transponder, von denen 4 ununterbrochenen Fernsehfunk gewährleisten, und außerdem 8 Funkkanäle zum Fixieren der Verbindung im Frequenzbereich BRTK Ku und BRTK 72 Mhz. Die Übermittlung des Signals gewährleisten die Bodenstation und das Funküberwachungssystem, die sich auf dem Gebiet von Kasachstan in Akkola befinden, 100 km von Astana entfernt, und das qualifizierte, in Russland ausgebildete Personal.

Der Satellit erfasst auf seinem Orbit durch seine Satellitenverbindung und Übertragung der Fernsehkanäle das gesamte Gebiet Kasachstans, ebenso die Gebiete Sibiriens und des Wolgagebietes.

> *„KazSat" durchlief Tests der Flugkonstruktion auf dem Orbit 92 Grad östlicher Länge und wurde dann auf den Orbit 103 Grad östlicher Länge gebracht, wo er in Betrieb genomen wurde. Diese Orbitposition ist für Russland reserviert und wird vereinbarungsgemäß bis 2021 Kasachstan für den Betrieb übergeben.*

Zum ersten Mal in den Jahren, in denen der Weltraumkomplex „Baikonur" unter den Pachtbedingungen arbeitet, nimmt Kasachstan an der Entwicklung der Infrastruktur der Stadt und des Kosmodroms teil. Nach den Arbeitsaufenthalten des Premierministers der Republik Kasachstan Danial Achmetows in Baikonur wurde der Beschluss zum Bau eines nationalen Ausbildungszentrums, der Modernisierung des gemeinsamen Gebäudes für die kasachischen Weltraumbehörden Kasachstans und auch einiger Wohnhäuser für kasachische Spezialisten gefasst.

Ich möchte die Aufbauarbeit des Premierministers des Landes Danial Achmetows zur Durchführung des Industrialisierungsprogramms Kasachstans und des Wohnungsbaus hervorheben. Er ist immer aktiv, arbeitet erfolgsorientiert und hat viel Mühe für die Verwirklichung des Entwicklungsprogramms der Raumfahrtaktivität unseres ersten Nachrichtensatelliten und des Baus des Komplexes „Baikonur" aufgewendet.

Der Fokus des Staatlichen Programms zur Entwicklung der Raumfahrtaktivität in der Republik Kasachstan liegt auf der Ausbildung und Weiterbildung von den Fachleuten. Bereits heute wird im Rahmen des Präsidentenprogramms „Bolaschak" die Ausbildung der Raumfahrtberufe an ausländischen Hochschulen Russlands, der USA, Großbritanniens, Frankreichs, Deutschlands, der Niederlande, Kanadas und Chinas angeboten. Zum gegenwärtigen Zeitpunkt beläuft sich die Anzahl der Stipendiaten auf dem Gebiet der Raumfahrt auf ungefähr 100.

Zum Thema Ausbildung der Kosmonauten gibt es noch folgendes anzumerken: Zwei kasachische Kosmonautenanwärter haben den gesamten Raumfahrtkurs der Kosmonautenausbildung im staatlichen russischen wissenschaftlichen Gagarin-Kosmonautenausbildungszentrum abgeschlossen und warten auf die Entscheidung über ein Flugprogramm.

Die Frage, wie man das globale Satellitennavigationssystem GLONASS benutzt und einsetzt, wurde in meinem Auftrag und in dem des russischen Präsidenten von einer gemeinsamen kasachisch-russischen Expertengruppe ausgearbeitet und in der Regierung der Republik Kasachstan vorgestellt.

Mit einem Wort: Es wird heute konsequente und zielgerichtete Arbeit zur Entwicklung der Raumfahrtaktivität im Land geleistet.

In den letzten zwei Jahren waren Wladimir Putin und ich schon zweimal in Baikonur. 2005 nahmen wir an den Feierlichkeiten zum 50-jährigen Bestehen des Weltraumkomplexes Baikonur teil. Als ich vor den Bewohnern Baikonurs, allesamt verdiente Bürger im Raumfahrtbereich Russlands und Kasachstans, eine Rede hielt, erinnerte ich daran, dass Anfang 2004 von uns das Dokument zur Verlängerung der Pacht des Komplexes „Baikonur" bis 2044 unterzeichnet wurde, und der Beschluss zur gemeinsamen Durchführung der Raumfahrtprogramme und der Ausbildung der kasachischen Kosmonauten und Raumfahrtspezialisten gefasst wurde. Außerdem betonte ich: „Auf diese Weise haben Wladimir Wladimirowitsch und ich das Leben unserer Generation und die gemeinsame Arbeit im Kosmodrom Baikonur bestimmt. Ich betrachte dies wirklich als ein Prinzip, als einen Ort und Beweis unserer ewigen Freundschaft."

Meine Worte wurden mit tosendem Beifall bekräftigt. Ich war für dieses Verständnis dankbar. Die Bewohner von Baikonur sind ein besonderes Volk, sie freuen sich aufrichtig darüber, dass das Kosmodrom in den zuverlässigen Händen der zwischenstaatlichen und beiderseitig vorteilhaften Zusammenarbeit Kasachstans und Russlands liegt und seine Zukunft der persönlichen Kontrolle der Staatschefs unterliegt.

Insgesamt hat mich die Reise nach Baikonur begeistert, die erste seit der Verpachtung des Komplexes. Ich war 11 Jahre nicht im Kosmodrom gewesen und sah, dass sein Geist dort unverändert herrscht. Bildlich gesprochen, dieses schwierige und Gottesgaben besitzende Kind – Baikonur – ist jetzt zu einem starken, klugen und gebildeten jungen Mann mit mutigen Zukunftsplänen herangewachsen.

Musste er auch schwierigste Prüfungen bestehen, sie haben ihm nur mehr Geduld, Kraft und Glauben gegeben, und Kasachstan kann als ein Elternteil zu Recht auf ihn stolz sein.

In den letzten Jahren sind sowohl in der Republik Kasachstan an sich, wie auch im Kosmodrom „Baikonur" grundlegende positive Veränderungen realisiert worden. Heute haben wir in Kasachstan eine entwickelte Marktwirtschaft und in kürzester Zeit haben wir erfolgreich Reformen durchgeführt, was ein stabiles Wirtschaftswachstum des Landes sicherstellte.

Kasachstan ist heute eins der sich am dynamischsten entwickelnden Länder der Welt. Begonnen wurde der Bau eines prinzipiell neuen Wirtschaftssystems, eine industriell-innovative Strategie wird umgesetzt, die auf eine Diversifikation der Wirtschaft gerichtet ist, und es wurde eines der progressivsten Finanzsysteme auf dem postsowjetischen Gebiet aufgebaut. Kurs genommen wurde auf ein Wirtschaftsmodell mit vorrangigen Industriezweigen, die ein ökonomisches Potenzial der Wettbewerbsfähigkeit besitzen. Auf der Tagesordnung stehen weiter Modernisierung, Demokratisierung, Integration und die Zugehörigkeit Kasachstans zu den 50 wettbewerbsfähigsten Ländern der Welt.

Mit diesem strategischen Ziel geht die Aufgabe der Entwicklung der Raumfahrtaktivität in der Republik Kasachstan einher. Das Wirtschaftswachstum des Landes war die Grundlage für die Ausarbeitung und Durchführung der kosmischen Programme. Das erste Staatliche Programm zur Entwicklung der Raumfahrtaktivität in der Republik Kasachstan für die Jahre 2005-2007 wurde verabschiedet und wird im Moment umgesetzt. In meinem Auftrag wird auch ein langfristiges Programm zur Entwicklung der Raumfahrtaktivität Kasachstans bis 2020 ausgearbeitet.

> *Die Republik Kasachstan ist zum gegenwärtigen Zeitpunkt ein Subjekt des internationalen Raumfahrtrechtes.*
>
> *1995 wurde Kasachstan als Mitglied des UN-Komitees für die friedliche Nutzung des Weltalls aufgenommen. 1997 schloss sich die Republik Kasachstan den 5 grundlegenden internationalen UN-Abkommen zum Kosmos an:*
> *– dem Vertrag über die Grundsätze zur Regelung der Tätigkeiten von Staaten bei der Erforschung und Nutzung des Weltraums einschließlich des Mondes und anderer Himmelskörper, vom 27. Januar 1967*
> *– Übereinkommen über die Rettung und die Rückführung von Raumfahrern sowie die Rückgabe von in den Weltraum gestarteten Gegenständen, vom 22. April 1968*
> *– Übereinkommen über die völkerrechtliche Haftung für Schäden durch Weltraumgegenstände, vom 29. März 1972*
> *– Übereinkommen über die Registrierung von in den Weltraum gestarteten Gegenständen, vom 14. Januar 1975*
> *– Übereinkommen über die Tätigkeit der Staaten auf dem Mond und anderen Himmelskörpern, vom 18. Dezember 1979*

Heute strebt unsere Republik dahin, ihren Platz in den Reihen der Weltmächte im Weltraum einzunehmen. Zum gegenwärtigen Zeitpunkt laufen internationale Verfahren zur Angliederung der Republik Kasachstans an das Kontrollsystem der Raketentechnologie, was der Republik Kasachstan ermöglicht, ein gleichberechtigter Teilnehmer an der internationalen Raumfahrtaktivität zu werden.

In der letzten Zeit sind in der weltweiten Raumfahrtindustrie große Veränderungen vor sich gegangen, die mit der steigenden internationalen Zusammenarbeit auf dem Gebiet der Eroberung und Nutzung des Weltraums und mit der rasanten Globalisierung und Kommerzialisierung der Raumfahrtaktivität zusammenhängen.

Viele Staaten, darunter auch Kasachstan, haben die Wichtigkeit der geopolitischen Interessen im Weltall verstanden, was dazu führte, dass die Eroberung und Nutzung des Weltraums heute zu einer der vorrangigsten Belange in der nationalen Politik geworden sind.

Die Erforschung und Nutzung des Weltraums spielen eine immer größer werdende Rolle in der wirtschaftlichen, wissenschaftlich-technischen und sozialen Entwicklung unseres Staates.

Anfang Oktober 2006 haben wir in der Republik den 15. Jahrestag des Weltraumfluges des ersten kasachischen Kosmonauten in der breiten Öffentlichkeit feierlich begangen. Diesem Ereignis war das internationale Forum „Ergebnisse und Perspektiven der Entwicklung der Raumfahrtaktivität der Republik Kasachstan" gewidmet, das in Astana auf Initiative des Ministeriums für Bildung und Kultur durchgeführt wurde. Eingeladen waren zu dem Forum Delegationen der Föderalen Raumfahrtagentur Russlands, des russischen Kosmonautenausbildungszentrums, der russischen Raumfahrtkorporation „Energija", der russischen Flugzeugbau-Korporation „MiG", der höheren russischen Schukowskij-Militär-Ingenieurakademie, des Weltraumkomplexes „Baikonur", Gäste aus Österreich, Wissenschaftler aus Kasachstan und Vertreter der Raumfahrtbehörden und

–organisationen der Republik, mit einem Wort, alle, die mit dem Aufbau und der Durchführung des ersten nationalen Raumfahrtprogramms Kasachstans in Beziehung stehen.

Mit diesem Treffen wurden all diejenigen in Dankbarkeit gewürdigt, die für Kasachstan den Weg in den Weltraum geebnet haben.

Für uns alle, die Bewohner des Planeten Erde, wird der 12. April 1961 für immer der gemeinsame Tag des Aufbruchs der Menschheit in das Weltall bleiben, denn nicht umsonst wird dieser Tag der Internationale Tag der Luft- und Raumfahrt genannt. Im Kalender des souveränen Kasachstans, wie auch bei vielen anderen an den Raumfahrtflügen teilnehmenden Staaten, gibt es keinen nationalen Tag der Raumfahrt. Dieser Tag, als der Staat zum ersten Mal seinen Bürger in den Weltraum schickt, wird aber zum historischen Datum und zum Beginn der Aufzeichnungen der Raumfahrt des Landes.

Die Geschichte der Unabhängigkeit Kasachstans begann mit der Geschichte der kasachischen Raumfahrt, und dies ist eine symbolische Tatsache.

Die in den letzten 15 Jahren von Kasachstan unternommenen Schritte bei der Eroberung des Weltraums sind wie eine kosmische Erdumkreisung. Vor unserem Land liegen neue Höhen über der Erde, in deren Zentrum selbst – zher kindigi – der mächtige Baiterek, der kosmische Baum Kasachstans, seine Wurzeln geschlagen hat.

Kapitel IX
Die neue Hauptstadt der neuen Epoche

Die neue Hauptstadt der neuen Epoche 243

Zugegebenermaßen gehört Poesie nicht gerade zu meinen Stärken, aber wenn ich an den Umzug der Hauptstadt von Almaty nach Astana denke, dann taucht immer eine einzige Zeile aus dem Gedicht von Olzhas Sulejmenow in meinem Kopf auf: „Man muss die Steppe erhöhen, ohne die Berge zu erniedrigen." Für mich hat diese Zeile einen ganz neuen Sinn bekommen. Gerade diese äußerst schwierige Aufgabe haben wir uns gestellt: eine neue Hauptstadt in der Steppe zu bauen, und dabei (in vielem aber auch dafür) die wunderschöne Stadt in dem Vorland des Alatau-Gebirges zu bewahren.

Der Gedanke an einen Umzug und Bau der neuen Hauptstadt kam mir bereits schon lange, schon in dem lang zurückliegenden Jahr 1992, damals aber habe ich ihn mit keiner Silbe erwähnt, da die Wirtschaft Kasachstans es nicht erlaubte, das Gedachte zu verwirklichen.

Jetzt aber, wenn ich die Straßen Astanas entlangfahre, ergötze ich mich an ihr. Wie auch viele Bürger Astanas habe ich hier das wunderbare Gefühl gewonnen, zu Hause zu sein, was ganz einzigartig ist. Das Gefühl der Freude und Ruhe. Das Gefühl, dass sogar die Laternen zuzwinkern und die Bäume mit den Zweigen über den Kopf streichen. Wissen Sie, mir scheint es immer, dass all diese Gebäude nicht schnell genug gebaut werden, obwohl die Baufristen wirklich erstaunlich sind: denn vor nicht langer Zeit war hier noch unbebautes Gelände! Vor nicht langer Zeit war hier noch die Stadt Akmola.

1992, ein Jahr nach der Wahl des Präsidenten Kasachstans durch das ganze Volk, kam ich in Akmola an. Ich stand auf der alten Brücke über den Ischym und schaute auf den Fluss. Mir gefiel es immer, dass es in der Stadt einen Fluss gab.

Ein Fluss gibt einer Stadt ein besonderes Kolorit und Bedeutung. Zum Beispiel befindet sich bei uns Atyrau am Ural, am Syrdarja liegt Kyzylorda, am Tobol Kostanaj sowie am Irtysch Pawlodar. Wie viele Hauptstädte der Welt wurden an Flüssen gebaut: Sankt-Petersburg an der Newa, Moskau am Fluss Moskwa, Paris an der Seine, London an der Themse. Außerdem befindet sich Akmola im Zentrum Kasachstans und ganz Europas.

Davon zu träumen, eine neue Hauptstadt zu bauen, und den Traum zu verwirklichen, das sind zwei verschiedene Dinge. Dabei erschien die Verwirklichung als eine so unrealistische Sache, dass man nur auf sich selbst und ein Wunder hoffen konnte.

Die Gründung und das Entstehen unserer neuen Hauptstadt sind in meinem Buch „Im Herzen Eurasiens" detailliert beschrieben. Ich wollte dort die Geschichte selbst, wie es zu der Entscheidung über den Umzug kam, in dem Kontext der Fragestellung beschreiben, welche Rolle unsere neue Hauptstadt beim Entstehen eines unabhängigen Kasachstans spielt.

Auf der neuen Entwicklungsetappe des Landes sollte die neue Hauptstadt nicht nur die wichtigste Stadt des Landes werden, welche die kasachstanische Nation vereint, sondern auch eine lebhafte Wirtschaftsaktivität gewährleisten und zu einer ökonomischen Megapolis Eurasiens werden. Ausgehend von diesen Faktoren, mussten wir den Standort der Hauptstadt in das Zentrum von Transportadern legen. Nicht weit entfernt muss sich Industrie befinden und die entsprechenden qualifizierten Führungskräfte vorhanden sein. All diese für eine Hauptstadt nötigen Parameter und Merkmale besaß Akmola.

Mehrmals wurde verlautbart, dass es hier in der Steppe praktisch unmöglich sei, eine moderne Stadt zu bauen, dass ein Aufschwung dieser Gegend nur in der sowjetischen Periode mit der Neulandgewinnung begann.

Das Gebiet des heutigen Astana war jedoch zu allen Zeiten bewohnt. Wenn man die alten und modernen Forscher sorgfältig durchliest, dann ist es nicht schwierig, sich davon zu überzeugen, dass die Steppen Akmolas immer ein Verbindungsgebiet waren, in dem verschiedene Ethnien und Kulturen zusammenwirkten. Noch in der Mitte des ersten Jahrtausends vor unserer Zeitrechnung führte durch diese Weiten der so genannte Steppenweg, der von dem antiken griechischen Historiker Herodot erwähnt wurde.

1998 wurde von Archäologen die mittelalterliche städtische Siedlung Bosok, 5 Kilometer von Astana entfernt, entdeckt. Gerade durch das Gebiet des heutigen Astanas führte im 16. Jahrhundert der Karawanenweg von Sibirien nach Zentralasien. Bosok war die Hauptstadt des Kiptschak Khanats.

Die zweite Epoche des Aufschwungs in der Geschichte Akmolas ist verbunden mit der sowjetischen Periode. Dank der günstigen geographischen Lage wurden zur Zeit der Sowjetmacht in Akmola Haupteisenbahnlinien gebaut, die die Angliederung der Stadt an die Haupteisenbahnlinie der Sowjetunion und die aktive Einbeziehung des Transportflusses förderten. Dies führte seinerseits zu einer breiten Entwicklung der Industriezweige und verwandelte Akmola in einen riesigen Transportknotenpunkt.

Während des Großen Vaterländischen Krieges war Akmola nicht nur der ökonomische, sondern auch der militärische Verkehrsknotenpunkt der Sowjetunion. Hier wurden eine Kavallerie- und drei Schützendivisionen aufgestellt. Hierher wurden Betriebe und die Bevölkerung aus den Frontgebieten des Landes evakuiert und hier wurden Lazarette mit tausenden Verletzten aufgebaut.

Einen neuen Impuls in der Entwicklung aller Wirtschaftsbereiche gab der Stadt die „Episode der Neulandgewinnung". In den 1950-1960er Jahren begannen in der Stadt die Maschinenbaubetriebe, die Baumaterial- und Energieindustrie, die Leicht- und Nahrungsmittelindustrie, die Industrie aller Transportarten sowie die Nachrichten- und Telekommunikation ihre Arbeit. Landwirtschaftliche, pädagogische, medizinische und Bauingenieurschulen sowie eine Reihe von Fachschulen und Schulen wurden eröffnet.

1961 wurde Akmolinsk in Zelinograd umbenannt und zum Zentrum der Neulandregion, zu der einige größere Bezirke der Republik gehörten. Bereits zu der Zeit erörterte die Sowjetregierung unter Nikita Chruschtschow die Möglichkeit, die Hauptstadt Kasachstans nach Zelinograd zu verlegen.

Nach dem Zerfall der Sowjetunion erlangten die Republiken ihre Souveränität und das Recht, ihre eigene Geschichte zu schreiben. Die Verlegung der Hauptstadt Kasachstans nach Zelinograd, jetzt Astana, wurde zum eigenen Neuanfang einer neuen Epoche in der Entwicklung des Staatswesens Kasachstans. Indem die Stadt zu Astana wurde, eröffnete sie die dritte Epoche in ihrer Geschichte, und im folgenden Kapitel werde ich erzählen, wie diese Epoche begann.

Beschlussfassung zur Verlegung der Hauptstadt Kasachstans

Bevor ich die Idee, die Hauptstadt zu verlegen, bekannt gab, führte ich Gespräche mit dem Parlament und überreichte ihm die Entwürfe meiner Rede. Als Antwort hörte ich oft bissige Bemerkungen: „Was gefällt Ihnen an Almaty nicht? Sie sollten lieber Lohn und Renten pünktlich zahlen."

Am 6. Juli 1994, als ich auf der Plenarsitzung des Obersten Sowjets der Republik Kasachstan meine Rede hielt, trug ich die Idee einer Verlegung der Hauptstadt zur Beurteilung der Parlamentarier vor. Für eine Verlegung der Hauptstadt Kasachstans argumentierte ich damit, dass Almaty weder unter ökonomischen, noch geographischen Aspekten den Anforderungen an die Hauptstadt eines unabhängigen Staates entspreche. Mit einer Bevölkerungszahl, die ich der 1,5 Millionenmarke annäherte, war sie hinsichtlich der räumlichen Proportionen und der Unterbringung wenig zukunftsträchtig. Man musste das Gebiet Almatys vergrößern, aufgrund der hohen Dichte der Gebäude und der großen Enge auf den freien Plätzen jedoch gab es einfach keinen Platz, die Stadt zu verbreiten.

Außerdem wäre ein Neubau von Häusern im Hinblick auf die Erdbebentätigkeit im Vergleich zu anderen Städten Kasachstans wesentlich teurer geworden. Als souveräner Staat jedoch benötigten wir neue Verwaltungsgebäude, für die es früher keine Notwendigkeit gab: ein Gebäudekomplex für das Parlament der Republik Kasachstan, für das Außenministerium, für das Verteidigungsministerium, für Banken und andere Organisationen, darunter auch Botschaften ausländischer Staaten.

Zweifellos ist Almaty die schönste Stadt des Landes. Besondere Schönheit verleiht ihr das Alatau-Gebirge. Ich bin selbst in der Nähe von Almaty geboren und aufgewachsen und liebe diese Stadt. Die Interessen des Landes und objektive Faktoren standen jedoch über allen persönlichen Beweggründen. Almaty als Hauptstadt hatte wirklich ihre Nachteile, welche nicht behoben werden konnten. So wurde die ökologische Situation der Stadt von Jahr zu Jahr schwieriger. Hinsichtlich der Luftverschmutzung, besonders im Winter, belegte die frühere Hauptstadt den ersten Platz unter allen kasachstanischen Städten. Ihre Straßen und Luft wurden nur mit Mühe mit der fast 150 000 fachen Armada an verschiedensten Transportmitteln fertig. Der Flughafen, der sich praktisch innerhalb der Stadtgrenze und in einer Zone häufiger Nebel befand, unterbrach öfter den Luftverkehr.

Hinsichtlich der Bevölkerungsdichte sind die nördlichen Bezirke im Vergleich zu den südlichen wesentlich weniger besiedelt. Es war ökonomisch und sozial vorteilhafter, die Migrationsströme in andere Regionen Kasachstans umzuleiten. Die neue Hauptstadt sollte sich den großen Industriezentren mit großen Perspektiven annähern und nicht ein breites Spektrum an Begrenzungen besitzen.

In meinem Auftrag wurde eine gründliche Untersuchung im ganzen Gebiet der Republik durchgeführt, um den optimalsten Standort für die neue Hauptstadt des Staates zu bestimmen. Die Hauptstadt sollte 32 Kriterien erfüllen. Unter diesen Kriterien waren die wichtigsten: die sozial-wirtschaftlichen Indikatoren, das Klima, die Landschaft, die Erdbebentätigkeit, die Umwelt, das Vorhandensein und Perspektiven der Entwicklung einer Ingenieur- und Transportinfrastruktur, Versorgungsleitungen, der Baukomplex und Arbeitsressourcen.

Anfangs reizte uns die Idee, die Hauptstadt direkt im Zentrum unseres Landes aufzubauen. Genau im Zentrum Kasachstans, das ist Dsheskasgan und Ulytau, wo sich früher die Hauptquartiere der Khane befanden. Dort, wo sich inmitten der Steppe die Berge auftürmten. In den vergangen Jahrhunderten trafen sich in Ulytau die kasachischen Stämme aus allen Enden Kasachstans, aus dem Westen und Norden, aus dem Süden und Osten. Hier „wurde die kasachische Nation gleichsam gefestigt."

Heutzutage gibt es allerdings in Ulytau nichts: kein Wasser, keine Eisenbahn, keine Hauptverkehrsstraßen und auch keinen Flughafen. Um die Hauptstadt nach Ulytau zu verlegen, wären Unsummen von Geldern nötig gewesen. Die neue Stadt an einem solchen Ort aufzubauen wäre noch schwieriger geworden.

Ich habe auch an Karaganda gedacht. Diese Stadt kannte ich gut, Karaganda war für uns, die wir in Temirtau arbeiteten, das Zentrum der Zivilisation. Die Stadt aber arbeitet auch unter Tage und der Erdboden senkt sich beständig, es gibt Probleme mit der Wasserversorgung und der Ökologie.

Die dritte Hauptstadtvariante wäre Aktjubinsk gewesen. Damit wäre man aber weit von der östlichen Region des Landes entfernt gewesen. Wir sind ja von dem Vorschlag Almaty abgekommen, weil wir ihn für eine süd-östliche Sackgasse hielten, Aktjubinsk aber wäre für andere Regionen des Landes eine nord-westliche Sackgasse gewesen.

So oder so, die Ergebnisse der Analyse zeigten, dass von allen Varianten Akmola die beste war. Der Zustand der Stadt und ihr Gebiet erlaubten es, jede Art von Architektur umzusetzen. Akmola befand sich fast im geographischen Zentrum von Kasachstan, in der Nähe von wichtigen wirtschaftlichen Regionen und an der Kreuzung großer Transportwege. Dort wohnten damals ungefähr 200 000 Menschen, und dem bestehenden Generalplan entsprechend war die Möglichkeit vorgesehen, die Anzahl der Bewohner bis 400 000 zu erhöhen. Mit der Zeit aber übertraf der Anstieg der Einwohnerzahl der Stadt bekanntermaßen all unsere Erwartungen. Heute wohnen allein nach offiziellen Angaben in Astana mehr als eine halbe Million Menschen, de facto aber sind es wesentlich mehr.

Akmola war das Zentrum des Neulandgebietes, was ebenfalls für die Möglichkeit sprach, ihr den Status einer Hauptstadt zu verleihen. Darüber hinaus wurde diese Entscheidung bereits, wie ich schon erwähnte, von der sowjetischen Staatsführung unter N. Chruschtschow überprüft. Daher wurden schon damals viele solide Verwaltungsgebäude gebaut, der Palast der Kultur, der Palast der Jugend und andere, die auch heute noch genutzt werden.

Auch der Zustand des Lebensversorgungssystems der Stadt warf wenig Fragen auf. Hier war die Wärme- und Gasversorgung gut angelegt, jegliche Probleme mit der Wasserversorgung beseitigte der Bau des hinsichtlich der Länge nicht großen Kanals „Irtysch-Karaganda". Zu dem allem kam noch hinzu, dass in Akmola die Transportinfrastruktur gut entwickelt war und eine normale ökologische Situation vorherrschte, die sich bis zum heutigen Tage erhalten hat.

Der Vorgang, die Hauptstadt zu verlegen, war nicht eine Sache, die sich im Nu erledigen ließ, aber war generell wie geplant bis zum Jahr 2000 abgeschlossen. Nach Abschluss der notwendigen Vorbereitungsarbeit zogen in erster Linie die wichtigsten staatlichen Organe und auch eine Reihe der wichtigsten Ministerien und Behörden nach Akmola um.

Nach den anfänglichen Einschätzungen der Architekten hielt man es für zweckmäßig, das Verwaltungszentrum der Hauptstadt gesondert, und zwar am südlichen Stadtrand, auf einer Fläche von 300-400 Hektar zu bauen. Später aber, als der japanische Architekt Kisho Kurokawa den Wettbewerb für die städtebauliche Gestaltung der Hauptstadt gewann, wurde der Plan geändert, und die Stadt begann am linken Ufer des Flusses Ischym zu wachsen. Der Chefarchitekt

Kisho Kurokawa sagte damals: „Das beste Schriftzeichen erhält man, wenn man es auf einem leeren Blatt Papier malt." Das linke Ufer des Flusses Ischym war hinsichtlich der Maßstäbe und des Malerischen für einen Aufbau des neuen Hauptstadtzentrums besser geeignet. Das diplomatische Corps wurde ebenfalls innerhalb der Stadtgrenzen auf der linken Uferseite untergebracht.

In der ersten Zeit wurden, wie erwartet, einzelne Ministerien und Behörden in an die neue Hauptstadt angrenzende Städte der Republik verlegt. Man ging davon aus, dass die Verlegung der Hauptstadt die intensive Entwicklung der innovativen und technologisch ausgereifte Produktionen, des fortschrittlichen landwirtschaftlichen Maschinenbaus und eines breiten Netzwerks der verarbeitenden Agrarindustrie in den nördlichen Gebieten anregen werde. Wir wollten mit Akmola nicht nur ein neues gesellschaftlich-politisches, sondern auch ein wirtschaftliches, geschäftliches, wissenschaftliches und kulturelles Zentrum Kasachstans erhalten, das nach Almaty seiner Bedeutung nach an zweiter Stelle steht.

Viele sprachen zu dieser Zeit davon, dass die Geldanlagen in die neue Hauptstadt verloren seien, manchmal nannten sie sie offen eine Verschwendung staatlicher Gelder. Unwiderrufliche Ausgaben für die Verlegung der Hauptstadt waren aber nur die Kosten für den Umzug. Alles andere sind Kapitalanlagen, Investitionen in die Zukunft. Alles was neu errichtet wurde, sollte den nationalen Reichtum des Staates vermehren.

Mit Almaty hatten wir wie bisher weiterhin das wichtigste geschäftliche, finanzielle, wissenschaftliche und kulturelle Zentrum mit bedeutendem Einfluss auf das gesellschaftlich-politische Leben im Staat. Zudem können wir jetzt, wo Almaty für sich in Anspruch nimmt, ein Finanzzentrum für Zentralasien und die GUS zu sein, das Riesenpotenzial der jungen Hauptstadt dafür nutzen, sie auf internationalen Standard zu bringen. Vor allem müssen die Infrastruktur, das Kommunikationswesen, der Transport und viele andere notwendigen Parameter verbessert werden.

Ich gebe offen zu, dass ich mir viel harte Kritik zur Idee, die Hauptstadt zu verlegen, anhören musste. Es wäre die Unwahrheit, wenn ich behaupten würde, dass die Parlamentarier meine Idee, die Hauptstadt zu verlegen, völlig ruhig aufgenommen hätten. Die Stimmen gingen auseinander: Während die einen Abgeordneten vorschlugen, mich uneingeschränkt zu unterstützen, gingen die anderen in sture Opposition und erklärten, dass es einfach unsinnig sei, auf dem Hintergrund der sich immer mehr verschlechternden sozial-ökonomischen Situation Unsummen an Geld für die Verlegung der Hauptstadt auszugeben. Die Debatten waren hitzig und tendierten im Wesentlichen dazu, mich nicht zu unterstützen.

Ich erinnere mich, dass ich zudem den Tag meiner Rede auf meinen Geburtstag legte. Aber dieser kleine Trick wirkte nicht, und in der Hitze der Diskussionen dachte man gar nicht daran. Aber die Abgeordneten stimmten später, als man entschied, dass die Frage einer neuen Hauptstadt keine eilige Sache sei, sondern eine von 20-30 Jahren, trotzdem mit einer kleinen Mehrheit für die Verlegung.

Eben hier auf der Sitzung des Obersten Sowjets der Republik Kasachstan wurde die Verordnung „Zur Verlegung der Hauptstadt der Republik Kasachstan" verabschiedet, in dem die Zustimmung zu meinem Vorschlag über eine Verlegung der Hauptstadt nach Astana verlautbart wurde und dem Ministerkabinett die Anweisungen gegeben wurden, bis 1994 die technisch-wirtschaftliche Basis und die Fristen der Hauptstadtverlegung auszuarbeiten.

In demselben Jahr, am 2. September, musste ich in einem Interview mit der Zeitung „Kasachstanskaja Prawda" zusätzliche Erklärungen zur Verlegung der Hauptstadt abgeben. Es gab Leute, die versuchten, mit dieser Sache zu punkten, weil sie sonst nichts weiter vorzuweisen hatten. Damals bezeichnete ich den Lärm, der um Akmola als neuer Hauptstadt gemacht wurde, als Polemik. Ich bat die Leute, meine Rede vor dem Obersten Sowjet und die von ihm verabschiedete Verordnung aufmerksam durchzulesen. In der Verordnung war die Frist des Umzugs nicht angegeben, dort hieß es nur, dass die Regierung alle dafür nötigen Dokumente ausarbeiten solle. Es war völlig offensichtlich, dass diese Angelegenheit nicht heute oder gar morgen, sondern übermorgen geregelt werden konnte. Ihre vollständige Durchführung war mit dem 21. Jahrhundert verbunden, wenn diese den innersten Interessen der Kasachen und des gesamten kasachstanischen Volkes entsprechen sollte.

Es gibt eine klare Definition darüber, worin sich ein Stammtischpolitiker von einem verantwortungsvollen Politiker und Staatsmann unterscheidet. Wenn der erstere an die nächsten Wahlen denkt, dann denkt der letztere an das Wohl des Volkes und die Zukunft des Landes. Diejenigen, welche mit dem Umzug der Hauptstadt spekulierten, wollten das Wesen der Sache nicht verstehen. Es ist sehr leicht, Leute bei unpopulären Beschlüssen aufzuhetzen und sich selbst als „Stimme des Volkes" darzustellen. Wir haben viele solcher „Politiker". Aber es ist wesentlich schwieriger und wichtiger, entgegen allgemeiner Unzufriedenheit und Unverständnis die Leute von der Notwendigkeit der zu treffenden Entscheidungen und deren Perspektiven zu überzeugen. Denn der Plan zur Verlegung der Hauptstadt sollte nicht auf Kosten irgendwelcher sozialen Programme verwirklicht werden, sondern mit außeretatmäßigen Mitteln, deren Quellen ausfindig gemacht wurden.

Ja, und sind denn dafür viele Unkosten erforderlich? Diese Frage stellte ich mir. Die Räumlichkeiten gab es damals für fast alle Organisationsstrukturen – also, kommt und fangt an zu arbeiten. Obwohl es natürlich notwendig war, Gebäude für das Verteidigungsministerium, für das Außenministerium und das Parlament zu bauen. Die Gebäude für diese Behörden mit den entsprechenden speziellen Anforderungen musste man auch in Almaty bauen. Diese in Almaty zu bauen war aber aufgrund der Erdbebengefahr in dieser Region zweimal so teuer und Wohnhäuser mussten wir auf jeden Fall bauen. Nach Einschätzung von Spezialisten war der Bau eines Quadratmeters an Wohnfläche und Dienstgebäuden billiger als in Almaty. Dafür ging man von der Eröffnung neuer Betriebe aus, in denen viele Menschen Arbeit bekommen könnten. Außerdem darf man nicht vergessen, dass jedes gebaute Gebäude eine Errungenschaft und Reichtum des Staates bedeutet.

Am 15. September 1995 kam der Erlass „Zur Hauptstadt der Republik Kasachstan" heraus, der Gesetzeskraft hatte. In dem Erlass wurde die Anweisung erteilt, eine Staatliche Kommission zur Organisation der Arbeiten für die Verlegung der höheren und zentralen Organe nach Akmola zu bilden. Die Regierung wurde verpflichtet, einen außeretatmäßigen Fonds mit dem Titel „Die neue Hauptstadt" zu gründen, um außeretatmäßige Mittel zum Umbau der Stadt Akmola zu sammeln. Die Regierung sollte Vorschläge zur Gewährung von Steuer-, Zoll- und anderen Vergünstigungen für diejenigen Investoren vorbereiten und nach meiner Prüfung eintragen, welche sich an der baulichen Gestaltung und Entwicklung der Infrastruktur der Stadt Akmola beteiligen.

Einen Staat zu bauen ist nicht einfach, eine neue Hauptstadt zu bauen ist noch schwieriger. Unser Volk hat noch nie seine eigene Hauptstadt gebaut. In dem Hauptquartier der Khane in Ulytau gab es beinahe nichts, es gab nur einen Erdwall, der das Quartier umgab. In diese Hauptstadt ritt man auf Kamelen und Pferden.

Die neue Hauptstadt der neuen Epoche

Nach der Übernahme des Gebietes Kasachstan durch Russland gab es auch keine Hauptstadt, die Verwaltungszentren befanden sich in Omsk und in Orenburg. Die Verlegung der Hauptstadt von Orenburg nach Ak-metschet (Kyzylorda) war die Entscheidung der sowjetischen Regierung. 1929 zur Zeit des Baus von Turksiba verlegte man die Hauptstadt nach Alma-Ata. Ungefähr 70 Jahre lang erfüllte Alma-Ata in Ehren die Funktionen einer Hauptstadt der Republik. Genau hier wurden die Erklärung über die staatliche Unabhängigkeit und die erste souveräne Verfassung verabschiedet. Nach der Erlangung der Unabhängigkeit wurde die Hauptstadt in Almaty umbenannt.

Zu seiner Zeit war Almaty eine der schönsten Hauptstädte der Sowjetrepubliken, berühmt wegen seiner unvergesslichen Natur und der Apfelbäume. Mit 19 Jahren zog ich vom Bezirk Almaty nach Temirtau um und hier verbrachte ich meine Jugend. Bereits zu der Zeit galt Akmola als junge und aussichtsreiche Stadt, solche Paläste der Jugend baute man zu der Zeit nirgendwo. Man hat sie speziell darauf vorbereitet, in Chruschtschowgrad umzubenennen und die Hauptstadt hierher zu verlegen. Akmola war damals das Zentrum des Neulandgebietes. Man muss aber erwähnen, dass nach Chruschtschow, mit Ausnahme des Stadtzentrums, der Hauptanteil der Gebäude aus alten Baracken bestand.

Bevor ich diese Entscheidung traf, überlegte ich lange, wog alle Schritte gegeneinander ab, konsultierte Historiker, Politologen und Kulturwissenschaftler und studierte die Geschichte der Verlegung von Hauptstädten in verschiedenen Staaten.

Und so erlauben Sie mir, nochmals die wichtigsten Argumente für eine Verlegung der Hauptstadt zusammenzufassen.

Erstens: Die Verlegung war nötig, um Kasachstan in geopolitischer Hinsicht zu festigen. Daher wurde dem Standort der wichtigsten Stadt des Landes besondere Aufmerksamkeit geschenkt. Astana ist das Zentrum des eurasischen Kontinents, der in sich europäische und asiatische Traditionen vereint. Die Stadt ist gleichermaßen nach Süden, Osten, Westen und Osten geöffnet.

Zweitens: Bei dieser Entscheidung spielten die Überlegungen zur Sicherheit keine unwesentliche Rolle. Die Hauptstadt eines unabhängigen Staates sollte nach Möglichkeit von äußeren Grenzen entfernt sein und sich im Zentrum des Landes befinden.

Drittens: Die Verlegung der Hauptstadt war von der Notwendigkeit diktiert, dass sich die Wirtschaft des Landes erholen musste. Diese lieferte einen Multiplikationseffekt für die Wirtschaft des Landes. Tatsächlich begannen die Gebietszentren sich zu entwickeln, kamen Wirtschaftszweige auf die Beine, wie die Produktion der Baumaterialien, des Straßenbelags, Energie und Maschinenbau. Mit nie gekanntem Tempo entwickelte sich der Wohnungsbau.

Viertens: Indem wir die Hauptstadt in eine Region verlegen, deren Bevölkerung multinational zusammengesetzt ist, bestätigen wir unsere eingeschlagene Richtung, einen stabilen polyethnischen Staat aufzubauen, zu sichern und die Freundschaft zwischen den Völkern, die in Kasachstan wohnen, zu intensivieren.

Natürlich war es schwierig, sich nach der schönen Stadt Almaty für die Verlegung der Hauptstadt nach Akmola zu entscheiden. Psychologisch unterstützten nicht viele meine Idee, die Hauptstadt zu verlegen, sogar in meiner Familie waren nicht alle dafür. Man musste also praktisch mit einem leeren Blatt Papier beginnen.

Die neue Hauptstadt: „Sein oder Nichtsein?"

Seit 1994, im Laufe von 4 Jahren, die der Vorbereitung zum Umzug vorausgingen, gab es Gespräche und Gerüchte, warum ich bei der Verlegung der Hauptstadt so hartnäckig auf meinem Standpunkt beharrte. Hitzige Diskussionen um den Umzug der Hauptstadt entflammten gleich nach Erscheinen der Verordnung.

Die Idee zur Verlegung der Hauptstadt nannte man „virtuelle Politik", in der die Staatsgewalt nicht die realen Probleme des sozial-wirtschaftlichen Lebens des Landes löst, sondern im Bereich symbolischer Entscheidungen versucht, ihre praktische Unfähigkeit zu kompensieren. Die gegebene Idee stellte man als „kleinen siegreichen Krieg" dar, in dem die Staatsgewalt, die die alltäglichen Aufgaben der Bevölkerung gegenüber nicht erfüllt, sondern stattdessen außergewöhnliche Aufgaben ersinnt und vertauscht damit die Verantwortung vor dem Volk mit der „Verantwortung vor der Geschichte".

Die Motive für die Verlegung der Hauptstadt teilten sich in zwei Hauptgruppen: in die offiziellen (öffentlich und nicht öffentlich genannten) und in die geheimen, über die die Beamten nicht sprachen, die aber in der Presse besprochen wurden.

Zu den offiziell angeführten Gründen gehörten in erster Linie fehlende Chancen auf eine Entwicklung Almatys, da sich die Stadt in einem Talkessel im Gebirgsvorland befindet. In diesem Zusammenhang erinnerte man an die entstandenen ökologischen Probleme der alten Stadt, die Gefahr eines Erdbebens in dieser Zone, die Nähe zur chinesischen Grenze sowie ihre Lage in einer geographischen Sackgasse, was die Verbindungen zu anderen Regionen der Republik erschwerte. Angeführt wurden auch Gründe, die verbunden waren mit der Notwendigkeit, die nördlichen Teile Kasachstans zu entwickeln, und mit dem Wunsch, die beklemmenden Erinnerungen an das Jahr 1986 loszuwerden, als es zu Studentenunruhen auf dem zentralen Platz der Stadt kam.

Zu erwähnen ist, dass die zu Gunsten Akmolas am häufigsten vorgetragenen Argumente die zur geographischen und geopolitischen Disposition waren, da sich die Stadt im Zentrum Eurasiens und Kasachstans und an einem Verkehrsknotenpunkt befindet.

Oft wurden auch innenpolitische und ökonomische Motive genannt – die Ströme ländlicher Migranten von den überfüllten Arbeitsmärkten der Regionen im Süden der Republik in den Norden zu lenken und auf diese Weise erstens den Anteil der Kasachen an der Bevölkerung der nördlichen Gebiete zu erhöhen, und zweitens das Problem der Arbeitslosigkeit zu lösen.

Ziemlich lange wurde das von mir gepriesene sprachpolitische Konzept als einer der Gründe für die Verlegung der Hauptstadt erörtert. Man meinte, dass eine Liste von Ämtern im Staatsdienst angelegt wurde, die nur von denen besetzt werden können, die ihre Qualifikationsexamen auf kasachisch bestanden haben. Dies rief bei den Menschen Besorgnis hervor, die der kasachischen Sprache nicht mächtig waren. Daraus zog man den Schluss, dass die Mehrheit der führenden Positionen im Lande bald nur von ethnischen Kasachen besetzt würde, unabhängig von der beruflichen Qualifikation. Wie Sie sehen, hat sich diese Prognose nicht bewahrheitet, was die folgenden Daten belegen. Im Staatsdienst arbeiten Vertreter von 64 Nationen. Davon machen die Vertreter der russischen Nationalität 20% der großen Masse der Beamten aus, die Vertreter der anderen Nationalitäten machen 10% der Gesamtzahl der Beamten aus, dies entspricht ungefähr der ethnischen Zusammensetzung Kasachstans.

Es gab auch jene, die sagten, dass es keine rationalen Gründe gäbe für einen Umzug der Hauptstadt und für die Notwendigkeit, Dutzende von Milliarden Dollar für deren Aufbau auszugeben; und dass es allein die Ambition von Herrn Nasarbajew sei, sein Bestreben, ein Teil der Ewigkeit zu werden. Was kann von längerer Lebensdauer und größeren Ausmaßen sein als eine Hauptstadt, fragten sie?

Es wurden auch allgemeine Meinungsumfragen in Almaty durchgeführt, bei der 62 Prozent der Bewohner von einem Umzug nach Akmola nichts hören wollten. Diese Idee rief auch bei den Staatsbeamten in Almaty keine Begeisterung hervor. Daraus zogen einige den Schluss, dass das Niveau der beruflichen Qualifikation der Regierungsorgane in Akmola im Vergleich zu Almaty unweigerlich niedriger sei. Es wurde auch darauf hingewiesen, dass Akmola beim intellektuellen Wettstreit zwischen der alten und neuen Hauptstadt zwangsläufig verlieren müsse. Dies wurde mit dem schlechteren Abschneiden des Staatsapparates in Verbindung gebracht, welcher nicht in der Lage sein würde, den künftig anstehenden Anforderungen gerecht zu werden. Man sagte voraus, dass für die mittleren Beamten der Umzug der Hauptstadt einfach eine grundlegende Einschränkung der möglichen Lebensalternativen und eine Verstärkung der persönlichen Abhängigkeit bedeuten würde. Man prophezeite, dass das Prestige des Staatsdienstes und die Zahl der selbständig denkenden Leute sinken würden. Dies würde sich zwangsläufig in einer extremen Simplifizierung der getroffenen staatlichen Entscheidungen niederschlagen, da der Staatsapparat nicht mitdenken, sondern einfach nur ausführen würde. Wider Willen sagte man, dass der Staatsapparat in die Rolle verfallen werde, den politischen Willen des Chefs nur weiterzuleiten. Zudem sei es möglich, dass er sogar nicht fähig sein werde, seine Pläne zu interpretieren, und es dadurch zu irgendwelchen selbständigen Entscheidungen kommen werde. Auf dem Hintergrund all dieser Überlegungen wurden sogar Prognosen abgegeben, dass durch all dies günstige Bedingungen für eine Verminderung der Bürokratie geschaffen werden.

Ungeachtet der breit angelegten Propagandakampagne blieben die Gründe für den Umzug der Hauptstadt trotzdem vielen ein Rätsel. In mehreren Publikationen wurden die offiziellen Gründe für eine wirkliche Erklärung der getroffenen Entscheidung als nicht ausreichend bezeichnet. Zu der Zeit erschien in der Zeitung „Kommersant" der Artikel „Die persönliche Hauptstadt des Präsidenten Nasarbajew", in dem es hieß, dass „nur bei nicht vorhandener Demokratie epochale Projekte auftauchen können, die niemandem verständlich sind. Keinerlei strategische Überlegungen können rechtfertigen, dass riesige Summen von den Gehältern und Renten einbehalten werden und von den anderen Problemen der Bürger des Landes abgelenkt werde." (Salopow, D. Die persönliche Hauptstadt des Präsidenten Nasarbajew. „Kommersant". 28.10.1997).

Das völlige Unverständnis der Handlungen seitens der Staatsmacht rief Zweifel an deren Aufrichtigkeit hervor. Es tauchte sogar der Gedanke auf, dass irgendwelche versteckte Motive bestehen, welche die geheimen Ziele verbergen. Diese ganze Verwirrung mit den geheimen und ersichtlichen Zielen für die Verlegung der Hauptstadt gipfelte letztendlich in der Annahme, dass Ende November 1997 ein schreckliches Erdbeben in der „alten Hauptstadt" ausbrechen würde. Nur diese Version schien nach Meinung praktisch aller Beobachter die logischste und am besten geeignet zu sein, mein Bestreben zu erklären, sich möglichst schnell von dem warmen und gemütlichen Almaty zu trennen. Alle anderen Versuche, diese Initiative zu erklären, schienen ihnen einfach nicht ernsthaft genug. Später hatten wir uns schon daran gewöhnt, dass die Leute, die unsere „offiziellen" und völlig logischen sowie plausiblen Gründe nicht verstanden, sich letztendlich selbst eine eigene Erklärung ausdachten.

Die offiziellen Gründe für einen Umzug hingen gleichsam „in der Luft". In der Diskussion um die neue Hauptstadt wurden sie von dem erwiesenen Gesichtspunkt nicht unterstützt. Im gesellschaftlichen Bewusstsein wurden die möglichen positiven Eigenschaften Akmolas nicht als Eigenschaften für „ein Haupstadt-Dasein" gesehen, die Probleme Almatys aber entzogen ihr nicht den Status einer Hauptstadt.

Im Volk redete man davon, dass in jedem Fall ein Umzug der Hauptstadt nach Akmola – einer Stadt mit schwierigen natürlich-klimatischen Bedingungen, im Sommer von allen Seiten vom Wind umgeben, im Winter von Schneestürmen und Schneegestöber zugedeckt, auf Sümpfen stehend und ohne gutes Trinkwasser – eine riskante Angelegenheit sei. Man hörte sogar die warnenden Meinungen von Ökologen darüber, dass der Bau von Kanälen den Ischym, der auch ohne dies nicht reich an Wasser sei, erschöpfen würde und der riesige Bau auf seiner niedrigeren und überschwemmbaren linken Uferseite das instabile natürliche Gleichgewicht der ganzen Region stören würde. Man warnte auch davor, dass dieser Umzug der Anfang vom Ende des früheren politischen Regimes sein werde, wenn man sich von diesem gigantischen Bluff nicht abwende, der dazu bestimmt sei, die kasachischen Migranten aus dem Aul zu desorientieren, sie von Almaty „abzulenken" und den mächtigen Strom der armen Bevölkerung aus dem Süden in den Norden zu lenken.

Einige meinten beispielsweise: Warum soll man in die kahle Steppe ziehen, wo es keine Versorgungsnetzwerke und Wege gibt, warum soll man unsinnige Mittel für die Festigung schwacher Böden, den Bau von Kanälen und die Errichtung einer komplett neuen Stadt ausgeben, wenn in der alten genügend noch nicht erschlossener Plätze vorhanden sind, welche den sofortigen Abriss ganzer Gebiete von Samanbauten erfordern?

Andere opponierten dagegen, indem sie äußerten, dass Herr Nasarbajew in der Hoffnung auf die Früchte der Öldollars Kasachstans eine vorzeitige Kapitalinvestition getätigt habe in das, was er als „den beharrlichen Umzug der Hauptstadt in das geographische Zentrum des Landes" bezeichnet.

Dritte meinten, dass ein Umzug der Hauptstadt von Almaty nach Akmola meine eigene Entscheidung sei. Sie argumentierten damit, dass es kein gesamtnationales Referendum gegeben habe, folglich sei die Entscheidung nicht legitim. Dabei haben sie allerdings die Sitzung des Obersten Sowjets und die von ihm angenommene Verordnung außer Acht gelassen.

All dies kam natürlich auch meiner Familie zu Ohren, und auch sie versuchten, mich von diesem Schritt abzubringen. Bei einem traditionellen sonntäglichen Mittagessen im Kreise der Familie äußerten sie ihre Zweifel. Ich machte einen Witz und sagte: „Sara, wir ziehen in deine Heimatstadt um, Akmola liegt am Fluss Nura." Woher dieser Witz die Runde nahm, weiß ich nicht, aber es entstand eine neue Version „Nasarbajew hört auf seine Frau und verlegt die Hauptstadt in ihre kleine Heimat." Die Mitglieder meiner Familie, meine Frau Sara, meine Töchter Dariga, Dinara und Alija waren mir stets eine große Stütze und haben mich unterstützt, wo sie konnten. Dies aber ist ein anderes Thema. Ich bin ihnen dafür ewig dankbar.

Unter diesen schwierigen Bedingungen musste man die Idee zum Umbau Akmolas in die Hauptstadt in die Praxis umsetzen, ohne den Gesprächen, die die verzerrten Vorstellungen über die wahren Gründe für den Umzug der Hauptstadt widerspiegelten, Beachtung zu schenken. Ratgeber von dieser und von der anderen Seite gab es einige, eine Entscheidung treffen und dafür verantwortlich sein musste aber nur ich.

Jeder Politiker träumt davon, etwas zu verändern, sich und seine Autorität ganz der Verwirklichung der gestellten Aufgabe zu widmen, und seine Zukunft aufs Spiel zu setzen. Wenn er einen solchen Traum zur Lösung einer großen Aufgabe nicht hat, dann hat er in der Politik nichts verloren. Wenn du die gestellte Aufgabe gelöst hast, dann hat die Kritik das Nachsehen, wenn du die Aufgabe nicht gelöst hast, dann hast du das Nachsehen. Das war der Stand der Dinge.

Der Umzug der Hauptstadt als gegebene Tatsache

Am 7. Oktober 1997, bei meiner Rede auf der Konferenz der Leiter der Ministerien, der Behörden, aber auch der Baufachleute, lenkte ich die Aufmerksamkeit nochmals auf die Tatsache, dass es bei der Versorgung Akmolas mit Strom, Wasser, usw. keinerlei Versorgungskämpfe geben sollte. Niemand glaubte, dass es uns innerhalb der gestellten Fristen gelingen würde, Akmola auf den Umzug der staatlichen Organe vorzubereiten, aber wir schafften es.

Am 20. Oktober 1997 wurde mein Erlass „Zur Proklamation der Stadt Akmola als Hauptstadt der Republik Kasachstan" veröffentlicht, laut dem vom 10. Dezember 1997 an die Stadt Akmola Hauptstadt der Republik Kasachstan sein und die offizielle Präsentation der Hauptstadt am 10. Juni 1998 erfolgen werde.

Als ich damals im Parlament meine Rede hielt, wies ich darauf hin, dass alle Bauarbeiten in Rekordzeit abgeschlossen wurden. Urteilen Sie selbst: Der Beschluss zur Modernisierung Akmolas wurde im Oktober 1996 gefasst, im Februar wurden die Arbeiten begonnen und im Oktober 1997 fehlte nur noch das Kommunikationswesen und Elektrizität.

Ich denke, dass unsere Nachkommen keinen Grund haben werden, uns falsche Entscheidungen vorzuwerfen. Almaty bleibt weiterhin die größte Stadt des Landes, und das Vorhandensein zweier großer Zentren vergrößert nur das wirtschaftliche Potenzial der Republik. Beispiele für zwei Hauptstädte gibt es auf der Welt viele. Da wären Ankara und Istanbul, Moskau und St. Petersburg, Karatschi und Islamabad, Rio de Janeiro und Brasilia, Sydney und Canberra, Ottawa und Toronto, Washington und New York. In dieser Reihe, denke ich, werden wir nicht die ersten und nicht die letzten sein.

Am 8. November 1997 kamen Etalons von Staatssymbolen Kasachstans in Akmola an. Akmola erlangte eine außergewöhnliche Stellung, die Stadt wurde zum Bewahrer der Staatsflagge und des Staatswappens, wie auch der Präsidentenstandarte. Ich erinnere mich, dass ich dieses Ereignis als besonders aufregend empfand. Denn wenn man von den rein wirtschaftlichen und geopolitischen Erklärungen und Auslegungen absieht, dann besitzt eine Hauptstadt eben doch etwas Sakrales, etwas Bedeutendes, was alle Menschen spüren.

Und unsere Nachkommen werden das auch tief spüren. Vielleicht werden sie, die nicht belastet sind von den alten Mustern und alter Erinnerung, unsere neue Hauptstadt viel tiefer empfinden, nicht nur wie ein Symbol der Erneuerung, nicht nur wie den Beginn einer neuen Epoche. Astana ist eine symbolische Stadt, das Symbol eines Traums, der Wirklichkeit geworden ist. Viele Jahrzehnte lebte die Idee der Freiheit und der Unabhängigkeit in diesen Steppen, wurde in den Menschen stärker, die hier beerdigt wurden, und nun ist es vollbracht. In den grenzenlosen Steppen Kasachstans, die schon Jahrhunderte und Jahrtausende bestehen, werden jetzt staatliche Entscheidungen getroffen. Wir haben aus dem Nichts eine Hauptstadt gebaut. In unserem Herzen bewegten wir die mit dem Umzug verbundenen Probleme. Dies war ein Traum, und jetzt ist dies eine wunderschöne Stadt, der Stolz und das Herz Kasachstans.

Mit der Bestätigung der neuen Hauptstadt haben wir nicht einen Punkt gesetzt, sondern viele Punkte. Wir erwarteten, dass mit dem Umzug der Hauptstadt nicht nur das Leben in der

Region aufleben werde, sondern die gegebene Tatsache durch die wirtschaftlichen Veränderungen Dynamik verleihen, der Entwicklung der Infrastruktur im Land dienen und zusätzliche Arbeitsplätze schaffen werde. In dieser angespannten Zeit der Veränderungen haben wir die Saat gesetzt, die keimen und Früchte sowohl für die heutige als auch die kommenden Generationen tragen soll.

Mit Erlangung des Hauptstadtstatus wurde eine neue goldene Zeile in die Biographie Akmolas geschrieben. Wie ich schon am Anfang erwähnt habe, befand sich Akmola mehrmals, darunter auch in der Umbruchzeit der Republik, im Epizentrum gesellschaftlicher Ereignisse von höchster Bedeutung. Dies war zur Zeit der Neulandgewinnung, die der Akmolaer Erde den verdienten Ruhm und Stolz einbrachte, als die Stadt Heimat für zigtausend Menschen wurde. Hier wurde auch ein großer Erfahrungsschatz an Verwaltungs- und Führungserfahrungen gesammelt, als Akmola das Zentrum des großen Neulandgebietes war.

Nicht zufällig waren auch jetzt, in einer staatlichen Umbruchphase, unsere Blicke wieder auf Akmola gerichtet. Das Land brauchte einen patriotischen Geist, man brauchte Fortschritt, ähnlich dem Neuland. Nur dieser war verbunden mit den neuen Realitäten – mit der Festigung der Unabhängigkeit, mit dem Aufbau des Staatswesens, mit der Vertiefung der sozial-wirtschaftlichen und politischen Veränderungen. Wir waren überzeugt, dass der Umzug der Hauptstadt nach Akmola in vielem dazu beitragen werde, diese Ziele zu erreichen.

Wenn ich davon träumte, dass die Hauptstadt wachsen und sich entwickeln würde, vergaß ich darüber oft die Zeit, und wenn ich mich an die ersten Monate des Aufbaus erinnere, dann denke ich an die Menschen, die meine Gesinnungsgenossen wurden, eine riesige Zahl an Menschen. Ich möchte meinen großen Dank all denjenigen aussprechen, die mir an diesen Tagen beiseite standen, die sich, ebenso wie ich, wegen der neuen Hauptstadt große Sorgen machten. Das sind Kisho Kurokawa, Wladimir Ni, Amanschol Bulekpajew, Adilbek Dschaksybekow, Nikolaj Makiewskij, Achmetschan Jessimow, Farid Galimow, Schanibeko Karibschanow und viele andere.

Besonders möchte ich die Verdienste des ersten Vorsitzenden des Staatskomitees zum Umzug der Hauptstadt, Nikolaj Makiewskij, und des damaligen Geschäftsführers Wladimir Ni hervorheben. Sie kamen in einer Stadt an, in der die Wasserversorgung stundenlang ausfiel, in der in den Häusern eine Temperatur von nicht mehr als 10 Grad Celsius herrschte und es nichts zu essen gab. Die Stadt war nachts dunkel, ohne Beleuchtung.

Sie kamen an und begannen zu überlegen, womit man am besten gleich beginnen solle. Nie hörte ich von ihnen Unsicherheit. Sie glaubten mir, ihren eigenen Augen aber nicht. Ich bin ihnen dankbar. Ebenso hoch schätze ich die Arbeit des ersten Akims der neuen Hauptstadt ein, Adilbek Dschaksybekows, der dieses Amt in den äußerst stürmischen ersten sechs Jahren innehatte. Er wurde in Akmola geboren und wuchs dort auf, er liebte und kannte die Stadt. Almaty jedoch, wo er gerade hingezogen war, begann ihm besser zu gefallen. Er hat einen großen Beitrag dafür geleistet, dass Astana sein heutiges Aussehen erhalten hat, er hat Initiative gezeigt. Mir gefiel seine Arbeit, seine Sicherheit, und er war mein standfester Mitstreiter.

Aus einer „sowjetischen" Provinz eine zeitgenössische Hauptstadt zu machen, ist darüber hinaus nicht eine der leichtesten Aufgaben. Man wird das alte, postsowjetische Erbe nicht kurzer Hand los. Die heruntergekommenen Häuser der ungemütlichen Städteplanung, eine nicht entwickelte Infrastruktur, moralisch veraltete Industrie, und so weiter. Der Aufbau der neuen Stadt sollte planmäßig, logisch, diesbezüglich auf internationaler Erfahrung beruhen und unbedingt die nationale Geisteshaltung berücksichtigen.

Die neue Hauptstadt der neuen Epoche

Außerdem musste man, um die neuen Ideen und innovativen Technologien einzuführen, die Kaderfrage lösen, d.h. Personal schulen und umschulen. Man musste die Bewohner der Stadt Akmola zur eigenen Verantwortung, zur eigenen Persönlichkeit des Landes und, bildlich gesprochen, zu seiner Visitenkarte erziehen. Ich möchte ihnen meine Dankbarkeit für die umfangreichen und schnellen Vorbereitungsarbeiten für die Aufnahme der Staatsverwaltungsorgane aussprechen, gleichzeitig war von ihnen nicht nur Gastfreundschaft und Freundlichkeit, sondern auch besondere Aktivitäten arbeitstechnischer, intellektueller und schöpferischer Natur abverlangt. Die Organe aller Bereiche der Staatsgewalt waren vom ersten Tag an dem intensiven Arbeitsrhythmus unterworfen, der dem hohen staatlichen Zweck entsprach.

Von nun an werden die für das Volk fundamentalen Entscheidungen im Zentrum des riesigen Landes getroffen werden. Hier schlägt jetzt das Herz unserer Heimat. Von hier aus wird Kasachstan sein geschichtliches Schicksal an der Schwelle zum dritten Jahrtausend bestimmen. Die Wahl ist auch dadurch begründet, dass Astana im Laufe der Zeit zu einem der mächtigsten Kommunikationszentren des eurasischen Kontinentes aufsteigen wird. Die Wirtschafts-, Technologie- und Informationsströme des sich entwickelnden eurasischen Raumes werden im 21. Jahrhundert auch durch unsere neue Hauptstadt fließen.

In der dramatischen Geschichte des 20. Jahrhunderts haben wir zum ersten Mal die selbstständige Entscheidung über die Hauptstadt unseres Staates getroffen. Unwiderruflich vergangen ist die Zeit, in der man uns vorgeschrieben hat, wo und wie man zu leben hat, wen man zum Freund und wen man zum Feind haben soll. Möglich, dass wir zum ersten Mal in der Geschichte unserer Nation die Luft der Freiheit atmen, ohne die Sorge um die Zukunft unserer Kinder. An der Schwelle zum 21. Jahrhundert brachten wir unsere eigene Entscheidung, die neue Hauptstadt, unter dem heiligen Himmel der uralten Steppe zum Ausdruck. Für diese Wahl spricht nicht nur der Standort der heutigen Regierung des Landes. Für diese Wahl sprechen auch die Weitsichtigkeit des Khans Tauke und die Größe des Khans Abylaj, ebenso die Weisheit der legendären Kämpfer und Furchtlosigkeit jener jungen Herzen, die im Dezember 1986 der ganzen Welt zeigten, was Nationalstolz bedeutet. Für diese Wahl spricht der Wille von Millionen unserer Stammesgenossen, die ihr Leben für das Recht gaben, Herr über das eigene Schicksal sein zu können.

Wenn in punkto Verlegung der Hauptstadt die Meinungen auseinander gingen, dann waren sich später in einem Punkt alle einig: Man musste Akmola umbenennen. Es gab verschiedene Ideen: Karaotkel', Esil', Ischym und Sary-Arka. Es gab sogar die Vorschläge, sie nach dem Namen des Landes zu benennen: Kasachstan; es gab auch andere Vorschläge, darunter Nursultan. Eines Nachts aber kam mir die Erleuchtung: Astana! Denn die Hauptstadt ist die Hauptstadt. In allen Sprachen kann man dies klar und deutlich aussprechen und verstehen.

Unter einem weiter gefassten Blickwinkel kann ich behaupten, dass wir mit dem Umzug der Hauptstadt eine groß angelegte Arbeit zur Beseitigung der einseitigen Verteilung der Arbeitskräfte sowie der Beseitigung der im Süden des Landes aufgrund seiner hohen Bevölkerungszahl versteckten Arbeitslosigkeit begonnen haben. In diesem Gebiet wird auf natürliche Weise auch die Entwicklung der innovativen, umfangreich wissenschaftlichen und hochtechnologischen Betriebe stattfinden, wie auch eine weitere Erweiterung des Agrarmaschinenbaus und, was besonders wichtig ist, des verarbeitenden ländlichen Industrienetzes. Dies wiederum bedeutet neue Arbeitsplätze, eine effektive Nutzung der Arbeitsressourcen und eine Erhöhung der ökonomischen Aktivität des ganzen Landes. Außer diesen für alle offensichtlichen Argumente musste man auch die Faktoren der strategischen Disposition im Blickwinkel behalten.

In den Maßstäben Zentralasiens, das sich von Afghanistan bis zum nördlichen Ausläufer Westsibiriens, von Kaspien bis zur Mongolei erstreckt, liegt die neue Hauptstadt genau im Zentrum dieser chancenreichen Region, in die riesige Investitionsströme fließen können. Am Knotenpunkt der Kommunikationslinien, die sich vom Ufer des Pazifiks bis nach Europa erstrecken, kann sie für sich in der Zukunft die Rolle eines riesigen Transitübergangs beanspruchen und auf die Transport- und Kommunikationssignale des künftigen Jahrhunderts präzise reagieren.

Alle vorangegangenen Verlegungen der Hauptstadt der Republik, mal aus „revolutionären" Gründen, mal aus „Klassen"-Gründen angeordnet, haben auf keine Weise die eigenen Interessen Kasachstans berücksichtigt. Dass wir zum ersten Mal in unserer Geschichte die Entscheidung zur Verlegung der Hauptstadt aus unseren nationalen Interessen getroffen haben, hatte einen gewaltigen politischen und moralischen Sinn.

Die Umsetzung des Generalplans zum Aufbau der Hauptstadt begann mit dem Bau des neuen Zentrums. Im neuen Zentrum Astanas wurde das Monument „Baiterek" errichtet. Der grundlegende tragende Teil der Komposition symbolisiert einen Baumstamm, die große Kugel im deren oberen Teil den Himmel. In der Grundidee verkörpert der „Astana-Baiterek" drei grundlegende philosophische Komponenten: die Erde, das Leben und den Himmel. Der „Baiterek" ist für Kasachstan und seine Hauptstadt genauso ein Symbol, wie z.B. der Rote Platz in Moskau oder die Freiheitsstatue in New York. Dieser Bau vereinigt in sich einen philosophischen, politischen und historischen Sinn.

Eine uralte poetische Sage lautet, dass auf dem Gipfel des Koktjube, am Ufer des gewaltigen Ozeans der Lebensbaum Baiterek wächst. Jedes Jahr legt der heilige Vogel Samruk in der Krone des Baiterek ein goldenes Ei, die Sonne, und jedes Jahr frisst die Drachenschlange die Sonne, aber im nächsten Jahr taucht sie wieder auf. Dies symbolisiert den Wechsel von Tag und Nacht, von Sommer und Winter, den Kampf zwischen Gut und Böse sowie Licht und Dunkelheit. Der Legende nach tötet Er-Tostik die Schlange, rettet das Ei des Vogels Samruk, dafür hilft ihm der dankbare Vogel, aus dem unterirdischen Reich zu entkommen. Die Legende über den heiligen Baum spiegelt die Ideale des erneuerten Kasachstans wider, das danach strebt, in Frieden und Harmonie zu leben.

Im September 2003 fand auf der abschließenden Etappe des 1. Kongresses der traditionellen Weltreligionen auf der Aussichtsplattform des Monumentes „Baiterek", in 97 Meter Höhe, die Zeremonie der Unterzeichnung des hölzernen Historiengemäldes durch die Oberhäupter der Religionen und Konfessionen statt. Auf dem Gemälde waren die folgenden Worte auf kasachisch, russisch und englisch eingeritzt: „Möge Kasachstan gesegnet sein, der Erdboden des Friedens und der Verständigung." Die Oberhäupter der Weltreligionen priesen die neue Hauptstadt Kasachstans als Hauptstadt eines Staates, der allen Völkern dieses Erdkreises die Ideale des Friedens, der Güte und der Verständigung näher bringe.

Im September dieses Jahres wurde ein zweiter Kongress dieser Art durchgeführt. Es ist sehr wichtig, dass auf dem Hintergrund von Kriegen, Katastrophen und Erschütterungen Astana in ihrem Palast des Friedens und der Verständigung zu einem Treffpunkt der Religionen wurde. Es gibt weltweit keine dem Palast des Friedens und der Verständigung ähnlichen architektonischen Kultobjekte. Natürlich gibt es Gebäude, die unter ihrem Dach verschiedene religiöse Traditionen versammeln, der kasachstanische Tempel aber ist – im Unterschied zu ihnen – eine große Plattform für einen konstruktiven Dialog, und es ist völlig logisch, dass dort, wo sich die Vertreter der verschiedenen traditionellen Weltreligionen versammeln, ein Museum der Kultur, eine Bibliothek und ein Konzertsaal Platz finden. Unsere Pyramide ist die architektonisch umgesetzte Verkörperung der religiösen Toleranz und des guten Willens Kasachstans.

Die neue Hauptstadt vereint in sich harmonisch das reiche Erbe der Vergangenheit und die besten Errungenschaften der Moderne. Viele ihrer Objekte sind bereits im ganzen Land und über die Grenzen hinaus bekannt. Die tanzenden Fontänen, die Pyramide des Friedens und der Verständigung, das Ozeanarium – Astana erstaunt mit seinen „Wundern" sogar die erfahrensten Kenner des Schönen und weit gereiste Touristen. Unsere Hauptstadt spiegelt den Geist des ganzen Landes wider – und dies in jedem Winkel und in jeder Straße. Riesige Modelle des Juwelierschmucks der 19. Jahrhunderts, der Krüge mit Münzen aus verschiedenen Epochen, ein Turm mit einer Sonnenuhr, die den Stil des „High-Tech" und die uralte Methode, nach der die Turkvölker die Zeit bestimmten, in sich vereint, all dies sind verschiedene Ausdrucksformen der kasachstanischen kulturellen Eigenart. Ich hoffe, dass auf die junge Hauptstadt in absehbarer Zukunft der Ruhm wartet, die schönste Stadt der Welt zu sein.

Wenn ich mich an den anfänglichen Aufbau der Hauptstadt erinnere, dann denke ich immer mit Wärme gleichsam wie an einen Menschen, wie an einen meiner Mitstreiter, der viel half und sehr viel für Astana getan hat, an den Ischym. Während der Zeit der Sowjetunion war der Ischym ein gewöhnlicher Fluss, dem man gerade soviel Aufmerksamkeit schenkte, wie das Speichern von Wasser erforderte, und nicht mehr. Die rechte und linke Uferseite waren mit lauter Datschen bebaut und innerhalb der Stadtgrenze, an der Grenze zum Zentrum, war die Verschönerung des Ufers auf ein Minimum reduziert. Im Zentrum der Stadt war der Fluss mit Schilf zugewachsen.

Alles hat sich mit der Verlegung der Hauptstadt hierher verändert. Das Flussbett und das Ufer wurden wiederhergestellt, und die Uferpromenade wurde ein beliebter Ort der Stadtbewohner. Wenn man jetzt auf die Uferpromenade des Ischym schaut, dann denkt man nicht, welche riesige Arbeit es die Menschen gekostet hat, die Ufer des versandenden Flusses aufzufüllen und unter dem Wasser ein ganzes System der Lebensversorgung der Stadt zu verbergen sowie Naturkatastrophen zu verhindern. Zum gegebenen Zeitpunkt wird der Wasserstand des Ischym künstlich ausreichend hoch gehalten. Wenn es keinen Staudamm gäbe, dann könnte man den Fluss manchmal zu Fuß durchqueren.

Das Wasser, das heute durch das Flussbett des Ischym fließt, könnte ein Aryk von anderthalb Metern aufnehmen. Jetzt aber hat man den Fluss Ischym mit dem Kanal Irtysch und dem Fluss Nura vereint, bei Bedarf wird es hier genug Wasser geben.

Außer dem Ischym gibt es in Astana noch zwei Flüsse: den Akbulak und den Sary-bulak. Der Akbulak ist seiner Größe nach etwas kleiner, aber nicht weniger bekannt: der Ruderkanal, die Blumenuhr, die Brücken und die Uferpromenade, auf die das Hauptgebäude der eurasischen Nationaluniversität hinausgeht, und der neue weite Strand. Der Fluss Sary-bulak aber befindet sich hinter dem Bahnhof, abseits der belebten Verkehrsstraßen. Mit der Entwicklung der Stadt und seines Wasserstandes wird er aber seine Rolle im gesamten architektonischen Ensemble der Hauptstadt spielen.

Insgesamt kann man über den architektonischen Anblick Astanas sehr viel erzählen, aber noch mehr kann man über das sagen, was geplant ist. Unsere Hauptstadt ist einmalig, und sie wird in allem einmalig sein, soweit der Flug unserer Fantasie reicht, der Wagemut der Ideen und das Können unserer Meister.

Man kann jetzt bereits einige vorläufige Bilanzen der Verwirklichung dieses grandiosen Projektes ziehen. Diese Jahre hindurch beliefen sich die Investitionen in die Entwicklung Astanas aus allen Quellen auf mehr als 5 Milliarden USD. Wenn man bedenkt, dass der Reingewinn der Baumeister im Durchschnitt 10% des Wertes nicht überstieg, dann wurden die restlichen Mittel für die Produktion der Baumaterialien, die Auszahlung des Arbeitslohns und der Steuern in das Budget verwendet. Hunderte Baumeister, Baufirmen, hunderte von Fabriken der Bauindustrie arbeiteten hier aus allen Ecken des Landes, hunderttausende unserer Mitbürger fanden Arbeit.

Astana hat bereits Anerkennung auf der Welt gefunden. Im Juli 1999 erhielt die Stadt die UNESCO Auszeichnung „Welterbe" und im Jahre 2003 wurde die Stadt beim Kreditrating von der führenden weltweiten Rating-Agentur „Moody Investors Service" um zwei Punkte von Ba3 (stabil) auf Ba1 (positiv) höher eingestuft.

Ich danke besonders den Regierungen der befreundeten Länder und den Geschäftsführern der aus- und inländischen Firmen, welche auf meine persönliche Bitte hin Zuschüsse für den Fonds der neuen Hauptstadt bewilligten. Von diesen Mitteln konnte ich fast 400 Millionen USD anwerben. Wir danken für diese unschätzbare Hilfe der Firma „Agip" (Italien), dem Staat Saudi-Arabien, dem Kuwaitischen Fonds, dem Fonds Abu Dhabis, dem Staat Oman, der Firma „TengizChevroil", „KazMunaiGaz", der eurasischen Gruppe, der Firma SSS, „IspatKarmet", Kazakhmys", „Kazzinc" und vielen anderen.

Ich kann nicht in einem Kapitel alle Einzelheiten die Gründung unserer neuen Hauptstadt nennen, umso mehr als dass, wie ich ja bereits erwähnte, vor einem Jahr mein Buch über Astana „Im Herzen Eurasiens" erschienen ist. Obgleich ich denke, dass irgendwann, nicht von mir oder einem meiner Zeitgenossen, ein anderes Buch über die neue Hauptstadt des unabhängigen Kasachstan geschrieben werden wird. Ein Buch, in dem die dramatischen Jahres des Heldentums der Erbauer Astanas und derjenigen, die hierher aus allen Ecken unseres riesigen Landes umzogen, detailliert erzählt werden. An dieser Stelle habe ich jetzt nur skizzenhaft über diesen wunderbaren Zeitraum und seine Bedeutung für jeden Bewohner Kasachstans berichtet.

Die Stadt der Zukunft

Jedes Jahr feiert Astana ihren Geburtstag. Dieser ist am 6. Juli, genau an dem Tag, an dem im Jahr 1994 das Parlament meinen Vorschlag zur Verlegung der Hauptstadt annahm, und dieselbe Entscheidung auch vom Stadtmaslichat getroffen wurde. In der Stadt finden festliche Aktivitäten statt, die der Feier des Tages der Hauptstadt gewidmet sind. Es verging nicht viel Zeit, und die Ansichten der Einwohner Kasachstans zum Umzug des administrativen Zentrums änderten sich. Viele Umsiedler, heute Einwohner von Astana, halten Astana aufrichtig für ihre Heimatstadt. Nicht umsonst sagt der Kasache: „Wer stets ein Nomadenleben führt, der gewinnt neue Werte."

Die Gründung der neuen Hauptstadt, des neuen Symbols Kasachstans, bedeutet riesige Arbeit. Ich möchte meinen riesigen Dank den Erbauern aussprechen, darunter den ausländischen Firmen und den Staatsbeamten im mittleren Dienst, auf denen die ganze Last der Organisationsarbeit der Administration des Präsidenten, der Regierung und der Ministerien lag. Mit einem Wort all denen, die daran beteiligt waren. Geleistet wurde kolossale Arbeit, wir haben eine großartige Sache vollbracht. Schon damals sagte ich, dass wir schon im nächsten Jahr hier in Akmola beginnen werden, eine neue Stadt zu bauen.

Das Hauptprinzip des Umzugs der Hauptstadt ist die völlige Umsetzung der Perspektiven der staatlichen Entwicklung. Ein nicht unwichtiger Faktor war auch der, dass sich in Astana, die historisch das Zentrum war, das Europa und Asien verband, die wichtigsten Transportadern, die Bundesstraßen und die Eisenbahn-, und Fluglinien trafen.

Die Zukunft der neuen Hauptstadt wird als die Synthese der östlichen und europäischen Kulturen angesehen. Wie auch die Idee des Eurasischen, so erweist sich das Ideal als sehr widersprüchlich, dies ist aber kein Hindernis. Astana erbt von der europäischen Kultur den Pragmatismus, vom Osten aber die geistige Feinheit.

Der Umzug der Hauptstadt wurde zum Wendepunkt in der Schaffung der staatlichen Ideologie. Wie in den früheren Zeiten für jeden sowjetischen Menschen das Ideal Moskau war, so wird heutzutage auch Astana zum Symbol der Entstehung des Staates. Es ist ebenso möglich, dass die Ideen des Patriotismus und des Staatsbewusstseins ihre Erfüllung gerade am Beispiel des Baus dieser Stadt fanden. In die neue Hauptstadt fahren tausende junger Männer und Frauen auf der Suche nach Perspektiven. Und die Stadt wächst zusammen mit ihnen.

Man hat mich einmal gefragt: „Ist es notwendig, dass ein echter politischer Leader die Sympathien der Menschen auf seiner Seite hat, und wie kann er diese gewinnen, wenn jede Entscheidung zu Gunsten der einen die Interessen der anderen schmälert?" Ich möchte dazu sagen, dass die wichtigsten Entscheidungen im Leben unseres Staates die schwierigsten und nicht die angenehmsten waren. Aber ein echter politischer Leader muss die Sympathien der Menschen unbedingt auf seiner Seite haben. Jeder hohe Politiker sollte ein bestimmtes hohes Ziel haben, das man erreichen muss, einen Traum irgendetwas Bedeutendes zu tun. Wer einen solchen Traum nicht hat, für den gibt es keinen Grund in die Politik zu gehen und sich um die Führung des Landes zu bemühen.

Man muss sich vollständig der Sache hingeben, alles, seine Autorität, seine Zukunft, für die Verwirklichung dieses Ziels auf eine Karte setzen. So war das mit der Idee des Aufbaus eines neuen unabhängigen Staates und seiner neuen Hauptstadt.

Heute kann ich felsenfest behaupten, dass dieses Ziel verwirklicht wurde. In punkto Unterstützung der Menschen aber wurde ich nicht nur einmal davon überzeugt, dass die Mehrheit unseres Volkes Scharfsinn und Feingefühl besitzt, und wenn dein Ziel auf den Aufbau und auf die Verbesserung gerichtet ist, dann hilft das Volk immer. In den letzten Jahren nach dem Umzug der Hauptstadt nach Astana, wurden im Lande tief greifende inhaltliche sozial-ökonomische und politische Reformen verwirklicht. Sie haben die Psychologie der Menschen verändert. Die vormundschaftlichen und paternalistischen Einstellungen, die vor und nach dem Zerfall der UdSSR vorherrschten, wurden schrittweise abgeschafft. Bei den Bürgern entstand der Glaube an sich selbst und seine eigenen Kräfte, die Erkenntnis darüber, dass man seine eigene Zukunft und die Zukunft seiner Kinder mit den eigenen Händen aufbauen kann und muss.

In nicht ferner Zukunft wird Astana eine schöne moderne Stadt sein, ein großes politisches, wissenschaftliches und geschäftliches Zentrum der Republik Kasachstan. Wenn ich diese Pläne betrachte, dann stelle ich mir dahinter die Menschen vor. Denn all diese Pläne bedeuten für sich nichts ohne die Menschen, die bereit sind, diese zu verwirklichen. Wir haben eine neue Hauptstadt gegründet. Endgültig wird diese Traumstadt aber nur durch unsere Nachfahren verwirklicht werden, durch die jungen Einwohner Kasachstans, durch diejenigen, die jetzt nur auf den Uferpromenaden und den Parkanlagen Astanas entlang spazieren, die sich an den Fontänen erfreuen und von der Zukunft träumen. Dies ist ihre Stadt. Die Stadt, wo sich, Kipling zum Trotz,

Ost und West vereinigten. Die Stadt, wo der Freiheitstraum der Steppe von alters her ansässig war. Die Stadt, in die uns der 15 Jahre lange Weg geführt hat und von wo er heute erst beginnt. Unser Weg, der Weg Kasachstans.

Nachwort

Mein Buch ist auf den schwierigsten und herausragendsten Momenten in der neuesten Geschichte Kasachstans und meiner Tätigkeit als Präsident Kasachstans aufgebaut. Ich denke, dass es ein Handbuch für die junge Generation werden kann. In jedem der neun Kapitel dieses Buches werden die Zeiträume der Entstehung Kasachstans gestreift, die die wichtigsten für uns waren und wohl auch noch sind. In dem Buch schreibe ich, wie wir an den Strategien arbeiteten, als das Land klare Orientierungspunkte zur Entwicklung benötigte, wie die Verfassung des Landes angenommen wurde, die uns das juristische Fundament gab, wie die Erschließung der Öl- und Gasressourcen begann, dem wichtigsten Einkommen des Landes. Des Weiteren: wie man die nationale Währung einführte und die Banken entwickelte, den Blutkreislauf der Wirtschaft Kasachstans, wie man die Privatisierung und die Bodenreform einführte, die die wirtschaftlichen Reformen irreversibel machen, wie Astana gebaut wurde – der Ausdruck unseres jungen Staates-, ebenso wird auch über den ersten Weltraumflug eines Bewohners Kasachstans berichtet und vieles mehr, was Kasachstan seit den Jahren der Unabhängigkeit erlebt hat.

Es würde den Rahmen des Buches sprengen, die wichtigen Fragen des staatlichen Aufbaus zu erörtern, die wir aus dem Nichts zimmern mussten. Das war die Gründung einer eigenen Armee, eines Grenzdienstes, des Zolls sowie der Spezialdienste. Um Kasachstan in der Welt bekannt zu machen, ist unvorstellbare außenpolitische Arbeit nötig. Ich kann nicht von allen meinen Mitstreitern berichten, die mir bei der Arbeit geholfen haben. Ein spezielles Thema sind meine Treffen mit den Staatsoberhäuptern der Welt, mit interessanten Menschen dieses Planeten. Das ist die Sache der Zukunft. Denn mein Buch soll keine Memoiren beinhalten, keine Erzählung über die Wirtschaft generell, dem Fundament unserer Unabhängigkeit. In diesen Jahren begann die Emission von Aktien unserer Firmen auf der Londoner Aktienbörse. Dies ist ein völlig neues Niveau, wir werden ein Teil der globalen Wirtschaft. Wir werden transparent. Das erzeugt Vertrauen und wird neue Technologien ins Land holen. „Kazakhmys", „Kazmynajgaz", das sind Pioniere auf der Londoner Aktienbörse, andere Firmen bereiten sich vor, das ist aber eine andere Geschichte.

Zugleich wäre es unvollständig, die Durchführung der tatkräftigen wirtschaftlichen Reformen im Lande zu beschreiben, ohne kurz die Entwicklungsprozesse des Bildungssystems darzustellen. Heute, wo wir einen neuen Stand der Entwicklung erreicht haben, erfordert das Wachstum der Wirtschaft nicht nur finanzielle Investitionen, sondern auch eine vollwertige Versorgung des Landes mit menschlichem Kapital. Während seiner Ausbildung erlangt der Mensch nicht nur Wissen, sondern auch die Fähigkeit, nach neuen Möglichkeiten für deren Anwendung zu suchen. Genau aus diesem Grund bin ich der Ansicht, dass ein hohes Bildungsniveau auch große Fähigkeiten für den bedeutet, der diese besitzt.

262 *Kasachstans Weg*

Wie man sieht, spielt ein wettbewerbsfähiges Bildungssystem eine entscheidende Rolle bei der Entwicklung des Landes. Daher beschloss ich, einige grundlegende Meilensteine seiner Entwicklung einzuführen. Zugleich ist das Wichtigste, dass der Staat während der ganzen Dauer seiner Entwicklung immer die wichtigste Pflicht erfüllt, nämlich für jeden Bürger den gleichen Zugang zu einer qualitativ hochwertigen Ausbildung sicherzustellen, die den aktuellen und aussichtsreichen Bedürfnissen der Persönlichkeit, der Gesellschaft und des Staates entspricht.

Als „die Strategie Kasachstan 2030" angenommen wurde, setzten wir uns das Ziel, das Land bis 2030 in die Liste der entwickelten Länder der Welt einzureihen. Dies setzte uns vor neue verantwortungsvolle Aufgaben der Entwicklung der Gesellschaft, besonders im Kontext der wachsenden Globalisierung. Aufgaben, deren Lösung das vorrangige Ziel des Staates werden muss.

Genau deshalb habe ich in meiner Botschaft an das Volk des Landes „Die Strategie, in die Liste der 50 wettbewerbsfähigsten Länder aufgenommen zu werden" den Hauptakzent auf das Bildungssystem gelegt, auf die Sicherstellung seiner Wettbewerbsfähigkeit, darunter auch durch die Integration der Wissenschaft und Bildung.

Dabei kann man zwei gleich wichtige Aufgaben unterscheiden. Erstens, die Bildung soll die Erziehung zu einem Patrioten fördern, der zu einer bewussten Entscheidung und zu selbständigen Entscheidungen zum Wohl seines Landes fähig ist. Zweitens soll die Bildung die Erziehung zu einem wettbewerbsfähigen und sich ständig vervollkommnenden Menschen fördern, der fähig ist, für sich und seine Nächsten zu sorgen und der sich leicht an jede Bedingung anpassen und neue Ideen aufnehmen kann. In Zeiten der Globalisierung kommt zu diesen zwei Aufgaben noch eine dritte hinzu, und zwar die Sicherung der nationalen Identität.

Bildung, Staat und Gesellschaft

Das Bildungssystem in Kasachstan bietet jungen Menschen immer den gleichen Zugang zu einer hochwertigen Bildung, unabhängig von den finanziellen Mitteln der Familie, vom Wohnort, von der nationalen Zugehörigkeit und dem Gesundheitszustand. Es erlaubt, die Möglichkeiten zum sozialen Schutz der Kinder und Jugendlichen, die ohne elterliche Fürsorge aufwachsen, zu nutzen. Eine große Rolle spielt es in der Steigerung des intellektuellen Wissens der Schulkinder, es gleicht einem mächtigen Regulator sowohl hinsichtlich der Bildung, der Förderung als auch der ethischen Erziehung. Gleichzeitig wird der Staat die begabtesten und talentiertesten Kinder und Jugendlichen finden und fördern. Der Staat wird ihnen bei der Finanzierung der Ausbildung, darunter auch an ausländischen Hochschulen, Unterstützung zukommen lassen.

Ab 2008 werden die kasachstanischen Schulen auf die 12-jährige Ausbildungsdauer umsteigen. Unter Berücksichtigung der einheimischen Schultraditionen und der internationalen Erfahrung wird die folgende Struktur der Schulausbildung vorgeschlagen: 5 + 5 + 2. Zuerst kommt die Grundschule (Klassen 1-5), in die man ab 6 Jahren in die erste Klasse aufgenommen wird, als zweiter Schritt dann die Mittelschule (Klassen 6-10). Wichtig ist zu betonen, dass nach Abschluss der 10. Klasse der Absolvent die weitere Wahl zur Fortsetzung seiner Ausbildung in den spezialisierten Klassen, in den Berufsschulen und Lyzeen, Colleges und höheren technischen Schulen hat. Drittens dann die Klassen 11-12, welche die spezialisierte Ausbildung der Schüler der Oberstufe darstellen. Der Übergang zur spezialisierten Ausbildung gibt den Schülern die

Möglichkeit zur vernünftigen und verantwortungsbewussten Wahl ihrer zukünftigen beruflichen Tätigkeit und zur persönlichen und lebensentscheidenden Selbstbestimmung.

Hier möchte ich bei der Frage der sozialen Partnerschaft haltmachen. Jetzt, wo wir die Resultate des wirtschaftlichen Wachstums des Landes klar sehen, sollte die Wirtschaft, die täglich den Mangel an Führungskräften spürt, ihre soziale Verantwortung auf dem Gebiet der Ausbildung einsehen. Man kann mit der Verringerung der Arbeitslosigkeit unter der ländlichen Jugend beginnen. In den letzten Jahren wurde es unter den Geschäftsleuten zur Mode, in den einheimischen Dörfern Moscheen und Madresen zu errichten. Wenn sie eine Moschee bauen, wissen sie dabei oft nicht und machen sich keinen klaren Begriff davon, wer und in was dort unsere Jugend unterrichtet wird. Gleichzeitig ist es aus irgendeinem Grund nicht üblich, den Schulen zu helfen, in denen die Geschäftsleute oder deren Eltern zur Schule gingen. Wir haben ungefähr 8000 Schulen im Land, von denen jede vierte einer Grundrenovierung bedarf. Dies ist besonders dann aktuell, wenn wir planen, auf das 12-jährige Schulsystem umzusteigen, die spezialisierten Schulen, Ressourcenzentren, zu gründen und das Netz der Berufsschulen und Lyzeen zu erweitern.

Warum kann die Wirtschaft nicht die Leitung über 1-2 Schulen übernehmen? Warum hilft die Wirtschaft nicht, eine Bibliothek zu renovieren oder eine Lernproduktionshalle bzw. Sportgeräte zu kaufen. Im Westen gibt man Hörsälen und Räumen, und manchmal auch den Gebäuden selbst, den Namen des Mäzens, der das Geld für den Bau des neuen Gebäudes gespendet hat. Was hindert uns daran, dasselbe zu tun? Außerdem geht weltweit ein derartiges Mäzenatentum in Bezug auf schulische Einrichtungen auch auf Hochschulen über.

Im Laufe dieses Prozesses darf man auch nicht vergessen, dass unsere Hochschulen in nächster Zukunft Wissen auf Weltniveau vermitteln sollen, damit ihre Diplome auf der ganzen Welt anerkannt werden. Ich will daran glauben, dass ein Absolvent einer kasachstanischen Universität in 10-15 Jahren genauso hoch anerkannt sein wird wie ein Absolvent einer weltweit führenden Universität. Ja, im Moment ist diese objektive Möglichkeit noch ein Traum. Wie sagt aber der kasachstanische Volksmund: Der, der geht, bewältigt den Weg. Um dieses zu erreichen, muss man daher schon jetzt das Netzwerk für die nationalen Eliteuniversitäten auf Weltniveau schaffen.

Das Bildungssystem muss eine effektive Nutzung aller Ressourcen – der menschlichen, der informatorischen, der materiellen und der finanziellen – des Landes gewährleisten, der Staat hingegen muss den Zugang aller Bevölkerungsschichten zur Bildung und die vorrangige Unterstützung der Bildung garantieren.

Bildung und Persönlichkeit

Jetzt, wo wir danach streben, einen demokratischen Rechtsstaat und eine effektive Marktwirtschaft aufzubauen, entstehen Probleme. Diese Probleme werden hervorgerufen durch die Veränderung der Einstellung der Menschen zu den Werten des Lebens, zu den wirtschaftlichen und politischen Schwierigkeiten, mit denen sie zu kämpfen haben, und auf die sie wahrscheinlich noch im Laufe des vorliegenden Übergangs stoßen werden. Unter diesen Bedingungen werden an das Bildungssystem, neben in erster Linie sozialen auch prinzipiell neue geistig-moralische Ansprüche gestellt.

Auf der gegebenen bürgerlichen und wirtschaftlichen Entwicklungsstufe müssen die Einwohner Kasachstans über breit gefächerte Kenntnisse verfügen, welche ihnen die Möglichkeit geben, sich schnell an Veränderungen in der Gesellschaft und Wirtschaft anzupassen. Sie müssen über solide Grundkenntnisse und Fähigkeiten verfügen, die eine Weiterbildung fördern, die Fähigkeit besitzen, Informationen zu analysieren und auf der Grundlage der Analyse eine Auswahl und Entscheidung zu treffen, die allgemein üblichen Normen des bürgerlichen Verhaltens beachten und auch andere Meinungen zu Problemen und Situationen verstehen können.

Während der Ausbildung soll unsere junge Generation lernen, unabhängig und befähigt zu sein, selbständig Probleme zu lösen, die Fertigkeiten erlangen, neue Informationen und Wissen aufzunehmen, kritisch und schöpferisch zu denken, Initiative und Erfindergeist zu zeigen. Man darf nicht vergessen, dass eine vollkommene Zukunft nur denjenigen Ländern gehört, deren Völker wissenschaftlich gewonnene Informationen, Kenntnisse und Technologien am produktivsten nutzen.

Die Schule ist der Ort, an dem die Persönlichkeit geformt wird. Sie liefert nicht nur Grundkenntnisse und Fertigkeiten, die der weiteren Ausbildung förderlich sind, sondern auch erste Lebenserfahrung. Genau hier werden die Grundlagen gelegt für die Beziehung zwischen Persönlichkeit und Gesellschaft, für die Achtung vor den Älteren und Gleichaltrigen sowie für die Achtung des Rechtes und der Rechtsprechung. Der Schüler lernt, die Bestimmung des Staates zu verstehen und zu begreifen, damit dieser mittels sozialer Institutionen bei der Verwirklichung seiner persönlichen Lebenspläne mithilft.

Die Schule gibt die ersten Unterrichtsstunden für das Leben. Indem die Schule das Leben in der Gesellschaft und die Befolgung ihrer Regeln lehrt, sollte sie dabei nicht gleichzeitig die Individualität eines Kindes unterdrücken. Der Schüler, der keine eigene Meinung hat, ist nicht fähig, seine Position argumentativ zu verteidigen, nicht fähig, neue Ideen zu denken und zu erfinden. Eine derartige Persönlichkeit ist nicht befähigt, die richtigen Entscheidungen zu treffen und Innovationen zu schaffen. Ein derartiger Schulabsolvent wird dazu tendieren, aufgrund fremder Einschätzungen zu handeln, anstellte selbständig die Wahrheit zu verstehen. Um dies zu vermeiden, muss man die paternalistische Beziehung vom Lehrer zum Schüler ändern. Diesbezüglich gibt es eine wunderbare Redensart: „Der Lehrer gibt keine Antworten, er stellt Fragen. Der Lehrer führt einen nicht auf dem Weg des Wissens an der Hand. Er zeigt ihn nur."

Bildung und wettbewerbsfähige Wirtschaft

Davon, wie unser Land das intellektuelle Potenzial nutzen wird, werden auch der Zustand des Lebensstandards unserer Bevölkerung und das nachhaltige wirtschaftliche Wachstum Kasachstans abhängen.

Im Zeitalter der Informationsgesellschaft haben sich die Vorstellungen über Wissen und Lese- und Schreibfähigkeit verändert, sind neue Methoden und Instrumente des Sendens, Empfangens, der Verarbeitung und Sicherung von Informationen entstanden. Unter diesen Bedingungen ist das Bildungssystem des vergangenen 20. Jahrhunderts nicht akzeptabel und nicht fähig, effektiv zu funktionieren und den Bedürfnissen unserer Gesellschaft gerecht zu werden.

Heute steht Kasachstan auf der Schwelle eines Neubeginns, einer neuen Phase in seiner Entwicklung. Die neue Zeit ist für uns vor allem die neue Zeit der neuen Menschen und neuen

Aufgaben, von der Art, die es Kasachstan ermöglicht, das Tempo seiner Entwicklung zu sichern. Damit Kasachstan seine Führung im eurasischen Raum sichern kann, muss man den Mut haben, sich vor ambitionierte Aufgaben zu stellen und viel mehr als andere zu tun. Genau so eine Aufgabe ist die, dass Kasachstan zu den 50 wettbewerbsfähigsten Ländern der Welt gehören solle.

Im ersten Kapitel sprach ich von der wettbewerbsfähigen Nation. Was bedeutet aber wettbewerbsfähig zu sein für die einzeln für sich genommene Persönlichkeit? Die Wettbewerbsfähigkeit der Persönlichkeit – das ist die Konzentration der Lebenserfahrungen, die es ermöglicht, für die sich dynamisch ändernde Gegenwart und unbestimmte Zukunft bereit zu sein. Das ist auch die Fähigkeit, die Anforderungen der unbestimmten Zukunft zu seinen Gunsten zu nutzen. Mit anderen Worten, die jungen Einwohner Kasachstans sollen heute die Fertigkeiten und Kenntnisse besitzen, die ihnen nicht nur dabei helfen, global in Würde zu leben, sondern auch die bestehende Gegenwart zu beeinflussen, indem sie sie zum Besseren verändern. Man braucht keine Menschen, die programmiert sind, sondern die frei improvisieren können.

Die Zeit rennt, sie diktiert neue Regeln und wartet auf niemanden. Kasachstan hat einfach nicht das Recht, hinter den führenden Ländern zurück zu bleiben. Kasachstan benötigt Bildungseinrichtungen des neuen Typs, und zwar jetzt. Das müssen Eliteuniversitäten sein, leistungsfähige Bildungs-, Forschungs- und Wissenschaftskomplexe, die eng mit der Industrie verbunden sind. Unter meiner persönlichen Beteiligung wurden das KIMEP, die eurasische Gumiljew-Universität und die Kasachstanisch-Britische Universität gegründet. Diese Universitäten sind der erste Versuch, zusammen mit Ihnen das kasachstanische Bildungssystem auf Weltniveau zu bringen.

Bildung kennt keine Grenzen. Genau aus diesem Grund müssen unsere Universitäten in möglichst großem Umfang den Geist der weltweiten Konkurrenz spüren. Für den begabten Schulabsolventen, zum Beispiel den Sieger der Internationalen Olympiade, öffnen sich die Tore der prestigeträchtigsten Universitäten der Welt. Unsere jungen Physiker, Mathematiker und Chemiker können kostenlos am MIT, in Harvard und in Oxford studieren. Die Universitäten werden den Kampf um die aussichtsreichsten Wissenschaftler führen, und ihnen Stipendien und Kredite gewähren.

Zu diesem Zweck überlegte sich der Staat im Jahre 1993, während der schwierigsten Zeiten in den ersten Jahren der Unabhängigkeit Kasachstans, als es keine Mittel für die Auszahlung der Arbeiterlöhne aus dem Etat gab, eine zielorientierte Politik zur Kaderausbildung. Aus diesem Grund wurde das internationale Stipendium „Bolaschak" geschaffen. Solche Stipendien waren in Japan, Singapur und Südkorea wirksam. Mit der Zeit aber konnten diese Länder ihr eigenes wettbewerbsfähiges höheres Bildungssystem schaffen.

Zur Schaffung eines ähnlichen kasachstanischen Modells der höheren Bildung, zur Bildung eines einzigartigen akademischen Umfeldes, ist es notwendig, eine prestigeträchtige Universität auf internationalem Niveau in Astana zu gründen.

Heute ist das Konzept zur Gründung einer neuen Universität auf Weltniveau in Astana bereits bestätigt. Es wird eine Prestigehochschule entstehen mit qualitativen, neuen Instituten und Zentren, die den modernsten weltweiten Anforderungen entsprechen. In der Universität sollen sich Bildung, Innovation, Forschung und Unternehmertum harmonisch vereinigen.

Die Universität soll die Bedingungen zur Formung einer intellektuellen, wissenschaftlich-technischen Elite Kasachstans schaffen, zur Schaffung eines Transfers von Wissen, Ausarbeitungen und Technologien, die auf die Anforderungen der Clusterbereiche der Wirtschaft ausgerichtet ist. Ein besonderer Korporationsgeist und Wissenskult soll unveräußerlicher Teil dieser Universität werden, wo die Studenten das Prinzip vertreten: „Bildung um des Wissens willen, nicht um der Noten willen."

Gleichzeitig will ich damit Ihre Aufmerksamkeit verstärkt darauf lenken, dass gemeinsam mit allen von uns durchzuführenden Maßnahmen die Anforderungen an die Kompetenz und das Ausbildungsniveau der Lehrkräfte selbst grundlegend steigen müssen. Die Qualität der Ausbildung hängt in Vielem vom Lehrer ab, von seinem Wissen und von seiner Gelehrtheit, den Fertigkeiten, dem pädagogischem Geschick und der ethischen Einstellung. Der Lehrer, das ist der, auf dem die direkte Verantwortung für die Bildung liegt, fast die „manuelle Formung" der Spezialisten der neuen Generation, über die wir gerade sprechen.

Bildung und nationale Identität

Wenn man über eine wettbewerbsfähige Nation spricht, dann darf man nicht vergessen, dass Wettbewerbsfähigkeit vor allem die Nutzung der eigenen Vorteile bedeutet; bestimmen kann man diese aber nur, wenn man versteht, wer wir sind.

Wir sind die Nachfahren derer, die Jahrhunderte lang an der Grenze der Weltzivilisationen lebten. Die große Steppe war immer die Kreuzung, auf der sich verschiedene Kulturen, Sprachen, Armeen, Religionen, Waren und Ideen trafen. Im Laufe von tausend Jahren war die Steppe der Generator der Völker. Im 21. Jahrhundert allerdings soll sie zum Generator des Menschen von besonderer Qualität werden, zum Generator der neuen Ideen. Die Fertigkeiten der Steppenmentalität, die genetisch in uns festgelegt ist, spiegeln die globalen Trends – Mobilität und Systematik – äußerst perfekt wider. Die Nomaden waren stets mobil und alle ihre Taten, die auf den ersten Blick keinen Sinn zu haben schienen, entsprachen stets bestimmten Zyklen der Natur und Prinzipien gesellschaftlicher Wechselbeziehungen.

Wie können uns diese Fertigkeiten in der gegenwärtigen Situation helfen? Nehmen wir zum Beispiel die mobile Verbindung oder das drahtlose Internet, diese Technologien binden den Menschen an keinen Ort, sondern bieten Bewegungsfreiheit. Transnationale Korporationen stützen sich in vielen Richtungen auf mobile Gruppen von 10 bis 100 Menschen, welche auf verschiedenen Kontinenten aufgestellt sind und bei Vorliegen einer konkreten Aufgabe mobilisiert werden. Auf der ganzen Welt setzt sich im Bereich der Bildung das Konzept des „lebenslangen Lernens" durch, welches das ständige Lernen und das regelmäßige Auffrischen individueller Fähigkeiten betont.

Eine wettbewerbsfähige Persönlichkeit, geboren in einem eigenen Umfeld, muss die Kultur und die Sprache ihres eigenen Volkes kennen. Die Sicherung der kulturellen Ursprünge der Muttersprache und geistiger Traditionen, aufgenommen durch das Bildungssystem, muss der jungen Generation helfen, eine Immunität gegen überwältigende, vereinheitlichende und assimilierende Prozesse der Globalisierung zu entwickeln.

Gleichzeitig soll allerdings „das nationale Gepäck" die Integration der jungen Generation der Bewohner Kasachstans in den allgemeinen Bildungsraum weder erschweren noch deren Wettbewerbsfähigkeit vermindern.

Jeder Einwohner Kasachstans muss ein eigenes Selbstwertgefühl besitzen und verantwortlich für sein Verhalten und sein Leben sein. Man muss ihnen beibringen, eine Situation analytisch und kritisch zu beurteilen und verantwortungsbewusste Entscheidungen zu treffen, schöpferisch mit Informationen zu arbeiten, darunter auch unter mit Hilfe moderner Computer.

Heutzutage gilt es, die notwendige Bildung eines neuen kasachstanischen gesellschaftlichen Bewusstseins, das dem Kern der im Land durchgeführten Umstrukturierungen entspricht, zu entwickeln. Unzweifelhaft muss dieses die Elemente der allgemein menschlichen Kultur, die modernen Kenntnisse und die nationalen Traditionen enthalten. Ungeachtet der sich verändernden Welt und der neuen sozialen Anforderungen an den Bereich Bildung, bleibt folglich die Aufgabe des Bildungssystems unverändert: die Erziehung zu einem vollwertigen und konkurrenzfähigen Bürger, und die Rolle der Bildung nicht nur unter dem Gesichtspunkt, wirtschaftliche Vorteile zu gewinnen und zu sehen, sondern auch unter dem Gesichtspunkt, die zukünftigen Generationen zu denkenden, vor der Gesellschaft verantwortlichen und mit dem Land mitfühlenden Bürgern zu erziehen. Diese Elemente müssen jedem Menschen in den sozialen Institutionen Familie, Schule und Universität eingeimpft werden.

Der Mangel an kreativen Menschen, die von ihren Möglichkeiten überzeugt sind und fähig sind, ein lohnendes Risiko einzugehen, kann zum größten Hindernis auf dem Weg zur Entwicklung einer wissenschaftsträchtigen Wirtschaft seitens Kasachstans werden. Die im Jahr 2003 angenommene Strategie der industriell-innovativen Entwicklung erlaubt uns, dieses Problem zu lösen. Bei der Umsetzung der gegebenen Strategie wird die Hochschule vervollkommnet werden und als wichtigster Faktor hervortreten, der das professionelle und technologische Niveau der Wirtschaft bestimmt. Das praktische Resultat ihrer Umsetzung wird die Sicherstellung und vorauseilende Entwicklung der wissenschaftlichen Forschungen sein, den aussichtsreichen Tendenzen des wissenschaftlich-technischen Fortschrittes entsprechend. Genau aus diesem Grund legen wir jetzt besonderen Wert auf die Bildung.

Ich bin überzeugt, dass wir die richtige gesellschaftliche Entwicklungsrichtung eingeschlagen haben, die auf Wissen basiert, da die vergleichsweisen Vorzüge des Landes immer weniger durch den Reichtum der Naturressourcen oder billige Arbeitskräfte definiert werden, als immer mehr durch technische Innovationen und konkrete Anwendungen dieses Wissens.

Abschließend möchte ich noch einmal betonen, dass das Land eine neue Generation junger Menschen benötigt, die Verantwortung übernehmen können. Die neue Generation soll mit der Lösung großer Probleme fertig werden können und sich sowohl an die veränderten ökonomischen und technologischen Umstände anpassen als auch die Bedingungen zu ihren Gunsten nutzen können, die die globalen Trends schon zwei Schritte im Voraus ahnen lassen.

Meine Schlussrede an die Jugend Kasachstans endet damit, dass Ihr unbedingt eine qualitative Ausbildung erhalten müsst, die zu dem Fundament werden wird, ohne das Ihr Eure Zukunft, die Zukunft Eurer Kinder und die des ganzen Landes nicht aufbauen könnt. Ihr müsst arbeiten, und in erster Linie an Euch selbst arbeiten. Denn dem Wissen und der Vervollkommnung sind keine Grenzen gesetzt. „Dem Leben des Menschen sind Grenzen gesetzt, dem Lernen aber nicht." lautet ein weises chinesisches Sprichwort. Dem kann man nur zustimmen. Wir haben aber auch unsere eigenen kasachischen Sprichwörter, die lehren: „Strebe danach, sieben Sprachen zu beherrschen und das Wissen von sieben Wissenschaften zu besitzen", was bedeutet: im Lernen liegt Kraft und Reichtum.

Schon der große Abaj sagte: „Wenn du reich sein willst, dann lerne ein Handwerk." Seine Worte formulieren meiner Ansicht nach sehr genau die Ideologie der modernen Bildungsstrategie.

Um eine starke und stabile Gesellschaft zu werden und eine dauerhafte Entwicklung zu erreichen, müssen wir uns auf eine intellektuelle Elite stützen, auf große Technologien, auf das wissenschaftliche Potenzial des Landes. Nur aufgrund seines intellektuellen Potenzials kann das Land einen würdigen Platz in der Welt einnehmen. Daher wartet auf Euch, unsere Jugend, eine große Verantwortung.

Das Leben des Menschen ist voller unerwarteter Schicksalswendungen und Belastbarkeitsproben. Nicht umsonst beten die Menschen, dass der Schöpfer sie vor dem Bösen und dem Unglück bewahren möge.

Der Mensch ist gleichsam immer vor die ewige Wahl zwischen Gut und Böse, Licht und Dunkelheit, Liebe und Hass, Wissen und Unwissen gestellt.

Es scheint, dass vor dem Menschen alle Probleme nur deshalb auftauchen, damit er die Schwierigkeiten überwinden und den optimalen Weg zur Erlangung seiner Ziele finden kann.

Das wahre Glück bedeutet, dass ein Mensch in jedem Augenblick seines Lebens die richtige Entscheidung trifft und dadurch zum Einklang mit sich selber gelangt.

Der Erfolg wird die jungen Menschen begleiten, wenn sie sich für den Humanismus, das Wissen, die Verantwortung und die Gerechtigkeit entscheiden und nicht egoistisch sein werden.

Ich versuche jeden Abend die wichtige Frage zu beantworten: „Habe ich den Tag auf die richtige Weise verbracht?" Für mich als den Präsidenten bedeutet diese Frage: „Tue ich alles dafür, dass das Leben meiner Landsleute besser wird?" Das ist die Grundlage meines Credos.

Ich wünsche Euch, dass Ihr die Heimat liebt und Euch um sie sorgt. Behütet unser Land, helft einander und haltet zueinander, dann werden jegliche Prüfungen vergehen und Hindernisse in Würde überwunden werden.

Geleitwort von Hans-Dietrich Genscher	5
Vorwort	7
Kapitel I: Die Strategie der Unabhängigkeit	11
Kapitel II: Die Verfassung aus dem Jahr 1995	41
Kapitel III: Der Kampf um das Kaspische Meer und der Erdölboom	77
Kapitel IV: Der Tenge – Das Symbol unserer Unabhängigkeit	107
Kapitel V: Vom Staatseigentum zum Privateigentum	135
Kapitel VI: Das nationale Finanzsystem	157
Kapitel VII: Die Entwicklung der Bodenreformfrage	193
Kapitel VIII: Kasachstan – Der Weg zu den Sternen	221
Kapitel IX: Die neue Hauptstadt der neuen Epoche	241
Nachwort	261

Titel der Originalausgabe:
Назарбаев Н.
Казахстанский путь
Караганда, 2006

Deutsche Erstausgabe
Verlag Hans Schiler, Berlin 2008

Übersetzung und Lektorat:
ORBIS Sprachdienste
Sorjana Semenjuk, Christiane Srna,
Johannes Müller, Nadine Reiners.

Technische Redaktion:
textintegration.de

Einbanddesign:
A. Zujewa

Druck:
Druckhaus Köthen
Printed in Germany

ISBN 978-3-89930-211-0

Verlag Hans Schiler